narr STUDIENBÜCHER

Nikolas Koch / Claudia Maria Riehl

Migrationslinguistik

Eine Einführung

unter Mitarbeit von Johanna Holzer und Nicole Weidinger

narr\f
ranck
e\atte
mpto

Bibliografische Information der Deutschen Nationalbibliothek
Die Deutsche Nationalbibliothek verzeichnet diese Publikation in der Deutschen Nationalbibliografie; detaillierte bibliografische Daten sind im Internet über http://dnb.dnb.de abrufbar.

DOI: https://doi.org/10.24053/9783823395171

Dischingerweg 5 · D-72070 Tübingen

Internet: www.narr.de
eMail: info@narr.de

CPI books GmbH, Leck

ISSN 0941-8105
ISBN 978-3-8233-8517-2 (Print)
ISBN 978-3-8233-9517-1 (ePDF)
ISBN 978-3-8233-0397-8 (ePub)

Inhalt

Vorwort

Migration und Globalisierung betreffen nicht nur gesellschaftliche Entwicklungen und Prozesse, sondern wirken sich auch maßgeblich auf die Kommunikation zwischen Individuen und unterschiedlichen Gruppen und damit auch auf die Entwicklung von Sprachen aus. Im Fokus stehen dabei verschiedene Bereiche wie der Spracherwerb unter unterschiedlichsten Voraussetzungen, der Sprachgebrauch und Besonderheiten des mehrsprachigen Sprechens in verschiedenen Gemeinschaften, der Zusammenhang von Sprache und Identitätsentwicklung sowie auch Auswirkungen auf die Sprachpolitik und die Gestaltung des Bildungssystems. Mit all diesen Facetten beschäftigt sich die linguistische Teildisziplin der Migrationslinguistik, eine Disziplin, die noch jung ist, aber im Zuge der gesellschaftlichen Entwicklungen immer mehr an Bedeutung gewinnt. Das vorliegende Buch möchte die zentralen Themenfelder der Migrationslinguistik Studentinnen und Studenten sowie interessierten Fachkolleginnen und -kollegen nahebringen.

An dieser Stelle möchten wir allen danken, die sich bei der Erstellung dieses Buches verdient gemacht haben: Unser ganz ausdrücklicher Dank gilt Veronika Berger, Beatrice Bernklau, Linda Jessen, Asude Kölün, Constanze Richter und Christine Rott für ihre unermüdliche Mitarbeit am Manuskript, besonders hinsichtlich der fundierten Mithilfe bei der Literaturrecherche, den gewissenhaften Korrekturen und der Erstellung der Bibliographie. Ihrer Beharrlichkeit und ihrem kritischen Auge verdankt dieses Buch viel. Dank gilt auch Dr. Anne-Katharina Harr sowie Michael Prestele für Korrekturlesen und kritische Anmerkungen zum Manuskript. Schließlich möchten wir auch Dr. Johanna Holzer und Dr. Nicole Weidinger für ihre Kapitel danken, die eine große Bereicherung für das vorliegende Buch darstellen sowie für ihre Anmerkungen und Kommentare zum Manuskript und nicht zuletzt zu den vertiefenden Reflexionsaufgaben am Ende der einzelnen Kapitel.

München, im Oktober 2023 Nikolas Koch und Claudia Maria Riehl

Geleitwort

Liebe Leserinnen und Leser,

es ist nicht lange her, dass in Deutschland noch darüber diskutiert wurde, ob wir ein Einwanderungsland sind oder nicht. Diese Frage ist zum Glück mittlerweile beantwortet. Durch Migration ist unser Land weltoffener geworden, Vielfalt ist unsere Stärke. Auf diese längst überfällige Entwicklung können wir stolz sein. Migration war und ist ein Innovationsmotor für politische, wirtschaftliche und gesellschaftliche Entwicklung. Sie ist eine Chance für Fortschritt. Auch wenn Migration ständig passiert, war sie für Deutschland auch ein historischer Glücksfall. Denn unser Wirtschaftswunder wäre ohne die erste Einwanderergeneration in dieser Form so nicht aufrecht zu erhalten gewesen. Für diese Lebensleistung sind wir gerade der ersten Einwanderergeneration zutiefst dankbar. Menschen mit Einwanderungsgeschichte sind eine große Bereicherung für unsere Gesellschaft, sie sind ein selbstverständlicher Teil unseres Landes. Doch zur Wahrheit gehört auch: Politik und Gesellschaft hatten an der Integration dieser Menschen lange kein Interesse. Aus dieser Erfahrung haben wir heute gelernt: Wir müssen gemeinsam die Voraussetzungen schaffen, dass Integration gelingt. Deswegen habe ich in meiner Amtszeit als Flüchtlings- und Integrationsminister des Landes Nordrhein-Westfalen erstmalig mit allen Ausländerbehörden, die neben vielen anderen Akteuren in den Kommunen eine wichtige Rolle für Menschen mit Einwanderungsgeschichte spielen, Einzelgespräche geführt, um genau für diesen Ansatz zu werben. Dazu gehört auch, dass wir Defizite in der Rückkehrpolitik offen ansprechen und gleichzeitig die Aufenthaltschancen für gut integrierte Flüchtlinge verbessern.

Ein zentraler Baustein für Integration ist Sprache. Sie bildet die Grundlage dafür, dass wir miteinander in Kontakt treten können, dass wir Ideen und Gedanken austauschen, Sachverhalte verhandeln, Probleme und Bedürfnisse erörtern. Kurz gesagt: Sprache verbindet. Eine Folge von Migration ist, dass sich auch unser sprachlicher Alltag verändert. In vielen Familien werden mehrere Sprachen gesprochen. Diese Mehrsprachigkeit ist eine Ressource, die wir noch stärker unterstützen und wertschätzen müssen. Denn in der heutigen globalisierten Welt ist es notwendig, mehrere Sprachen zu verstehen und – noch besser – zu sprechen. Das gilt nicht nur im Berufsleben, sondern auch im Privaten. Nicht zuletzt die Corona-Pandemie hat uns nachdrücklich gezeigt, wie wichtig es ist, Informationen in unterschiedlichen Sprachen zu übermitteln, die verschiedensten Medien zu nutzen und mehrsprachiges Personal in die Kommunikation einzubinden. Mehrsprachigkeit ist eine Notwendigkeit.

Es ist ein großer Gewinn, dass viele Menschen in unserem Land mehrere Sprachen sprechen und das häufig schon von Kindheit an. Das gilt insbesondere für Familien, in denen zumindest ein Elternteil eine Einwanderungsgeschichte hat. Kinder und Jugendliche haben dabei das Potential mehrsprachig aufzuwachsen. Hierbei gibt es ganz verschiedene Konstellationen, in denen ein mehrsprachiges Aufwachsen möglich ist. Gleichzeitig existieren aber auch unterschiedliche Bedingungen, die durch unsere Bildungsinstitutionen mitgestaltet werden können. Wir müssen also die bestmöglichen Voraussetzungen schaffen, um unterschiedliche Sprachen als das zu fördern, was sie sind: individuelle Ressourcen eines jeden Menschen. Deswegen ist es ganz entscheidend, dass die Sprachkompetenz in der Mehrsprachigkeit bereits so früh wie möglich unterstützt wird. Bei uns in Nordrhein-Westfalen unterstützen Elternbildungsprogramme wie „Griffbereit Mini", „Griffbereit", „Rucksack Kita" und „Rucksack Schule" die Mehrsprachigkeit in den Familien und fördern die sprachliche Entwicklung von Kindern in mindestens zwei Sprachen.

Manche Sprachen werden auch in der Schule unterrichtet und finden auf dem Zeugnis Berücksichtigung, bilinguale Schulen streben eine parallele Nutzung zweier Sprachen an. Weitere Sprachen werden im sogenannten herkunftssprachlichen Unterricht ergänzend zum Fremdsprachenunterricht in der Schule gelehrt. In Nordrhein-Westfalen haben wir für diesen Unterricht in den vergangenen Jahren mehr Mittel zur Verfügung gestellt. Auch in anderen Bundesländern gibt es gute Ansätze. Klar ist: Wir alle wollen Mehrsprachigkeit fördern. Sie gehört in unseren Alltag. Mehrsprachigkeit muss daher auch im öffentlichen Raum mehr Gewicht bekommen. Gerade für eine erfolgreiche Integrationspolitik ist dies essentiell. Sprache kreiert Identitäten und Werte, sie kann verbinden oder ausschließen, sie gestaltet die Wirklichkeit, indem sie sie beschreibt. Die Förderung der sprachlichen Bildung von der Kindheit bis ins Erwachsenenalter ist somit eine wichtige politische, aber auch gesamtgesellschaftliche Aufgabe. Wir alle können jeden Tag etwas dafür tun. Migration ist eng mit Sprache verknüpft und Sprache ist Teil der eigenen Identität. Deswegen ist es ein ganz normaler Prozess, dass andere Sprachen nach Deutschland migrieren. Die Herkunftssprachen stehen aber nicht in Konkurrenz zum Deutschen. Sie müssen vielmehr als zusätzliche Ressource gesehen werden, die aber gefördert werden will. In Politik und Verwaltung begleiten wir diese Prozesse aktiv mit. Mehrsprachigkeit muss noch mehr Wertschätzung erfahren und es braucht die Voraussetzungen für mehr Bildungsgerechtigkeit.

Das vorliegende Buch widmet sich vieler dieser Facetten. Ich bin den Autoren dankbar, dass sie den Fokus auf diese wichtige Ressource legen, die viele Menschen mitbringen, die Deutschland als neue Heimat gewählt haben und deren Kinder hier aufwachsen. Das Buch zeigt: Migration und damit auch Mehrsprachigkeit sind eine große Bereicherung für unser Land. Lassen wir uns auch in Zukunft positiv auf Veränderungen ein.

Allen Leserinnen und Lesern wünsche ich eine interessante Lektüre.

Düsseldorf, im Mai 2022

Dr. Joachim Stamp
(Stellvertretender Ministerpräsident des
Landes Nordrhein-Westfalen)

Seit Februar 2023 ist Dr. Joachim Stamp Sonderbevollmächtigter in der Bundesregierung für Migrationsabkommen.

1 Einleitung

1.1 Bedeutung der Migrationslinguistik in Deutschland

(1) P15: Also ich bin in iran geboren
ich werde in/ (.) am fünfzehnten oktober zwölf
ich kann/ also ich war mal auch sieben jahre in türkei
ich kann: türkisch sprechen (.) ich kann iranisch sprechen
ich kann deutsch sprechen (.) und englisch bin ich
noch nicht so perfekt aber lern noch in der schule (-) (Holzer demn.)

Wie dieses Beispiel eines minderjährigen unbegleiteten Flüchtlings zeigt, kann Migration zu vielfältigen Sprachkontakten führen. Das Mädchen, das zum Zeitpunkt des Interviews seit drei Jahren in Deutschland lebte, stammt ursprünglich aus dem Iran und ist in der Nähe von Teheran geboren. Ihre Eltern gehören der Minderheit der Hazaragi an und sind deshalb aufgrund von Diskriminierung und Verfolgung aus Afghanistan in den Iran geflohen. Als das Mädchen drei Jahre alt war, migrierte die Familie weiter aus dem Iran in die Türkei. Dort ist das Mädchen mit den Sprachen Farsi, das ihre Eltern seit der Geburt mit ihr gesprochen haben, sowie Türkisch, der Umgebungssprache, aufgewachsen. Im Alter von zehn Jahren kam das Mädchen schließlich nach Deutschland. Hier lernt sie seit drei Jahren Deutsch und zusätzlich noch Englisch in der Schule.

Das Beispiel zeigt den direkten Zusammenhang von Sprache und Migration auf. Mit der Zuwanderung einerseits und der weiter zunehmenden Mobilität in globalisierten Gesellschaften andererseits wächst auch die **Bedeutung der Migrationslinguistik**, die als innovatives Forschungsfeld sprachliche Aspekte der Migration interdisziplinär betrachtet. Hierzu zählen eine Reihe von Fragen, die sich mit Sprachwandelprozessen, Spracherwerbsformen, Spracherhalt und Sprachverlust sowie sprachsystematischen Aspekten auseinandersetzen. Des Weiteren werden auch soziolinguistische Perspektiven und der Zusammenhang von Sprache, Integration, Identität und sprachlicher Bildung in den Blick genommen. Die Erkenntnisse hieraus sind bedeutsam für eine moderne Integrations- und Sprachpolitik und haben damit eine unmittelbare Relevanz für politisches Handeln (vgl. Stehl 2011). Damit verbinden individuelle, gesellschaftliche, institutionelle sowie politische Handlungsfelder die Begriffe ‚Mehrsprachigkeit' und ‚Migration'.

Im Fokus dieser Einführung stehen die sprachlichen Auswirkungen von Migrationsbewegungen in die Bundesrepublik Deutschland und somit Immigrationsprozesse sowie Binnenmigration in größeren räumlichen Zusammenhängen wie der Europäischen Union. Dabei bildet das Deutsche den Ausgangspunkt der Untersuchung, das jedoch in einem mehrsprachigen Kontext mit unterschiedlichen Herkunftssprachen gesehen wird. Die Immigration in die Bundesrepublik Deutschland und deren soziale, wirtschaftliche und gesellschaftliche Folgen sind bereits in einer Reihe von Arbeiten beschrieben worden (z.B. Bade 2017; Herbert 2001; Oltmer 2017). Die Auswirkungen auf die deutsche Sprache sind jüngst in einer umfangreichen, diachron angelegten Untersuchung von Hünlich (2022) thematisiert worden.

Nach Hünlich (2022) ist der Beginn der systematischen Untersuchung des Zusammenhangs von Migration und Sprache in Deutschland mit dem sog. ‚Gastarbeiterdeutsch' verknüpft. Im Zuge des Wiederaufbaus und eines beginnenden Wirtschaftsaufschwungs nach dem Zweiten Weltkrieg warben eine Reihe westeuropäischer Länder, darunter Deutschland, Arbeitsmigranten[1] vor allem aus Südeuropa an (s. Kasten zur Anwerbung ausländischer Arbeitskräfte). Als Auslöser dieser Migrationsbewegung gelten somit ökonomische Gesichtspunkte. In Deutschland wird diese erste Phase der sog. ‚Gastarbeitermigration' in den Zeitraum der **1950er Jahre bis ins Jahr 1974** eingeordnet (eine ausführliche Darstellung hierzu findet sich bei Herbert 2001: 202–345). Der Großteil der ausländischen Arbeiter kam zunächst aus den romanischsprachigen Ländern. Dies änderte sich im Laufe der Zeit, bis Anfang der 1980er Jahre mehr als die Hälfte der Gastarbeiter aus der Türkei, Griechenland und dem damaligen Jugoslawien stammte (vgl. ebd.). Die meisten dieser Menschen kamen aus ländlichen Regionen und waren meist nicht oder nur sehr gering qualifiziert. Mit der Bezeichnung als ‚Gastarbeiter' war zunächst auch ein Fremdverständnis der einheimischen Bevölkerung verbunden, allerdings ebenso ein Selbstverständnis der Migrantinnen und Migranten. Die geteilte Erwartungshaltung lag darin, dass der Aufenthalt in Deutschland nicht auf Dauer angelegt sei. Allerdings traf dies auf die Wenigsten zu, da viele Gastarbeiter bereits in den 1970er Jahren ihre Familien nachholen konnten und schon die nächste Generation hier geboren wurde.

Anwerbung ausländischer Arbeitskräfte in Deutschland
Um die steigende Nachfrage nach Arbeitskräften in der Nachkriegszeit bedienen zu können, schloss Deutschland mit einer Reihe von Staaten Anwerbeverträge ab (vgl. Knortz 2008: 20):

- 1955 mit Italien
- 1960 mit Spanien und Griechenland
- 1961 mit der Türkei
- 1963 mit Marokko
- 1964 mit Portugal
- 1965 mit Tunesien
- 1968 mit Jugoslawien

---

1 Hier ist bewusst nur die männliche Form gewählt, da es sich bei den Arbeitsmigranten dieses Zeitraums unseres Wissens nahezu ausschließlich um Männer handelte. Dies gilt ebenso für die Verwendung des Begriffs ‚Gastarbeiter'.

Dass Politik und Gesellschaft die Dimension dieser Entscheidung zunächst nicht bewusst war, wird durch den aus den 1960er Jahren stammenden berühmt gewordenen Satz von Max Frisch offenkundig: „Man hat Arbeitskräfte gerufen, doch es kommen Menschen." (Vorwort zu Alexander J. Seiler: Siamo italiani – Die Italiener. Gespräche mit italienischen Arbeitern in der Schweiz. Zürich: EVZ 1965).

Insbesondere infolge der sich abschwächenden wirtschaftlichen Lage, die einen Höhepunkt in der Ölkrise von 1973 fand, sowie einem zunehmenden Unbehagen der deutschstämmigen Bevölkerung gegenüber den ausländischen Gastarbeitern, kam es zu einem Anwerbestopp (vgl. Herbert 2001: 224). Allerdings nahm der Ausländeranteil dennoch weiter zu. Familiennachzug und Kettenmigration führten dazu, dass Anfang der **1980er Jahre** ca. 4,5 Millionen nicht-deutschstämmige Menschen in der Bundesrepublik lebten, zu denen auch bereits sog. Aussiedlerfamilien aus Polen zählten (vgl. Hünlich 2022: 48, 117).

Die Bedeutung von Sprache und sprachlicher Bildung im Zusammenhang mit Migration wurde bereits in den 1970er Jahren erkannt. So wurde 1974 vom Bundesministerium für Arbeit und Sozialordnung, der Bundesanstalt für Arbeit, dem Deutschen Volkshochschul-Verband und verschiedenen Trägern der freien Wohlfahrtspflege der *Sprachverband Deutsch für ausländische Arbeitnehmer e.V.* gegründet, der als Zusammenschluss von 450 größeren und kleineren Institutionen Angebote zum Erlernen der deutschen Sprache bereitstellte (vgl. Reich 2010a). Ab 2003 wurden die Aufgaben vom *Bundesamt für die Anerkennung ausländischer Flüchtlinge*, heute dem *Bundesamt für Migration und Flüchtlinge* (BAMF), übernommen.

Der Trend eines steigenden Ausländeranteils nahm auch in den **1990er Jahren** weiter zu. Insbesondere migrierten dabei Menschen aus der ehemaligen Sowjetunion, also aus Russland und den GUS-Staaten, in die Bundesrepublik. Die Aussiedlermigration führte dazu, dass sich eine immer größer werdende russischsprachige Minderheit etablierte und die slawischen Sprachen generell an Bedeutung gewannen. Der Zeitraum ab den 1990er Jahren wird in der soziologischen Migrationsforschung häufig mit dem Begriff der ‚Superdiversität' beschrieben (vgl. Vertovec 2007). Das Ende des Kalten Krieges, die Öffnung der Binnengrenzen innerhalb Europas sowie die Jugoslawienkriege führten zu komplexen Migrationsprozessen, vor allem in urbane Einwandererviertel (vgl. Hünlich 2022: 7). Weiterhin wurden Anfang der 1990er Jahre rund eine halbe Million Asylanträge gestellt, und fünf Millionen Spätaussiedlerinnen und -aussiedler zogen in die Bundesrepublik Deutschland (vgl. Berend 2014). Darunter versteht man Zuwanderer und Zuwanderinnen mit deutscher Familiengeschichte, deren Vorfahren zu verschiedenen Zeitpunkten im 18. und 19. Jh. in das ehemalige Russische Zarenreich bzw. die Sowjetunion emigriert sind oder die in den ehemals deutschen Ostgebieten beheimatet waren. Diese Migrantengruppen sind deutscher Abstammung und haben zumindest teilweise noch eine Varietät der deutschen Sprache erlernt und/oder sind mit der deutschen Kultur aufgewachsen. Da sie aber in ihrem Alltag mit der umgebenden

Staatssprache konfrontiert sind, wie z. B. Russisch oder Polnisch, ist diese Sprache in der Regel die dominante Sprache und die einzige, die auch in der Schriftlichkeit erworben wurde.

So unterschiedlich wie die Gründe zur Migration waren, so verschieden waren die Gruppen hinsichtlich ihrer Herkunft und auch im Hinblick auf ihren Rechtsstatus. Obwohl also Mehrsprachigkeit und Migration in dieser Zeit von besonderer gesellschaftlicher Bedeutung waren, spiegelte sich dies nicht in einem steigenden sprachwissenschaftlichen Interesse wider (vgl. Hünlich 2022: 7).

Dies änderte sich mit Beginn des neuen Jahrtausends. Mit einer Zunahme an Publikationen nahm auch das Themenspektrum an Untersuchungen zu. So wandte man sich beispielsweise den sprachlichen Veränderungen der Jugendsprache türkischstämmiger Jugendlicher zu oder dem Zweitspracherwerb von Menschen mit slawischer Erstsprache. Schließlich bildet sich mit dem sog. ‚PISA-Schock' im Jahr 2001 ein neuer Forschungsschwerpunkt im Zusammenhang von Sprache und Migration. Die sich bereits in den TIMSS-Studien (vgl. Baumert et al. 1997, 2000) Ende der 1990er Jahre andeutenden starken herkunftsbedingten Kompetenzunterschiede zwischen Schülerinnen und Schülern mit und ohne sog. ‚Migrationshintergrund' wurden durch die erste PISA-Studie bestätigt und schließlich durch die schlechten Ergebnisse der DESI-Studie im Jahr 2005 noch verstärkt. Dies führte dazu, dass insbesondere der Erwerb des Deutschen als Zweitsprache im Kontext der Bildungsinstitutionen in den Fokus von Untersuchungen rückte. Charakteristisch für den Spracherwerb im Zusammenhang mit Migration war (und ist) vor allem die Zunahme an unterschiedlichen Sprachkonstellationen innerhalb der Familie (vgl. Harr et al. 2018).

Schließlich hat sich auch die Art der Immigration in die Bundesrepublik Deutschland gewandelt. Waren es zu Beginn vor allem eher unqualifizierte Arbeiter aus ländlichen Regionen, handelt es sich heute auch um hochqualifizierte Fachkräfte. Interessanterweise wird hier kaum von Migrantinnen und Migranten gesprochen, sondern von Zuwanderern (vgl. Avenir Suisse/Müller-Jentsch 2008) oder von internationalen Führungskräften. Die zunehmende Mobilität, etwa durch den ausgebauten Flugverkehr, führt außerdem dazu, dass der Kontakt zur Herkunftsregion oft bestehen bleibt. Unterstützt wird dies durch computergestützte Kommunikation sowie den Zugang zu den Sozialen Medien. Allerdings werden auch die Anforderungen, insbesondere an Arbeitsmigrantinnen und -migranten immer höher. So sind Sprachprüfungen zur Erlangung einer Arbeits- oder Aufenthaltserlaubnis oft die Regel und für eine Einbürgerung obligatorisch (vgl. Lüdi 2011: 16). Hieraus ergeben sich neue Forschungsfragen für die Migrationslinguistik wie beispielweise Aspekte des Sprachmanagements in internationalen Konzernen.

Ab Mitte der **2000er Jahre** ist in offiziellen Kontexten in Deutschland von einer Einwanderungsgesellschaft die Rede (vgl. Harr et al. 2018: 2). Der Übergang in ein verändertes Selbstverständnis der Gesellschaft (vgl. Mecheril 2016) wird auch durch das Inkrafttreten des sog. ‚Zuwanderungsgesetzes' zum 1. Januar 2005 deutlich. Die Akzeptanz der Wandlung hin zu einer multikulturellen und multiethnischen Gesellschaft ist jedoch ein Prozess, der bis heute anhält, wie immer wieder auftretende Debatten um den Begriff der ‚Leitkultur' zeigen. Auch die regelmäßige Forderung nach Deutsch als Familiensprache oder die zum Teil negative Wahrnehmung ausländischer Akzente im gesprochenen Deutsch (vgl. Gärtig et al. 2010: 243 f.) machen deutlich, dass die Normalität einer mehrsprachigen Gesellschaft noch nicht bei allen Menschen verankert ist. Obwohl die im 19. Jh. vorherrschende Sicht einer „nationalsprachlichen Monoglossie" (Mihm 2010: 12) als überholt gilt, wird Sprache auch heute noch häufig als Differenzmerkmal wahrgenommen. Für die Überwindung dieser Sicht spielt gelungene Integration eine zentrale Rolle. Dabei verstehen wir Integration als einen gesamtgesellschaftlichen Prozess, der sowohl Migrantinnen und Migranten als auch die einheimische Bevölkerung umfasst. Damit ist eine gegenseitige Annäherung notwendig, die im Hinblick auf Sprache zum einen den Erwerb der Aufnahmesprache erfordert, aber zum anderen auch die Anerkennung und Förderung der Herkunftssprache einschließt. Dies sollte sich auch, und zwar nicht nur programmatisch, in den Bildungsinstitutionen widerspiegeln. Wie im Geleitwort zu diesem Buch deutlich wurde, können Herkunftssprachen als Ressource gesehen werden, die es unbedingt zu pflegen und zu fördern gilt.

Migrationslinguistik verstehen wir vor diesem Hintergrund immer auch als eine **Mehrsprachigkeitslinguistik** (vgl. Lüdi 2011: 33), der vor allem zwei zentrale Aufgaben zukommen: Zum einen gilt es, die theoretische Weiterentwicklung des Verständnisses von Mehrsprachigkeit im Migrationskontext voranzutreiben. Neben der Analyse von Sprachsystemen und deren Veränderung sowie Wechselwirkungen zueinander steht hierbei auch die Frage des Erwerbs neuer Sprachen unter ganz unterschiedlichen Voraussetzungen im Fokus. Zum anderen fällt der Migrationslinguistik vor dem Hintergrund einer angewandten Sprachwissenschaft auch die Aufgabe zu, Handlungsorientierung für aktuelle Fragen und Herausforderungen von Mehrsprachigkeit und Migration zu liefern. Dies gilt insbesondere für den Bereich der Bildungsinstitutionen, aber auch für den Umgang mit Mehrsprachigkeit in der Arbeitswelt. Schließlich ist der Zusammenhang von Sprache und Migration auch durch die aktuelle und anhaltende Fluchtmigration nach Deutschland relevanter denn je. Insbesondere durch den seit 2011 anhaltenden Bürgerkrieg in Syrien und durch den russischen Überfall auf die Ukraine zu Beginn des Jahres 2022 suchen erneut und vermehrt Menschen Schutz vor Krieg und Ausbeutung in Europa.

1.2 Methodische Herangehensweisen

Zum Grundverständnis der Migrationslinguistik gehört eine **empirische Arbeitsweise**. Aussagen über den Zusammenhang von Sprache und Migration werden auf der Grundlage von Daten getätigt. Diese können ebenso vielfältig sein wie die Methoden, die dazu dienen, diese Daten zu erheben.

Im Grunde teilt sich die Migrationslinguistik das methodische Vorgehen mit anderen Disziplinen wie der Soziolinguistik, Variationslinguistik, Spracherwerbsforschung und

Kontaktlinguistik. In diesem Zusammenhang werden etwa im Bereich soziolinguistischer Herangehensweisen narrative Interviews geführt, um die Sprachbiographien der Migrantinnen und Migranten zu erfassen oder die Identitätsbildung zu eruieren (vgl. Holzer demn.). Auch quantitative Methoden wie Fragebogenerhebungen werden eingesetzt, um Spracheinstellungen, Sprachgebrauch und die Einschätzung von verschiedenen Sprachen und Varietäten zu erfassen (vgl. Eichinger et al. 2009). Ebenfalls soziolinguistisch motiviert sind Umfragen wie etwa *home language surveys*, die mithilfe von Fragebogendaten die Familiensprachen von Schülerinnen und Schülern erheben (vgl. Brizić/Hufnagl 2011; Extra/Yağmur 2004).

Variationslinguistische Forschungsansätze konzentrieren sich v. a. auf die unterschiedlichen Varietäten von Herkunftssprachen und Umgebungssprachen. Die dominierende Methode ist hier die quantitative Analyse natürlicher Sprachdaten, die in einem Korpus gesammelt werden (vgl. Riehl 2018a: 18–22).

In der **Spracherwerbsforschung** kommen eine Reihe von sehr unterschiedlichen Methoden zur Anwendung, von den klassischen Tagebuchstudien und Elternfragebögen, über experimentelle Ansätze wie das *Eyetracking* bis hin zu modernen neurowissenschaftlichen Verfahren (für eine Übersicht s. Blume/Lust 2017). Dabei ist es keinesfalls so, dass die neuen Verfahren den älteren überlegen sind. Stattdessen hängt es primär vom Untersuchungsgegenstand ab, welche Methode die zielführende ist. Einen Meilenstein der Spracherwerbsforschung stellt das internationale Projekt CHILDES (*Child Language Data Exchange System*) dar, welches durch Brian MacWhinney begründet wurde und eine frei zugängliche Online-Datenbank mit mehr als 300 Sprachkorpora mit den verschiedensten Sprachkonstellationen enthält.

Methoden der Kontaktlinguistik umfassen etwa die Beobachtung der mehrsprachigen Performanz in einer konkreten Kontaktsituation, z. B. in Form von Sprachmischung und die Interpretation der soziolinguistischen Ursachen. Weiter kann ebenfalls ein Korpus von natürlichen Sprachdaten nach der Art der Integration von Kontaktphänomenen untersucht werden. Schließlich kann man auch aus einer diachronen Perspektive die Langzeiteffekte des Sprachkontakts untersuchen und damit den kontaktinduzierten Sprachwandel (vgl. Ptashnyk 2016: 68). Das ist v. a. der Fall, wenn man bestimmte Diasporavarietäten einer Sprache analysiert (vgl. Krefeld 2004).

Die traditionellen Methoden aus den erwähnten Disziplinen sollten aber noch ergänzt werden durch mobilitätsbedingte Einflussfaktoren, d. h. es gilt Mobilität als sprachdynamischen Prozess zu erfassen und dessen Auswirkungen auf die unterschiedlichen Bereiche von Sprache zu berücksichtigen (vgl. Stehl 2011: 43). In diesem Sinne kann eine **pragmalinguistische Analyse** der sprachlichen Repertoires sowohl der Migrantengemeinschaft als auch der mehrsprachigen Gemeinschaft von zugewanderten und autochthonen Sprecherinnen und Sprechern des Ziellandes erfolgen. Hierbei wird das kommunikative Handeln von Sprecherinnen und Sprechern in einer bestimmten Situation beschrieben und die Phänomene werden im Hinblick auf ihre kommunikativen Funktionen analysiert (ebd.: 44).

In der Migrationslinguistik lässt sich seit ihren Anfängen eine **methodische Verschiebung** feststellen: Während die migrationslinguistische Forschung in den 1970er und 1980er Jahren quantitativ und strukturalistisch-variationslinguistisch geprägt war (v. a. mit den Untersuchungen zum Gastarbeiterdeutsch und den Spracherwerbsprozessen bei Kindern und Jugendlichen), überwiegen seit den 1990er Jahren eher qualitative ethnographische und interaktionsanalytische Ansätze, etwa zur Identitätsbildung (vgl. Keim 2012) oder zur Herausbildung von Sprechweisen bei Migrantenjugendlichen (vgl. Hünlich 2022: 8).

1.3 Aufbau des Buches

Dieses Buch führt in das Thema der Migrationslinguistik und die unterschiedlichen Themenfelder ein. Hierzu werden zunächst in **Kapitel 2** die wichtigsten Aspekte der Themenfelder vorgestellt und erläutert: Migration und Mehrsprachigkeit. Mit einer Begriffsbestimmung von Migration wird ein wesentlicher Rahmen des Forschungsfeldes abgesteckt. Hierbei erfolgt neben einer allgemeinen Definition von Migration auch eine Darstellung der unterschiedlichen Formen von Migration wie Arbeits-, Bildungs- oder Fluchtmigration. In der sich anschließenden Diskussion des Begriffs ‚Mehrsprachigkeit' wird der Einfluss der Dynamik von Migration auf Sprache betrachtet. Im anschließenden **Kapitel 3** werden die verschiedenen Formen mehrsprachiger Gesellschaften dargestellt und es wird dabei besonders auf die Situation in Deutschland eingegangen. Hierzu werden die unterschiedliche Stellung von Minderheiten, die hier heimisch sind, und von migrantischen Gruppen, die in der zweiten Hälfte des 20. Jh. zugewandert sind, diskutiert. In diesem Zusammenhang werden die verschiedenen Minderheiten und einige Einwanderergruppen exemplarisch vorgestellt.

Die folgenden Kapitel beschäftigen sich mit dem Erwerb, Erhalt und Verlust von Sprachen in der Migrationsgesellschaft. **Kapitel 4** rückt dabei den Erwerb individueller Mehrsprachigkeit im Kontext von Migration in den Fokus. Menschen können auf verschiedenen Wegen mehrsprachig werden: So können mehrere Sprachen von Geburt an erworben werden, oder eine weitere Sprache tritt versetzt, in der frühen Kindheit, hinzu. Auch Erwachsene, insbesondere im Migrationskontext, lernen häufig weitere Sprachen. Die Erwerbsverläufe aber auch die Resultate des Spracherwerbs im Sinne der erlangten Kompetenz sind dabei höchst individuell. Darauf geht besonders **Kapitel 5** ein, das den erwachsenen Erwerb einer Zweitsprache anhand von verschiedenen Theorien und Modellen erläutert. Vor allem der Begriff der ‚Lernersprache' und die damit verbundene Sicht auf den Zweitspracherwerb sind in diesem Kontext bedeutsam. Ein weiterer Schwerpunkt liegt auf gebrauchsbasierten Ansätzen, deren Ziel es ist, Entwicklungswege hin zu einer Grammatik aufzuzeigen, die durch den Sprachgebrauch erworben und geformt wird. Vor allem individuelle Unterschiede im Sprachsystem von Lernerinnen und Lernern scheinen hierbei zentral zu sein. **Kapitel 6** widmet sich dann den sprachlichen Generationen von Herkunftssprachen-Sprechern und dem Erwerb der Herkunftssprache. Hier werden die unterschiedlichen Voraussetzungen der

Eltern ebenso diskutiert, wie die verschiedenen Erwerbsbedingungen der zweiten und dritten Generation. Ein besonderes Augenmerk wird auf den Aspekt der Sprachvitalität und auf das sprachliche Kapital gelegt, das von einer Generation an die nächste weitergegeben wird.

In den folgenden Kapiteln werden die eigentlichen Sprachprozesse aufgezeigt, d.h. wie Migrantinnen und Migranten mit ihrem Gesamtsprachrepertoire umgehen. Darüber hinaus wird der Einfluss von Migration auf Sprachsysteme thematisiert, indem erläutert wird, wie sich Sprachen in multilingualen Gesellschaften oder bei mehrsprachigen Individuen wechselseitig beeinflussen. **Kapitel 7** vermittelt dazu grundlegende Begriffe wie ‚Code-Switching', ‚Code-Mixing' und ‚Transfer' und erläutert diese anhand von Beispielen. In **Kapitel 8** werden dann die eigentlichen Sprachmischungsprozesse aufgezeigt. Hierbei werden neben aktuellen Theorien und Modellen zu deren Beschreibung und Erklärung auch typische Funktionen von Sprachmischungen vorgestellt.

Kapitel 9 und 10 widmen sich dem Einfluss der Migration auf die Sprachsysteme, d.h. wie einerseits die Sprache des Aufnahmelandes die Herkunftssprache beeinflusst und wie andererseits Migrantensprachen Sprachwandelprozesse in der Sprache der Aufnahmegesellschaft bewirken können. Dazu wird zunächst in **Kapitel 9** der Begriff ‚Diasporavarietät' erläutert und danach werden die Besonderheiten in der Entwicklung dreier Herkunftssprachen, nämlich des Russischen, Türkischen und Italienischen, dargestellt. Davon ausgehend wird gezeigt, welche gemeinsamen Entwicklungen die unterschiedlichen Sprachen unter dem Einfluss der Kontaktsprache Deutsch durchlaufen und es wird diskutiert, warum die Herausbildung einer eigenen Diasporavarietät problematisch erscheint. Schließlich thematisiert **Kapitel 10** den Einfluss der Migration auf die Entwicklung des Deutschen: Dabei wird einmal das Deutsche der ersten Generation am Beispiel des Gastarbeiterdeutsch kurz erläutert und danach eine besondere Varietät der zweiten und dritten Generation, nämlich der Ethnolekt, beschrieben. Anhand dieser Varietät wird gezeigt, wie sich die Sprache der Aufnahmegesellschaft durch den Einfluss dieser Varietäten wandeln kann.

Mit Kapitel 11 und 12 rücken stärker soziolinguistische Fragen in den Fokus, die sich mit der Beziehung von Sprache und Migration auseinandersetzen. Schwerpunkt von **Kapitel 11** bildet die Untersuchung des Zusammenhangs von Lebensläufen und sprachlichen Identitätskonstruktionen im Kontext von Migration. Hier soll vor allem gezeigt werden, inwiefern Migration zu Brüchen in der Sprachbiographie führen kann und Sprache als Positionierungsstrategie eingesetzt wird. In **Kapitel 12** stehen dann die sprachliche Repräsentation von Migration sowie auch die Zugänglichkeit von Herkunftssprachen im öffentlichen Raum im Zentrum der Betrachtung. Es wird erläutert, wie der Sprachgebrauch innerhalb einer Gesellschaft oder verschiedenen Gesellschaftsgruppen durch sprachplanerische und sprachpolitische Maßnahmen beeinflusst werden kann. Darüber hinaus wird aufgezeigt, dass auch Sprecherinnen und Sprecher ständig Teil von Sprachmanagemententscheidungen und -prozessen sind, die im Migrationskontext Auswirkungen auf ihre jeweiligen Sprachen nehmen.

Anhand von Beispielen aus der *Linguistic-Landscape*-Forschung wird abschließend verdeutlicht, wie man die Sichtbarkeit von Sprachen in der Öffentlichkeit dokumentieren und analysieren kann.

Kapitel 13 und 14 setzen sich schließlich mit Fragen von Bildungschancen und Bildungsgerechtigkeit im Kontext von Migration und Sprache auseinander. Hierzu werden in **Kapitel 13** zunächst die Ungleichheiten im Bildungserwerb von Kindern und Jugendlichen mit Zuwanderungshintergrund und die bildungspolitischen Maßnahmen zum Abbau von Bildungsbenachteiligung thematisiert. Dabei werden die relevanten Faktoren, die als Ursachen und Erklärungsansätze zur Entstehung und Aufrechterhaltung bildungsspezifischer Ungleichheiten angeführt werden können, diskutiert. Schließlich werden auch die bildungspolitischen Anstrengungen zur Früherkennung und Prävention von Bildungsmisserfolgen in den Blick genommen. Die Ausführungen von **Kapitel 14** zeigen die Herausforderungen, vor denen unser Bildungssystem im Hinblick auf Migration steht. Zum einen wird auf die Förderung der Zielsprache Deutsch und deren Rolle für gelingende Bildungsprozesse genauer eingegangen. Zum anderen widmet sich das Kapitel auch der Förderung der Herkunftssprache und setzt sich genauer mit dem Integrationskurs auseinander. Das Schlusskapitel verdeutlicht damit noch einmal die zentrale Rolle, die Sprache für gelingende Bildungsprozesse, Integration und damit die gesellschaftliche Teilhabe im Kontext von Migration einnimmt. Dabei sollte die Förderung der Zielsprache Deutsch und der jeweiligen Herkunftssprache(n) gleichermaßen in den Blick genommen werden.

Die Darstellungen in den einzelnen Kapiteln werden durch Übungsaufgaben ergänzt, die online verfügbar sind und – einschließlich der Lösungsvorschläge – unter https://www.narr.de/Migrationslinguistik-18517-1 abgerufen werden können.

In diesem Buch plädieren wir nicht nur für eine Gleichberechtigung der Sprachen, sondern sind auch um die Gleichberechtigung der Geschlechter gleichermaßen bemüht. Da wir aber Darstellungen mit Sonderzeichen oder Binnen-I aus ästhetischen Gründen ablehnen, haben wir uns für Beidnennungen entschieden. Bei komplexeren Konstruktionen sowie Komposita und Wiederholungen wählen wir der Lesbarkeit halber eine Gendervariante. Selbstverständlich ist die andere damit immer mitgemeint.

2 Aspekte der Migrationslinguistik

In diesem Kapitel wollen wir uns mit zwei grundlegenden Begriffen der Migrationslinguistik auseinandersetzen, nämlich ‚Migration' und ‚Mehrsprachigkeit'. Neben der Klärung der Begriffe werden auch einige grundlegende Aspekte der beiden Themenfelder in den Fokus genommen, wie etwa die unterschiedlichen Formen der Migration oder die verschiedenen Formen von Mehrsprachigkeit, je nachdem ob man sie im Alltag oder im schulischen Kontext erwirbt (lebensweltliche vs. bildungsbezogene Mehrsprachigkeit). Weitere Begriffe, die in diesem Zusammenhang geklärt werden, sind ‚Herkunftssprache' und ‚Sprachkontakt'.

2.1 Migration

2.1.1 Der Begriff ‚Migration'

Der Begriff ‚Migration' stammt aus dem Lateinischen (*migratio*) und bedeutet so viel wie (Aus-)Wanderung oder Umzug. Ganz allgemein spricht man von Migration, wenn Menschen ihren Lebensmittelpunkt dauerhaft verändern (vgl. Treibel 2020: 3). Wichtig ist dabei die Distanz zwischen dem bisherigen und dem neuen Lebensmittelpunkt und auch die Dauer des Aufenthalts am neuen Ort. Damit ist Migration gleichzusetzen mit Mobilität und sagt zunächst nichts über die Ursachen aus, die zu dieser Mobilität führen. Der Prozess der Migration ist dabei stets ergebnisoffen, indem das Wanderungsergebnis nicht immer der Wanderungsintention entspricht. Darüber hinaus sind auch längere Aufenthalte an Zwischenzielen häufig, sowie zirkuläre Bewegung oder sogar Rückwanderungen (vgl. Oltmer 2019: 24 f.; → Kap. 2.1.4). Die permanente Niederlassung an einem neuen Ort ist damit nur ein mögliches Ergebnis von Migration. Dies lässt sich am Beispiel der Gastarbeiter in Deutschland veranschaulichen. Von den ca. 14 Millonen Arbeitsmigranten, die vom Ende der 1950er Jahre bis 1973 in die Bundesrepublik migrierten, kehrte ein Großteil wieder in ihre Herkunftsländer zurück (vgl. Münz et al. 1997: 35–42).

Findet Mobilität innerhalb eines Landes statt, spricht man von Binnenmigration. Diese bildet im Grunde die moderne Arbeitsgesellschaft ab und wird als solches in der Regel nicht problematisiert (vgl. Müller 2020: 26). In Ländern, die sich nicht als Einwanderungsland begreifen (wollen), werden unterschiedliche Begriffe bemüht (‚Migrant', ‚Zuwanderer', ‚Menschen mit Migrationshintergrund'), die für Menschen verwendet werden, die nicht ursprünglich dort heimisch waren, sondern ihren Lebensmittelpunkt dorthin verlagert haben. Dem Begriff ‚**Migrationsgesellschaft**' ist hingegen immanent, dass er Migration als etwas Positives versteht und ihn als wesentlichen Motor gesellschaftlicher Modernisierungsprozesse begreift (vgl. Foroutan/Ikis 2016). Häufig jedoch wird Migration problematisiert, obwohl sie eine Selbstverständlichkeit moderner Gesellschaften ist und „notwendig, um gesellschaftliche Dynamik und soziales Innovationspotential zu erhalten und zu entfalten“ (Müller 2020: 34). So benötigt etwa der Arbeitsmarkt Migration, weil globale Unternehmen nicht auf lokale Arbeitsmärkte setzen können und wollen. Sie greifen weltweit auf die Expertisen der Menschen zurück. Auch in Deutschland wird diese Debatte unter dem Stichwort des Fachkräftemangels bereits lange geführt. Insbesondere große internationale Konzerne, aber auch wissenschaftliche Einrichtungen sind stark auf international erfahrenes, mehrsprachiges Personal angewiesen. Während die grenzüberschreitende Arbeitsmigration in Abhängigkeit der Qualifikation der Migrantinnen und Migranten als gewinnbringend oder belastend wahrgenommen wird, gilt **Binnenmigration** als etwas Selbstverständliches. Innerhalb der Europäischen Union wird hier mit dem Begriff ‚Freizügigkeit‘ operiert (vgl. ebd: 35). Das bedeutet, dass Bürgerinnen und Bürger der Europäischen Union jederzeit in jedes andere EU-Land einwandern können, um dort zu arbeiten oder auch Arbeit zu suchen. 2021 wanderten im Zuge dieser Freizügigkeit 581.699 EU-Staatsangehörige nach Deutschland ein, das sind ca. 64 % der insgesamt einwandernden Bürgerinnen und Bürger (vgl. BMI/BAMF 2023: 38).

Durch die Benennung von Migrantinnen und Migranten und auch ihrer Nachkommen wird eine **fortwährende Differenz** bewusst erzeugt und reproduziert (vgl. Foroutan/Ikis 2016: 139 f.). Menschen mit einem sog. Migrationshintergrund (s. Kasten zum Migrationshintergrund) erfahren oft Ablehnung oder werden benachteiligt, sowohl auf dem Arbeitsmarkt, in gesellschaftlichen Führungsrollen und teilweise bereits in den Bildungsinstitutionen. Diese Auseinandersetzungen drehen sich vor allem um die Fragen nach Assimilation, Akkulturation und Integration und somit um das Spannungsverhältnis von kulturellem, gesellschaftlichem und identitätsbezogenem Erhalt und Wandel.

Migrationshintergrund

In Deutschland ist die Zuschreibung des Migrationshintergrundes relativ kompliziert. Zunächst hat eine Person einen Migrationshintergrund, wenn sie selbst oder mindestens ein Elternteil die deutsche Staatsangehörigkeit nicht von Geburt an besitzt. Dies betrifft unterschiedliche Gruppen, die wie folgt differenziert werden können (vgl. Statistisches Bundesamt 2023: 5).

- Zugewanderte und nicht zugewanderte Ausländerinnen und Ausländer
- Zugewanderte und nicht zugewanderte Eingebürgerte
- (Spät-)Aussiedlerinnen und -aussiedler
- Durch Adoption eines deutschen Elternteils erlangte Staatsangehörigkeit
- Kinder, die durch Geburt die deutsche Staatsangehörigkeit haben und zu einer der vier genannten Gruppen gehören

Ausgenommen von dieser Defintion sind die Vertriebenen des Zweiten Weltkriegs. Gemäß des Bundesvertriebenengesetzes liegt hier ein gesonderter Status vor.

Auch Menschen, die im Ausland mit deutscher Staatsagehörigkeit geboren werden und deren Eltern beide die deutsche Staatsangehörigkeit besitzen, haben keinen Migrationshintergrund (vgl. ebd.).

Die **Verteilung von Menschen mit Migrationshintergrund** innerhalb Deutschlands ist dabei sehr unterschiedlich, wie Abbildung 1 veranschaulicht:

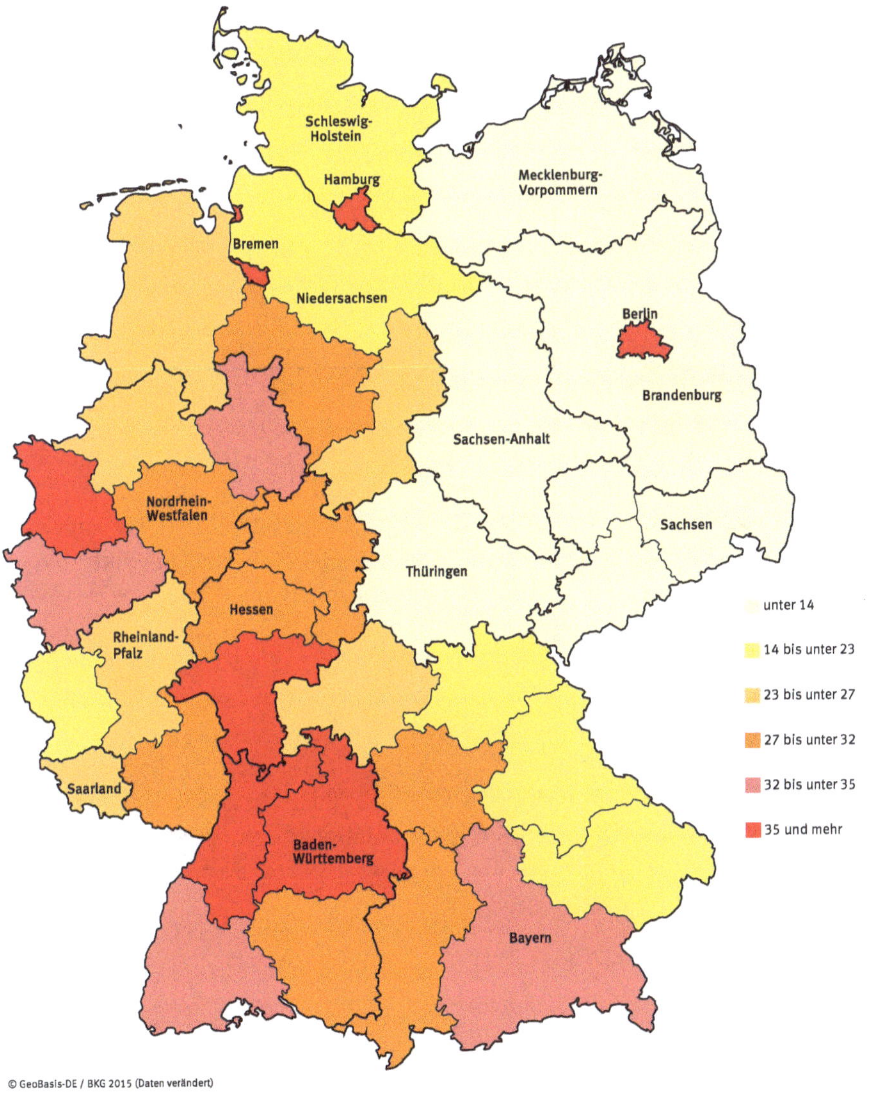

Abb. 1: Anteil der Personen mit Migrationshintergrund 2021 in (ehemaligen) Regierungsbezirken in Prozent (Statistisches Bundesamt 2023: 28).

Wie die Karte zeigt, ist der Anteil von Menschen mit Migrationshintergrund nicht überall in Deutschland gleich. Insbesondere in den neuen Bundesländern liegt der Anteil zum Teil deutlich unter dem des Gebiets der ehemaligen Bundesrepublik. Eine Ausnahme hiervon stellt Berlin dar, wie die dunklere Einfärbung verdeutlicht: Hier leben im Vergleich zur Gesamtbevölkerung deutlich mehr Menschen mit Migrationshintergrund als es in den umliegenden Kreisen der Fall ist. Im früheren Bundesgebiet gilt dies vor allem für die Ballungsräume wie das Rhein-Main-Gebiet, das Ruhrgebiet sowie die Großräume Stuttgart, Hamburg, Bremen und München.

2.1.2 Bevölkerung mit Migrationshintergrund in Deutschland

Zwischen 2010 und 2020 migrierten insgesamt 15,4 Millionen Menschen nach Deutschland. Das Jahr 2015 markiert laut Statistischem Bundesamt dabei den vorläufigen Höhepunkt des Zuzugs von Migrantinnen und Migranten seit Bestehen der Bundesrepublik. So kamen 2.137.000 Menschen nach Deutschland, während im selben Jahr 998.000 Personen das Land verließen. Hieraus ergibt sich eine Nettomigration von über einer Millionen Menschen (1.139.402). Für das Jahr 2021 ergibt sich eine **Nettomigration** von 329.163 Menschen, was im Vergleich zum Vorjahr einen Rückgang von 11,5 % bedeutet. Damit ist die Nettomigration vergleichbar mit den Zahlen von 2019 vor der Corona-Pandemie: Damals betrug die Nettomigration 327.060 (vgl. BMI/BAMF 2023: 12).

Anders verhält sich die Entwicklung im Hinblick auf Personen mit Migrationshintergrund. Hier zeigt sich ein deutlicher Zuwachs: Waren es im Jahr 2015 noch 17,1 Millionen Menschen, die einen Migrationshintergrund besaßen, so stieg die Zahl im Jahr 2021 bereits auf 22,6 Millionen und damit auf 27,5 % der Bevölkerung in Deutschland (vgl. Statistisches Bundesamt 2023: 65). Ein Blick auf die Altersstruktur der Bevölkerung mit und ohne Migrationshintergrund aus dem Zensus des Jahres 2021 (s. Tab. 1) verrät schnell, dass sich die **gesellschaftliche Zusammensetzung der Bundesrepublik** in den kommenden Jahrzehnten weiter wandeln wird. So haben in der Altersgruppe der 0–5-Jährigen sowie 5–10-Jährigen bereits mindestens 40 % einen Migrationshintergrund. Blickt man darüber hinaus gezielt in die Großstädte und Ballungsregionen, so ergeben sich noch höhere Zahlen. Insbesondere die junge Bevölkerungsgruppe könnte somit mehrsprachig aufzuwachsen. Diese Chance stellt allerdings gerade die Bildungsinstitutionen, von der Kita bis zur weiterführenden Schule, vor große Herausforderungen.

Bevölkerung in Privathaushalten nach Alter	*Bevölkerung 2021 in Prozent*	
	ohne Migrationshintergrund	**mit Migrationshintergrund**
gesamt	72,5	27,5
0–5 Jahre	59,2	40,8
5–10 Jahre	59,7	40,3
10–15 Jahre	60,1	39,9
15–20 Jahre	63,3	36,7
20–25 Jahre	66,0	34,0
25–35 Jahre	65,8	34,2
35–45 Jahre	64,9	35,1
45–55 Jahre	72,3	27,7
55–65 Jahre	82,1	17,9
65–75 Jahre	83,6	16,4
75–85 Jahre	88,8	11,2
85–95 Jahre	90,6	9,4
95 Jahre und mehr	91,0	(9,0)

Tab. 1: Alterstruktur der Bevölkerung mit und ohne Migrationshintergrund in Prozent in Deutschland (Tab. adaptiert vom Zenus zum Jahr 2021. Statistisches Bundesamt 2023: 39).

Anhand von Abbildung 2 ist ersichtlich, dass im Jahr 2021 über die Hälfte der Menschen mit Migrationshintergrund (52,7 % bzw. 11,8 Millionen) deutsche Staatsbürgerinnen bzw. Staatsbürger waren. Hiervon haben ca. zwei Fünftel eine eigene Migrationserfahrung (5,1 Millionen bzw. 43,3 %). Darunter fallen 2,7 Millionen Spätaussiedlerinnen und Spätaussiedler, 385.000 Menschen, die als Deutsche geboren sind, 76.000 Personen, die von einem deutschen Elternteil adoptiert wurden, sowie 2,0 Millionen Eingebürgerte. Der Großteil der Menschen ohne eigene Migrationserfahrung und mit Migrationshintergrund besaß die deutsche Staatsangehörigkeit von Geburt an (6,0 Millionen).

47,3 % (10,6 Millionen) der Personen, die 2021 nach Deutschland zugewandert sind, hatten eine ausländische Staatsangehörigkeit. Hiervon bildeten Personen mit eigener Migrationserfahrung die größte Gruppe von Menschen mit Migrationshintergrund (39,8 % bzw. 8,9 Millonen). 7,5 % (bzw. 1,7 Millionen) der ausländischen Staatsangehörigen mit Migrationshintergrund wurden in Deutschland geboren und hatten somit keine eigene Migrationserfahrung (vgl. BMI/BAMF 2023: 145).

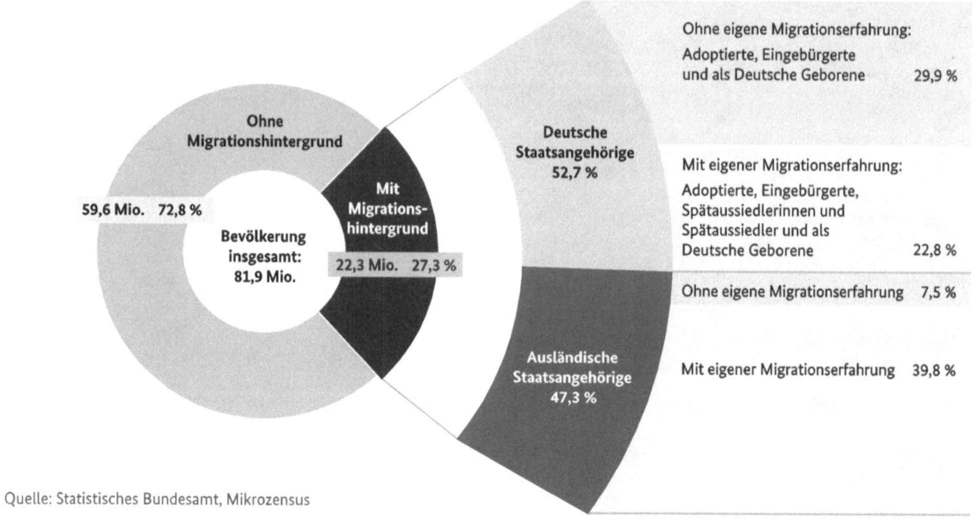

Abb. 2: Menschen mit Migrationshintergrund in Deutschland im Jahr 2021 (BMI/BAMF 2023: 145).

Ungefähr zwei Drittel (62,3 %) der Menschen mit Migrationshintergrund sind aus einem anderen europäischen Land migriert (33,5 % aus EU-Staaten, 28,8 % aus sonstigen europäischen Staaten). Als zweitwichtigste Herkunftsregion folgt Asien (22,7 %). Deutlich geringere Anteile stellen Personen aus afrikanischen Staaten (4,8 %) und aus Amerika, Australien und Ozeanien (zusammen 3,1 %) (vgl. ebd.: 149 f.).

Die wichtigsten Herkunftsländer der ausländischen Bevölkerung in Deutschland sind die Türkei (12,3 %) und Polen (9,8 %). Aufgrund des russischen Überfalls auf die Ukraine im Februar 2022 wächst derzeit auch die Zahl der Menschen mit ukrainischem Migrationshintergrund deutlich. Abbildung 3 gibt eine Übersicht über die Personen mit Migrationshintergrund in Deutschland nach den häufigsten Geburtsländern im Jahr 2021.

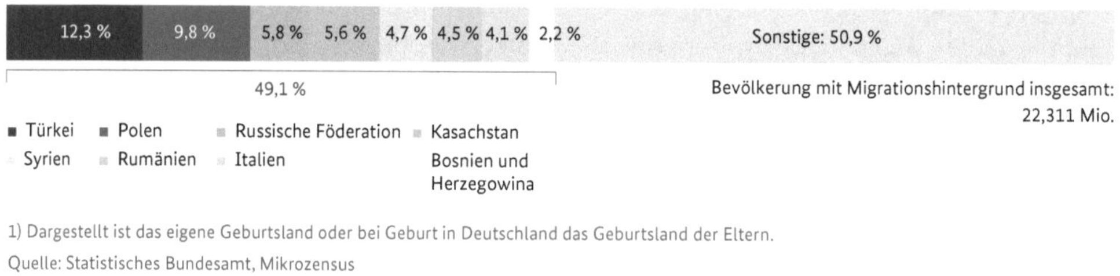

Abb. 3: Personen mit Migrationshintergrund nach den häufigsten Geburtsländern im Jahr 2021 (BMI/BAMF 2023: 148).

2.1.3 Typen von Migration

Migrantinnen und Migranten in Deutschland kommen aus mehr als 50 Herkunftsländern und haben daher einen völlig heterogenen Hintergrund (vgl. Statistisches Bundesamt 2021). Sie lassen sich nach den folgenden **Kriterien** unterscheiden:

- Nationalität und Herkunftsländer
- Aufenthaltsdauer
- Ausbildung und berufliche Qualifikation
- Aufenthaltstitel
- Migrationsursache

Die **Motive** zur Migration sind in der Regel vielschichtig und nicht monokausal. Häufig handelt es sich um wirtschaftliche, politische, soziale, religiöse und persönliche Beweggründe, die in verschiedenen Konstellationen mit jeweils unterschiedlicher Gewichtung eng miteinander verknüpft sind (vgl. Oltmer 2019: 25 f.). Dennoch wird Migration häufig nach verschiedenen Ursachen oder Motiven differenziert.[2] Diese Differenzierung erfolgt allerdings nicht einheitlich, sodass sich unterschiedliche Kategorisierungen finden lassen (vgl. Han 2016; Oltmer 2017, 2019; Petersen 1958). Der Migrationsbericht des Jahres 2019 des Bundesamts für Migration und Flüchtlinge unterscheidet die folgenden **Zuwanderungsgruppen** (vgl. BMI/BAMF 2020: 5):[3]

- Erwerbsmigration (inklusive hochqualifizierter Fachkräfte mit beruflicher und akademischer Ausbildung sowie Wissenschaftlerinnen und Wissenschaftlern)
- Bildungsmigration (Ausländische Studierende, Schulbesuche, sonstige Ausbildungszwecke)
- Humanitäre Migration (insbesondere Flucht und Asyl)
- Migration aus familiären Gründen (Familiennachzug)
- Migration aus weiteren aufenthaltsrechtlichen Gründen
- Spätaussiedlerinnen und Spätaussiedler
- Zuwanderung von deutschen Staatsangehörigen
- Irreguläre Migration (illegale Migration)

Die **häufigsten Ursachen** für Migration sind die Arbeitsmigration sowie aktuell die humanitäre oder Fluchtmigration. Diese werden im Folgenden erläutert, bevor auf weitere Typen der Erwerbsmigration eingegangen wird.

---

2 Schmidt K. (2020) weist in diesem Zusammenhang auf die negativen Konsequenzen in Folge von Migrationstypisierungen hin, die zu Stigmatisierung von Migrantinnen und Migranten führen können.

3 Ein zusätzlicher und in Zukunft weiter an Bedeutung gewinnender Grund für Migrationsbewegungen ist auch der voranschreitende Klimawandel (s. World Migration Report 2022).

2.1.3.1 Fluchtmigration

Die Fluchtmigration hat in Deutschland v.a. **ab 2014 erheblich an Bedeutung gewonnen**, als der seit 2011 anhaltende Bürgerkrieg in Syrien eine Flüchtlingswelle auslöste. Schätzungen zufolge kamen 2015 etwa 890.000 syrische Flüchtlinge nach Deutschland, bei denen vor allem Arabisch als Erstsprache vorherrschte (vgl. Hünlich et al. 2018: 8f.). Allerdings ist ein Teil von ihnen auch zweisprachig aufgewachsen z.B. mit Arabisch und Kurdisch. Durch den russischen Überfall auf die Ukraine zu Beginn des Jahres 2022 suchen erneut und vermehrt Menschen Schutz in Deutschland oder anderen europäischen Ländern. Bis Anfang Juni des Jahres 2023 wurden ca. 1.069.730 ukrainische Flüchtlinge in Deutschland gezählt (vgl. Statista 2023).

Die hohen Antragszahlen auf Asyl und häufig langwierigen Prozesse, die Gerichtsverfahren, Prüfungen von Abschiebungshindernissen oder Verfahren zur Aufenthaltssicherung aufgrund von Integrationsleistungen umfassen können, führen oft zur Verzögerung der rechtlichen Entscheidungsprozesse. Mehrjährige Wartezeiten, in denen die Möglichkeit eines selbstbestimmten Lebens nur sehr eingeschränkt gegeben ist, sind daher oft die Regel. Dies hat auch Auswirkungen auf das Deutschlernen. Häufig besteht bis zur Anerkennung des Verfahrens kein Rechtsanspruch auf einen Integrationskurs (→ Kap. 14.3). Eine ungewisse Zukunftsperspektive dürfte sich auch nicht förderlich auf die Motivation zum Sprachlernen auswirken, auch wenn sich Geflüchtete und Zuwanderinnen und Zuwanderer mit anderem Migrationsgrund zunächst nicht im Kompetenzzuwachs in Deutschkursen unterscheiden (vgl. Scheible/Rother 2017). Neben motivationalen Aspekten schaffen auch eine Reihe von anderen Faktoren ungünstige Voraussetzungen für gelingende Lernprozesse, z.B. spezifische Fluchterfahrungen und daraus resultierende Traumata, andere oder weitere gesundheitliche Beeinträchtigungen, erschwerte Lebensumstände durch die Unterbringung in Gemeinschaftsunterkünften sowie ungewisse Zukunftsaussichten. Hinzu kommt häufig auch noch die Sorge um Familienmitglieder, die sich entweder noch in der Heimat befinden oder selbst geflüchtet sind.

Eine besondere Herausforderung stellt die **Gruppe der unbegleiteten, minderjährigen Geflüchteten** dar, die vor allem aus Afghanistan, Syrien, Eritrea und Somalia stammen. Das Bundesamt für Migration und Flüchtlinge registrierte in den Jahren 2015 bis 2017, was als ein vorläufiger Höhepunkt der syrischen Flüchtlingskriese gilt, ca. 67.000 unbegleitete minderjährige Flüchtlinge (mit und ohne gestellte Asylanträge) (vgl. BAMF 2018: 18). Diese fliehen ohne ihre Familie in Transit- bzw. Ankunftsländer und sind unter 18 Jahre alt. Oftmals werden unbegleitete Minderjährige, vor allem junge Männer, von ihrer Familie und/oder der Community auf die Flucht geschickt. Zudem fliehen auch immer mehr Mädchen und Frauen auf Grund von sexueller Gewalt, Zwangsheirat, Zwangsprostitution, aber auch fehlenden Bildungsmöglichkeiten und Diskriminierungen in ihren Herkunftsländern. Durch die Flucht aus meist patriarchalen Gesellschaften müssen sich junge Geflüchtete auch mit dem Spannungsverhältnis ehemaliger und neuer Rollenverständnisse auseinandersetzen. Die Lebenssituation junger Geflüchteter unterscheidet sich von der Lebenssituation Gleichaltriger vor allem durch ihre Vorläufigkeit (vgl. Klaus/Millies 2017), die sich insbesondere in der oftmals mehrjährigen Unterbrechung ihrer Bildungsbiographie ausdrückt. Diese wird in Deutschland gar nicht oder aber verspätet fortgesetzt. So haben eine Vielzahl junger Geflüchteter in Deutschland aufgrund der lebensbeeinträchtigenden Situation in ihrem Herkunftsland und der sich anschließenden Fluchtgeschichte oftmals wenig oder gar keine schulische Bildung erfahren.

2.1.3.2 Arbeitsmigration

Im Gegensatz zur Fluchtmigration hat die Arbeitsmigration in Deutschland eine längere Geschichte. In der zweiten Hälfte des 19. Jh. siedelten sich etwa polnische Migrantinnen und Migranten im Ruhrgebiet an, die in der Schwerindustrie und im Bergbau beschäftigt waren, im Süden Deutschlands gab es italienische Wanderarbeiter (vgl. Riehl/Ingrosso 2023). Die große Welle der Migration setzte dann nach dem 2. Weltkrieg ein, als Gastarbeiter ab 1955 vorwiegend aus dem südeuropäischen Raum angeworben wurden (→ Kap. 1). Die größte Gruppe der als Folge von Arbeitsmigration entstandenen Migrantengruppen in Deutschland bilden dabei die aus der Türkei stammenden Menschen, inzwischen in dritter und vierter Generation. Die **Gastarbeitermigration** wirkte sich auch auf die deutsche Bildungslandschaft aus, da es ab Mitte der 1970er Jahre vermehrt zu Familienzusammenführungen kam (→ Kap. 13 und 14). Kinder, die im Ausland geboren waren und zunächst kein Deutsch sprachen, traten somit vermehrt in die Bildungsinstitutionen ein. 1975 waren bereits 20 % der ausländischen Bevölkerung in Westdeutschland Nachkommen der ersten Generation (vgl. Pfaff 1981a: 167). Je nach Bundesland gab es an den Schulen unterschiedliche Konzepte der Beschulung, von getrennten Klassenformaten wie beispielsweise in Bayern (die sog. ‚Rückkehrerklassen') bis hin zu einer möglichst schnellen Integration in die Regelklassen in NRW. Dass dies oftmals aber in der Realität anders umgesetzt wurde und die sprachliche Segregation die Regel war, ist hinreichend belegt (vgl. Hünlich 2022: 105 f.; Meyer-Ingwersen et al. 1977a, b). Dies führte zu neuen Fragen im Zusammenhang von Migrationsprozessen und Sprache, die im Kontext der Bilingualismusforschung und des (früh-)kindlichen Zweitspracherwerbs diskutiert werden (→ Kap. 4).

2.1.3.3 Weitere Typen von Erwerbsmigration

Ebenfalls in den Bereich der Erwerbsmigration gehören beruflich hochqualifizierte Migrantinnen und Migranten. Bei dieser Art der Migration wird teilweise auch von einer sog. ‚**Elitenmigration**' gesprochen (vgl. Erfurt/Amelina 2008). Damit werden Personen bezeichnet, die vornehmlich einen Hochschulabschluss besitzen oder über besondere spezifische Fachkenntnisse verfügen. Exemplarisch kann hier auf internationale Wissenschaftlerinnen und Wissenschaftler verwiesen werden, die führend in ihrem Gebiet sind und somit von Universitäten und Forschungseinrichtungen auf der ganzen Welt umworben werden. So hatte Ende 2018 jede(r) dritte Zugewanderte einen

Hochschulabschluss (vgl. Seibert/Wapler 2020). Im Gegensatz zu anderen Migrationsformen wird diese Variante von den Zielländern forciert. So wurde beispielsweise in der Europäischen Union 2012 das Instrument der sog. *Blue Card* geschaffen. Hierbei handelt es sich um eine befristete Aufenthaltsgenehmigung speziell für akademische Fachkräfte aus Nicht-EU-Staaten.

Diese Gruppe wird wie in Kapitel 1 bereits erwähnt, statt mit dem Begriff ‚Migranten' häufig auch als ‚internationale Führungskräfte' bezeichnet, die sich als Teil einer *Expatriate Communitiy* sehen. Wie Lüdi (2011: 29) richtig bemerkt, ist das nicht nur ein terminologischer Unterschied, sondern bringt auch eine **unterschiedliche Akzeptanz** für die Sprachen der Einwanderinnen und Einwanderer zum Ausdruck. In diesen Gruppen spielen auch unterschiedliche Kriterien eine Rolle, ob und welche Sprachen gelernt und verwendet werden. Da der Integrationsdruck auf die Anglophonen ungleich geringer ist als auf anderssprachige Migrantinnen und Migranten, wird von dieser Gruppe der Erwerb der Landessprache weit weniger gefordert und ist oft auch nicht notwendig (vgl. ebd.: 30). Dabei ist nicht nur die Aufenthaltsdauer, sondern auch die Integration der Familie in die Mehrheitsgesellschaft von entscheidender Bedeutung. Denn auch für hochqualifizierte nicht englischsprachige Zuwanderinnen und Zuwanderer besteht oft die Möglichkeit der schulsprachlichen Sozialisation im Englischen (vgl. ebd.). So schließt etwa Lüdi:

> Die Wahrscheinlichkeit ist groß, dass sich die anglophonen Elitemigranten in ein internationales Ghetto zurückziehen, dahin von anderssprachigen Mitgliedern der Expatriate Community begleitet werden – und dass ihnen auch ein Teil der einheimischen Bevölkerung Gefolgschaft leistet. (ebd.: 31)

Das bedeutet, dass im Falle der Elitenmigration die sprachliche Integration nicht in Richtung der sprachlichen Mehrheit, sondern in Richtung des Englischen erfolgt.

2.1.4 Dynamik

Wie in Kapitel 2.1.3 dargestellt wurde, handelt es sich bei Migration um einen ergebnisoffenen Mobilitätsprozess, der sich über mehrere Generationen erstrecken kann. Dabei können die Motive der Migration zwischen verschiedenen Gruppen und Generationen variieren. So weist etwa Pries (2013: 67 f.) darauf hin, dass Migrantinnen und Migranten aus der Türkei nicht nur aus wirtschaftlichen Gründen, sondern auch aufgrund von politischer oder religiöser Verfolgung (etwa nach dem Militärputsch 1980) nach Deutschland kamen. Migrationspfade, die bereits durch soziale Netzwerke etabliert sind, können auch wiederbelebt werden.

Ein weiterer Aspekt ist, dass aufgrund der allgemeinen Zunahme von Mobilität, eine Vielzahl von Migrantinnen und Migranten zwischen den verschiedenen Welten hin- und herpendeln (vgl. etwa Ingrosso 2021 zu den italienischen *Newcomern*). So bemerkt Pries:

> Internationale Migration ist als ein ergebnisoffener Prozess heute zu verstehen, der über mehrere Generationen hinweg fragil und revidierbar bleibt, und der durch wechselseitige Selbst- und Fremdwahrnehmungen/-zuordnungen zwischen Migrierenden und Nicht-Migrierenden zu multiplen (ökonomischen, politischen, sozialen und kulturellen) Formen der plurilokalen Einbindung und Teilhabe führt. Damit ergeben sich für das Verständnis der Migrationsvorgänge selbst sowie der ökonomischen, kulturellen, politischen und sozialen Teilhabe der Migrierenden und ihrer Familien in unterschiedlichen Ländern und lokalen Bezügen verschiedene Modelle. (Pries 2013: 68)

Betrachtet man diese Möglichkeiten der transnationalen Migration, dann ist die Einwanderung im klassischen Sinne nur eine Perspektive, moderne Alternativen sind die **Pendelwanderung** oder **transnationale Migration**. Die Lebensvorstellungen der transnationalen Migrantinnen und Migranten orientieren sich nicht nur an einem Land, sondern an einem „transnationalen Sozialraum" (Pries 2013: 77). Die Migrantinnen und Migranten haben sich noch nicht festgelegt, wo sie leben wollen, können auch vorübergehend in ein Drittland gehen, z. B. in die Niederlande oder nach Frankreich. Pries (ebd.) verweist hierzu auf das Beispiel von türkeistämmigen Menschen, die eine hybride Identität annehmen, als Deutschtürken oder -türkinnen oder Türkischdeutsche.

In diesem Sinne ähneln diese Gruppen den eigentlichen **Transmigrantinnen** und -migranten, d. h. Menschen, die sich im Laufe ihres Lebens in vielen verschiedenen Ländern aufhalten. Darunter fallen vor allem Facharbeiterinnen und -arbeiter, Firmenangehörige im Auslandsdienst, Diplomatinnen und Diplomaten oder Entsandte internationaler Organisationen und Beschäftigte im Bereich der Kulturvermittlung. Auch diese bilden einen Teil der *Expatriate Communities* und lernen in der Regel die Landessprache nicht. Gerade in dieser Gruppe spielen sehr unterschiedliche Kriterien eine Rolle, ob und welche Sprachen gelernt und verwendet werden. Thrul (2013) konnte in einer Fragebogenstudie mit 26 befragten Familien, die für eine befristete Zeit entsandt waren, zeigen, dass sich diese Elitemigrantinnen und -migranten oft als Fremde oder Gäste betrachten, die sich aufgrund dieser Rolle und der begrenzten Aufenthaltsdauer auch nicht integrieren müssen. Deren soziales Netzwerk ist deshalb nicht sehr stark in der deutschen Gastgebergesellschaft verankert.

2.2 Mehrsprachigkeit

2.2.1 Wer ist mehrsprachig?

Zunächst einmal sei darauf hingewiesen, dass Mehrsprachigkeit keinesfalls ein Phänomen von Migration ist. So gehen Schätzungen davon aus, dass etwa zwei Drittel aller Kinder weltweit in mehrsprachigen Umgebungen aufwachsen (vgl. Crystal 2003: 17). Somit gibt es mehr mehrsprachige als einsprachige Menschen auf der Welt. Aus einer mitteleuropäischen Perspektive ist diese Tatsache eher überraschend. Denkt man jedoch an weite Teile Afrikas und Asiens, den indischen Subkontinent, aber auch an Teile Osteuropas wird klar, dass **Mehrsprachigkeit der Normalfall** ist und nicht etwa ein problembehafteter Einzelfall als Folge von Migration.

Die Tatsache, dass auch heute immer noch viele Menschen Einsprachigkeit als die Regel wahrnehmen, hängt vor allem mit dem Verständnis zusammen, wann eine Person überhaupt als mehrsprachig gilt. Diese Frage wird seit Beginn der Mehrsprachigkeitsforschung intensiv und vor allem kontrovers diskutiert (vgl. Appel/Muysken 1987: 2 f.; Földes 2005). Dabei gilt die normative Definition, dass eine Person mehrsprachig ist, wenn sie mindestens zwei Sprachen fließend spricht („native-like control of two or more languages", Bloomfield 1933: 56), als überholt. Diese Sicht auf Mehrsprachigkeit, wonach eine quasi-muttersprachliche Kompetenz in zwei oder mehreren Sprachen vorhanden sein muss, prägt auch heute noch entscheidend das Alltagsverständnis von Mehrsprachigkeit. Allerdings legt diese Sichtweise die unrealistische Bedingung nahe, Mehrsprachige müssten in allen Bereichen ihres Lebens beide (oder mehrere Sprachen) in derselben Weise verwenden. Vielmehr ist der Gebrauch der Sprachen häufig an unterschiedliche Kontexte gebunden, die zu spezifischen Kompetenzanforderungen führen. In der aktuellen Forschung zu Mehrsprachigkeit hat sich deshalb eine **funktionale Definition von Mehrsprachigkeit** etabliert. Hierbei wird die sprachliche Kompetenz in zwei oder mehreren Sprachen an den Sprachgebrauch in unterschiedlichen Situationen, Domänen sowie sozialen Rollen geknüpft. Die lässt sich wie folgt beschreiben:

> Funktionale Mehrsprachigkeit bezeichnet Sprachhandlungskompetenzen in mehreren Sprachen, die für eine spezifische Situation, eine bestimmte Domäne und den jeweiligen Kommunikationskontext angemessen sind. Dabei wird u. a. zwischen den einzelnen Fertigkeiten differenziert (Lesen, Schreiben, Hören, Sprechen sowie Sprachmitteln und Hörsehverstehen) und auf eine Nutzung derjenigen Fertigkeit(en) gesetzt, die in einer Situation oder einem Sachverhalt notwendig und ihr angemessen sind. (Bradlaw et al. 2022: 44)

Demnach sind alle Menschen mehrsprachig, die im Laufe ihres Lebens neben ihrer Erstsprache eine oder mehrere weitere Sprachen erworben haben und zwischen diesen, je nach Kontextanforderungen, hin- und herwechseln können. Grosjean (2008: 10) betont in seiner Definition von Mehrsprachigkeit, dass dieser Wechsel regelmäßig geschieht. Damit stehen weniger die Bedeutung von Sprachwissen als vielmehr die von Sprachfertigkeiten im Fokus der Definition. Mehrsprachigkeit ist außerdem nicht an die Bedingung geknüpft, von Geburt an mit mehr als einer Sprache aufzuwachsen (→ Kap. 4.3). Berücksichtigt man in diesem Kontext, dass Kinder neben der Standardsprache sehr häufig mit Dialekten oder sozialen Varietäten aufwachsen, stellt sich die Frage, ob so etwas wie Einsprachigkeit überhaupt existiert (vgl. Tracy 2008: 65 f.). Mit dieser Frage setzt sich auch das **Konzept der sog. ‚inneren Mehrsprachigkeit'** auseinander (vgl. Wandruszka 1979). Dieses Konzept geht davon aus, dass auch vermeintlich einsprachige Menschen kontextabhängig zwischen verschiedenen Registern und Varietäten ihrer Sprache wechseln, etwa zwischen Fach- und Alltagssprache oder auch zwischen einem Dialekt und der Standardsprache.

2.2.2 Was ist Mehrsprachigkeit?

In der Mehrsprachigkeitsforschung unterscheidet man in der Regel zwischen der Fähigkeit eines einzelnen Individuums, mehrere Sprachen (oder Varietäten einer Sprache) verwenden zu können, und dem Gebrauch von verschiedenen Sprachen in Gesellschaften oder Institutionen. Im ersteren Fall steht die psycholinguistische Betrachtungsweise im Vordergrund, nämlich, wie die verschiedenen Sprachen und Varietäten im Gehirn eines Individuums gespeichert und miteinander vernetzt sind. Im zweiten Fall geht es stärker um soziolinguistische Fragestellungen, d. h. um den Status und das Prestige von bestimmten Sprachen in einer Gesellschaft oder innerhalb eines Staates, und den Umgang mit verschiedenen Sprachen (oder Varietäten). Vor diesem Hintergrund spricht man daher von **individueller, gesellschaftlicher und institutioneller Mehrsprachigkeit,** die sich in jeweils ganz unterschiedlichen Formen äußern. Dabei muss man aber davon ausgehen, dass diese verschiedenen Typen von Mehrsprachigkeit gekoppelt sind: gesellschaftliche Mehrsprachigkeit geht in der Regel mit individueller Mehrsprachigkeit einher, und umgekehrt beeinflusst auch die Gesellschaft die Verwendung und Dominanz von Sprachen einzelner Sprecherinnen und Sprecher. Unterschiedliche gesellschaftliche Voraussetzungen und Konstellationen von Sprecherinnen und Sprechern bedingen wiederum unterschiedliche Formen mehrsprachigen Sprechens, was man unter dem Begriff ‚diskursive Mehrsprachigkeit' (vgl. Franceschini 2011) fassen kann. Dieser Begriff bezieht sich auf die pragmatische Komponente von Mehrsprachigkeit, d. h. verschiedene Muster mehrsprachiger Praktiken in bestimmten Gruppen (wie Sprachmischung, Übersetzung, Verwendung einer *Lingua Franca* etc.).

Betrachtet man nun die **individuelle Mehrsprachigkeit**, so ist eine Grundannahme der Mehrsprachigkeitsforschung, dass Sprachwissen und Sprachkompetenz mehrsprachiger Menschen nicht aus getrennten oder trennbaren Subsystemen (beispielsweise ein System für das Deutsche, Französische oder Russische) bestehen, sondern ein **sprachliches Gesamtrepertoire** darstellen (vgl. u. a. Busch 2012, 2021; Matras 2020). Dies läss sich mit dem folgenden Beispiel einer Interaktion zwischen einem Brasilianer (Kunde) und einem Schweizer Bahnmitarbeiter (Beamter) veranschaulichen (Beispiel adaptiert von Lüdi 2011: 20 f.):

(1)	1	Beamter:	guete tag
	2	Kunde:	pardon
	3	Beamter:	pardon? Oui oui?
	4	Kunde:	je parle português
	5	Beamter:	oh je parle pas português
	6	Kunde:	Brasilia
	7	Beamter:	okey. italien ou français oui oui?

Kunde:	duos passagem para Freiburg deutsch
Beamter:	Freiburg Deutschland jä okey. voilà, si vous faire la carte à la machine? oui. Va bene. c'est sans une code. vous fais la signature après. non non il va revenir. (der Kunde lässt die Kreditkarte nicht los) Si vous fais votre signature pour cinquante huit?
Kunde:	(unterschreibt)
Beamter:	voilà. il prossimo treno. binario cinco hm? Dodici diciotto
Kunde:	merci. obrigado
Beamter:	bitteschön. Service
Kunde:	obrigado
Beamter:	molto grazio
Beamter:	(zum Forscher) es goht mit händ und füess aber es goht

Direkt zu Beginn des Beispiels wird deutlich, dass die beiden Gesprächsteilnehmer eigentlich über keine gemeinsame Varietät verfügen. Nachdem der Bahnmitarbeiter festgestellt hat, dass er die Sprache des Kunden nicht spricht (Z. 5), bietet er diesem zwei weitere romanische Sprachen an (Z. 7). Der Brasilianer antwortet darauf in einer Mischung aus Deutsch und Portugiesisch (Z. 8) und nutzt damit sein mehrsprachiges Repertoire. Diese Strategie ist erfolgreich und führt schließlich zum Kauf des Tickets (Z. 9). Auch die sich anschließende Kaufabwicklung sowie die Auskunft über die nächste Zugverbindung finden unter Beteiligung mehrerer Sprachen statt. So verwendet der Bahnmitarbeiter Italienisch, Französisch und Spanisch (Z. 9–11). Auch bei der Verabschiedung nutzen beide Sprecher mehrere Sprachen. Der brasilianische Kunde bedankt sich auf Französisch und Portugiesisch (Z. 15 u. 17), während der Bahnmitarbeiter Deutsch, Französisch und eine Art Pseudoitaliensch verwendet (Z. 14, 16 u. 18) (vgl. Lüdi 2011: 21). Das Beispiel macht deutlich, dass trotz einer fehlenden gemeinsamen Varietät eine erfolgreiche Kommunikation möglich ist. Hierzu trägt neben dem Wissen über das sog. ‚Handlungsskript' (Kauf einer Fahrkarte) auch das mehrsprachige Wissen beider beteiligten Personen bei. Statt sich auf eine Sprache zu beschränken, wird im Sinne Grosjeans (2008) ein mehrsprachiger Modus gewählt (→ Kap. 2.2.4).

Wie das Beispiel zeigt, ist eine mehrsprachige Person nicht aus zwei oder mehreren einsprachigen zusammengesetzt (vgl. Grosjean 1982, 2008), und Sprachkompetenz lässt sich auch nicht durch die Addition von sprachlichen Kompetenzen in den jeweiligen Einzelsprachen messen (vgl. Lüdi 2011: 22). Stattdessen bildet sie ein gesamtsprachliches Repertoire.

Weiterhin wird davon ausgegangen, dass dieses ganzheitliche sprachliche System in seinem Kern dynamisch ist. So verändern sich im Laufe des Lebens die sprachlichen Kompetenzen eines Individuums innerhalb und zwischen den Sprachen fortwährend. Auf Phasen, in denen die Kompetenzen zwischen den Sprachen relativ stabil sind, können solche folgen, in denen es zu starken Veränderungen kommt. Dies geht häufig mit der Dominanz der unterschiedlichen Sprachen einher (vgl. Grosjean 2013: 13; s. Kasten zur Mehrsprachigkeit und Sprachdominanz im Verlauf des Lebens).

Mehrsprachigkeit und Sprachdominanz im Verlauf des Lebens
Betrachten wir ein fiktives Beispiel (in Anlehnung an Riehl 2014a: 15f.): Ein Mädchen wächst in einer türkisch-deutschsprachigen Familie in Deutschland auf. Ihr Vater spricht Türkisch mit ihr, ihre Mutter Deutsch. Im Alter von 2 Jahren kommt sie in eine deutschsprachige Kita und im Anschluss in einen Kindergarten. Die deutsche Sprache wird somit durch den zusätzlichen sprachlichen Input von Erzieherinnen und Erziehern, aber auch gleichaltrigen Kindern, zunehmend dominanter im Vergleich zum Türkischen. In der Schule verstärkt sich dies abermals, besonders, wenn das Mädchen nicht die Möglichkeit hat, einen muttersprachlichen Unterricht zu besuchen. Nach Beendigung der Schule beschließt das Mädchen für eine Ausbildung oder ein Studium in die Türkei zu gehen. Hierdurch verschiebt sich die Sprachdominanz zugunsten des Türkischen. Nach dem Abschluss kehrt sie nach Deutschland zurück, wodurch sich das Verhältnis der Sprachen zueinander abermals verändert.

Das fiktive Beispiel, das gleichzeitig ein Beispiel für die Dynamik von Migration ist (→ Kap. 2.1.4), veranschaulicht uns, dass es im Laufe eines Lebens immer wieder dazu kommen kann, dass sich sprachliche Kompetenzen verschieben, was Auswirkungen auf das gesamtsprachliche System hat. Dabei kann nicht nur die zweite (oder weitere) Sprache(n) betroffen sein, sondern auch die Erstsprache(n) dynamischen Veränderungen unterliegen. Eine mehrsprachige Person ist damit nicht die Summe zweier einsprachiger Personen, deren Sprachsysteme als quasi monolithische Blöcke nebeneinander stehen, sondern die vielfältig und fortwährend miteinander interagieren. Mehrsprachige verfügen somit über ein gesamtsprachliches Potential, das sich in Abhängigkeit von der Situation und dem jeweiligen Zweck ganz unterschiedlich ausprägen kann. Die Fähigkeit eines funktional angemessenen Einsatzes der unterschiedlichen Sprachen in Abhängigkeit der individuellen Bedarfe wird auch als **Multikompetenz** bezeichnet (vgl. Cook 2016; Franceschini 2011). Dies bedeutet also, dass das sprachliche Gesamtrepertoire, die erworbenen sprachlichen Einheiten, flexibel in konkreten kommunikativen Situationen eingesetzt werden können.

2.2.3 Mehrsprachigkeit und Herkunftssprache

Legt man die in Kapitel 2.2.1 angeführte funktionale Definition für Mehrsprachigkeit zugrunde, kann ein Großteil der Menschen in Deutschland als mehrsprachig angesehen werden. Betrachtet man hierbei den Migrationskontext genauer, zeigt sich eine große Vielfalt an Sprachkonstellationen. So geben von den 22,6 Millionen Menschen mit Migrationshintergrund 7,3 Millionen (32,2 %) an, ausschließlich Deutsch zu sprechen. Weitere 3,2 Millionen (14,1 %) erklären, vorwiegend das Deutsche zu verwenden. Nach Deutsch sind die am häufigsten gesprochenen Sprachen Türkisch (8,0 %), Russisch (6,9 %) sowie Arabisch (5,5 %). Etwa die Hälfte aller Menschen mit Migrationshintergrund verwendet zuhause neben dem Deutschen (mindestens) eine weitere Sprache, was im Vergleich hierzu nur für 2 % der Menschen ohne Migrationshintergrund zutrifft (vgl. Statistisches Bundesamt 2023: 503–526). Die Mehrsprachigkeit im Migrationskontext kann somit unterschiedlich ausgeprägt sein, wie im Folgenden genauer dargelegt wird.

2.2.3.1 Lebensweltliche und bildungsbezogene Mehrsprachigkeit

Bei der Betrachtung von Mehrsprachigkeit muss man zwischen der lebensweltlichen Mehrsprachigkeit der Migrantinnen und Migranten und der bildungsbezogenen Mehrsprachigkeit in der Aufnahmegesellschaft unterscheiden. Bei der lebensweltlichen Mehrsprachigkeit (vgl. Gogolin 1988) formen zwei oder mehr Sprachen den sprachlichen Alltag, d. h. sie werden nebeneinander gebraucht und vermischen sich bisweilen. Im Falle der bildungsbezogenen Mehrsprachigkeit erwerben die Sprecherinnen und Sprecher die Sprachen als getrennte Fächer und als völlig getrennte Entitäten. Selbst im Falle von Immersion oder der *Content and Language integrated learning* (CLIL)-Methode (vgl. Coyle et al. 2010), bei der fachliche Inhalte in anderen Sprachen vermittelt werden, bleibt die Trennung innerhalb der Fächer und so entsteht eine Künstlichkeit im artifiziellen Raum der Schule (⟶ Kap. 14.2.2). Die Sprachen werden in der Regel weder auf dem Schulhof noch im Alltag weiterverwendet, es sei denn in Zitatform oder in spielerischer Weise. Die Unterrichtsmethoden reflektieren daher eine künstlich erzeugte „natürliche" Verwendung. Außerdem wird im Falle der bildungsbezogenen Mehrsprachigkeit ein Kanon von Sprachen festgelegt, die als „bildungsrelevant" erscheinen. Dabei werden die Sprachen durch den Marktwert festgesetzt, der sich entweder durch den Kommunikationsradius (Zahl der Sprecherinnen und Sprecher wie im Falle Spanisch oder Chinesisch) oder dem historisch bedingten Prestige einer Sprechergruppe (Fall Französisch) definiert bzw. durch beides (Fall Englisch).

Neben der Existenz von migrationsbedingter Mehrsprachigkeit ist auch die bildungsbezogene Mehrsprachigkeit Teil der Bildungsbiographie von Kindern und Jugendlichen mit Migrationshintergrund. Zusätzlich zu ihrer Herkunftssprache lernen sie ein oder zwei Fremdsprachen während ihrer Schullaufbahn, weitere Sprachen in anschließenden Aus- und Weiterbildungssituationen. Eine bildungsbezogene Mehrsprachigkeit, die sich auf die Landessprache und Englisch als *Lingua Franca* beschränkt, kann aber dazu führen,

> kulturelle ‚Fremdheiten' generell unter jener der amorphen Gestalt der intersociety-Sprache einzuebnen. Die Kenntnis mindestens einer zweiten Fremdsprache und die rezeptive Teilhabe an mehreren Kulturen minimieren das Risiko einer solchen dichotomischen Vereinfachung auf einen einzigen Typus von kultureller Fremdheit und einem vielleicht gar stereotypisch verengten Verständnis des Eigenen. (Meißner 2018: 40, Hervorhebungen im Original)

2.2.3.2 Der Begriff ‚Herkunftssprache'

Der Begriff ‚Herkunftssprache' wurde analog zum Englischen *heritage language* (eigentlich ‚Erbsprache') gebildet und bezeichnet die meist zuerst erworbene Sprache eines Individuums, das in einer Familie aufwächst, in der (auch) eine andere Sprache als die der umgebenden Mehrheitsgesellschaft gebraucht wird (vgl. Brehmer/Mehlhorn 2018: 18). In diesem Verständnis sind Sprecherinnen und Sprecher von Herkunftssprachen bilinguale Sprecher, die eine Familiensprache (die *heritage language*) und eine Sprache der Mehrheitsgesellschaft im natürlichen Umfeld in der frühen Kindheit erworben haben. Dabei muss der Erwerb in einer Situation stattfinden, in der die Herkunftssprache nicht die Sprache der Mehrheitsgesellschaft ist (vgl. Cabo/Rothman 2012: 450).

Im englischen Kontext umfasst der Begriff *‚heritage language'* allerdings neben Einwanderersprachen auch indigene Sprachen und andere Minderheitensprachen und bezieht sich auf alle Bevölkerungsgruppen, die ein kulturelles und sprachliches Erbe besitzen. Fishman (2001) definiert daher eine Sprecherin bzw. einen Sprecher einer Herkunftssprache als eine Person, die persönliche oder familiäre Beziehungen zu einer Nicht-Mehrheitssprache hat. Damit fokussiert er zwei Komponenten besonders, nämlich die Beziehung zur Sprache und den Status der Sprache. Um die Verbindungen zwischen einer nicht-dominanten Sprache und einer Person, Familie oder Gemeinschaft zu beschreiben, wird im Kontext der Migration auch der Begriff ‚Familiensprache' verwendet.

Sprecherinnen und Sprecher derselben Herkunftssprache, die in derselben Gemeinschaft leben, können sich in ihren sprachlichen Kompetenzen erheblich unterscheiden: Einige Sprecherinnen und Sprecher beherrschen die Sprache auf einem muttersprachlichen Niveau und verfügen über eine Vielzahl verschiedener Register, während andere nur eine passive Kompetenz besitzen. In diesem Zusammenhang unterscheiden etwa Polinsky und Kagan (2007) zwischen

- **akrolektalen** Sprecherinnen und Sprechern mit ausgewogenen Kompetenzen auf den verschiedenen Ebenen der Sprache
- **mesolektalen** Sprecherinnen und Sprechern, die die Herkunftsprache verstehen, aber nur reduzierte aktive Sprachkompetenzen besitzen
- **basilektalen** Sprecherinnen und Sprechern, bei denen die Kompetenzen nur sehr gering ausfallen oder sogar überhaupt nicht vorhanden sind

Herkunftssprachen-Sprecher können systematische Lücken in ihrem sprachlichen Wissen zeigen. Denn dadurch, dass die Sprache hauptsächlich im familiären Kontext genutzt wird, bleibt der Input auf wenige Kontaktpersonen beschränkt und ist damit nicht nur geringer, sondern auch thematisch eingeschränkter als bei monolingual aufwachsenden Gleichaltrigen im Herkunftsland. Trotzdem sind Herkunftssprachen-Sprecher „Muttersprachler", die sich in einigen Aspekten von L2-Lernerinnen und -Lernern unterscheiden, v.a. im Bereich der Phonetik und Phonologie (vgl. Montrul/Polinsky 2019: 420–425). Ihre Ausdrucksformen sind anders, dürfen aber nicht als unvollständig bezeichnet werden (⟶ Kap. 6.4.1.1). Zentral für das Verständnis der Sprachentwicklung nach der frühen Kindheit (i.e. bis Schuleintritt) ist die Unterscheidung von:

- *emergence*
- *acquisition*
- *mastery*

So werden etwa morphologische und syntaktische Strukturen, die im frühen Spracherwerb erworben werden, nicht immer in dieser Phase auch vollständig beherrscht, sondern erst in späteren Phasen. Dies ist etwa für die Passivbeherrschung im Hebräischen nachgewiesen: Diese ist erst ab dem Alter von 11 Jahren abgeschlossen (vgl. ebd.). Nach Montrul und Polinsky (ebd.: 425) ist auch die Entwicklung von Schriftlichkeit ganz zentral für die Verfestigung von Strukturen.

Sprecherinnen und Sprecher von Herkunftssprachen in heutigen typischen Migrationskontexten verfügen in der Regel nicht über eine breite Palette von Registern in ihrer Herkunftssprache, sondern häufig nur über gesprochene Varianten, vor allem dialektale Varianten (z. B. italienische Dialekte, vgl. Riehl/Ingrosso 2023). Eine große Schwierigkeit in modernen Migrationsgemeinschaften stellt der **Erwerb der Alphabetisierung** in der Herkunftssprache dar. Die große Mehrheit der Sprecherinnen und Sprecher der zweiten oder dritten Generation hat keinen Zugang zur Alphabetisierung in der Familiensprache, da das Bildungssystem des Aufnahmelandes keinen Sprachunterricht für Herkunftssprachen anbietet (vgl. Riehl 2020; ⟶ Kap. 14.2.2) – es sei denn, es handelt sich um kanonische Schulsprachen wie Englisch, Französisch oder Spanisch. Allerdings trägt die Alphabetisierung in allen Minderheitensituationen nicht nur zur Registerkompetenz der Sprecherinnen und Sprecher bei, sondern ist auch eine entscheidende Voraussetzung für den Erhalt der Sprache (vgl. ebd.; ⟶ Kap. 6).

Trotzdem ist aus psychologischer Sicht – wie Fishman (2001) argumentiert – die historische und persönliche Verbindung zur Sprache für die einzelnen Sprecherinnen und Sprecher entscheidend und nicht ihre tatsächliche Sprachbeherrschung. Außerdem kann sich die Sprachkompetenz im Sinne der Dynamik des gesamtsprachlichen Systems im Laufe des Lebens immer wieder ändern. Brown und Bousquette (2018: 203) bringen das auf den Punkt, wenn sie sagen: „Heritage languages are essentially a category of minority language spoken by bilingual speakers, who navigate their linguistic and cultural identity over time, and across the lifespan."

Die Beschäftigung mit Herkunftssprachen fokussiert aber nicht nur auf die Mehrsprachigkeit der Sprecherinnen und Sprecher, sondern auch darauf, wie sich das **Sprachsystem in der Diasporasituation** unter dem Einfluss der Umgebungssprache(n) verändert. Hier lassen sich eine Reihe von Erscheinungen des Sprachkontakts aufzeigen (⟶ Kap. 9). Auf diesen Begriff soll im Folgenden noch kurz eingegangen werden.

2.2.4 Mehrsprachigkeit und Sprachkontakt

Der Begriff ‚Sprachkontakt' bezieht sich im Allgemeinen auf die wechselseitige Beeinflussung von Sprachen. In diesem Zusammenhang ist die entscheidende Frage, wo der Sprachkontakt tatsächlich stattfindet. Die ursprüngliche Auffassung von Sprachkontakt, die auf Uriel Weinreich (1953) zurückgeht, ist psycholinguistischer Natur. Nach Weinreich (ebd.: 1) stehen zwei oder mehr Sprachen miteinander in Kontakt, wenn sie abwechselnd von ein und derselben Person verwendet werden. Damit ist der eigentliche **Ort des Sprachkontakts das Gehirn** des zweisprachigen Sprechers (vgl. Riehl 2013: 390). In diesem Sinne kann man Sprachkontakt als eine bilinguale Praxis betrachten: Sprachkontakt spiegelt die Verarbeitung und den Gebrauch der Sprache im Repertoire zweisprachiger Sprecherinnen und Sprecher wider (vgl. Matras 2020: 6). Allerdings muss hier unterschieden werden zwischen Sprecherinnen und Sprechern, die sich in der neuen Umgebung hauptsächlich auf ihre L2 (L2 = Zweitsprache) beschränken und keinen oder nur sehr begrenzten Kontakt zu ihrer L1 (L1 = Erstsprache) haben, und Sprecherinnen und Sprechern, die in ständigem Kontakt mit einer zweisprachigen Gemeinschaft im Aufnahmeland stehen, in der sie sowohl L1 als auch L2 abwechselnd und in einem bilingualen Sprachmodus verwenden (s. Kasten zum Sprachmodus). Dies bedeutet, dass bilinguale Sprecherinnen und Sprecher anders kommunizieren, wenn sie mit anderen Bilingualen sprechen, die ihre Sprachen teilen: Während sie es vermeiden, ihre andere Sprache mit Einsprachigen zu verwenden, können sie sie in der Interaktion mit Bilingualen heranziehen, indem sie entweder vollständig in die andere Sprache wechseln (= Code-Switching) (→ Kap. 7.1.1) oder Elemente der anderen Sprache in die Sprache, die sie sprechen, einbringen (= Transfer) (→ Kap. 7.2).

Sprachmodus (*language mode*)
Mithilfe des Begriffs ‚Sprachmodus' (*language mode*) hat François Grosjean (1982 f.) auf den unterschiedlichen Grad an Aktivierung von Sprachen mehrsprachiger Menschen hingewiesen. Der bilinguale Modus bezeichnet dabei einen Zustand, in dem beide Sprachen gleich stark aktiviert sind. Im monolingualen Modus hingegen ist eine Sprache deutlich stärker aktiviert als die andere. Das heißt, wenn eine mehrspachige Sprecherin in einer Kommunikationssituation mit einem einsprachigen Sprecher ist, wird die zweite Sprache, so gut es geht, deaktiviert. Sind jedoch beide Gesprächspartner in denselben Sprachen mehrsprachig, bleiben diese auch gleichermaßen aktiviert, was zu einem häufigeren Sprachwechsel oder auch zum Mischen der Sprachen führt. Grundsätzlich ist der Sprachmodus als ein Kontinuum aufzufassen, in dem sich Mehrsprachige je nach Gesprächspartner, der Situation (formell vs. informell), dem Ort und auch Thema bewegen.

In einem anderen Verständnis von Sprachkontakt, das sich hauptsächlich in den **1970er Jahren** entwickelt hat, hat sich der Schwerpunkt von Individuen auf Gesellschaften oder soziale Gruppen verlagert, wobei Sprachkontakt als der Gebrauch von mehr als einer Sprache am selben Ort zur selben Zeit definiert wird (vgl. Thomason 2001: 1). Vor diesem Hintergrund wird Sprachkontakt als ein langfristiger Prozess betrachtet, der zu Sprachwandel führt und Auswirkungen auf die innere Kohärenz von Sprachsystemen hat (vgl. Hickey 2010; Thomason/Kaufman 1988; Winford 2003).

Neuere Ansätze (vgl. Clyne 2003; Matras 2020; Myers-Scotton 2002; Riehl 2014a; Winford 2003) integrieren die **individuelle und die gesellschaftliche Perspektive**, indem sie davon ausgehen, dass der Sprachkontakt auf der Ebene der einzelnen Sprecherin bzw. des einzelnen Sprechers beginnt und sich im Laufe der Zeit über die gesamte Sprachgemeinschaft ausbreitet. Ob ein bestimmtes Kontaktphänomen in einer bestimmten Sprachgemeinschaft als Norm akzeptiert wird, hängt von einer Vielzahl von internen und externen Faktoren ab. Zu den internen Faktoren gehören die kognitive Ökonomie, die kommunikative Effizienz, die Häufigkeit und die Anschaulichkeit eines Elements, während zu den externen Faktoren u. a. das Prestige der Ausgangssprache(n), die Einstellung der Sprecherinnen und Sprecher gegenüber der/den Herkunftssprache(n), das metalinguistische Bewusstsein der Sprecherinnen und Sprecher, die Größe der zwei- oder mehrsprachigen Gemeinschaft und der Umfang des Kontakts mit Muttersprachlern am Herkunftsort gehören (vgl. Riehl 2014a). Es gibt jedoch bestimmte Elemente in spezifischen Sprachkontaktkonstellationen, die besonders anfällig für die Übertragung zu sein scheinen und bei verschiedenen Sprecherinnen und Sprechern und in unterschiedlichen Gruppen unabhängig voneinander auftreten (vgl. Riehl 2019; → Kap. 7.2.3).

Wichtig ist dabei, dass Sprachkontakt grundsätzlich in beide Richtungen geht (von der L2 auf die L1 und umgekehrt) und dabei unterschiedliche Bereiche betrifft. In diesem Zusammenhang spricht man vom sog. *crosslinguistic influence* (vgl. Kellerman/Sharwood Smith 1986). Dabei sind aber nicht nur die Unterschiede zwischen den beteiligten Sprachen zu berücksichtigen, sondern auch die Unterschiede in der Intensität des Sprachkontakts in den verschiedenen mehrsprachigen Gemeinschaften. Es lässt sich in der Regel feststellen, dass es bei den jüngeren Sprechern einer sprachlichen Minorität mehr und häufigere Sprachkontakterscheinungen gibt als bei den Vertretern der älteren Generation. Außerdem befinden sich viele Phänomene, die in allen Konstellationen vorkommen, in manchen Sprachgemeinschaften erst im Anfangsstadium und in anderen schon in einem fortgeschritteneren Stadium (vgl. Riehl 2010).

2.3 Zusammenfassung

In diesem Kapitel wurden einige grundlegende Begriffe der Migrationslinguistik näher erläutert, nämlich Migration und Mehrsprachigkeit. Dabei zeigte sich, dass der Begriff ‚Migration' sehr umfassend ist und ganz unterschiedliche Gruppen miteinschließt: Obwohl Arbeits- und Fluchtmigration die häufigsten Typen von Migration in Europa sind, sind auch andere Formen der Erwerbsmigration nicht zu vernachlässigen, die oft nur temporär sind. In diesem Zusammenhang wurde darauf eingegangen, dass Migration eine besondere Dynamik besitzt und Migrantinnen und Migranten sich in verschiedenen Räumen bewegen können. Dies hat auch Auswirkungen auf die Sprache, wie die Diskussion des Begriffes ‚Mehrsprachigkeit' deutlich gemacht hat. Ein besonderes Augenmerk lag hier auf der Unterscheidung zwischen lebensweltlicher und bildungsbezogener Mehrsprachigkeit, die zeigt, wie unterschiedlich Mehrsprachigkeit je nach Sprachkonstellationen bewertet wird. Das hat wiederum einen Einfluss auf den Erwerb und den Erhalt von Herkunftssprachen.

Aufgaben zu diesem Kapitel und Lösungen unter https://www.narr.de/Migrations linguistik-18517-1

3 Migration und Formen mehrsprachiger Gesellschaften

Nachdem wir die grundlegenden Begriffe der Migrationslinguistik betrachtet haben, liegt in diesem Kapitel das Augenmerk auf den Formen mehrsprachiger Gesellschaften. Dabei wird zunächst diskutiert, was unter dem Begriff ‚mehrsprachige Gesellschaft' zu verstehen ist und danach werden die verschiedenen Typen von Sprachminderheiten vorgestellt. Ein Schwerpunkt wird hier auf der Unterscheidung von Minderheiten, die auf dem deutschen Territorium heimisch sind, und den Minderheiten, die im Zuge der Nachkriegsmigration nach Deutschland zugezogen sind, liegen.

3.1 Verteilung von Sprachen in mehrsprachigen Gesellschaften

Unter dem Begriff ‚mehrsprachige Gesellschaft' versteht man eine Konstellation, bei der auf ein und demselben Territorium mehrere Sprachen gesprochen werden (vgl. Riehl 2014a). Das ist in der Regel in Gebieten der Fall, in denen sog. ‚**Sprachminderheiten**' leben, z.B. im Baskenland und in Südtirol. In diesen Gebieten gibt es meist gemischtsprachige Gruppen, in denen nicht alle Mitglieder die gleiche Sprache als Erstsprache haben (vgl. ebd.: 6). Seltener dagegen ist eine Konstellation wie in der Schweiz, wo jede der als Staatssprache definierten Sprachen in einem eigenen Gebiet gesprochen wird. In diesem Fall spricht man von **territorialer Mehrsprachigkeit**. In der Regel bedingen mehrsprachige Staaten nicht automatisch mehrsprachige Menschen: Mehrsprachigkeit ist in der Schweiz nur in einigen Orten an der Sprachgrenze wie Freiburg/Fribourg oder Biel/Bienne die Regel oder bei Sprecherinnen und Sprechern der Kleinsprache Bündnerromanisch, da diese Sprachgruppe wirtschaftlich und organisatorisch in eine größere eingebettet ist, d.h. die Sprecherinnen und Sprecher müssen in verschiedenen Kontexten entweder Italienisch oder Deutsch verwenden (vgl. dazu detailliert Riehl 2014a: 64).

In den meisten Staaten, die als mehrsprachig definiert werden können, sind die Sprachen nicht auf Territorien verteilt, sondern werden je nach Gebrauchssituation eingesetzt. Beispiele dafür findet man in fast allen afrikanischen Staaten. In Afrika werden nicht nur innerhalb der Staatsgrenzen, die meist von den Kolonialmächten gezogen wurden (vgl. ebd.: 65), eine Vielzahl verschiedener Sprachen gesprochen, sondern auch auf ein und demselben Gebiet sprechen die Menschen mehrere Sprachen. Dabei ist allerdings eine Sprache sozusagen die ‚**Hauptsprache**' eines Sprechers, und dies ist in der Regel die Sprache der Ethnie, aus der er stammt. Die indigenen afrikanischen Sprachen werden meist nur innerhalb bestimmter kleiner ethnischer Gemeinschaften gesprochen und häufig von zwei oder mehreren Sprachen überdacht: Das kann eine (oder mehrere) Nationalsprache(n) sein wie die afrikanischen Verkehrssprachen Suaheli, Hausa und Ewe und zusätzlich eine offizielle Amtssprache, meistens eine europäische Sprache (Französisch, Englisch oder Portugiesisch) (vgl. zur Situation in Namibia Riehl 2014a: 65f. und zu Südafrika Busch 2021: 116–119).

In den meisten europäischen Ländern gibt es nur eine offizielle Sprache als Staatssprache, wie z.B. in Deutschland oder Italien. Eine grundsätzliche Problematik, die nun in diesen traditionell einsprachigen Staaten entsteht, birgt die Rolle der Sprachminderheiten. Diese sind entweder durch neue Grenzziehungen nach dem Zweiten Weltkrieg entstanden oder bilden sog. ‚Restminderheiten', d.h. ethnische Gruppen, die nach der Staatenbildung in Europa ohne eigenen Staat blieben. Von diesen Minderheiten bilden einige Gruppen auch die Mehrheit in ihrem Territorium (z.B. die Deutschen in Südtirol mit 69%), andere sind dort aber immer noch eine Minderheit (wie die Ladiner im selben Territorium mit nur 4,5%). Da die Problematik der Sprachminderheiten in Europa und Deutschland auch die Migrationslinguistik berührt, soll im Folgenden darauf eingegangen werden.

3.2 Sprachminderheiten und Migration

3.2.1 Typen von Sprachminderheiten und rechtliche Stellung

Innerhalb der Gruppe von Sprachminderheiten lassen sich zwei Typen unterscheiden:

1. Minderheiten, die es nur in einem einzigen Staat gibt (z.B. Bretonen), oder die über mehrere Staaten verteilt sind, aber überall eine Minderheit darstellen (z.B. Katalanen, Basken)
2. Minderheiten, die in einem Gebiet die Minderheit sind, aber in einem anderen die Mehrheit bilden

Der zweite Typ lässt sich am Beispiel des Deutschen noch weiter ausdifferenzieren, indem man **Grenzminderheiten** von sog. ‚Sprachinselminderheiten' unterscheidet. Erstere stellen Sprachgemeinschaften dar, die zwar in einem anderssprachigen Gebiet verortet sind, aber in geographischer Kontaktstellung zu einem deutschsprachigen Land sind (z.B. Deutsche in Südtirol und in Dänemark). Grenzminderheiten zeichnen sich v.a. dadurch aus, dass sie einen direkten Kontakt zum sprachlichen Mutterland haben (vgl. Riehl 2014a: 67). Im Gegensatz hierzu bilden **Sprachinselminderheiten** räumlich getrennte Sprachgemeinschaften inmitten einer anderssprachigen Mehrheit. Diese Sprachenklaven besitzen anderswo ein sprachliches Mutterland.

Daneben existieren auch Sprachgruppen, die in anderssprachigen Gebieten siedeln, aber nirgendwo eine Nation haben, in der man diese Sprache auch spricht. Diese bilden die sog. ‚**autochthonen Restminderheiten**': z.B. Ladiner in Italien, Galizier und Katalanen in Spanien, Bretonen, Gaskognier und Basken in Frankreich, Friesen oder Sorben in Deutschland. In Europa gibt es rund 400 Minderheitengemeinschaften.[4]

4 Siehe https://www.fuen.org/de/article/Autochthone-Minderheiten-in-Europa (letzter Zugriff: 22.06.2023).

Zum Schutz dieser nationalen Minderheiten gibt es ein europäisches Rahmenabkommen, die **Europäische Charta für Regional- und Minderheitensprachen**, die 1998 in Kraft trat und für den Schutz und die Förderung von Sprachen eintritt, die von Angehörigen traditioneller Minderheiten verwendet werden. Die Charta verpflichtet ihre Vertragsstaaten, den Gebrauch dieser Sprachen in allen Bereichen des öffentlichen Lebens aktiv zu fördern. Das betrifft Schulen, Gerichte, Verwaltung, Medien usw. und auch die grenzüberschreitende Zusammenarbeit. Der Europarat überwacht, ob die Charta in der Praxis angewandt wird.[5]

Der Sprachminderheitsdiskurs in der Europäischen Union, der sich auch in der Charta widerspiegelt, hat jedoch fast ausschließlich die autochthonen Minderheiten im Blick, d.h. Minderheiten, die bereits auf diesem Gebiet heimisch waren. Daher zählen in der Regel Nachkriegs-Migranten nicht zu dieser Gruppe. Hier herrschen aber von Staat zu Staat unterschiedliche Bestimmungen: In Tschechien bspw. zählt auch die vietnamesische Sprachgruppe, die erst in den 1970er Jahren zuzog, ebenfalls zur nationalen Minderheit,[6] in Deutschland ist das jedoch nicht der Fall. Zwei verschiedene Minderheitengruppen sind auch im Kontext der Migrationslinguistik interessant: einmal die deutschen Grenzminderheiten, da sehr viele Angehörige dieser Minderheiten im Sinne eines Grenzpendlertums in Deutschland oder Österreich arbeiten, und einmal die autochthonen nationalen Minderheiten in Deutschland, die sich in ihren Rechten sehr von den allochthonen Gruppen unterscheiden (s. Kasten zu autochthonen und allochthonen Sprachminderheiten). Daher sollen diese beiden Minderheiten im Folgenden kurz vorgestellt werden.

Autochthone und allochthone Sprachminderheiten
Der Begriff ‚autochthon' stammt aus dem Altgriechischen und bezeichnet die „ursprünglichen", also einheimischen Bewohnerinnen und Bewohner eines Ortes. Im Gegensatz dazu werden neue Siedler oder Einwandernde als ‚allochthon' bezeichnet. Diese Begriffe sind im Zusammenhang mit der Nationalstaatenbildung in Europa zu sehen: Sprachminderheiten, die zum Zeitpunkt der Nationalstaatenbildung auf dem Gebiet einer Nation existierten, waren demnach autochthon, später hinzukommende Gruppen werden dann als allochthone Sprachminderheiten definiert.

3.2.2 Deutsche Grenzminderheiten

Die Sprachgrenzen des deutschen Sprachgebiets in Europa waren im Wesentlichen bereits Ende des Mittelalters etabliert. Allerdings kam es im Norden und Osten, wie z.B. in Schleswig, den böhmischen Ländern und verschiedenen Gebieten Polens,

5 Siehe https://www.coe.int/de/web/european-charter-regional-or-minority-languages (letzter Zugriff: 25.07.2023).
6 Siehe https://www.vlada.cz/assets/ppov/rnm/nemcina.pdf (letzter Zugriff: 25.07.2023).

auch zu einer Überlagerung der Sprachgebiete und einem Zusammenleben deutschsprachiger und anderssprachiger Bevölkerung (vgl. Riehl/Beyer 2021). Die Existenz deutschsprachiger Bevölkerung in einem bestimmten Territorium führte allerdings in der Folge dazu, dass das Gebiet von Preußen bzw. dem Deutschen Reich beansprucht wurde. Dies bedeutete ein häufiges Wechseln der staatlichen Zugehörigkeit, teils durch diplomatische Verhandlungen, meistens jedoch durch Annexion und Rückeroberung. Ende des 18. Jhs. und im Laufe des 19. Jhs. wurden nach und nach einige Gebiete Polens und Ostbelgiens, Schleswig sowie das Elsass und ein Teil Lothringens (wieder) an Preußen bzw. das spätere Deutsche Reich angegliedert. Etwas anders stellt sich die Situation in Südtirol dar: Als Teil von Gesamttirol war es zunächst bis 1806 Teil des Heiligen Römischen Reichs Deutscher Nation, danach ein Teil Österreichs (vgl. z.B. Ammon 2007: 105–109). Allen heutigen Grenzminderheiten ist also gemein, dass sie am Anfang des 20. Jh. auch politisch mit dem geschlossenen deutschen Sprachgebiet vereint waren (vgl. ebd.).

Das änderte sich abrupt mit dem Ende des Ersten Weltkriegs und der Niederlage des Deutschen Reichs und Österreich-Ungarns. Die neuen Grenzziehungen, die durch den Versailler Vertrag geregelt wurden, sahen eine Rückgliederung der im 19. Jh. erworbenen Gebiete vor. In der Zeit zwischen den beiden Weltkriegen wurde die deutsche Sprache in sämtlichen Grenzgebieten aus Öffentlichkeit, Schule und Kirche erheblich zurückgedrängt und die jeweilige Mehrheitssprache offensiv gefördert.

Unter dem NS-Regime, dessen Ziel es war, ein Großdeutsches Reich zu errichten, wurden die deutschsprachigen Grenzminderheiten erneut an das Deutsche Reich angegliedert. Damit einher ging in der Regel auch eine radikale Politik der **Germanisierung**. Nach der Niederlage des Deutschen Reiches wurden die Staatsgrenzen von 1919 teils wiederhergestellt. Die Wiedereingliederung der Deutschsprachigen in die jeweiligen Staaten verlief dabei sehr unterschiedlich: Während die deutsche Minderheit in Dänemark und Belgien relativ konfliktfrei als Sprachminderheit anerkannt wurde, wurde sie in Frankreich stigmatisiert und angefeindet. Die Situation in Polen und Tschechien war noch gravierender, da die meisten Deutschstämmigen von dort vertrieben wurden und die Zurückgebliebenen unter starken **Assimilierungsdruck** kamen. Die Südtiroler dagegen strebten eine Rückkehr nach Österreich an, ihr Antrag zur Selbstbestimmung wurde jedoch von den Alliierten abgelehnt (vgl. u.a. Beyer/Plewnia 2021).

Während die Entstehung (politische Abtrennung vom sprachlichen Gesamtgebiet durch Grenzziehung) und die jüngere Geschichte der Grenzminderheiten ähnlich sind, sind die Bedingungen in den jeweiligen Gebieten sehr unterschiedlich. So waren die angrenzenden Sprachminderheiten in Tschechien und Polen lange Zeit aufgrund des Eisernen Vorhangs stärker isoliert von den Ländern mit deutscher Mehrheitssprache (vgl. Riehl 2014a: 66) – anders als jene im Westen und Süden. Auch die räumlichen Gegebenheiten unterscheiden sich: Manche Minderheiten leben verstreut unter der Mehrheitsbevölkerung (z.B. in Nordschleswig), andere lassen sich klar einem Territorium zuordnen, in dem sie auch eine regionale Mehrheit darstellen (z.B. in Ostbelgien). Angesichts der teilweise offiziellen Gleichstellung scheint der –

je nach Definition – eine Marginalisierung implizierende Begriff ‚Minderheit' daher nicht für alle betroffenen Gebiete passend (vgl. Riehl 2014a: 66; Riehl/Beyer 2021).

3.2.3 Autochthone Sprachminderheiten in Deutschland

In Deutschland lebten bereits zur Zeit der Staatsgründung in bestimmten Gegenden Gemeinschaften mit einer anderen Kultur, einer anderen Tradition und einer anderen Sprache. Im Zuge der Staatenbildung und der Einführung einer Nationalsprache wurden die Sprecherinnen und Sprecher dieser Kleinsprachen teils stark benachteiligt (vgl. Beyer/Plewnia 2020). Sie oder mindestens ihre Sprache wurden unter der vorherrschenden **Einsprachigkeitsideologie** an den soziopolitischen Rand gedrängt. Dieser Prozess ist typisch für die Nationalstaatenbildung in Europa und lässt sich auch in den anderen europäischen Staaten beobachten (vgl. Haarmann 1993).

Etwa seit den 1970er Jahren gibt es auf europäischer Ebene eine wachsende Aufmerksamkeit für diese autochthonen Minderheiten. Ergebnis der weitreichenden Diskussionen sind eine Reihe von Erklärungen und Abkommen, die die kulturelle und sprachliche Identität der Minderheiten schützen sollen, wie die bereits erwähnte Europäische Charta für Regional- oder Minderheitensprachen (vgl. Beyer/Plewnia 2020).

Im Rahmen dieses Abkommens hat die Bundesrepublik Deutschland bei der Ratifizierung Dänisch, Friesisch (Nord- und Saterfriesisch), Sorbisch und Romanes als Minderheitensprachen bestimmt. Für das Niederdeutsche wurde dagegen der Status einer Regionalsprache festgelegt. Folgende **Kriterien zur Bestimmung als nationale Minderheit** müssen in Deutschland erfüllt sein (BMI 2020: 14):

- Die Angehörigen sind deutsche Staatsangehörige
- Sie unterscheiden sich vom Mehrheitsvolk durch eine eigene Sprache, Kultur und Geschichte
- Sie wollen diese Identität bewahren
- Sie sind traditionell in Deutschland heimisch
- Sie leben hier in angestammten Siedlungsgebieten

Die Maßnahmen, die für die Minderheiten formuliert wurden, beschränken sich auf die Bundesländer, in denen die Sprache verbreitet ist. Dies sind für das Dänische das Land Schleswig-Holstein, für das Sorbische Sachsen (Obersorbisch) und Brandenburg (Niedersorbisch), für das Nordfriesische Schleswig-Holstein und für das Saterfriesische das Land Niedersachsen (ebd.). Im Folgenden sollen diese Minderheiten kurz skizziert werden (s. Abb. 4).

1. Die dänische Minderheit

Die dänische Minderheit ist als Grenzminderheit anzusehen und hat auf der anderen Seite der Grenze ein Pendant (die deutschsprachige Minderheit in Dänemark). Die Minderheit umfasst ca. 50.000 Sprecherinnen und Sprecher, die in der Regel mehrsprachig sind. Die autochthone Varietät der Minderheit ist das sog. ‚Südschleswig-Dänisch'

(*Sydslevigdansk*), eine Varietät des Dänischen, die sich v.a. durch Sprachkontakteinflüsse des Deutschen auszeichnet. Weitere Varietäten sind die dänische Standardsprache (*Rigdansk*), die in der Regel in der Schule erworben wird, gelegentlich auch Friesisch (vgl. Pedersen/Stolberg 2020: 39). Die Minderheit verfügt über eine Vielzahl von Institutionen, darunter eine Kirchenvertretung und einen Gesundheitsdienst, sowie einen Schulverein (*Dansk Skoleforening*), der ein staatlich anerkanntes Schulsystem in freier Trägerschaft betreibt, das die dänische Sprache und Kultur fördert. Dabei ist die dänische Sprache Unterrichts- und Kommunikationssprache (vgl. ebd.: 29–31).

Abb. 4: Autochthone Minderheiten in Deutschland (BMI 2020: 12).

2. Die friesische Minderheit

Im Gegensatz zu der dänischen Minderheit bildet die friesische Minderheit eine Minderheit ohne eigenen Nationalstaat. Weiter verteilt sie sich auf drei nicht zusammenhängende Gebiete (Nordfriesland, Helgoland, Saterland) und zeichnet sich durch eine große Dialektvielfalt aus (vgl. Beyer/Plewnia 2020). Die friesische Minderheit verfügt ebenfalls über eine Reihe von Institutionen und Vereinen, allerdings gilt Friesisch als Schulfach vielfach nur als Zusatzangebot, das sich meist auf 1–2 Stunden pro Woche beschränkt. Ebenfalls als problematisch sind die mangelnden Möglichkeiten der Lehreraus- und weiterbildung und der Mangel an Nachwuchslehrkräften zu sehen (vgl. Walker 2020).

3. Die Sorben

Auch die sorbische Minderheit hatte zu keinem Zeitpunkt der Geschichte einen eigenen Staat. Sie gliedert sich zudem in Nieder- und Obersorben, die einen unterschiedlichen soziolinguistischen Status haben, da die Niedersorben bereits überwiegend zur Einsprachigkeit im Deutschen übergegangen sind (vgl. Beyer/Plewnia 2020). Neben kulturellen Institutionen, Verbänden und Medien in der Minderheitensprache verfügt die Minderheit über ein Netz von Angeboten an Schulen und Kindergärten, in denen das Sorbische als Muttersprache und als Zweit- und Fremdsprache angeboten wird. Neben muttersprachlichen Grundschulen gibt es auch bilinguale Programme (vgl. Menzel/Pohontsch 2020: 238).

4. Die Minderheit der Sinti und Roma

Im Gegensatz zu den bisher genannten Minderheiten kann das Romanes, die Sprache der Sinti und Roma, keinem bestimmten Gebiet zugeordnet werden, es ist vielmehr ein integraler Bestandteil der europäischen Kultur. Sowohl im Kulturbetrieb als auch in den Medien ist Romanes bis heute marginalisiert und hat primär symbolische statt kommunikative Funktionen (vgl. Halwachs 2020: 275 f.). Auch Inititativen zum Romanesunterricht basieren eher auf politischen als auf pädagogischen Überlegungen. Die Sprache wird meist nur im Kontext freiwilliger Angebote zur Geschichte und Kultur der Roma thematisiert, Unterricht in der Sprache gibt es nur in Ausnahmefällen (vgl. ebd.).

3.3 Migrantengruppen als allochthone Sprachminderheiten

Im Gegensatz zu den autochthonen Gruppen, die schon sehr lange in einem bestimmten Gebiet siedeln oder als Gruppe einen Minderheitsstatus besitzen, werden die „neuen" bzw. allochthonen Minderheiten, d. h. Personen und Gemeinschaften mit einer gebietsfremden Herkunft oder Abstammung, die neu in ein Gebiet immigrieren und zumeist eine andere Staatsangehörigkeit mitbringen, nicht als Minderheit anerkannt. Für sie bestehen nicht nur keine finanziellen Fördermaßnahmen, ihre Mehrsprachigkeit wird häufig sogar als Problem wahrgenommen (vgl. Extra/Gorter 2007: 23).

3.3.1 Typen von allochthonen Sprachminderheiten in Deutschland

Wie in Kapitel 2 dargestellt, leben in Deutschland eine große Anzahl von Menschen unterschiedlichster Herkunftssprachen und Herkunftskulturen. Grundsätzlich kann allerdings nicht jede anderssprachige Personengruppe auch als Minderheit betrachtet werden. Nach Rindler Schjerve (2004) ist es notwendig, dass Migrantinnen und Migranten in Gruppen organisiert sind, um auch eine Minderheit zu bilden (vgl. auch Beyer/Plewnia 2020). So ist es etwa wichtig, dass Abstammung als ein zentrales Merkmal für die Identitätsbildung und damit auch als die Grundlage für das Zusammengehörigkeitsgefühl definiert wird. Auch bestimmte soziale Organisationsformen, die die Pflege der Kultur und Traditionen zur Aufgabe haben, sind entscheidende Kriterien, damit sich eine bestimmte Migrantengruppe als Minderheit etablieren kann (vgl. Rindler Schjerve 2004: 484).

Unter den verschiedenen Gruppen, die man durchaus als allochthone Minderheiten in Deutschland beschreiben kann, da sie sowohl von ihrer Gruppengröße als auch aufgrund ihrer Organisationsformen und ihrem Selbstverständnis her eigene Gruppierungen bilden, gibt es sehr unterschiedliche Voraussetzungen in Bezug auf den Minderheitenstatus. Diese haben einmal mit verschiedenen Migrationswellen, einem unterschiedlichen Rechtsstatus aber auch mit unterschiedlichem Prestige in der Mehrheitsgesellschaft zu tun. Faktoren wie Akkulturation oder Ghettoisierung spielen ebenfalls eine sehr wichtige Rolle.

Eine besondere Stellung nehmen in Deutschland die (Spät-)Aussiedlerinnen und Aussiedler ein. Wie bereits in Kapitel 1 erwähnt, versteht man darunter Zuwanderer mit deutscher Familiengeschichte, deren Vorfahren zu verschiedenen Zeitpunkten im 18. und 19. Jh. in das ehemalige Russische Zarenreich bzw. die Sowjetunion emigriert sind oder die in den ehemals deutschen Ostgebieten beheimatet waren und die seit den 1950er Jahren in die Bundesrepublik übersiedelten. Da die (Spät-)Aussiedler und Aussiedlerinnen deutscher Abstammung sind, haben sie einen spezifischen Status innerhalb der Zuwanderergruppen, der sich auch in ihrer rechtlichen Stellung widerspiegelt: Aufgrund der Regelungen im Bundesvertriebenengesetz bzw. Kriegsfolgenbereinigungsgesetz verfügen sie über einen sicheren Aufnahme- und Aufenthaltsstatus und erhalten automatisch die deutsche Staatsangehörigkeit (vgl. Dietz/Roll 2019; Dück 2020). In Folge ihrer Stellung als Deutsche werden sie auch nicht als Sprachminderheiten betrachtet und haben daher keinen Anspruch auf Schutz oder Förderung ihrer nicht-deutschen Herkunftssprachen. Im Folgenden werden einige Beispiele für die neuen Minderheiten in Deutschland gegeben, die die Vielfalt der unterschiedlichen Gruppen aufzeigen sollen.

3.3.2 Beispiele von allochthonen Minderheiten und Migrantengruppen

3.3.2.1 Die russischsprachige Minderheit

Eine der größten Migrantengruppen, aber gleichzeitig die am schwierigsten einzuordnende Gruppe, ist die russischsprachige Minderheit in Deutschland. Ihre Heterogenität ist darauf zurückzuführen, dass es sich dabei um völlig unterschiedliche Gruppierungen handelt, die aus der ehemaligen Sowjetunion nach Deutschland gekommen sind. Die größte Gruppe unter ihnen bilden die Spätaussiedlerinnen und Spätaussiedler, von denen ca. 2,3 Millionen aus den Staaten der ehemaligen Sowjetunion bzw. den Nachfolgestaaten Russland, Kasachstan, Kirgisistan, Usbekistan u. a. stammen. Diese werden im Allgemeinen unter dem Begriff ‚Russlanddeutsche' subsumiert. Neben den ursprünglich deutschstämmigen Personen fallen darunter auch nicht-deutschstämmige Familienmitglieder (vgl. Berend 2014; Dück 2020). Die Hochphase der Zuwanderung reichte vom Beginn der Perestroika Ende der 1980er Jahre bis 1995. Obwohl diese Gruppe überwiegend das Russische als dominante Sprache mitbrachte, beherrscht die älteste Generation dennoch verschiedene russlanddeutsche Dialekte und bringt damit auch neue Varietäten in die deutsche Dialektlandschaft ein (vgl. Berend 2009). Wie bereits erwähnt, unterscheidet sich diese Gruppe erheblich von anderen Gruppen von Migrantinnen und Migranten, da sie ihrem Einwanderungsstatus nach Deutsche sind und sowohl die deutsche Staatsbürgerschaft als auch Unterstützungsleistungen für die wirtschaftliche und soziale Integration bekommen. Die zweitgrößte Gruppe mit ca. 235.000 Sprecherinnen und Sprechern sind die sog. ‚jüdischen Kontigentflüchtlinge' (vgl. Dietz/Roll 2019), die meist aus Großstädten der europäischen Gebiete der ehemaligen Sowjetunion zuwanderten. Eine weitere, wesentlich kleinere Gruppe, die auf einige Zehntausend geschätzt wird (vgl. Dück 2020), setzt sich aus sog. ‚ethnischen Russen' zusammen, d. h. russischsprachigen Personen mit der Nationalität Russisch. Die drei unterschiedlichen Gruppen bilden nun eine jeweils eigene Identität aus und separieren sich voneinander (vgl. Isurin 2017). Diese Heterogenität hat zum einen Auswirkungen auf das, was die verschiedenen Gruppen gemeinhin unter „Russisch" als Herkunftssprache verstehen, und zum anderen auch auf den Sprachgebrauch: Sprecherinnen und Sprecher der russlanddeutschen Gruppe neigen zu sehr starken Sprachmischungsprozessen (vgl. Dück 2020; → Kap. 9.2).

Im Gegensatz zu den autochthonen Minderheiten verfügt die russischsprachige Gruppe wie alle anderen allochthonen Minderheiten nicht über Minderheitenrechte. Allerdings wird Russisch als europäische Kultursprache an weiterführenden Schulen als Fremdsprache angeboten (fünfthäufigste Schulfremdsprache) (vgl. ebd.: 312). Die russischsprachige Gemeinschaft verfügt darüber hinaus über eine breite Infrastruktur an kulturellen Institutionen (Bibliotheken, Museen, religiöse Gemeinden) und kulturelle Vereine wie Chöre und Tanz- und Folkloregruppen. Der *Bundesverband russischsprachiger Eltern* setzt sich v. a. für bilinguale Angebote in Kitas und Sprachförderung in russischsprachigen Samstagsschulen ein (→ Kap. 14.2.2). Im Zuge der größeren Einwanderungswellen entstanden auch eine Reihe von Beratungsstellen und Selbsthilfeinitiativen. Einen besonderen Stellenwert nehmen darüber hinaus die Migrationskirchen ein (vgl. ebd.: 313). Weiter kann die russische Gemeinschaft in Deutschland auf eine vielfältige Medienlandschaft zurückgreifen (russisches Fernsehen oder Internet). Printmedien für russischsprachige Adressatinnen und Adressaten belaufen sich derzeit auf etwa 50 Zeitungen, die meisten davon von Migrantinnen und Migranten selbst produziert; seit den 2000er Jahren lässt sich auch eine Tendenz zu zweisprachigen Printmedien erkennen (vgl. ebd: 315 f.).

3.3.2.2 Die türkischsprachige Minderheit

Eine weniger heterogene aber zahlenmäßig noch größere Gruppe bildet die türkischsprachige Minderheit in Deutschland. Derzeit leben knapp 1,5 Millionen Menschen mit türkischer Staatsbürgerschaft in Deutschland, aber die Gesamtzahl der Menschen mit türkischem Hintergrund beläuft sich auf etwa 2,9 Millionen. Allerdings muss hier noch erwähnt werden, dass die Türkische Republik ein Staat mit sehr vielen Minderheiten ist, z. B. Kurden, Armenier, Griechen, Araber u. v. a. (vgl. Cindark/Devran 2020: 355). Es gibt allerdings keinerlei statistische Angaben darüber, wie viele Angehörige von ethnischen Minderheiten aus der Türkei nach Deutschland zugezogen sind (ebd.). Die türkeistämmige Gruppe geht weitgehend auf die **Gastarbeitermigration** zurück (→ Kap. 1). Die erste Phase der Einwanderung reichte von 1960 bis zum Anwerbestopp 1973. Die Jahre danach bis 1980 kann man als „Konsolidierungsphase" bezeichnen, in der der Familiennachzug stattfand. Nach einer Phase, in der versucht wurde, die Migrantinnen und Migranten zum Verlassen der Bundesrepublik Deutschland zu veranlassen, setzte 1998 eine Akzeptanzphase ein (vgl. Geißler 2005). Im Vergleich zu anderen Migrantengruppen und zur Gesamtbevölkerung schneiden türkeistämmige Migrantinnen und Migranten im Bereich der Bildung am schlechtesten ab: 40 % der Personen mit Migrationshintergrund, die in der Türkei aufgewachsen sind, haben keinen Schulabschluss oder nur einen Grundschulabschluss (vgl. Sauer 2016; → Kap. 13).

Cindark und Devran (2020) weisen auf zwei weitere wichtige Aspekte der türkischen Migration hin: Die Heiratsmigration (bereits seit den 1970er Jahren) und die Transmigration. Beide sind für die Vitalität der türkischen Sprache in Deutschland von zentraler Bedeutung (vgl. ebd.). Die türkische Minderheit ist in vielen Organisationen repräsentiert: Fast alle politischen, kulturellen, religiösen und sportlichen Verbände bzw. Vereine sind in Deutschland vertreten und in der Regel auch transnational vernetzt. Türkeistämmige Anwältinnen und Anwälte, Medizinerinnen und Mediziner, Journalistinnen und Journalisten etc. verfügen über ihre eigenen Berufsverbände, was auch ein Indiz für eine neu entstandene Mittelschicht ist (vgl. ebd.: 361). Neben den verschiedenen Berufsvereinigungen gibt es eine Vielzahl von Elternvereinen sowie zentrale Verbände wie das *Deutsch-türkische Forum* und die *Türkische Gemeinde in Deutschland* (vgl. ebd.), die sich für die verschiedenen Belange der türkeistämmigen

Bevölkerung in Deutschland einsetzen. Türkische Medien sind ebenfalls in einer Vielzahl vertreten: Neben türkischen Tageszeitungen werden v. a. türkischsprachige TV-Medien intensiv genutzt (vgl. ebd.: 364).

3.3.2.3 Die polnischsprachige Minderheit

Eine ebenfalls heterogene Gruppe bildet die polnische Minderheit in Deutschland. Sie unterscheidet sich dadurch von den anderen Gruppen, dass ihr Herkunftsland eine gemeinsame Grenze mit Deutschland hat und damit die Möglichkeit des Pendlertums gegeben ist. Auch wenn sich die polnischsprachigen Migrantinnen und Migranten eher auf die alten Bundesländer konzentrieren (davon 38 % allein in Nordrhein-Westfalen) (vgl. Brehmer/Mehlhorn 2020: 391), ist der Zuzug in die an Polen angrenzenden Bundesländer (Mecklenburg-Vorpommern und Brandenburg) in den letzten Jahren sehr gestiegen. Heute wird die Größe der Gruppe auf etwa 2,1 Millionen Menschen geschätzt (vgl. ebd.: 292). Die polnische Immigration hatte bereits einen ersten Schwerpunkt im 19. Jh. mit etwa 300.000 Zuwanderern, die in Schwerindustrie und Bergbau tätig waren (sog. ‚Ruhrpolen'). Allerdings ist diese Gruppe entweder wieder zurückimmigriert oder hat sich vollständig assimiliert (vgl. ebd.: 393).

Die heutigen in Deutschland lebenden polnischstämmigen Gruppen gehen auf Aussiedlerinnen und Aussiedler zurück, die seit der Mitte der 1950er Jahre offiziell aus Polen migrierten. Diese Zuwanderung erreichte zwischen 1980 und 1990 ihren Höhepunkt (1,0 Million). Ein weiterer wichtiger Meilenstein war der EU-Beitritt Polens 2004, der sich aber erst nach der Aufhebung der Sperre der Arbeitnehmerfreizügigkeit 2011 auf die Zuwanderung von Arbeitskräften auswirkte. Die neuen Zuwanderinnen und Zuwanderer unterscheiden sich v. a. durch einen höheren Bildungsstand (vgl. Besters-Dilger et al. 2015) von früheren Einwandergruppen, aber auch durch eine viel stärkere Transmigration, darunter sind auch Werkvertrags- und Saisonarbeiter. Aufgrund der geographischen Nähe nimmt auch die Pendelmigration einen wichtigen Stellenwert im aktuellen Migrationsgeschehen ein (vgl. Brehmer/Mehlhorn 2020: 396).

Die polnische Gruppe besitzt ein reiches Kulturleben in Deutschland, aber die Vereinslandschaft ist sehr unübersichtlich. Der einzige Zusammenschluss, der die gesamte Gruppe vertritt, ist der *Konvent der polnischen Organisationen in Deutschland.* Sehr aktiv ist allerdings auch die *Polnische Katholische Mission* (PKM), die Religionsunterricht organisiert sowie Gesangs-, Sport-, Tanz- und Theatergruppen unterhält und eine eigene Kirchenzeitung herausgibt. Über weitere übergreifende Medienangebote, wie sie etwa für die türkischsprachige und russischsprachige Minderheit zur Verfügung stehen, verfügt die polnische Gruppe nicht, allerdings können Fernsehsender aus Polen via Satellit empfangen werden (vgl. ebd.: 398 f.).

3.3.2.4 Die italienischsprachige Minderheit

Als Beispiel für eine große südeuropäische Migrantengruppe soll hier die italienischsprachige Gruppe aufgeführt werden. Im Gegensatz zu den bisher besprochenen Gruppen kann man die italienischsprachige Gruppe in Deutschland wohl weit weniger als sprachliche „Minderheit" betrachten (vgl. Krefeld 2004). Das hat weniger damit zu tun, dass die Gruppe zahlenmäßig geringer ist (knapp 650.000), sondern eher damit, dass sie sich aus sehr heterogenen Gruppen zusammensetzt, keine kompakten Siedlungen und weniger kompakte Netzwerke aufweist als die übrigen Gruppen (vgl. ebd.). Außerdem ist die italienische Gemeinde weniger als Migrantengruppe organisiert. Italienische Verbände oder Institutionen sind meistens Vertretungen des italienischen Staates, wie die Italienischen Kulturinstitute oder politische Vertretungen wie *Com.It.Es.* Vereinigungen und Institutionen, die italienisch geprägt sind und aus Italien stammen, wie die *Accademia Italiana della Cucina* oder andere Vereinigungen (z.B. *Lions Club* etc.), werden nicht nur von italienischstämmigen Migrantinnen und Migranten, sondern auch von italophilen Deutschen frequentiert und sind damit nicht auf die ethnische Minderheit fokussiert. Ähnliches gilt auch für weitere kleinere kulturelle Organisationen (italienischsprachiges Theater, Kino etc.).

Die Heterogenität der Gruppe ist ebenfalls unterschiedlichen Immigrationszyklen geschuldet, die wiederum auch Auswirkungen auf das Sprachenrepertoire ihrer Sprecherinnen und Sprecher haben: Die erste Einwandererwelle setzte bereits Ende der 1950er Jahre mit der Gastarbeitermigration ein (→ Kap. 1). In den 1990er Jahren kam es dann zu einer vermehrten Migration im Zusammenhang mit der Internationalisierung der Märkte in der Europäischen Union (vgl. Riehl/Ingrosso 2023). In Folge der Finanzkrise von 2008 ist seit den 2010er Jahren eine starke Zuwanderung auch von qualifizierten und hochqualifizierten Migrantinnen und Migranten aus dem italienischen Sprachraum zu bemerken, sog. *Newcomers* (vgl. Ingrosso 2021).

Während die Einwanderinnen und Einwanderer der Gastarbeitergeneration seit den 1950er Jahren überwiegend aus Süditalien stammen (Sizilien, Kalabrien), ist bei den jüngsten Einwanderern ein hoher Prozentsatz aus Norditalien (Lombardei, Trentino/Alto Adige) festzustellen (vgl. Riehl/Ingrosso 2023). Dies führt zu einem verstärkten Austausch durch die Möglichkeit des Pendlertums.

3.3.2.5 Die albanischsprachige Minderheit[7]

Eine, im Vergleich zu den bisher genannten allochthonen Minderheiten, zahlenmäßig deutlich kleinere Migrantengruppe stellt die albanischsprachige Gemeinschaft dar. Die genaue Größe dieser Minderheit zu bestimmen, gestaltet sich jedoch schwierig, da es sich hierbei um eine ebenfalls sehr heterogene Gruppe handelt, die nicht aus einem Herkunftsland, sondern aus einer Reihe von verschiedenen Ländern stammt und daher

---

7 Unser Dank geht an Blerina Kelmendi, wissenschaftliche Mitarbeiterin im DACH-Projekt ‚Albanisch im Kontakt', die diesen Abschnitt verfasst hat.

in den Statistiken nicht als eine Gruppe aufscheint. Das Auswärtige Amt geht von über 350.000 Menschen alleine aus dem Kosovo aus, die in der Bundesrepublik leben und damit die größte albanischsprachige Diaspora weltweit darstellen (vgl. Auswärtiges Amt 2022). Hinzu kommt eine kleinere Anzahl von Personen, welche aus den anderen Nachfolgestaaten Jugoslawiens, aus Albanien oder Griechenland stammen.

Die Entstehung dieser Sprachgemeinschaft lässt sich, beginnend mit der Gastarbeitermigration und des Vertragsabschlusses mit Jugoslawien im Jahr 1968 (vgl. Münz 1997: 36) auf mehrere, distinktive, teils ökonomisch, teils politisch bedingte Migrationswellen zurückführen. Dadurch wuchs die Sprecherzahl konstant an, wobei sie mittlerweile auch durch die in Deutschland geborenen Kinder und Kindeskinder der Migrantinnen und Migranten über die Generationen hinweg weitergetragen wird. Durch verschiedene Gesetze wie die Westbalkanregelung aus dem Jahr 2015 wurden legale Zuwanderungskanäle als Mittel zur Steuerung ungewollter Migration aus den westlichen Balkanstaaten geschaffen (vgl. Brücker 2017: 1). Dadurch werden auch in Zukunft weitere albanischsprachige Menschen ihre Heimatländer verlassen, mit dem Ziel in Deutschland zu arbeiten.

Die ethnischen Auseinandersetzungen und politischen Unruhen in Jugoslawien der 1980er Jahre, sowie der Beginn der Zerfallskriege ab 1991 führten dazu, dass sich die albanischsprachigen Migrantinnen und Migranten entsprechend ihrer „ethnonationalen" Linie als Gruppe organisierten (vgl. Dahinden 2008: 239). Ziele solcher Organisationen, wie beispielsweise des sog. ‚Drei-Prozent-Fonds' waren in erster Linie monetärer Natur, um das Überleben der in den Herkunftsländern zurückgebliebenen Familien zu sichern. Nach dem Ende der offenen Kämpfe in den Herkunftsländern entstand der Anschein, als hätten die Eigenorganisationen – welche die kollektive Identität der Albanerinnen und Albaner förderten – ihre „Existenzberechtigung" verloren. Daher begannen bestehende kosovarische Organisationen ihre Tätigkeiten neu auszurichten, in dem sie den Fokus nicht mehr transnational, beziehungsweise primär auf das Heimatland, setzten, sondern verstärkt auf das aktuelle Aufenthaltsland und den Integrationsprozess der Landsleute (vgl. ebd.: 242 f.). Ein weiteres Hauptziel der neu orientierten Organisationen war es, die albanische Kultur, Sprache und Tradition im Hinblick auf die nachfolgenden Generationen aufrechtzuhalten. In diesem Zusammenhang ist es wichtig, auf die zweite und dritte Generation zu verweisen, die nun ebenfalls beginnt, sich zu organisieren, aber mit anderen Strukturen und Zielen. Sie entwickeln eine neue Art transnationaler Aktivitäten und Praktiken, die auf den ersten Blick Nachhaltigkeit verspricht, da sie aus viel potenteren Ressourcen besteht – etwa im Sinne von Bildung – als dies bei den traditionellen Migrantenvereinen ihrer Eltern der Fall war (vgl. ebd.: 244 f.).

Im Gegensatz zu den vorher genannten Minderheiten, ist die albanischsprachige Gruppe sowohl sprachlich als auch soziokulturell weit weniger erforscht, erlangt durch die steigenden Zahlen von Politikerinnen und Politikern mit albanischen Namen in Parteien, der Neugründung von Schulen für die albanische Sprache und nicht zuletzt durch den großen Erfolg der Nachfahren albanischsprachiger Migrantinnen und Migranten in der Musik- oder Sportszene immer größeres Aufsehen (vgl. Ohanwe 2021).

3.4 Zusammenfassung

In den meisten europäischen Ländern gibt es nur eine offizielle Sprache als Staatssprache, sodass sich auf den jeweiligen Staatsgebieten sehr häufig Sprachminderheiten befinden. Diese Minderheiten sind entweder nur auf einen Staat beschränkt oder über mehrere verteilt, weiter können sie auch in einem Gebiet die Minderheit sein und in einem anderen die Mehrheit bilden – das gilt v. a. für die sog. Grenzminderheiten, etwa die deutschsprachigen Gruppen in Südtirol, im Elsass, in Ostbelgien oder Dänemark. Auch innerhalb Deutschlands existieren verschiedene Sprachminderheiten, die dort traditionell angesiedelt sind, wie die Sorben, Dänen, Friesen oder Romanes-Sprecherinnen und -Sprecher. Diese Minderheiten verfügen über eine Vielzahl von Minderheitenrechten im Sinne der Europäischen Charta für Regional- und Minderheitensprachen – im Gegensatz zu den allochthonen Minderheiten, unter die die Migrantengruppen nach dem Zweiten Weltkrieg eingeordnet werden. Die größten Gruppen unter den allochthonen Minderheiten bilden die russische, die polnische und die türkische Minderheit, die auch entsprechend institutionell in Deutschland vertreten sind. Weitere Gruppen, die in diesem Kapitel exemplarisch vorgestellt wurden, sind die italienische und albanischsprachige Gruppe.

Aufgaben zu diesem Kapitel und Lösungen unter https://www.narr.de/Migrationslinguistik-18517-1

4 Spracherwerb und Migration

Im vorangegangenen Kapitel ist der Zusammenhang von Migration und Formen mehrsprachiger Gemeinschaften betrachtet worden. Damit lag der Fokus auf unterschiedlichen Ausprägungen gesellschaftlicher Mehrsprachigkeit. Im vorliegenden Kapitel rückt die individuelle Mehrsprachigkeit in den Fokus der Betrachtung, indem der Frage nachgegangen wird, wie Menschen mehrsprachig werden können. Gegenstand des Kapitels ist somit der Erwerb von Mehrsprachigkeit im Migrationskontext. Neben den unterschiedlichen Spracherwerbstypen werden dabei auch relevante Einflussfaktoren des Spracherwerbs vorgestellt.

4.1 Gesteuerter vs. ungesteuerter Erwerb

Eine in der Literatur häufig vorgenommene Unterscheidung beim Erwerb mehrerer Sprachen ist die zwischen einem ungesteuerten (natürlichen) und einem gesteuerten Erwerb. Unter einem gesteuerten Erwerb werden solche Erwerbsszenarien zusammengefasst, in denen Sprache im Unterrichtskontext, also auf der Grundlage didaktischer Konzepte, erworben wird. In der deutschsprachigen Literatur wird hierfür häufig der Begriff des ‚Fremdspracherwerbs' verwendet (vgl. Rösler 2012: 30). Werden Sprachen hingegen außerhalb des Unterrichts gelernt, in der Interaktion mit der sozialen Umwelt, spricht man vom natürlichen bzw. ungesteuerten Spracherwerb. Die prototypischste Form stellt hierbei der bereits im Mutterleib beginnende (bilinguale) Erstspracherwerb dar. Sicherlich kann auch im Verlauf des Erstspracherwerbs beobachtet werden, dass Eltern zum Teil die Äußerungen ihrer Kinder korrigieren. Dies geschieht allerdings nicht systematisch im Sinne einer steuernden Intervention. Eine Vielzahl der kindlichen Äußerungen, die noch nicht der sprachlichen Norm entsprechen, wird nicht korrigiert, da Eltern in erster Linie auf den Inhalt, also das Anliegen ihrer Kinder achten und nicht auf die Einhaltung der korrekten grammatischen Form (vgl. Tracy 1990: 35).

Der Erwerb einer neuen Sprache ist jedoch auch in späterem Alter ohne den Besuch eines Unterrichts möglich. Insbesondere in Migrationskontexten, in denen Menschen erst im Erwachsenenalter in ein neues Land migrieren, findet der Spracherwerb oft ungesteuert am Arbeitsplatz oder in der Freizeit statt (vgl. Kniffka/Siebert-Ott 2023: 31). In der Literatur findet sich hierfür im Deutschen häufig der Begriff des ‚Zweitspracherwerbs' (vgl. Ahrenholz 2017a: 7). Dieser lässt sich noch weiter differenzieren. So unterscheiden einige Forscherinnen und Forscher den Zweitspracherwerb vom Fremd- und Tertiärspracherwerb (vgl. ebd.: 6 f.). Der Tertiärspracherwerb unterscheidet sich von den anderen beiden Erwerbsformen, indem bereits zuvor eine Zweitsprache zusätzlich zur Erstsprache erworben wurde. Lernerinnen und Lerner haben somit zuvor Sprachwissen erworben und sich darüber hinaus Erfahrungen und Lernstrategien angeeignet, die sie für den Erwerb weiterer Sprachen einsetzen können (vgl. Kniffka/ Siebert-Ott 2023: 33).

Vom **Zweitspracherwerb** spricht man häufig, wenn der Erwerb im Wesentlichen in der alltäglichen sozialen Interaktion stattfindet. Die neu zu lernende Sprache bildet dann, ähnlich wie beim Erstspracherwerb, das zentrale Mittel zur Kommunikation. Im Gegensatz hierzu wird unter dem Begriff ‚Fremdspracherwerb' häufig ein Aneignungsprozess verstanden, der innerhalb eines Unterrichts stattfindet, wie etwa im schulischen Kontext der Erwerb des Englischen als erste Fremdsprache. Hierbei hat die zu lernende Sprache meist keine zentrale Funktion in der Alltagskommunikation der Lernerinnen und Lerner, sondern bleibt auf den Unterrichtskontext beschränkt (vgl. Ahrenholz 2017a: 7). Das Besondere dabei ist, dass die Lernerinnen und Lerner gleichzeitig mit der sprachlichen Form und dem Inhalt konfrontiert werden (vgl. Rösler 2012: 21). Damit ist gemeint, dass neben der inhaltlichen Bedeutung neuer Wörter immer auch die dazugehörigen grammatischen Merkmale bereitgestellt werden. Im Falle von Verben ist das beispielsweise die Zuordnung zur starken oder schwachen Konjugation. Außerdem, um beim Beispiel des Verbs zu bleiben, wird die unterschiedliche Formenbildung nach den Merkmalen Person, Numerus, Tempus, Modus, Genus verbi in eine Erwerbsreihenfolge gebracht, wodurch verhindert werden soll, dass die Lernerinnen und Lerner durch eine Fülle von Informationen überfordert werden. Ziel des Unterrichts ist es, den Spracherwerbsprozess so zu didaktisieren, dass eine Lernprogression stattfinden kann. Dies geht laut Rösler (2012: 22) häufig zulasten eines ansprechenden und motivierenden Inhalts, wodurch gerade zu Beginn des Sprachenlernens Unterforderung und Langeweile hervorgerufen werden können. Neue didaktische Konzepte nehmen deshalb vor allem authentische Kommunikationssituationen in den Blick. Im Schulkontext wird dies unter anderem mit dem sog. *CLIL*-Ansatz (*Content and Language Integrated Learning*) verfolgt, der das Lernen der Fremdsprache mit fachlichen Inhalten verknüpft (vgl. Sudhoff 2011).

Die dichotome Unterscheidung in einen gesteuerten und ungesteuerten Erwerb wird allerdings den realen Bedingungen, unter denen Sprache erworben wird, nicht gerecht. Vielmehr sieht man in den allermeisten Fällen eine Verknüpfung beider, vor allem unter Migrationsbedingungen. Kinder und Jugendliche etwa, die mit ihren Familien oder als unbegleitete Flüchtlinge nach Deutschland kommen, erwerben das Deutsche im Kontext des Bildungssystems, etwa im Deutschunterricht. Erwachsene Migrantinnen und Migranten besuchen je nach Migrationsstatus Integrationskurse (→ Kap. 14.3). Darüber hinaus begegnet den Lernerinnen und Lernern, Kindern wie Erwachsenen, das Deutsche auch außerhalb des Unterrichts, in der Gesellschaft, indem sie mit neuen Freunden sprachlich interagieren oder auch deutsche Medien konsumieren. Neue Wörter, grammatische Phänomene und Formulierungen werden dann verstärkt in der Interaktion mit der deutschen Umgebung gelernt, was charakteristisch für den Zweitspracherwerb ist. In solchen Lernbiographien würde sich das Deutsche somit von der anfänglichen Fremdsprache zur Zweitsprache entwickeln. Die Übergänge zwischen einem gesteuerten und einem ungesteuerten Erwerb sind demnach fließend.

Aus diesem Grund ist auch die Differenzierung des Begriffspaares in ‚Deutsch als Fremd- und Zweitsprache' problematisch (vgl. Riehl/Schroeder 2022; Rösler 2012: 30).

Der Schriftspracherwerb, auch eine Form des Spracherwerbs, ist für gewöhnlich an eine institutionelle Vermittlung geknüpft und findet somit meist gesteuert im Unterrichtskontext statt (vgl. Riehl 2001: 71). Das gilt sowohl für die Erstsprache als auch für weitere Sprachen. Allerdings resultiert hieraus im Migrationskontext, dass Kinder und Jugendliche, die eine andere Erstsprache als das Deutsche haben, diese oft nicht in ihrer schriftlichen Varietät erlernen, da die entsprechenden Herkunftssprachen häufig nicht zum Bildungskanon gehören. Somit bleiben viele dieser Kinder in ihrer Schriftlichkeit einsprachig (vgl. Riehl 2014a: 77; → Kap. 14.2.1).

4.2 Bilingualer Erstspracherwerb

Wie bereits erwähnt, wächst der Großteil der Kinder weltweit von Geburt an mit mehr als einer Sprache auf (vgl. Crystal 2003: 17). Geschieht dies relativ parallel, werden also beide Sprachen ungefähr gleichzeitig erworben, spricht man vom bilingualen Erstspracherwerb. Eine zentrale Frage der Bilingualismusforschung ist, wie parallel bzw. gleichzeitig dieser Erwerb stattfinden muss und welche Bedingungen erfüllt sein müssen, damit es sich um einen bilingualen Spracherwerb handelt. Grundsätzlich herrscht Einigkeit darüber, dass bei einem gleichzeitigen (simultanen) Erwerb die Verarbeitung des sprachlichen Inputs, den Kinder erhalten, in derselben Art und Weise geschieht. Meisel (2007: 102–106) geht davon aus, dass dies ungefähr bis zu einem Alter von vier Jahren möglich ist, indem er auf qualitative Veränderungen im Grammatikerwerb als Differenzierungskriterium hinweist. In eine ähnliche Richtung argumentieren auch Tracy und Gawlitzek-Maiwald (2000: 503), die einen simultanen Erwerb in den ersten beiden Lebensjahren verorten (→ Kap. 4.4.2 zur Rolle des Alters im Spracherwerb). Somit ist klar, dass sich die Differenzierung in einen simultanen und einen sukzessiven Spracherwerb nicht an starren Zeitpunkten festmachen lässt, sondern dass dieser Übergang fließend ist.

Bei einem versetzten Erwerbsbeginn hingegen (sukzessiver Erwerb) können sich Unterschiede im Erwerbsverlauf zeigen (→ Kap. 4.3). Der Grund hierfür wird in den unterschiedlichen Theorien zum (bilingualen) Spracherwerb kontrovers diskutiert. Klar ist allerdings, dass sich ein versetzter Erwerbsbeginn auf die verschiedenen Bereiche von Sprache durchaus unterschiedlich auswirken kann. Der Zugang zu phonologischen und prosodischen Informationen scheint dabei schneller erschwert zu sein als etwa zu syntaktischen (vgl. Meisel 2004: 104).

4.2.1 Kognitive Konsequenzen

In einem bilingualen Aufwachsen wurde lange Zeit ein Nachteil für die Intelligenzentwicklung von Kindern gesehen. Heute ist sich die Forschung allerdings einig, dass ein zweisprachiges Aufwachsen keinesfalls zu einer kognitiven Überforderung führt (vgl. Bialystok 2017, 2021). Vielmehr sehen einige Wissenschaftlerinnen und Wissenschaftler hierin sogar kognitive Vorteile, die sich auch neuroanatomisch bemerkbar machen (für eine Übersicht s. Bialystok 2017). Bereits die Studie von Peal und Lambert (1962) wies darauf hin, dass mehrsprachige Kinder bei verbalen, aber auch nonverbalen Aufgaben im Vergleich zu einsprachigen einen Vorteil zu haben scheinen. Nachfolgende Studien untersuchten vor allem die Entwicklung des sog. ‚metalinguistischen Bewusstseins', also das Wissen über das sprachliche System, bei ein- und zweisprachig aufwachsenden Kindern. Dabei stellte sich heraus, dass bilingual aufwachsende Kinder dieses Bewusstsein schneller ausbilden (s. Bialystok 2001 für einen Studienüberblick). So erkennen sie beispielsweise früher, dass Wörter, die zur Bezeichnung bestimmter Referenten in der außersprachlichen Wirklichkeit verwendet werden, diesen arbiträr zugeordnet werden. Ein mit den Sprachen Deutsch und Spanisch aufwachsendes Kind lernt relativ schnell, dass man etwa den Referenten *Hund* mit zwei unterschiedlichen Lautketten, nämlich [hʊnt] und [ˈpe.ro], bezeichnen kann. Neben den Auswirkungen auf die Entwicklung des metasprachlichen Bewusstseins sowie auf Areale des Gehirns, die mit Sprache assoziiert werden, zeigt sich auch ein Einfluss des bilingualen Aufwachsens auf nonverbale kognitive Leistungen.

In zahlreichen Verhaltensstudien wurde eine Vielzahl von Aspekten der kognitiven Entwicklung von bilingualen Kindern untersucht (für einen Überblick s. Bialystok 2017). Hierbei zeigt sich u. a. ein Entwicklungsvorteil mehrsprachig aufwachsender Kinder im Vergleich zu einsprachigen im Bereich der sog. *Theory of Mind* (vgl. Nicoladis/Smithson 2018). Darunter wird die Fähigkeit verstanden, nicht nur bei sich selbst Bewusstseinsvorgänge wie Erwartungen, Gefühle, Ideen oder auch Bedürfnisse und Absichten wahrzunehmen, sondern diese Fähigkeit auch anderen Personen zuzuschreiben (vgl. Sodian/Thoermer 2006; s. Kasten zur *Theory of Mind*).

Ein weiteres zurzeit viel untersuchtes Forschungsfeld ist das der **Aufmerksamkeitskontrolle** (exekutive Funktionen). Auch hier konnte in zahlreichen Studien festgestellt werden, dass bilinguale Kinder im Alter von 3 bis 10 Jahren über Vorteile gegenüber monolingual aufwachsenden verfügen (vgl. Bialystok 2017). Hierbei scheint vor allem die Sprachkompetenz eine entscheidende Rolle zu spielen. So zeigt eine Untersuchung aus Südtirol mit Kindern unterschiedlicher bilingualer Kompetenzniveaus eine Korrelation zwischen der Entwicklung und Verbesserung der Aufmerksamkeitskontrolle mit dem sprachlichen Leistungsniveau (vgl. Videsott et al. 2012: 884).

Theory of Mind

Ein in der Literatur häufig angeführtes Beispiel zur Erklärung der *Theory of Mind* ist das Folgende: Kinder, vor denen sich eine Keksdose befindet und die gefragt werden, was in dieser Dose enthalten ist, werden mit „Kekse" antworten. Wird die Dose im Anschluss daran geöffnet und es befinden sich keine Kekse, sondern etwas Unerwartetes wie beispielsweise Buntstifte in der Dose, wird diese Information je nach Ausprägung der *Theory of Mind* anders verarbeitet. Werden Kinder im

Anschluss gefragt, was eine neu hinzugekommene Person in der Dose vermutet, fällt die Antwort unterschiedlich aus. Kinder, die noch keine *Theory of Mind* ausgeprägt haben, werden „Buntstifte" antworten, da ihnen noch nicht bewusst ist, dass andere Personen über einen anderen Wissensstand verfügen als sie selbst. Bilingual aufwachsenden Kindern gelingt es hingegen tendenziell früher, solche unterschiedlichen Bewusstseinsvorgänge aus der Perspektive anderer zu erkennen (vgl. Nicoladis/Smithson 2018) und somit die korrekte Antwort „Kekse" zu geben.

4.2.2 Merkmale der bilingualen sprachlichen Entwicklung

Hinsichtlich der sprachlichen Entwicklung ist sich die Forschung einig, dass Kinder problemlos parallel in mehr als einer Sprache die grammatischen Kernbereiche erwerben können. Dabei ähnelt der Erwerbsverlauf in beiden Sprachen jeweils dem der Einzelsprache. Dies trifft für den Beginn, die Reihenfolge der Aneignung morphosyntaktischer Strukturen, sowie auch für die Dauer des Spracherwerbsprozesses zu (für eine Übersicht s. Tracy 2008: 102–126). Für das Deutsche ist das für einige Bereiche der grammatischen Entwicklung belegt wie beispielsweise für die Numerus- und Kasusmorphologie, die Genuszuweisung, die Verbstellung und Subjekt-Verb-Kongruenz, die frühen Infinitivsätze und auch die Aneignung von Tempusformen (vgl. Bialystok 2001: 67–70; De Houwer 2009: 288–290; Tracy/Gawlitzek-Maiwald 2000: 518–520).

Jedoch kann sich die Sprachkompetenz in den jeweiligen Einzelsprachen im Erwerbsverlauf durchaus unterscheiden. Relativ offensichtlich ist das für den Bereich des **Wortschatzes** (vgl. Rothweiler 2007). Anders als die zentralen grammatischen Eigenschaften einer Sprache wie etwa die Verbstellung, die Kinder in zahlreichen Äußerungen wahrnehmen können, ist der Wortschatz stark an sprachliche Kontexte und Themen gebunden und kann oft sehr verschieden sein. Je nachdem, worüber wir sprechen, benötigen wir zum Teil sehr unterschiedliche Wörter, während etwa die Verbstellung hiervon unberührt ist. Denken wir beispielsweise an ein Kind, das mit den Sprachen Deutsch und Türkisch aufwächst, fasziniert ist von Traktoren und anderen Fahrzeugen und diese Faszination in Spielinteraktionen mit dem deutschsprachigen Vater auslebt. Das Kind wird schnell einen differenzierten Wortschatz im Deutschen erwerben, um die unterschiedlichen Traktorenmodelle und Fahrzeugtypen (Kran, Laster, Betonmischer etc.) benennen zu können. Im Türkischen hingegen wird es einen Großteil dieser Wörter zunächst nicht kennen. Dies könnte sich allerdings sehr schnell ändern, wenn das Kind in die Kita kommt und hier auf Kinder trifft, die diese Faszination teilen und ebenfalls mit dem Türkischen aufwachsen und diese Wörter kennen. Allerdings unterscheidet sich der bilinguale Spracherwerb hier nicht grundsätzlich vom monolingualen Erwerb. So merkt Tracy (2008: 103) an, dass auch bei einem einsprachigen Aufwachsen die Themen und Inhalte, und damit die sprachlichen Kontexte, in denen Kinder sich bewegen, die Entwicklung des kindlichen Lexikons bestimmen. Bilingual aufwachsende Kinder verfügen also in der Regel mindestens über einen ähnlich großen Wortschatz wie einsprachige ihres Alters, vor allem wenn man ihr gesamtsprachliches Repertoire berücksichtigt (vgl. Bialystok 2001: 61–67; De Houwer 2009: 206–209 und 228–230).

Hinsichtlich der **grammatischen Entwicklung**, die in beiden Sprachen zu vollständigen Grammatiken führt, lassen sich durchaus einige Besonderheiten feststellen. So kann es vorkommen, dass Kinder grammatische Strukturen aus der einen in die andere Sprache übertragen. Im nachfolgenden Beispiel (1) (Leopold 1949, zitiert nach Romaine 1995: 209) nutzt das mit den Sprachen Deutsch und Englisch aufwachsende Kind die deutsche Verb-Zweitstellungsregel auch im Englischen:

(1) *Then is here your school.*
‚Dann ist hier deine Schule.'

Ähnliche Beispiele finden sich auch umgekehrt, in denen etwa die Verbstellung des Englischen oder Italienischen auf das Deutsche übertragen wird. So steht das finite Verb im Nebensatz in den folgenden Beispielen (2a–d) wie im Englischen oder Italienischen an zweiter Position und nicht wie es im Deutschen üblich wäre, am Ende:

(2) a. *Und das ist, was ich hab heute gemacht.* (Louise 5;8[8], deutsch-englisch; unveröffentl. Aufnahme Washington 2003)

b. *Guck mal, was mache ich.* (Carlotta 2;8, deutsch-italienisch; vgl. Müller et al. 2011: 179)

c. *Wenn hab ich geburtstag.* (Carlotta 2;10, deutsch-italienisch; vgl. Müller et al. 2011: 179)

d. *Wenn ich war baby.* (Carlotta 2;11, deutsch-italienisch; vgl. Müller et al. 2011: 179)

Betrachtet man solche Beispiele vor dem Hintergrund der Annahme eines gesamtsprachlichen Repertoires (⟶ Kap. 2.2), stellt sich allerdings die Frage, ob es sich hierbei tatsächlich um Übertragungen handelt, die den bilingualen Erstspracherwerb besonders kennzeichnen. In einer Studie mit deutsch-französisch bilingual aufwachsenden Kindern haben Koch und Günther (2021) idiosynkratische Äußerungen aus einer gebrauchsbasierten Perspektive analysiert (zu diesem Ansatz ⟶ Kap. 5.5). Anstatt diese als Transfer zwischen zwei verschiedenen Sprachsystemen zu betrachten, schlagen Koch und Günther (2021) vor, Idiosynkrasien aus der Perspektive von Übergeneralisierungen zu sehen, bei denen Bilinguale dazu neigen, ihr gesamtes sprachliches Repertoire zu verwenden. Die Vorstellung, dass es sich bei den sprachlichen Systemen um streng getrennte Einheiten handelt, zwischen denen Sprachstrukturen verschoben werden, wird hier angezweifelt. Vielmehr wird argumentiert, dass Übergeneralisierungen aus demselben Grund auftreten wie in einem monolingualen System. So werden sprachliche Muster und Wörter in einer Sprache in Abhängigkeit von Faktoren wie

8 In Studien zum Erstspracherwerb wird das Alter eines Kindes in der Form [Jahre;Monate.Tage] angegeben, d.h. 5;8 bedeutet, dass Louise 5 Jahre und 8 Monate alt war.

Häufigkeit und kognitiver Verankerung ausgewählt. Dabei ist das andere Sprachsystem aber nicht vollständig inaktiv, sondern auch hier finden Aktivierungsprozesse statt. Dies kann dazu führen, dass Koaktivierungsäquivalente in der anderen Sprache stärker aktiviert und somit ausgewählt werden und es so zu Idiosynkrasien kommt. Dieser Prozess ist aber keinesfalls auf den bilingualen Sprachgebrauch beschränkt. Auch bei einsprachigen Kindern können solche Übergeneralisierungsfehler beobachtet werden. Nur wird es hier als relativ normaler Prozess im Spracherwerb angesehen, da es sich um dieselbe Sprache handelt. Diese Sicht auf das sich entwickelnde bilinguale Sprachsystem wird auch durch eine Untersuchung von Döpke (2000) gestützt. Hier wurden sprachliche Phänomene deutsch-englisch aufwachsender Kinder mit denen gleichaltriger monolingualer verglichen. Im Fokus standen dabei die Position des Verbs, die Verwendung von Finitheit sowie die Stellung der Negation oder von Modalpartikeln. Döpke (ebd.: 224) führt die von der monolingualen Norm abweichenden Strukturen der bilingualen Kinder auf einen sprachübergreifenden Wettbewerb zwischen sog. *cues* (*cross-language cue competition*) zurück. Interessant dabei ist, dass fast alle abweichenden Äußerungen auch bei den einsprachigen Kindern zu finden waren, wenn auch deutlich seltener.

Einen Einfluss auf den Erwerb grammatischer Eigenschaften hat der sprachliche Input. Dies gilt für jede Form des Spracherwerbs. Im bilingualen Spracherwerb lässt sich ein sog. **‚Beschleunigungseffekt'** feststellen (s. Kasten zu den Beschleunigungseffekten im Erwerb von W-Fragen). So konnten etwa Müller et al. (2011: 174f.) zeigen, dass deutsch-französisch aufwachsende Kinder zunächst die Wortstellung SVO (Subjekt-Verb-Objekt) präferieren, die in beiden Sprachen geläufig ist. Monolinguale französische Kinder hingegen realisieren das Subjekt häufig am Satzende, während hier bei deutschen einsprachigen Kindern oft das Verb steht. Ähnliches beobachteten Müller et al. (ebd.: 125f.) beim Sprachenpaar Deutsch und Italienisch. In beiden Sprachen begegnen den Kindern Äußerungen, in denen das Verb an zweiter Position steht (wobei hier zwischen einer Verbzweitsprache wie dem Deutschen und einer SVO-Sprache syntaktisch unterschieden werden muss). Aus diesem Grund verwenden die Kinder früh SVO-Strukturen. Gleichzeitig lässt sich bei den bilingualen Kindern im Deutschen beobachten, dass sie diese Struktur auch auf Nebensätze übergeneralisieren, in denen eigentlich eine SOV-Stellung korrekt wäre (s. Beispiel (2)).[9]

Beschleunigungseffekte im Erwerb von W-Fragen
Yip und Matthews (2008) lieferten Belege dafür, dass der Erwerb bestimmter sprachlicher Strukturen im bilingualen Spracherwerb schneller vonstatten geht. Dies trifft etwa für den Erwerb von W-Fragen im Chinesischen und Englischen

9 Allerdings findet sich dieses Phänomen keinesfalls nur im bilingualen Spracherwerb. Auch einige monolingual aufwachsende Kinder bilden Nebensatzstrukturen zunächst mit flektierter Verbzweitstellung (vgl. Fritzenschaft et al. 1990).

zu. Für den monolingualen Erwerb konnte gezeigt werden, dass W-Fragen im Chinesischen früher erworben werden als im Englischen. Der bilinguale Erwerb dieser Sprachen führt dazu, dass Kinder die W-Fragen im Englischen früher erwerben als es im monolingualen Erwerb der Fall ist. Anscheinend profitieren die Bilingualen davon, dass sie bereits im Chinesischen eine Kategorie für W-Fragen erschlossen haben, wo die sprachliche Konstruktion weniger komplex ist. Diese konnten sie dann nutzen, um schneller ein vergleichbares Muster im Englischen zu etablieren.

Ähnliche Effekte zeigen sich im Übrigen auch im monolingualen Erstspracherwerb, indem bestimmte Konstruktionen den Erwerb anderer fördern. So argumentieren Abbot-Smith und Behrens (2006), dass bereits erworbene Schemata dazu genutzt werden, neue Strukturen schneller zu erwerben. Dies verdeutlichen sie anhand des Passiverwerbs, das ihrer Meinung nach durch die bereits etablierte Perfekt-Konstruktion für Kinder einfacher zugänglich ist. Das zeigt abermals, dass beim monolingualen und bilingualen Spracherwerb nicht unterschiedliche Spracherwerbsmechanismen zum Tragen kommen, sondern unterschiedliche Einflussfaktoren Erwerbsverläufe prägen. Einen zentralen Faktor stellt dabei der Input dar, worauf im Folgenden näher eingegangen wird.

4.2.3 Strategien mehrsprachiger Erziehung

Die kommunikative Praxis innerhalb der Familie hat einen maßgeblichen Anteil an der sprachlichen Entwicklung von Kindern. Dies gilt insbesondere für Bilinguale. Die sprachliche Ausgestaltung des Familienlebens kann dabei sehr unterschiedlich sein (s. Kasten zur Typologie der Erwerbssituationen). Häufig, aber nicht zwingend, erfolgt der Erwerb individueller Mehrsprachigkeit, wenn Kinder mit Eltern unterschiedlicher Erstsprachen aufwachsen. Hierbei verwendet meist jeder Elternteil die eigene Erstsprache, weshalb dieser Ansatz auch als das ‚Eine-Person-eine-Sprache-Prinzip' (*one person – one language*, OPOL) bezeichnet wird (vgl. Ronjat 1913). Die Umgebungssprache kann hierbei entweder eine der beiden Erstsprachen der Eltern sein oder auch eine dritte Sprache. In der Bilingualismus-Forschung wird das OPOL-Prinzip häufig als die sinnvollste Strategie einer mehrsprachigen Erziehung angesehen, auch wenn Studien zeigen konnten, dass Kinder mit gemischtsprachigem Input ebenso zu kompetenten Sprecherinnen und Sprechern werden (vgl. Romaine 1995: 204). Der größte **Vorteil des OPOL-Prinzips** besteht darin, dass Kinder die unterschiedlichen Sprachen unmittelbar an Personen knüpfen können. Ein Bewusstsein darüber, dass wir Sprache mithilfe von Konzepten wie „Deutsch", „Englisch" oder „Türkisch" differenzieren, muss sich bei heranwachsenden Kindern erst noch herausbilden, wobei die Bindung der jeweiligen Einzelsprache an Personen als „Mama-" oder „Papa-Sprache" diesen Prozess erleichtern kann (vgl. Riehl 2013: 379). Bei Kindern, die nach dem OPOL-

Prinzip erzogen werden, scheint sich dieses Bewusstsein früh auszubilden, sodass sie bereits mit ca. drei Jahren dazu in der Lage sind, ihre unterschiedlichen Sprachen zu benennen (vgl. Genesee/Nicoladis 2007). Dies zeigt sich im nachfolgenden Beispiel (3) eines dreijährigen Mädchens, Betty, das bilingual mit den Sprachen Deutsch und Englisch aufwächst. Bei einem Besuch der bilingualen Familie kam es bei einem Ausflug nach Vermont dazu, dass die kleine Betty ganz aufgeregt auf einen deutschen Touristen zeigte und zu ihrem deutschsprachigen Vater rief:

(3) Kind: *Papa, the man spricht Deutsch.* (Betty, 3;2)

Gleichzeitig führt das OPOL-Prinzip auch zu einer Stärkung des Prestiges der jeweiligen Sprachen, wenn diese von den engsten Bezugspersonen der Kinder gesprochen werden. Dies kann vor allem dann wichtig sein, wenn die betroffene Sprache ansonsten in der Gesellschaft ein eher niedriges Ansehen genießt. Allerdings kann das OPOL-Prinzip im Alltag auch zu Herausforderungen führen, wenn etwa ein Elternteil einsprachig ist und somit teilweise von den sprachlichen Interaktionen innerhalb der Familie ausgeschlossen bleibt. Darüber hinaus ist es auch nicht so, dass Kinder beide Sprachen durchgängig ausgewogen verwenden. So stellt etwa De Houwer (2020: 21) fest, dass ca. ein Viertel der zweisprachig aufgewachsenen Kinder nur eine der Sprachen gebraucht. Häufig ist das die Sprache, die auch in der Gesellschaft verwendet wird und den Kindern in den Bildungseinrichtungen begegnet. Die Ablehnung der Minderheitensprache durch das Kind kann so auch zu Konflikten innerhalb der Familie führen (vgl. De Houwer 2015).

Neben der Situation, dass Kinder mehreren Sprachen in ihrem unmittelbaren familiären Umfeld ausgesetzt sein können, besteht auch die Möglichkeit, dass sich die Familien- und Umgebungssprache unterscheiden. Bei einer solchen Konstellation würden beide Eltern dieselbe Sprache sprechen. In der sonstigen sprachlichen Umwelt des Kindes, etwa in der Kita oder im Kindergarten, würde hingegen eine andere Sprache verwendet. Daneben lassen sich viele weitere Varianten unterscheiden (vgl. Romaine 1995: 183–187). Für alle gilt allerdings, dass sie immer ein Stück weit als Idealisierung angesehen werden müssen, da Sprachen im Alltag häufig sehr flexibel eingesetzt werden (müssen) (vgl. Egger 1985). Denn wie soll sich beispielsweise eine Mutter verhalten, die mit ihrem Kind in Deutschland nur Russisch spricht, obwohl sie auch Deutsch beherrscht, wenn ein befreundetes Kind zu Besuch ist, das diese Sprache nicht versteht? Oder welche Sprachen verwenden die Eltern miteinander, wenn sie mit ihrem Kind jeweils nur in der einen Sprache sprechen? Es wird also schnell klar, dass der Alltag deutlich komplexer ist und oft einen flexibleren Umgang bei der Verwendung von Sprachen verlangt (für einen detaillierten Überblick der Sprachpraxis innerhalb der Familie s. Tracy 2008: 107–112).

Typologie der Erwerbssituation (vgl. Anstatt/Dieser 2007: 141)

- *One person – one language* (OPOL): Die Eltern haben unterschiedliche Muttersprachen und sprechen jeweils in dieser Sprache mit ihrem Kind.
- *Home language – environment language*: Die Eltern haben dieselbe Muttersprache, die sie zuhause mit dem Kind sprechen. In der sozialen Umgebung wird eine andere Sprache gesprochen.
- Situativer Sprachgebrauch: Die Eltern sprechen beide Sprachen mit ihrem Kind und wechseln diese nach situativen Gesichtspunkten wie dem Gesprächsthema, dem Gesprächsort (innerhäuslich/außerhäuslich), den weiteren Gesprächspartnerinnen und -partnern (monolinguale/bilinguale) etc.
- *Mixed languages*: Die Eltern sprechen beide Sprachen mit ihrem Kind und wechseln diese nicht nach festen Regeln, sondern folgen spontanen Bedürfnissen.

Bei dem Prinzip OPOL handelt es sich um das in der Forschung am meisten untersuchte und diskutierte Prinzip, wenngleich es nicht am häufigsten vorkommt. Hingegen gilt der situative sowie gemischte Sprachgebrauch als am meisten verbreitet und gleichzeitig paradoxerweise als am wenigsten erforscht (vgl. Anstatt/Dieser 2007: 141). Wendet man die unterschiedlichen Typologien der Erwerbssituation auf Deutschland an, so ist es aufschlussreich, den sozialen Status sowie den **Bildungsstand der Eltern** zu berücksichtigen (vgl. Reich 2010b: 15 f.). Die Anwendung des OPOL-Prinzips kann vor allem bei Eltern der Mittelschicht beobachtet werden und gewinnt in Folge der fortschreitenden Globalisierung weiter an Bedeutung. Nach Reich (ebd.) liegt die Zahl der null- bis dreijährigen Kinder, die in Deutschland nach dem OPOL-Prinzip erzogen werden, Schätzungen zufolge im fünfstelligen Bereich. Im Migrationskontext lässt sich hingegen ein deutlich höherer Anteil der Variante *home language – environment language* vermuten. So hatten im Jahr 2018 allein von den 776.763 dreijährigen Kindern 279.000 (36 %) einen erweiterten Migrationshintergrund (vgl. Autorengruppe Bildungsberichterstattung 2020: 26). Bei Kindern aus Einwandererfamilien – was natürlich nicht zwangsläufig auf alle Kinder mit Migrationshintergrund zutreffen muss (⟶ Kap. 2.1.1 zur Definition des Migrationshintergrundes) – spielt die Herkunftssprache der Eltern oder Großeltern innerhalb der Familie sehr häufig eine wichtige Rolle (vgl. Reich 2010b: 15).

In einer Studie des Zentrums für Türkeistudien (2001) gaben 55 % der türkischen Mütter sowie 56 % der Väter an, im Familienkontext vor allem Türkisch zu verwenden. 34 % der Mütter sowie 35 % der Väter sprechen sowohl Türkisch als auch Deutsch in der Familie. Noch höhere Anteile der Herkunftssprache ermittelten Erhebungen an Grundschulen und einem Kindergartenprojekt in Hamburg, in denen untersucht wurde, welche Sprache zweisprachig aufwachsende Kinder meistens mit ihrer Mutter sprechen (vgl. Reich 2009, 2010b). Reich (2010b: 15 f.) schlussfolgert aus der Studienlage, dass die Herkunftssprache für Kinder im Alter von 0 bis 3 Jahren im Migrationskontext eine zentrale Rolle spielt. Gleichzeitig gilt für den überwiegenden Teil dieser Kinder, dass sie von Beginn ihrer sprachlichen Entwicklung an auch mit dem Deutschen in Kontakt kommen. Dies ist allerdings in den allermeisten Fällen weniger systematisch, als es etwa das OPOL-Prinzip fordern würde. Insbesondere die relative Quantität des Inputs im Deutschen, den Kinder im Alter zwischen 0 und 3 Jahren im Migrationskontext erhalten, führt Reich (ebd.) zufolge zu einer Spracherwerbssituation, die nicht mit der von Kindern gleichgesetzt werden kann, die nach dem OPOL-Prinzip erzogen werden. In diesem Kontext muss allerdings unbedingt der Einfluss der frühkindlichen Bildungsinstitutionen berücksichtigt werden (für Details ⟶ Kap. 13).

4.2.4 Sprachdominanz

Die unterschiedlichen sprachlichen Ausgangsbedingungen können den bilingualen Spracherwerb stark beeinflussen und zu sehr inter- aber auch intraindividuellen Erwerbsverläufen führen. Dies lässt sich anhand eines Beispiels aus Hartmann und Quick (2021) verdeutlichen. Wie Abbildung 5 zeigt, wechselt der Anteil der Sprachen in den Äußerungen eines mit Deutsch und Englisch aufwachsenden Jungen, Fion, sehr abrupt im Alter von 3;5 Jahren. Während Fion bis zu diesem Alter vornehmlich Deutsch verwendet, schlägt die Sprachnutzung danach in das Gegenteil um: Das Englische wird zur dominanten Sprache. Demnach kann sich die Sprachdominanz im Laufe der Entwicklung ständig verändern (s. auch Cantone et al. 2008). Dies geschieht im Falle von Fion allerdings nicht willkürlich, sondern fällt mit einem intensiveren Kontakt der Familie des Jungen mit seinen englischsprachigen Großeltern zusammen. Die sprachliche Umgebung nimmt demnach einen zentralen Einfluss auf den Spracherwerb des Jungen.[10]

Mit dieser Beobachtung einer sich verändernden Sprachdominanz geht in der Spracherwerbsforschung die Differenzierung in einen balancierten und unbalancierten bilingualen Spracherwerb einher. Hiermit wird versucht zu bestimmen, inwiefern es sich um eine ausgewogene Sprachentwicklung handelt. Dies erfolgt häufig anhand von vier Kriterien:

1. **Redeanteile**: geäußerte Wörter pro Minute
2. ***Mean length of Utterance*** (*MLU*[11]): durchschnittliche Äußerungslänge gemessen in Wörtern

10 Ein solcher Einfluss des Inputs auf die sprachliche Entwicklung konnte in zahlreichen Studien belegt werden, die einen Wechsel der Sprache der Bezugspersonen, häufig in Kombination mit einem Ortswechsel, untersuchten. So lassen sich bereits nach kurzer Zeit gravierende Veränderungen in den Sprachständen von Kindern feststellen (vgl. u. a. Anstatt/Dieser 2007; De Houwer 2009).

11 Die *MLU* wird im Kontext des Spracherwerbs meistens in Wörtern angegeben, kann aber auch in Morphemen oder Silben gemessen werden.

3. ***Upper Bound*** (*UB*[12]): Äußerung mit dem höchsten *MLU*-Wert pro Erhebungszeitpunkt
4. **Auftreten funktionaler Kategorien**: Verwendung gebundener oder freier Morpheme, die grammatische Informationen ausdrücken wie etwa Flexionsmorpheme, definite Artikel, Modalverben oder tempusanzeigende Hilfsverben

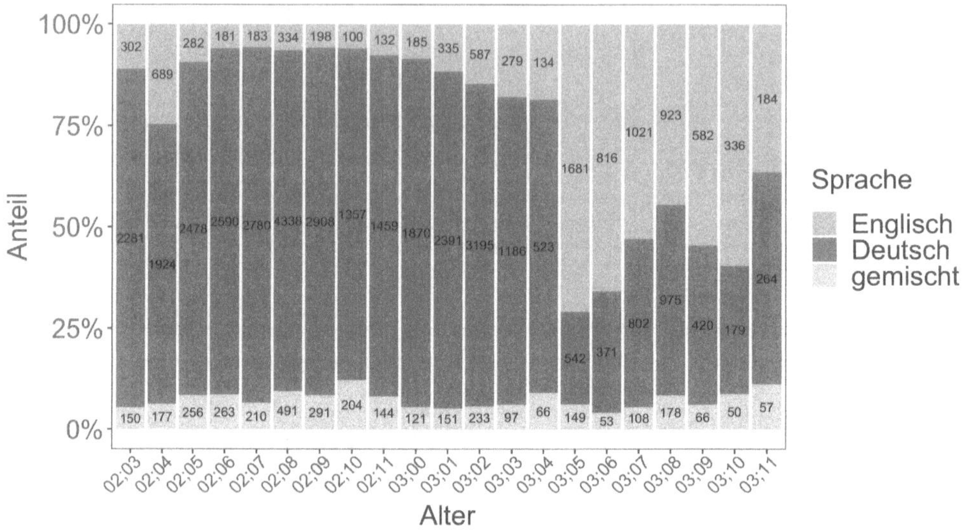

Abb. 5: Anteil deutscher, englischer sowie gemischter sprachlicher Äußerungen eines mit den Sprachen Deutsch und Englisch bilingual aufwachsenden Jungen, Fion (Hartmann/Quick 2021: 33).

Dabei wird davon ausgegangen, dass in der schwachen Sprache im Vergleich zur dominanten Sprache ein geringerer Redeanteil zu verzeichnen ist, die *MLU*- sowie *UB*-Werte niedriger sind und funktionale Kategorien (⟶ Kap. 8.3.2) weniger oder auch gar nicht realisiert werden. Häufig ist es jedoch so, dass sich die einzelnen Kriterien widersprechen. So zeigen Cantone und Müller (2005), dass ein deutsch-italienisch bilingualer Junge, Luca-Daniele, gemessen an seiner *MLU* als balanciert gilt. Betrachtet man jedoch den Redeanteil gemessen in Wörtern pro Minute, unterscheiden sich die beiden Sprachen. So gebraucht Luca-Daniele bei fast jeder Aufnahme deutlich mehr Wörter pro Minute im Deutschen als im Italienischen, wie die Abbildung 6 verdeutlicht:

12 Der *UB* kann ebenfalls wie die *MLU* in Wörtern, Morphemen oder Silben berechnet werden (vgl. Müller et al. 2011: 252).

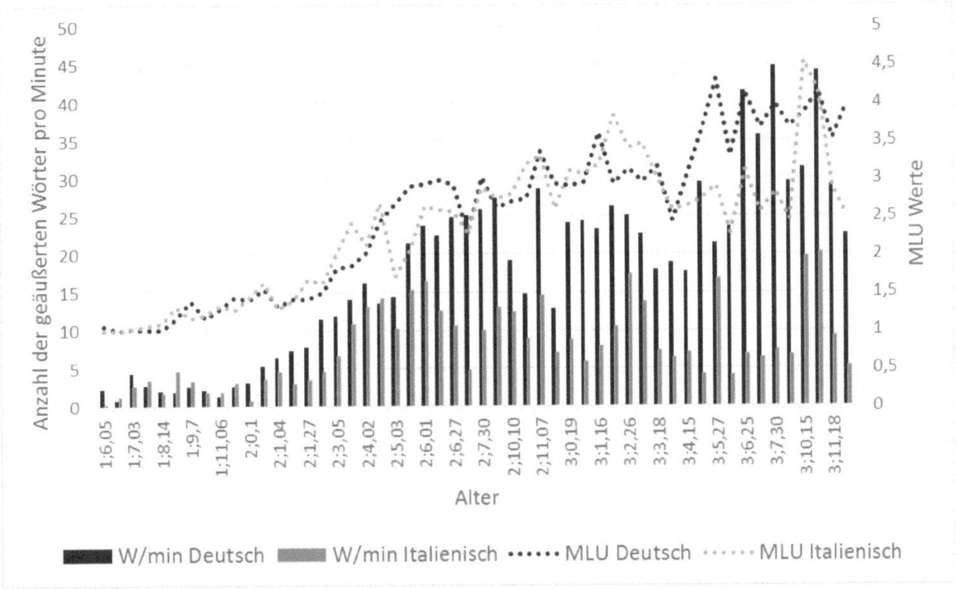

Abb. 6: Luca-Danieles Wörter pro Minute sowie *MLU*-Werte im Italienischen und Deutschen (Müller 2017: 48).

Häufig wird auch ein Zusammenhang von Sprachdominanz und dem Mischen von Sprachen bei Bilingualen hergestellt. Im Fall von Luca-Daniele zeigt sich auch hier die Schwierigkeit einer eindeutigen Zuordnung. So treten trotz der relativ ausgeglichenen *MLU*-Werte in beiden Sprachen bis zum Alter von 4;0.4 Jahren für das Deutsche nur 22 Fälle von **Sprachmischungen** auf, für das Italienische hingegen 114 (vgl. Müller 2017: 48). Die Schlussfolgerung, dass Sprachmischungen auf einen Unterschied in den *MLU*-Werten zurückgeführt werden können, ist somit fraglich. Müller (ebd.) ist der Ansicht, dass Sprachmischungen häufiger in der Sprache auftreten, in der Kinder eine geringere Redebereitschaft zeigen. Allerdings weist sie auch auf weitere Kriterien wie die Art des Redeflusses, die lexikalische Diversität, Sprachverarbeitungskapazitäten und auch den Identifikationsgrad mit der jeweiligen Sprache sowie Kultur hin (vgl. Müller 2017: 78 f.; s. auch Cantone et al. 2008 zur Messung von Sprachdominanz; → Kap. 8.3 zu Sprachmischungen bei Kindern).

Zahlreiche Spracherwerbsforscherinnen und -forscher wenden sich allerdings gegen eine pauschale Bestimmung von Sprachdominanz mithilfe solcher Faktoren (vgl. u. a. Quick et al. 2018a: 281 f.) und argumentieren, dass sich die Sprachauswahl und auch das Mischen von Sprachen in Abhängigkeit von Themen und Gesprächspartnerinnen und -partnern stark unterscheiden kann. Diese Auffassung wird auch von Birdsong (2016: 86) vertreten, der deshalb von sog. **‚Dominanzdomänen'** spricht. Damit ist gemeint, dass sich je nach Kontext und den damit verbundenen Erfordernissen, die Sprachwahl unterscheiden kann. Ein Kind, das beispielsweise als Deutsch dominant gilt, wenn man seine gesamten Äußerungen zusammen betrachtet, kann etwa in der Interaktion mit dem englischsprachigen Vater in dieser Sprache dominant agieren. Damit wäre der Kontext „Interaktion mit dem Vater" eine englisch-dominante Domäne (vgl. Müller 2017: 79).

4.3 (Früh-)Kindlicher Zweitspracherwerb

Migration kann dazu führen, dass Kinder mehrere Sprachen zeitlich versetzt erwerben. Wie in Kapitel 2 dargestellt wurde, wachsen ca. 40 % der Kinder unter 6 Jahren mit einem erweiterten Migrationshintergrund auf. Daraus lässt sich nicht zwangsläufig ableiten, dass diese Kinder mehrsprachig aufwachsen, allerdings liegt es nahe, dass sie in ihrem Alltag mit mehreren Sprachen und Kulturen in Kontakt treten. Berücksichtigt man darüber hinaus sog. ‚repräsentative Sprachensurveys' in Grundschulen, mit denen das sprachliche Repertoire von Schülerinnen und Schülern erfasst wird, kann angenommen werden, dass zwischen 30–50 % der Kinder bereits vor ihrer Einschulung mit mehr als einer Sprache in Kontakt kommen (vgl. Chlosta et al. 2003; Decker/Schnitzer 2012).

Im Migrationskontext geschieht dies häufig sukzessive, das heißt, dass eine weitere Sprache versetzt zur ersten hinzutritt. Findet das bis zum Alter von 3 bis 4 Jahren statt, so spricht man für gewöhnlich vom frühkindlichen Zweitspracherwerb. Erfolgt der Erwerb mit einem etwas größeren Abstand zur Erstsprache, in einer Altersspanne zwischen dem 4. und 12. Lebensjahr, bezeichnet man dies als kindlichen Zweitspracherwerb (vgl. Haberzettl 2014: 6). Kinder verfügen zu diesem Zeitpunkt bereits über grundlegendes Wissen in ihrer Erstsprache, und ihre kognitive sowie neuronale Entwicklung sind weiter vorangeschritten (vgl. Ahrenholz 2017a: 6). Inwiefern eine weitere Differenzierung in einen jugendlichen Zweitspracherwerb sinnvoll ist, der sich von der Pubertät bis zum 18. Lebensjahr erstreckt, wird diskutiert (vgl. Czinglar 2014). Grundsätzlich sind die genannten Altersangaben nicht als starre Grenzen aufzufassen, in denen unweigerlich ein bestimmtes Erwerbsszenario stattfindet. Vielmehr dienen sie als grobe Orientierung und sind gleichzeitig Gegenstand intensiver Forschung (vgl. Müller et al. 2018 zur aktuellen Diskussion der Altersgrenzen). Darüber hinaus liegt der Einteilung vor allem die Entwicklung der Morphosyntax zugrunde, also das grammatische System von Sprache. Für phonologische, lexikalische und pragmatische Aspekte gilt diese Einteilung nicht (vgl. Singleton/Ryan 2004).

4.3.1 Vorurteil „doppelte Halbsprachigkeit"

Nach wie vor wird Mehrsprachigkeit im Kindesalter (und auch darüber hinaus) in der öffentlichen Diskussion häufig kritisch gesehen und ist bisweilen mit Vorurteilen behaftet. So weist Wiese (2011) darauf hin, dass sich immer noch hartnäckig der Mythos einer sog. „doppelten Halbsprachigkeit" hält, wonach Kinder, die mehrsprachig aufwachsen, keine ihrer Sprachen korrekt lernen würden. Haberzettl (2021a: 48) ergänzt diese Aussage, indem sie anmerkt, dass Vorurteile vor allem an das Prestige der beteiligten Sprachen gebunden sind und verweist hierbei auf die folgende Aussage einer Grundschullehrerin:

> Wie faszinierend fand ich doch meinen Schüler, der neben seiner dänischen Muttersprache auch schon fließend Englisch sprach, bevor er in meine Klasse kam und mit dem Erlernen des Deutschen als seiner dritten Sprache begann. Befürchtete ich Schwierigkeiten? Kaum. Ich war beeindruckt und sah in dieser kompetenten Mehrsprachigkeit große Chancen. Dachte ich genauso euphorisch über Kinder mit beispielsweise türkischer Muttersprache? (Niechzial 2020, zitiert nach Haberzettl ebd.)

Das Zitat verdeutlicht, dass insbesondere Kinder mit einer bestimmten Migrationsgeschichte häufig dem Vorurteil ausgesetzt sind, nur über reduzierte sprachliche Kompetenzen in ihrer Erstsprache zu verfügen und darüber hinaus auch nur mangelnde Kenntnisse in der Sprache des Ziellandes zu haben. Demnach ließe sich eine „doppelte Halbsprachigkeit“ als Beeinträchtigung eines Menschen verstehen, sein gesamtsprachliches Potential nutzen zu können. Eine solche Sichtweise gilt jedoch innerhalb der Mehrsprachigkeitsforschung als widerlegt. Zum einen fehlt dem Begriff eine empirische Grundlage, zum anderen geht hiermit eine statische Definition von Sprache einher, die gesicherten Erkenntnissen der Forschung widerspricht, wonach das sprachliche System ein dynamisches ist, das sich ständig im Wandel befindet. Schließlich erfolgt die – zwangsläufig rein subjektive – Beurteilung als „doppelt halbsprachig“ auf Grundlage einer monolingualen Norm (vgl. Oksaar 2003: 163). Vermutlich trägt insbesondere der nach wie vor bestehende **„monolinguale Habitus“** (Gogolin 1994, 2008) zu der Vorstellung bei, mehrere Sprachen in einem Kopf müssten zwangsläufig zu Verwirrung führen. Wie bereits in Kapitel 4.2.1 dargestellt wurde, ist aus neurolinguistischer Sicht das Gegenteil der Fall: Das flexible Wechseln zwischen den Sprachen ist keineswegs ein Zeichen einer beeinträchtigten sprachlichen und kognitiven Entwicklung, sondern scheint insbesondere für die Ausprägung exekutiver Funktionen förderlich zu sein (vgl. Bialystok 2021).

Allerdings ist die (früh-)kindliche Mehrsprachigkeit nicht als eine Art Selbstläufer zu betrachten, sondern durchaus, wie Spracherwerb generell, mit Herausforderungen und Stolpersteinen verbunden. Wie im monolingualen und bilingualen Spracherwerb zeigen sich auch beim (früh-)kindlichen Zweitspracherwerb erhebliche individuelle Unterschiede. Ein zentraler Erklärungsgrund hierfür und insbesondere für das Gelingen des Spracherwerbs generell stellt die sprachliche Umwelt dar. Es gilt als gesichert, dass ein vielfältiger, qualitativ hochwertiger und herausfordernder sprachlicher Input Spracherwerbsprozesse begünstigt (vgl. Rowland 2014: 209 f.).

4.3.2 Entwicklungsschritte zur L2-Kompetenz: Verläufe und Stolpersteine

Betrachtet man den Erwerbsverlauf sowie Erwerbsmuster, so zeigen sich große Parallelen zwischen einem monolingualen oder bilingualen Spracherwerb und dem Erwerb des Deutschen als frühe Zweitsprache. Bereits vor der Einschulung eignen sich Kinder zügig und mühelos den Grundwortschatz sowie die Kernbereiche der deutschen Grammatik an, sofern die Voraussetzungen hierfür gegeben sind (vgl. Reich 2009). Während Reich (2010b: 27) dabei vor allem auf die Bedeutung des kognitiven Entwicklungsstands verweist, sieht Haberzettl (2021a) in guten Kitas einen entscheidenden Einflussfaktor. So können Kitas dafür sorgen, dass Kinder mit genügend sprachlichem Input in Berührung kommen sowie ihnen die Gelegenheit geben, mit ihrem neu angeeigneten sprachlichen Wissen bedeutungsvoll zu interagieren. Die Kitastrukturen, mit wiederkehrenden sprachlichen Handlungen und Themen, fördern einerseits den Aufbau des Grundwortschatzes und ermöglichen andererseits die Etablierung sprachlicher Routinen. Auch der Erwerb einfacher Satzstrukturen gelingt Kindern mit Deutsch als Zweitsprache (DaZ) in ca. 2 bis 3 Jahren (vgl. ebd.).

Bezüglich des Erwerbs einiger Einzelphänomene gibt es Belege, dass diese sogar innerhalb eines kürzeren Zeitraums erworben werden, als es im monolingualen Erwerb des Deutschen der Fall ist (s. Schulz et al. 2017 für einen Überblick). Entscheidend für diesen relativ reibungslosen Erwerbsprozess scheint neben einem reichhaltigen sprachlichen Input das Alter der Kinder zu sein (⟶ Kap. 4.4.2 zur Rolle des Alters im Spracherwerb). Haberzettl (2021a: 52) merkt in diesem Kontext an, dass DaZ-Kinder sich die sprachlichen Bereiche, die im DaM-Erwerb (Deutsch als Muttersprache) vor dem Alter von 4 Jahren erworben werden, ebenso reibungslos erschließen, wenn der Kontakt mit dem Deutschen vor dem Alter von 6 Jahren erfolgt. Für unterschiedliche Bereiche der Kerngrammatik zeigen einige Studien, dass sich auch ein späterer kindlicher Zweitspracherwerb nicht hinsichtlich der Dauer vom monolingualen und bilingualen Erstspracherwerb oder frühkindlichen Zweitspracherwerb unterscheidet (vgl. Chilla 2008; Pagonis 2009). Damit kann festgehalten werden, dass Kinder, die mit DaZ aufwachsen, die Kernbereiche des grammatischen Systems erwerben (vgl. Haberzettl 2014: 7, 12 f.; Tracy 2008: 102). Dies trifft auch dann zu, wenn sie erst mit dem Eintritt in die Schule mit dem Deutschen in Kontakt kommen (vgl. Haberzettl 2014: 9).

Neben vergleichbaren Entwicklungsschritten kann es allerdings auch zu Unterschieden im DaZ-Erwerb kommen. Kniffka und Siebert-Ott (2023: 45) verweisen hier auf die Entwicklung des Wortschatzes sowie den **Erwerb der Nominalflexion**. Letztere weist aufgrund der Amalgamierung von Kasus-, Genus- und Numerusmarkierung eine hohe Komplexität auf. Das folgende Beispiel (4) aus Haberzettl (2021a: 52) zeigt den Text eines 13-jährigen DaZ-Lerners mit den Erstsprachen Ewe und Französisch, der seit vier Jahren Deutsch lernt:

(4) *Am Donnerstag, den 12. Mai beobachtete ich ...*
1 einen Unfall. Alles lief schnell, es war so, zwei Jungen spielten auf *ihren* Grundstück.
2 stück. *Die* Grundstück hatte zwei *kleinen Zaun* und *kein* Tür. *Eine* von *dem* Jungen
3 schoss *der* Ball unabsichlich hart und der andere konnte den Ball nicht stoppen,
4 da zersprang *den* Ball auf die~~r~~ Straße.
5 Plotzlich kam eine Autofahrer**in** [*-in* im Nachhinein ergänzt]. Er war gar nicht mal
6 so schnell. Hinter ihm war *eine* Radfahrer, der dich ~~an den~~ hinter dem Autofahrer**in**
7 fuhr. Als die~~r~~ Autofahrerin *der* Jungen, der auf die~~r~~ Straße rannte um seine~~m~~n
8 Ball zu holen [fehlt: sah] da passiert es.
9 Die~~r~~ Autofahrer**in** bemerkte den Jungen und bremste rechtzeitig, aber weil der
10 Radfahrer *keine* Abstand ~~ge~~ hielt, führ er in *dem* Auto hinein.

Die markierten Fehler (*kursiv*, **fett**, komplett und teilweise unterstrichen) und Durchstreichungen (vom Jungen selbst vorgenommen) deuten zunächst darauf hin, dass der Lerner noch große Unsicherheiten im Umgang mit dem Deutschen zeigt. Betrachtet man den Text jedoch genauer, so wird deutlich, dass die Kompetenzen in der Zweitsprache bereits nach dieser kurzen Kontaktzeit beachtlich sind. Haberzettl (ebd.) verweist hier auf die Berücksichtigung der textsortenspezifischen Nüchternheit eines Unfallberichts, die Verwendung eines hierfür passenden Wortschatzes sowie einer fast fehlerfreien Syntax. Diese ist bisweilen komplex, wie das Satzgefüge mit vier Ebenen in den Zeilen 7–8 veranschaulicht. Hier wird lediglich die Verbklammer nicht geschlossen, was Haberzettl (ebd.) ebenso wie die in fett markierten inkonsequenten Selbstkorrekturen als Flüchtigkeitsfehler ausweist. Was jedoch auffällt, sind die kursiv markierten Fehler der Nominalflexion. Hier hat der Lerner ersichtlich Schwächen, an denen es zu arbeiten gilt. Fehler in der Nominalflexion sind allerdings kein Alleinstellungsmerkmal des DaZ-Erwerbs (vgl. Haberzettl 2014: 12). Auch Kindern mit Deutsch als Erstsprache unterlaufen hierbei in der Grundschule noch Fehler. Somit werden auch im monolingualen Erwerb mehrere Jahre bis zu deren korrekter Beherrschung benötigt (vgl. Szagun 2019). Dies gilt es auch im DaZ-Kontext zu berücksichtigen und genügend Zeit für den Erwerb zu veranschlagen (vgl. Haberzettl 2021a: 52). Makrodimitris und Schulz (2021: 150) fassen dies wie folgt zusammen: „Je komplexer ein Phänomen ist, desto mehr Zeit benötigen bilinguale Lernende, um die zwei Sprachsysteme abzuwägen und die dem Phänomen zugrundeliegenden Regeln zu entdecken.“ Dies scheint auch unabhängig von der typologischen Ähnlichkeit der Sprachen sowie der Frühzeitigkeit des Kontakts mit dem Deutschen als Zweitsprache zu gelten.

4.3.3 Verbstellungsmuster im DaZ-Erwerb

Bei einem späteren kindlichen Zweitspracherwerb deuten einige Studienergebnisse darauf hin, dass die Erstsprache durchaus einen Einfluss auf den Erwerb der deutschen Verbstellung hat (s. u. a. Czinglar 2014; Haberzettl 2005; Kniffka/Siebert-Ott 2023). Im monolingualen Erwerb des Deutschen zeigt sich eine Präferenz einer OV-Abfolge für den Aufbau von Äußerungen (vgl. Kauschke 2012: 88). Damit ist gemeint, dass Komplemente vor dem Verb stehen, welches dann als letzter Teil der Äußerung realisiert wird. Dabei handelt es sich zumeist um Infinitive wie etwa in *noch was spielen, ich nicht schwimmen* oder *ja ich machen* (Beispiele aus dem Koch-Korpus). Kinder realisieren damit bereits basale Wortstellungsregeln des Deutschen, nach denen unflektierte Elemente des Prädikats am Satzende stehen. Sie sind damit „eigentlich von Anfang an auf dem richtigen Weg" (Tracy 2008: 80). Dies scheint vor allem auch für DaZ-Kinder zu gelten, deren Erstsprache ebenfalls eine OV-Struktur aufweist wie etwa das Türkische. So zeigt eine Reihe von Studien, dass diese ebenfalls zunächst OV-Strukturen in der L2 Deutsch präferieren. Ausgehend hiervon führt auch der sich anschließende Erwerb der deutschen **Satzklammer** sowie der Erwerb der **Verbletztstellung im Nebensatz** zu wenig Schwierigkeiten (vgl. Haberzettl 2021b: 155–158).

Die Ergebnisse sind insbesondere aufschlussreich, vergleicht man sie mit Lernerinnen und Lernern desselben Alters, deren Erstsprache durch eine VO-Struktur gekennzeichnet ist wie beispielsweise im Russischen, Arabischen oder Englischen. Ein solcher Vergleich wurde in der Untersuchung von Haberzettl (2005) durchgeführt. Die hier untersuchten Kinder, zwei Mädchen mit L1 Türkisch, Me und Ne, und ein Mädchen und ein Junge mit L1 Russisch, An und Eu, waren im Alter zwischen 6 und 8 Jahren (vgl. ebd.: 77).[13] Zunächst zeigt ein Blick auf die Lernvoraussetzungen, dass die Kinder mit Türkisch als Herkunftssprache eher weniger guten bis schlechten Inputbedingungen ausgesetzt waren. Beide kamen kurz vor ihrer Einschulung nach Deutschland und besuchten daraufhin eine zweisprachige Klasse im sog. ‚Bayerischen Modell'. Hier fand ein separater Unterricht von Kindern mit der Herkunftssprache Türkisch statt. Somit kamen die beiden Kinder wenig mit deutschsprachigen Gleichaltrigen in Kontakt. Darüber hinaus wurde auch innerhalb des familiären Umfelds beider Kinder nur Türkisch gesprochen (vgl. ebd.). Eines der Kinder hatte allerdings Kontakt zu deutschsprachigen Kindern in der unmittelbaren Nachbarschaft, was sich positiv auf alle Teilbereiche der syntaktischen Entwicklung auswirkte (vgl. ebd.: 135). Im Gegensatz hierzu profitierten die beiden aus Spätaussiedlerfamilien stammenden russischen Kinder von guten Input- und Lernbedingungen. So besuchten sie zwar zunächst auch eine sog. ‚Übergangsklasse' ohne Kontakt zu Kindern mit der Erstsprache Deutsch, wechselten dann aber recht zügig in eine Regelklasse. In der Übergangsklasse diente allerdings das Deutsche als Mittlersprache, da innerhalb der Klassengemeinschaft keine gemeinsame Erstsprache gesprochen wurde. Neben der Situation in Schule und Hort profitierten die Kinder auch von besseren Inputbedingungen im familiären Umfeld (vgl. ebd.: 77).

In Tabelle 2 wird der Erwerb der deutschen Verbstellung von Lernerinnen und Lernern, deren Herkunftssprache eine OV-Abfolge oder VO-Abfolge präferiert, mit der des Deutschen als Erstsprache verglichen und im Anschluss erläutert.

---

13 Die zugrunde liegenden Daten stammen aus dem Korpus einer Langzeitbeobachtung, die zwischen 1989 und 1992 in Augsburg mit insgesamt 12 Kindern mit L1 Türkisch, Russisch und Polnisch von Heide Wegener durchgeführt wurde. Für Details zum Korpus s. Haberzettl (2005: 77 f.).

Erwerbsphasen	L1-Erwerb im Deutschen	Erwerb der L2 Deutsch nach dem Alter von 3–4 Jahren	
		L1 mit OV-Abfolge (z. B. Türkisch)	**L1 mit VO-Abfolge (z. B. Russisch)**
I	SOV-Abfolgen: *Mama Spielplatz gehen*	SOV-Abfolgen: *Die Mama eine Wurst kaufen*	SVO-Abfolgen: *Der Willie mach ein Laterne*
IIa		Dummy-Satzklammer: $SCopXV_{inf}$ *Das Kind ist Spiele machen* $SV_{inf}O$: *Aber die Kind gehen zu hause*	
II	$SV_{fin}O$: *Die Walze kommt da*	$SV_{fin}O$: *Ich schlafe de Balkon*	$SV_{fin}O$: *Sie kauft Wurst*
IIIa			$SV_{fin}V_{inf}X$: *Er steckt raus das Baum*
III	Satzklammer: $SV_{fin}XV_{inf}$ *Ein Eichhörnchen is(t) wieder aus dem Baum gestürzt*	Satzklammer: $SV_{fin}XV_{inf}$ *Dann hat er das Tesafilm geklebt, an Tafel*	Satzklammer: $SV_{fin}XV_{inf}$ *Er will leise gehen*
IVa			Nebensatz: $SV_{fin}O$ *Er will, dass Mama kauft Bonbons*
IV	Nebensatz: SOV_{fin} *Die brauch(t) Teile die noch besser passen*	Nebensatz: SOV_{fin} *Dann hat sein Fuß weh wo der Junge das gewurft hat*	Nebensatz: SOV_{fin} *Dann schaut er was los ist*

Tab. 2: Erwerbsphasen der deutschen Verbstellung (L1-Beispiele aus dem Koch-Korpus; Lernersprachenbeispiele aus dem Korpus von Haberzettl 2005; Phasenabfolge und Bezeichnungen aus Haberzettl (2014: 11; 2021b: 157), mit geringfügigen Modifikationen).

Wie die Tabelle 2 veranschaulicht, zeigen die beiden Kinder mit Türkisch als Erstsprache trotz der vermeintlich schlechteren Erwerbs- und Lernvoraussetzungen typische Erwerbsmuster, die auch für den Erstspracherwerb sowie frühkindlichen Zweitspracherwerb des Deutschen charakteristisch sind (vgl. Haberzettl 2021b: 157). Ausgangspunkt des strukturellen Aufbaus der Äußerungen scheint wie im Erstspracherwerb des Deutschen eine (S)OV-Abfolge zu sein. Im Gegensatz dazu zeigen die Kinder mit Russisch als Herkunftssprache eine VO-Abfolge, die Ähnlichkeit mit dem Aufbau deutscher Deklarativsätze aufweist (s. Phase I). Diese Abfolge (Phase II) erlangen die türkischen Kinder über eine Zwischenstufe (Phase IIa). Dabei dient ihnen die Kopula *sein* als eine Art transitives Vollverb in sog. **‚Dummy-Konstruktionen'** oder als Auxiliarverb, verbunden mit einem Vollverbinfinitiv (vgl. ebd.). Dies führt zwar zunächst noch nicht zu einer korrekten Verbzweitstellung, ebnet allerdings den Weg hin zur Verbklammerkonstruktion (Phase III) und der korrekten Nebensatzstellung (Phase IV) (vgl. Haberzettl 2005: 99). Die Kopula fungiert demnach als eine Art Platzhalter, mit dessen Hilfe die zielsprachlichen Strukturen erschlossen werden. Weiterhin konnte beobachtet werden, dass eine Adjazenzstellung der verbalen Elemente wie bei den Kindern mit Russisch als Herkunftssprache kaum auftrat (Phase IIIa), und auch die Verbletztposition in Nebensätzen bereitete den türkischsprachigen Lernerinnen keine Schwierigkeiten (s. Phase IV). Aus einer **gebrauchsbasierten Perspektive** (→ Kap. 5.5) muss kritsch angemerkt werden, dass der Erwerb der Verbklammer rein holistisch betrachtet wird. Das heißt, es wird nicht zwischen den unterschiedlichen Klammertypen (etwa Modal- oder Tempusklammer in Phase III) und damit in Verbindung stehenden Verben differenziert. Darüber hinaus werden auch die eingeklammerten Elemente nicht weiter unterschieden wie etwa in Phase III das Objekt *das Tesefilm* und das Adverb *leise.*

In Anbetracht der schlechteren Erwerbsvoraussetzungen der türkischen Kinder hinsichtlich des Zugangs zu reichhaltigem sprachlichem Input ist es umso auffälliger, dass die Erweiterung ihrer Lernersprachen um die zielsprachliche Abfolge VO (in deutschen Deklarativsätzen) weniger Zeit erforderte als die Erweiterung der Lernersprachen der russischen Kinder um die OV-Abfolge (in deutschen Nebensätzen). Somit sind abgesehen vom Input weitere Einflussfaktoren zentral für die Erwerbsverläufe (vgl. ebd.: 135 f.). Ein Faktor scheint hierbei die Erstsprache zu sein. So teilt das Türkische mit dem Deutschen die syntaktische Gemeinsamkeit einer rechtsköpfigen Verbalphrase (VP). Die türkischen Lernerinnen konnten somit bei der Analyse des deutschen Inputs automatisch von diesem bekannten Phänomen ausgehen, sodass die zielsprachlichen Konstruktionen der Verbklammer und der Verbletztstellung größtenteils von Beginn an korrekt realisiert wurden. Statt der SVO-Abfolge in Deklarativsätzen traten allerdings auch hier zunächst rechtsköpfige Verbalphrase mit Verbdrittstellung auf (*und dann ein Kind kommt her*; vgl. ebd.: 107 f.). Im Gegensatz hierzu weist das Russische eine linksköpfige VP auf, sodass die Kinder die SVX-Abfolge in Deklarativsätzen des deutschen Inputs entsprechend ihrer L1-Grammatik erschließen konnten. Das Deutsche ist dem Russischen hier ähnlich, obwohl es keine SVO-Sprache ist, sondern vielmehr eine Verbzweitstellung in Deklarativsätzen aufweist.[14] Die Unterschiede zum Russischen werden hier vor allem durch die Inversion deutlich. Allerdings stellte die

---

14 Die beschriebene Präferenz des frühen Erwerbs der Verbzweitstellung von Kindern mit einer VO-Abfolge zeigte sich auch in der DiGS-Studie (Deutsch in Genfer Schulen), einer Untersuchung französischer Schülerinnen und Schüler, die Deutsch als Fremdsprache in einem gesteuerten Erwerbskontext erlernten (vgl. Diehl et al. 2000). Die Satzklammer sowie der Erwerb der Verbletztstellung in Nebensätzen stellte die Schülerinnen und Schüler hier ebenfalls vor eine Herausforderung. Ähnliches konnte bei der Untersuchung des ungesteuerten Erwerbs des Deutschen von Kindern mit Russisch als Erstsprache festgestellt werden, die bereits 8,5 sowie 14 Jahre alt waren (DaZ-AF Korpus, vgl. Czinglar 2014). Auch hier stellte die SVO-Abfolge die Kinder vor keine Probleme, was zum zügigen Erwerb von Deklaritivsätzen führte. Dafür bereitete der Erwerb der Satzklammer größere Schwierigkeiten. Gleiches gilt für die Verbletztstellung im Nebensatz, sodass es hier häufig zu einer Übergeneralisierung der VO-Abfolge kam.

Kinder mit Russisch als Herkunftssprache der Erwerb der Satzklammer sowie der Verbletztposition in Nebensätzen vor Herausforderungen, was zu einem langsameren Erwerbsverlauf führte (vgl. ebd.: 148). Die hier dargestellten Entwicklungswege kindlicher Lernersprachen können allerdings nur erste Tendenzen aufzeigen. Insbesondere für Lernerinnen und Lerner, deren Herkunftssprache OV-Abfolgen aufweisen, liegt zurzeit keine ausreichende Datenmenge vor, sowohl was Querschnitts- als auch was Langzeitstudien angeht (vgl. Haberzettl 2021b: 155 f.).

Allerdings merken Makrodimitris und Schulz (2021) in diesem Kontext an, dass Transfereffekte, wie sie hier beschrieben wurden, zum einen davon abhängig zu sein scheinen, ab welchem Alter Kinder mit der Zweitsprache systematisch in Berührung kommen und zum anderen, dass diese Effekte nicht in allen Bereichen der Grammatik auftreten. Pagonis und Karas-Bauer (2020: 373) betonen vor allem die Rolle des Inputs. In ihrer Studie mit zwölf aus unterschiedlichen Ländern geflüchteten Grundschulkindern konnten sie zeigen, dass die Inputsituation einen stärkeren Einfluss auf den Erwerbsstand und die Erwerbsgeschwindigkeit der Kinder hatte als deren Kenntnisse aus ihrer Erstsprache. Einen Erwerbsvorteil für Kinder dieses Alters mit OV-Erstsprachen zeigte die Untersuchung hingegen nicht.

4.4 Zweitspracherwerb im Erwachsenenalter

Im Vergleich zum Erstsprach(en)erwerb sowie kindlichen Zweitspracherwerb sind der Verlauf sowie das Ergebnis des erwachsenen Zweit- und Fremdspracherwerbs deutlich heterogener. Häufig erlangen Lernerinnen und Lerner nicht dieselben Kompetenzen, sondern ihr Erwerbsprozess endet vor Erreichen der zielsprachlichen Norm (vgl. Klein 2000: 543). Dass der Erwerb von Sprache auf einer bestimmten Erwerbsstufe zum Erliegen kommt, wird auch als **‚Fossilisierung'** bezeichnet (→ Kap. 5.3.1). Im Gegensatz zu erwachsenen Lernerinnen und Lernern tritt dies beim kindlichen Zweitspracherwerb für gewöhnlich nicht auf (vgl. Haberzettl 2014: 9). Dies ist auf die zum Teil sehr unterschiedlichen Ausgangsbedingungen der Erwerbsprozesse zurückzuführen. So merkt Ahrenholz (2017a: 6) an, dass mit dem Ende der Pubertät sowohl psychische als auch physische Entwicklungsprozesse abgeschlossen sind. Dies gilt auch für die kognitive sowie soziale Entwicklung (vgl. Klein 2001: 606). Des Weiteren unterscheidet sich auch der Status der Erstsprache. Während beim (früh-)kindlichen Zweitspracherwerb die Erstsprache noch nicht als vollständig erworben gilt, wird dieser Prozess für Erwachsene als abgeschlossen angesehen (vgl. Ahrenholz 2017b: 115) – hiermit ist vor allem der Erwerb der Morphosyntax, also der Grammatik einer Sprache gemeint. Neben dem Umstand, dass ältere Lernerinnen und Lerner in ihrer kognitiven Entwicklung weiter vorangeschritten sind, verfügen sie über ein ausgeprägteres metasprachliches Bewusstsein sowie über mehr Weltwissen. Neben einer Vielzahl weiterer Einflussfaktoren stehen vor allem die Rolle der Motivation und des Alters im Fokus der Zweitspracherwerbsforschung. Hierauf soll im Folgenden genauer eingegangen werden.

4.4.1 Motivation

Menschen erwerben Sprache immer aufgrund einer bestimmten Motivation. Diese kann sich im Verlauf des Lebens jedoch erheblich ändern. Insbesondere drei Einflussfaktoren werden hier als ausschlaggebend angesehen (vgl. Ahrenholz 2017b: 104f.):

- das Verlangen nach sozialer Integration
- das Bedürfnis sich mitzuteilen
- die Einstellung gegenüber einer zu lernenden Sprache

Je nachdem, zu welchem Zeitpunkt im Leben der Spracherwerb stattfindet, können sich diese Faktoren sehr stark voneinander unterscheiden, was sich wiederum erheblich auf den Erwerbsprozess auswirkt (vgl. Klein 2001: 606). Bialystok und Hakuta (1999) weisen etwa darauf hin, dass Kinder im Vergleich zu älteren Lernenden stärker bzw. anders motiviert sind, Sprache(n) zu lernen. In dieselbe Richtung argumentiert auch Pagonis (2009), der zudem eine generelle positive Einstellung gegenüber neuen Sprachen und Kulturen bei jüngeren Lernerinnen und Lernern sieht. Schließlich merkt Klein (2001: 609f.) an, dass vor allem der Wille zur sozialen Integration im (früh-)kindlichen Zweitspracherwerb besonders stark ausgeprägt ist und den Erfolg des Spracherwerbs maßgeblich beeinflusst. So stehen Kinder vor der großen Herausforderung, wenn sie beispielsweise mit dem Eintritt in die Kita oder Grundschule das Deutsche als Zweitsprache erwerben, für sie fremde sprachliche Mittel zu verwenden, um mit anderen Kindern oder auch den Erzieherinnen und Erziehern zu interagieren. Das Besondere an dieser Situation ist, dass es sich hier in erster Linie nicht um ein neues sprachliches Umfeld handelt, sondern dass sich die Kinder in einer neuen sozialen Umgebung zurechtfinden müssen, die einen großen Teil ihres Alltags ausmacht. Um sich hier erfolgreich zu integrieren und auch ihre Bedürfnisse ausdrücken zu können, müssen sie sich möglichst schnell mithilfe des sprachlichen Inputs die neue Sprache erschließen.

Im Unterschied zum (früh-)kindlichen Zweitspracherwerb spielt der Faktor der sozialen Integration beim gesteuerten Zweit- und Fremdspracherwerb eine weniger gravierende Rolle. Der Alltag der Lernerinnen und Lerner ist hier zu einem viel geringeren Maße von der Zielsprache beeinflusst, womit keine existentielle Notwendigkeit besteht, sich die Sprache anzueignen (vgl. Rösler 2012: 22). Der Prozess des Spracherwerbs sowie auch dessen Erfolg hängen somit stark davon ab, in welchem Ausmaß die Zielsprache Teil der neuen Lebenswelt ist. Dies gilt für Kinder und Erwachsene gleichermaßen, insbesondere im Migrationskontext, wo auch erwachsene Lernerinnen und Lerner ihr Leben in einer neuen sozialen und sprachlichen Umwelt meistern müssen (vgl. ebd.: 19). Jedoch wird mit dem bloßen Aufenthalt im Zielland der Zweitspracherwerb nicht einfach zum Selbstläufer. Wie bei Kindern, die spätestens mit dem Eintritt in die Bildungsinstitutionen den Kontakt zur Zweitsprache herstellen, muss dies auch bei Erwachsenen geschehen. Hier kommt es vor allem auf die intrinsische Motivation an, sich auf den neuen sprachlichen Input einzulassen und Kontakt zu Sprecherinnen und Sprechern der jeweiligen Sprache zu suchen (vgl. ebd.: 31). Dieser

Gedanke findet sich vor allem in der Akkulturationstheorie wieder (vgl. Schumann 1978; → Kap. 6.2.1). Hier wird der Spracherwerbserfolg in engem Zusammenhang mit der psychologischen und sozialen Nähe zur Zielkultur gesehen.

4.4.2 Altersfaktor

Es ist unstrittig, dass das Resultat des Zweitspracherwerbs im Vergleich zum Erwerb der Erstsprache(n) erheblich heterogener ausfällt. Sehr viel seltener erlangen Menschen dieselbe Kompetenz in einer Zweitsprache, wenn sie diese erst im Erwachsenenalter gelernt haben, als wenn der Erwerb bereits in der (frühen) Kindheit erfolgte. Die Rolle des Erwerbsalters (*age of acquisition*, AoA) wird deshalb als ein maßgeblicher Einflussfaktor auf den Erfolg des Spracherwerbs gesehen und ist Teil intensiver Forschungsanstrengung.[15] Bordag und Opitz (2021: 208) merken an, dass Alterseffekte zunächst von anderen Einflussvariablen wie der Geschwindigkeit des Erwerbs (*rate of aquisition*) und dem erlangten Sprachstand (*ultimate attainment*) differenziert werden müssen. So durchlaufen Jugendliche und Erwachsene die frühen Erwerbsphasen für gewöhnlich schneller als Kinder, erlangen jedoch in den meisten Fällen nicht dasselbe finale Sprachniveau wie diese.

Unmittelbar verbunden mit der Rolle des Alters ist die Frage nach der Existenz einer sog. **‚kritischen Periode‘** für den Spracherwerb (für eine Übersicht s. Birdsong 1999). Hierunter wird im Allgemeinen ein begrenzter Zeitraum verstanden, innerhalb dessen sich auf der Grundlage von Erfahrungen oder Reizen ein bestimmtes Verhalten von Lebewesen entwickeln kann. Findet die Auseinandersetzung mit den entsprechenden Stimuli erst nach dieser Phase statt, kann sich das jeweilige Verhalten bzw. die Fähigkeit nicht mehr oder nur eingeschränkt ausbilden. Kritische Phasen sind in vielen Bereichen wie etwa der Motorik oder dem Sehvermögen sowohl bei Menschen als auch bei Tieren nachgewiesen worden. Auch für den Erwerb von Sprache wurde ein solcher Zeitraum vorgeschlagen. So sei der Mensch bis etwa zum Einsetzen der Pubertät besonders sensitiv für die Verarbeitung sprachlicher Reize (vgl. Lenneberg 1967). Die experimentelle Untersuchung einer solchen Vermutung ist jedoch aus ethischen Gründen äußerst problematisch. Kindern bewusst sprachliche Interaktionen vorzuenthalten ist zutiefst verwerflich, wie einige Einzelfälle zeigen, in denen Kinder bis zu einem gewissen Alter aus unterschiedlichen Beweggründen sozial isoliert lebten (vgl. Skuse 1994; s. die Kästen zu Kasper Hauser und Genie).

15 Welchen Stellenwert Wissenschaftlerinnen und Wissenschaftler dem Alter zumessen und damit auch welches Erklärungspotential sich aus dem Erwerbsalter für die Entschlüsselung unterschiedlicher Erwerbsverläufe ergibt, wird durch eine Umfrage in der renommierten Wissenschaftszeitschrift *Science* aus dem Jahr 2005 deutlich: Der Altersfaktor im Spracherwerb wurde unter den 125 wichtigsten wissenschaftlichen Themen genannt, mit denen sich die Forschung auseinandersetzen soll (vgl. Bordag/Opitz 2021: 207).

Kasper Hauser

Ab einem Alter von 3 bis 4 Jahren bis zum Alter von 15 bis 16 Jahren wurde Kasper Hauser angeblich in Isolation gehalten. Nach seiner Integration in eine soziale Umgebung zeigte sich der Junge äußerst lernfähig. In kurzer Zeit konnte er seine Gedanken mithilfe von Sprache ausdrücken und entwickelte darüber hinaus erstaunliche argumentative Fähigkeiten. Außerdem lernte der Junge zu lesen und zu schreiben. Während er in den Bereichen Mathematik, dem Philosophieren sowie allgemeiner kognitiver Fähigkeiten (einschließlich konzeptioneller Aspekte, die Teil der Semantik von Sprache sind) Lernfortschritte erzielte, blieb die Struktur seiner Sprache fehlerhaft. Dies betraf die Bereiche der Syntax und Morphologie (vgl. Curtiss 1989).

Genie

Das Mädchen Genie wurde ab dem Alter von 20 Monaten bis zum Alter von 13;6 Jahren von ihren Eltern in sozialer Isolation gehalten. In dieser Zeit haben die Eltern weder mit ihr gesprochen, noch war es ihr gestattet, selbst Laute oder Geräusche von sich zu geben. Als Genie aus der Gefangenschaft befreit wurde, konnte sie lediglich ein leises Winseln von sich geben. Verstehen konnte sie nur einige wenige Redewendungen und vereinzelte Wörter. Genie war darüber hinaus in der Lage, Verneinungen sowie Warnungen am Tonfall zu erkennen. Nach seiner sozialen Integration erwarb das Mädchen innerhalb von vier Jahren zentrale Aspekte des konkreten operativen Denkens und entwickelte fortgeschrittene Fähigkeiten in der visuell-räumlichen Perzeption. Sowohl die Leistung des Kurzzeitgedächtnisses als auch das sprachliche Vermögen waren hingegen stark eingeschränkt. Während es Genie schnell gelang, neue Wörter zu erlernen und diese auch zu Zwei- oder Mehrwortäußerungen zu kombinieren, war sie nicht dazu in der Lage, diese morphologisch zu markieren und in eine hierarchische syntaktische Struktur einzubetten (vgl. Curtiss 1989: 118). Des Weiteren zeigte sie auch Auffälligkeiten in ihren kommunikativ-pragmatischen Fähigkeiten. In seinen nicht-sprachlichen Fähigkeiten erlangte das Mädchen das Niveau von ca. Sieben- bis Achtjährigen (Niveau der konkret-operationalen Intelligenz) (vgl. Klann-Delius 2016: 67).

Die Fälle Genie und Kaspar Hauser zeigen, dass sprachlicher Input essenziell für das Gelingen des Spracherwerbs ist. Fehlt dieser, so wird Sprache nur rudimentär erworben. Dies scheint besonders für die Bereiche der Syntax und Morphologie zu gelten (vgl. Hartshorne et al. 2018), allerdings auch pragmatische Aspekte von Sprache zu betreffen. Hierauf deuten auch Studien mit gehörlosen Kindern hin, die erst verspätet mit dem Erwerb ihrer Erstsprache, der Gebärdensprache, beginnen konnten (vgl. Mayberry 1998). Demnach ist der Mensch in einer bestimmten Zeitspanne besonders empfänglich für den Erwerb von Sprache. Allerdings darf die starke Beeinträchtigung der sprachlichen Kompetenzen von Einzelfallstudien wie Genie und Kaspar Hauser nicht ausschließlich auf das Fehlen eines sprachlichen Inputs bis zu einem gewissen Zeitpunkt X zurückgeführt werden. Vielmehr dürfte dies mehrere Gründe haben. So waren die Kinder stark traumatisiert und nicht nur in ihrer sprachlichen Entwicklung beeinträchtigt, sondern auch in ihrer sozial-kognitiven Reife. Die Aussagekraft solcher Einzelfälle muss somit immer mit Vorsicht bewertet werden.

Die Frage, bis zu welchem Zeitpunkt ein besonderer Zugang zur Sprache besteht, ist nach wie vor unbeantwortet (s. Abutalebi/Clahsen 2018 für eine aktuelle Diskussion). Dabei erscheinen starre Altersgrenzen als wenig wahrscheinlich (vgl. Singleton 2006). Klein (2001: 607) weist darauf hin, dass grundlegende **neurokognitive Veränderungsprozesse** bereits in der frühen Kindheit erfolgen und somit der von Lenneberg (1967) vorgeschlagenen Altersgrenze, die er im Beginn der Pubertät sieht, widersprechen. Denn auch ein kindlicher Zweitspracherwerb führt in den allermeisten Fällen zu einer Sprachkompetenz wie im Erstspracherwerb (→ Kap. 4.3). Aber auch bei einem späteren Zweitspracherwerb erreichen Bordag und Opitz (2021: 208) zufolge immer noch zwischen 5 % und 15 % der Lernerinnen und Lerner ein muttersprachliches Niveau.[16] Dies spricht ihrer Meinung nach klar gegen eine kritische Periode für den Zweitspracherwerb. Studienergebnisse der Neurolinguistik (s. u. a. Bialystok/Kroll 2018) legen darüber hinaus nahe, dass Veränderungen im Ergebnis des Spracherwerbs auf eine schrittweise Verminderung allgemeiner Lernfähigkeiten mit Zunahme des Alters in Verbindung stehen.

Schließlich suggeriert die Postulierung einer kritischen oder sensitiven Phase, dass es sich bei Sprache um „nur“ eine Fähigkeit handelt, die kompetent oder weniger kompetent erworben werden kann. Eine solche Betrachtung ist allerdings viel zu pauschal. Sprache setzt sich aus unterschiedlichen Teilkompetenzen zusammen wie beispielsweise der Aussprache (Phonologie/Phonetik), der Grammatik (Morphosyntax) oder auch ihre situationsangemessene Verwendung (Pragmatik). Die verschiedenen Bereiche von Sprache scheinen unterschiedlich sensitiv für Alterseffekte zu sein. Darauf wurde in verschiedenen Theorien zum Zweitspracherwerb erwachsener Lernerinnen und Lerner eingegangen, wie im nachfolgenden Kapitel 5 gezeigt wird.

4.5 Zusammenfassung

In diesem Kapitel haben wir uns mit dem mehrsprachigen Spracherwerb beschäftigt. Dabei ist deutlich geworden, dass Menschen auf unterschiedliche Weise mehrsprachig sein können: Sie können bereits von Geburt an mit mehr als einer Sprache aufwachsen, eine zweite Sprache kann sukzessive in der frühen Kindheit hinzutreten oder auch etwas später, beispielsweise mit dem Eintritt in die Schule. Spätestens dort lernen alle Kinder in Deutschland eine weitere Sprache als Fremdsprache. Auch im Erwachsenenalter können aus verschiedenen Gründen Sprachen gelernt werden. Neben beruflichen

16 Apeltauer (2010: 833) geht hingegen ledlich von 6 % aus (→ Kap. 5.3.1).

Anforderungen oder dem persönlichen Interesse an einer fremden Kultur kann auch Migration ein Grund sein, eine neue Sprache zu erlernen.

Insbesondere für den bilingualen Spracherwerb und den frühkindlichen Zweitspracherwerb kann entgegen der eine lange Zeit vorherrschenden Ansicht – und zum Teil in der öffentlichen Diskussion nach wie vor bestehenden Überzeugung – festgehalten werden, dass diese nicht als eine Art Sonderfall des einsprachigen Spracherwerbs angesehen werden dürfen. Auch hier führt der Spracherwerbsprozess zu kompetenten Sprecherinnen und Sprechern. Allerdings sind die Erwerbswege sowie die Erwerbsvoraussetzungen sehr individuell. Aus diesem Grund werden in der jüngeren Forschung zum bilingualen Erstspracherwerb vermehrt die individuellen Unterschiede zwischen Erwerbsverläufen bilingualer Kinder in den Blick genommen (→ Kap. 5.5.2), statt Erwerbsverläufe mit denen von monolingualen Kindern zu vergleichen. Die zum Teil sehr unterschiedlichen Bedingungen, unter denen Kinder, aber auch Erwachsene, mehrsprachig aufwachsen können, führen zu verschiedenen Wegen, die Lernerinnen und Lerner beim Spracherwerb beschreiten.

Aufgaben zu diesem Kapitel und Lösungen unter https://www.narr.de/Migrationslinguistik-18517-1

5 Erklärungsansätze des Zweitspracherwerbs in der Migrationssituation

Kapitel 4 hat gezeigt, welche unterschiedlichen Spracherwerbsformen in der Migrationssituation auftreten können. Hierbei ist deutlich geworden, dass die Erwerbswege und auch das Erwerbsresultat äußerst heterogen ausfallen können. Aus diesem Grund wollen wir uns nun mit einigen zentralen Ansätzen beschäftigen, die Vorschläge zur Erklärung dieser Heterogenität machen.

Zunächst erscheint es uns als selbstverständlich, eine oder auch mehrere Sprachen zu beherrschen. Es gehört zur Natur des Menschen, Sprache zu erwerben und den kommunikativen Bedürfnissen und Zielen entsprechend zu gebrauchen. Wie wir aber dazu in der Lage sind, uns dieses komplexe Kommunikationssystem anzueignen, ist immer noch weitestgehend unklar (vgl. Rowland 2014: 1). Das hängt auch damit zusammen, dass es sich beim Spracherwerb, wie in Kapitel 4 erläutert wurde, um verschiedene Formen mit sehr unterschiedlichen Voraussetzungen und Bedingungen handelt. Der Prozess des Spracherwerbs, egal ob nun eine oder mehrere Erstsprachen simultan oder sukzessive erworben werden oder ob es sich um den Erwerb einer Zweit- bzw. Fremdsprache handelt, erstreckt sich immer über einen sehr langen Zeitraum und wird dabei von vielen miteinander interagierenden Faktoren beeinflusst. Drei dieser Faktoren scheinen hierbei im Zentrum zu stehen und somit eine maßgebliche Rolle zu spielen (vgl. Klein 2000: 549; 2001: 606):

- die genetische Verankerung von Sprache und der Altersfaktor
- der sprachliche Input
- die Motivation, eine Sprache zu erlernen

Obwohl sich alle aktuellen Theorien einig sind, dass diese Faktoren und deren Zusammenspiel für den Erwerb von Sprache zentral sind, unterscheidet sich ihre Gewichtung innerhalb der Theorien (vgl. Koch 2021a).

Im Folgenden werden einflussreiche Hypothesen und Modelle der Zweitspracherwerbsforschung skizziert, ohne den Anspruch auf Vollständigkeit zu erheben (s. Bordag/Opitz 2021 für einen Überblick). Generell lässt sich festhalten, dass der Zweitspracherwerb von unterschiedlichen Disziplinen und theoretischen Ansätzen betrachtet wird. Trotz großer Forschungsaktivitäten in den letzten Jahrzehnten existiert bis heute keine geschlossene Theorie des Zweitspracherwerbs (vgl. Ahrenholz 2017b: 115). Vielmehr nimmt eine Reihe von Ansätzen einzelne Prozesse und Komponenten in den Blick. Die zum Teil unterschiedlichen Ergebnisse sind dabei auch auf verschiedene Arten von Daten zurückzuführen, die bisweilen schwer vergleichbar sind.

5.1 Kontrastivhypothese

Die systematische Erforschung des Spracherwerbs begann in der Mitte des letzten Jahrhunderts im Kontext behavioristischer Lerntheorien (vgl. u. a. Skinner 1957). Hierbei stellte ausschließlich das beobachtbare Verhalten den Gegenstand wissenschaftlicher Betrachtung dar. Interne Lernprozesse wurden nicht berücksichtigt. Den Erstspracherwerb sah man somit als einen reinen Konditionierungsprozess an, den Kinder ohne bereits vorhandene kognitive Fähigkeiten bestreiten. Demnach wurde der Erwerbsprozess als das Resultat einer Reiz-Reaktions-Kette beschrieben, die maßgeblich durch die Bezugspersonen der Kinder gesteuert wird.

Eine solche Vorstellung des Spracherwerbs wurde auch für den gesteuerten Zweitspracherwerb Jungendlicher und Erwachsener vorgeschlagen. Hierbei steht vor allem die Rolle der Erstsprache im Fokus. Mit der Kontrastivhypothese (vgl. Lado 1957), die als eine der ersten Theorien zur Erklärung des Zweitspracherwerbs gilt, wurden unterschiedliche Entwicklungsverläufe des Erwerbs auf das sprachliche Vorwissen der Lernerinnen und Lerner zurückgeführt. Das heißt, Eigenschaften und Strukturen der Erstsprache werden beim Lernen auf die Zweitsprache übertragen. Je unterschiedlicher die beiden Sprachsysteme sind, desto schwieriger ist der Erwerb. Somit werden Lernschwierigkeiten und Kompetenzunterschiede zu Muttersprachlerinnen und Muttersprachlern unmittelbar auf die Unterschiede zwischen Erst- und Zweitsprache zurückgeführt. Während große Unterschiede zu sog. **‚Interferenzen'** führen, ermöglichen Gemeinsamkeiten einen **positiven Transfer**, der den Spracherwerb begünstigt. So kann etwa die Wortstellung im Aussagesatz der Erst- und Zweitsprache dieselbe sein und somit erfolgreich übertragen werden. Aufgabe der Sprachdidaktik müsste es sein, vor allem die Bereiche zweier Sprachen zu identifizieren, in denen Interferenzen zwischen der Erst- und Zweitsprache auftreten, um dann mit geeigneten didaktischen Materialien die Strukturen der Zweitsprache dennoch erfolgreich zu vermitteln. Für den Prozess des Zweitspracherwerbs müsste eine solche Hypothese somit vorhersagen, dass Sprachen, die sich ähneln, leichter erlernt werden können als Sprachen, die sich stark unterscheiden. Fehler im Erwerbsprozess müssten demnach unmittelbar auf die Erstsprache zurückgeführt werden können.

Eine solche starke Kontrastivhypothese (vgl. Rösler 2012: 243) gilt mittlerweile als widerlegt. So lassen sich Fehler nicht nur aus dem Kontrast zur Erstsprache erklären. Haberzettl (2021b: 148) führt hierzu das Beispiel aus Isakova (2014) von aserbaidschanischen Deutschlernenden an, die Prädikativkonstruktionen ohne Kopulaverb bilden. Während Isakova (2014) das auf die Tatsache zurückführt, dass in Turksprachen keine Kopulaverben existieren und dies somit als Beleg des Einflusses der Erstsprache sieht, merkt Haberzettl (2021b: 148) an, dass ähnliche Strukturen ebenso systematisch von Lernerinnen und Lernern verwendet werden, in deren Erstsprachen Kopulaverben geläufig sind wie etwa im Italienischen (vgl. u. a. Klein/Perdue 1992: 149).

Darüber hinaus impliziert das Transferkonzept der Kontrastivhypothese, dass Interferenzen bei einem spezifischen Sprachenpaar in beiden Richtungen auftreten müssten. Auch dies lässt sich nicht bestätigen. So konnte etwa Kellerman (1995: 126 f.)

beim Sprachenpaar Englisch und Französisch zeigen, dass Fehler, die in der einen Richtung auftraten, nicht auch in der anderen Richtung gemacht wurden. Hatten die Lernerinnen und Lerner als Erstsprache Englisch und als Zweitsprache Französisch, fanden sich Äußerungen, in denen klitische Pronomina dem Verb folgten, anstatt ihm voranzugehen, wie es im Französischen üblich wäre (**Pierre déteste le* vs. *Pierre le déteste*). Dies lässt auf eine Übertragung der SVO-Abfolge des Englischen schließen. Bei Lernerinnen und Lernern, die als Erstsprache Französisch hatten und Englisch als Zweitsprache lernten, fanden sich jedoch keine Fehler, in denen die SOV-Abfolge des Französischen transferiert wurde (beispielsweise **Peter him hates*).

Schließlich kann auch beobachtet werden, dass große Unterschiede zwischen Sprachen nicht zwingend ein Lernhindernis darstellen und die Bereiche, in denen sich Sprachen stark ähneln, zu Schwierigkeiten führen können. Aufgrund dessen ist eine schwache Version der Kontrastivhypothese formuliert worden (vgl. Rösler 2012: 244), die zwar die Rolle des Kontrasts zwischen der Erst- und Zweitsprache für den Erwerbsprozess berücksichtigt, allerdings die Vorhersage von Fehlern für unzulässig hält. Statt einer Prognose von Fehlern steht hier vielmehr deren Diagnose im Fokus. Einige Fehler lassen sich tatsächlich durch Interferenzen aus der Erstsprache erklären. Andere hingegen spiegeln vor allem Lernprozesse im Erwerbsverlauf wider. Dies zeigt sich besonders in Form von Übergeneralisierungen. Hier übertragen Lernerinnen und Lerner eine für die Zielsprache erschlossene Regel auf Strukturen, die eigentlich nicht in deren Geltungsbereich fallen, wie etwa im Deutschen die Präteritumbildung schwacher Verben auf starke Verben. Dies lässt sich auch im Erstspracherwerb beobachten.

5.2 Nativistische Ansätze

Gegen die Position strukturalistischer Ansätze wie etwa die Kontrastivhypothese, bei der ein Vergleich sprachlicher Muster zwischen verschiedenen Sprachen im Zentrum steht, wandte sich in den 1970er Jahren der Linguist Noam Chomsky. Dessen Arbeiten zur Theorie der Generativen Grammatik legten den Grundstein für die Position nativistischer Ansätze[17], die davon ausgehen, dass entscheidende Teile des sprachlichen Wissens angeboren sind. In Anknüpfung an Platon sowie Descartes wird ein genetisch verankertes Wissen angenommen, das spezifisch für den Bereich der Sprache, insbesondere den Erwerb der Grammatik, ausschlaggebend ist (vgl. Klann-Delius 2016: 5). Dieses Wissen wurde von Chomsky (u. a. 1981) als sog. **‚Universalgrammatik‘** (UG) bezeichnet.

Nachdem Chomsky selbst seine Theorie eines angeborenen Spracherwerbsmechanismus ausschließlich im Kontext des Erstspracherwerbs diskutierte, gab und gibt es Tendenzen, diese Positionen auf den Zweitspracherwerb zu übertragen (vgl. Schwartz/

17 Eine vertiefende Darstellung der Theorie des Nativismus mit dessen unterschiedlichen Strömungen findet sich u. a. bei Ambridge und Lieven (2011), Klann-Delius (2016) sowie Szagun (2019).

Sprouse 2017). Hier stellt sich die Frage, ob L2-Lernerinnen und -Lerner ebenfalls Zugriff auf dieses angeborene System haben. Dabei lassen sich grundsätzlich zwei Ansätze unterscheiden: Die *Fundamental Difference Hypothesis* (FDH) (s. u.a. Bley-Vroman 2009) sowie die *Access to UG Hypothesis*. Während die FDH davon ausgeht, dass der kindliche Spracherwerb und der Spracherwerb von Erwachsenen grundsätzlich verschieden ablaufen (vgl. Gass et al. 2020: 162f.; → Kap. 4.4.1 zum Faktor Motivation), wird in der *Access to UG Hypothesis* angenommen, dass die UG auch hier eine Rolle spielt. Wie genau diese aussieht, ist in verschiedenen Hypothesen ausformuliert worden (vgl. White 2003). So wurde etwa mit der *Full Transfer-/Full Access-Hypothesis* vorgeschlagen, dass Lernerinnen und Lerner in den Prozess des Zweitspracherwerbs über die Grammatik ihrer Erstsprache einsteigen, aber auch einen vollen Zugang zur UG haben und somit prinzipiell auch dieselbe Kompetenz in der L2 erreichen können wie in ihrer L1. Mit der *Full Transfer-/Partial Access-Hypothesis* wurde hingegen vermutet, dass die UG im Zweitspracherwerb nur noch indirekt über die Erstsprache zugänglich ist. Somit wurde hier ein beschränkter Zugang zur UG angenommen, der die Erlangung der vollen Kompetenz in der L2 nicht mehr ermöglicht. Somit erkennen auch aktuelle nativistische Zweitspracherwerbstheorien den Einfluss der Erstsprache für den Erwerb der Zweitsprache durchaus an (vgl. Schwartz/Sprouse 2017).

In den letzten Jahrzehnten hat sich allerdings die Definition der UG infolge theoretischer Weiterentwicklungen innerhalb generativer Theorien hin zum Minimalistischen Programm gravierend verändert (s. u.a. Adger 2019; Chomsky 1995). Dies hat auch Auswirkungen auf die Theoriebildung im Zweitspracherwerb, was jedoch an dieser Stelle nicht näher ausgeführt werden kann (vgl. Slabakova 2016).

5.3 *Interlanguage*-Hypothese

Wie die bereits dargestellte Kontrastivhypothese (→ Kap. 5.1) entstand auch die *Interlanguage* Hypothese im Kontext des schulischen Sprachunterrichts. Die Grundannahme besteht darin, dass Lernerinnen und Lerner beim Erwerb einer Zweit- oder Fremdsprache auf ihrem Weg zur Zielsprache eine Abfolge spezifischer Sprachsysteme durchlaufen, die ihre Sprachen als sog. ‚Lernersprachen' kennzeichnen (vgl. den grundlegenden Beitrag von Selinker 1972). Diese sprachlichen Systeme wurden zunächst als „idiosyncratic dialects" bezeichnet (Corder 1971). Selinker verwendete 1972 hierfür den Begriff ‚Interlanguage', der heute fest in der Forschungslandschaft etabliert ist. Im Deutschen werden darüber hinaus auch die Termini ‚Lernersprache', ‚Interimssprache' sowie ‚Intersprache' verwendet (s. Kasten zur Lernersprache).

Lernersprache
Als Lernersprache oder *Interlanguage* bezeichnet man das L2-System von Lernerinnen und Lernern. Die Lernersprache kann dabei sowohl Merkmale der L1, einer anderen, bereits zuvor erlernten Fremdsprache sowie auch Merkmale der zu erler-

nenden L2 enthalten. Darüber hinaus weisen Lernersprachen häufig Merkmale auf, die keinem der zuvor erworbenen Sprachsysteme zuzuordnen sind. Ein weiteres wichtiges Charakteristikum ist die Dynamik von Lernersprachen, das heißt, sie unterliegen ständiger Veränderung und sind somit keine statischen Systeme.

5.3.1 Merkmale von Lernersprachen

Bei Lernersprachen handelt es sich um eigene sprachliche Systeme, deren Entwicklung höchst individuell verläuft und nicht nur durch Fortschritte gekennzeichnet ist, sondern sowohl durch Phasen der Stagnation als auch durch Phasen des Rückschritts (vgl. Apeltauer 2010: 834–836). Neben Elementen der Erstsprache sowie der zu lernenden Zweitsprache enthält die Lernersprache auch Merkmale, die keiner der beiden Sprachen zugeordnet werden können. Kniffka und Siebert-Ott (2023: 48 f.) veranschaulichen dies mithilfe des folgenden Beispiels eines DaZ-Lerners, dessen Erstsprache Englisch ist: *Ich möchte für drei Tage bleiben.* Bei der Äußerung fällt auf, dass anstatt der im Deutschen üblichen Formulierung *drei Tage (lang)* eine Wort-für-Wort-Übertragung der englischen Phrase *for three days* (‚für drei Tage') verwendet wurde. Somit weist die Äußerung des Lerners ein Merkmal seiner Erstsprache auf. Hierneben finden sich aber auch mehrere Merkmale der Zielsprache wieder wie die korrekte Verbflexion sowie die Distanzstellung des Prädikats (*möchte drei Tage bleiben* vs. *möchte bleiben drei Tage*) (vgl. ebd.).

Dass die Lernersprache auch Elemente enthalten kann, die keinem der beiden Sprachsysteme zuzuordnen sind, zeigt das folgende Beispiel eines türkischen Schülers: *Ein Vogel kommte* (vgl. ebd.). Die Form *kommte* ist weder zielsprachenkonform noch entstammt sie dem Türkischen. Sie lässt sich allerdings dadurch erklären, dass der Schüler das Muster der Präteritumsbildung schwacher Verben des Deutschen auf das starker Verben überträgt, was als Übergeneralisierung bezeichnet wird. Weitere Merkmale, die als lernersprachenspezifisch angesehen werden, sind etwa fehlende morphologische Markierungen oder die Auslassung von Funktionswörtern wie Pronomina oder Präpositionen.

Charakteristisch für das System der Lernersprache ist dessen **Dynamik**, die sich oft in einer hohen Variation sprachlicher Muster äußert. Dies lässt sich in Anlehnung an Gass und Selinker (2008: 260) anhand des korrekten Gebrauchs der englischen Verneinung mit *don't* illustrieren. Zunächst haben Lernerinnen und Lerner häufig nur eine Regel für ein Phänomen und wenden diese auf alle Fälle an, wie es etwa in der folgenden Tabelle 3 im Stadium 1 dargestellt ist:

Stadium 1	Stadium 2	Stadium 3	Stadium 4
I am no go.	*I am no go.*	*I am no go.*	*I am no go.*
No look!	*No look!*	*Don't look!*	*Don't look!*
I am no run.	*I am don't run.*	*I am don't run.*	*I am no run.*
No run!	*Don't run!*	*Don't run!*	*Don't run!*

Tab. 3: Muster im Negationserwerb (in Anlehnung an Gass/Selinker 2008: 260).

In Stadium 1 kennt unsere hypothetische Lernerin nur die Verneinung mit *no*. Im Verlauf des Erwerbsprozesses kann diese Regel durch eine weitere ergänzt werden. Beide Regeln können dann für eine gewisse Zeit unsystematisch verwendet werden, ohne dabei einen Unterschied in der Bedeutung zu machen (Stadium 2). Erst allmählich mündet der unsystematische Gebrauch in Hypothesen zur korrekten Verwendung. So wird etwa in Stadium 3 erkannt, dass *don't* zur Bildung des Imperativs verwendet wird, wohingegen der Rest noch unsystematisch bleibt. Auf dieses Stadium kann ein weiteres folgen, in dem etwa Imperative mit *don't* gebildet werden und alle weiteren Verneinungen mit *no* (Stadium 4). Dieser Reorganisationsprozess der Lernersprache kann sich fortsetzen, bis schließlich die zielsprachliche Hypothese gebildet wird. Aus einer unsystematischen Variation innerhalb der Lernersprache wird somit Schritt für Schritt eine systematische(re). Das bedeutet, Lernerinnen und Lerner erwerben grammatische Subsysteme wie das der Verneinung nicht holistisch, sondern schrittweise. Dieses Vorgehen wird auch als „Dekomposition" bezeichnet (Wode 1993: 81). Demnach werden komplexe sprachliche Strukturbereiche wie etwa die Negation, Wortstellungs- oder Wortbildungsregeln, das Kasus- oder Lautsystem sowie die Interrogation, so gelernt, dass nach und nach einzelne Merkmale des zielsprachlichen Inputs herausgefiltert und anschließend in die Zielstrukturen (re)integriert werden. Entscheidend für diesen Entwicklungsprozess sind das sprachliche Vorwissen der Lernerinnen und Lerner sowie der Input, den sie erhalten.

Häufig zeichnet sich der Erwerbsprozess von Lernersprachen durch einen sog. ‚**U-förmigen Verlauf**' aus. Damit ist gemeint, dass die Entwicklung nicht immer einen linearen, das heißt entsprechend der Zielsprache immer korrekter werdenden, Verlauf nimmt. Stattdessen kann, wie übrigens auch im Erstspracherwerb, beobachtet werden, dass in Bereichen, die zuvor als beherrscht galten, erneut Fehler auftreten. Meist geht dies mit Reorganisationsprozessen in anderen Bereichen der Lernersprache einher. Als Beispiel kann erneut auf Übergeneralisierungen hingewiesen werden. Haben Lernende sich etwa das Muster der Präteritumsbildung schwacher Verben erschlossen, kann dieses auch auf starke Verben übertragen werden, die sie zuvor korrekt aus dem Input übernommen hatten. So kann es vorkommen, dass Lernerinnen und Lerner etwa zu Beginn die korrekte Präteritumsbildung von *kommen* realisieren, nämlich *kam*, dann jedoch eine Zeit lang **kommte* verwenden, um dann schließlich wieder zu *kam* zurückzukehren.

Ein weiteres Phänomen, das im Kontext der *Interlanguage*-Hypothese formuliert wurde, ist das der Fossilisierung. So erreichen nur ca. 6 % der Lernenden einer Zweitsprache dieselbe grammatische Kompetenz wie Muttersprachlerinnen und Muttersprachler (vgl. Apeltauer 2010: 833). Der Großteil hingegen verharrt auf einem bestimmten Sprachniveau und entwickelt dieses nicht mehr weiter. Dies geschieht häufig, wenn die erlangten sprachlichen Kompetenzen den persönlichen kommunikativen Bedürfnissen und Anforderungen genügen. Einflussfaktoren sind hier u. a. der Bildungsgrad, Beruf, Alter und Zeitpunkt der Zuwanderung. Im Kontext der Arbeitsmigration zeigt sich bei vielen Gastarbeitern der ersten Generation, die als Erwachsene nach Deutschland migrierten, über keine höhere Schulausbildung verfügen und zudem in ihrem Berufsalltag keine vertieften Deutschkenntnisse benötigten, dass diese auch nach über dreißig Jahren im Zielland das Deutsche eher rudimentär beherrschen (vgl. Riehl 2014a: 88 f.).

5.3.2 Entwicklungsverläufe von Lernersprachen

Im Folgenden wird die Entwicklung der Äußerungsstruktur von Lernersprachen in Form von typischen Entwicklungspfaden präsentiert. Hierbei stand und steht insbesondere die Rolle des Verbs im Fokus. Dies hat vor allem drei Gründe (vgl. Haberzettl 2021b: 155): Zum einen liegt es daran, dass Äußerungen mit Verben zahlreich sind und somit auch bereits bestehende Korpora für deren Analyse genutzt werden können. Zum anderen ist die Verbstellung im Deutschen im Vergleich zu den meisten anderen Sprachen komplexer. Dies liegt an den unterschiedlichen Positionen, die das Verb im Deutschen je nach Satzart einnimmt. Dabei wird die OV-Abfolge häufig als die Ausgangsstruktur des Deutschen angesehen. Schließlich ist die Untersuchung der Verbstellung auch deshalb von Interesse, da sie für Lernerinnen und Lerner des Deutschen oftmals eine Herausforderung darstellt. Ein Indiz hierfür ist die zum Teil auftretende Fossilisierung der VO-Abfolge, die im Zusammenhang mit den Herkunftssprachen von Lernerinnen und Lernern stehen könnte (vgl. ebd.).

Ein Vorschlag genereller Entwicklungspfade von Lernersprachen wurde im Kontext des Projekts *Second language acquisition of adult immigrants* gemacht. Dieses gilt als eines der umfangreichsten Projekte zur Untersuchung des Zweitspracherwerbs. Es wurde von der *European Science Foundation* in den Jahren 1982 bis 1988 in fünf europäischen Ländern (Deutschland, England, Frankreich, Niederlande, Schweden) durchgeführt (s. Klein/Perdue 1997 für eine Zusammenfassung). Im Fokus der Untersuchung standen 40 erwachsene Lerner, die als Arbeiter in die jeweiligen Zielländer migriert waren und zu Beginn der Datenaufnahme keine oder lediglich geringe Kenntnisse der Zielsprache hatten. Über einen Zeitraum von zweieinhalb Jahren wurden unterschiedliche Daten erhoben wie etwa regelmäßige Tonbandaufnahmen, die im Abstand von maximal sechs Wochen stattfanden. Auf diese Weise konnte die sprachliche Entwicklung longitudinal, das heißt über einen längeren Zeitraum, erfasst werden. Hierbei zeigte sich ein sprachlicher Entwicklungsverlauf von den frühen

Lernstufen über die Basisvarietät bis hin zu den Ausbaustufen. Dies soll im Folgenden skizziert werden.

Wenngleich sich die 40 Lerner durch eine Vielzahl individueller Unterschiede in ihren Lernervarietäten auszeichneten, ließen sich doch einige grundlegende Gemeinsamkeiten hinsichtlich der Äußerungsstruktur feststellen. Zunächst wurden erste Erfahrungen mit der jeweiligen Zielsprache gesammelt, was sprachlich vor allem durch das Fehlen einer funktionalen Morphologie und durch die Verwendung einfacher Wortarten wie Nomina, Adjektive und teilweise Verben sowie fester Wortkombinationen (Chunks) kenntlich wurde. Im Anschluss hieran gelangten die Sprecher recht zügig zur sog. ‚**Basisvarietät**' (für eine detailliertere Darstellung s. Klein/Perdue 1997). Diese ähnelt den frühen Lernstufen insofern, als dass auch hier flektierte Formen zumeist fehlen. Neben einem verstärkten Ausbau des Vokabulars und der Verwendung einiger Funktionswörter (Präpositionen, Artikel oder Pronomina) zeichnet sich die Basisvarietät aber vor allem durch ein übergeordnetes verbales Strukturierungsprinzip aus. Das bedeutet, dass ausgehend von Verben in ihrer Infinitivform und den hiermit verbundenen Argumenten die Struktur der Äußerung determiniert wird. So finden sich vor allem die folgenden drei typischen phrasalen Muster (vgl. Klein 2000: 560):

1. NP1 V (NP2)
2. NP1 (Cop) NP2/Adjektiv/Adverb
3. V NP2

Charakteristisch für die Basisvarietät sind also Äußerungsstrukturen aus einer Nominalphrase (Substantive, Eigennamen oder Personalpronomen), einem Verb in Infinitivform und einer weiteren Nominalphrase (1) wie etwa in *mädchen nehme brot* (vgl. Klein/Perdue 1997: 330). Darüber hinaus finden sich auch Äußerungen, die dem Strukturtyp (2) folgen, wie *dan auto is hier* (‚dann ist das Auto da'), die von einem Zweitsprachlerner des Niederländischen stammt (vgl. ebd.: 316). In diesem Beispiel wird das Muster aus Nominalphrase, der Kopula (entfällt auch häufig) und einem Adverb allerdings noch durch das vorangehende Adverb *dan* modifiziert. Schließlich diente auch die Abfolge aus Verb und einer Nominalphrase (3) als typisches Strukturmuster von Zweitsprachlernern wie beispielsweise in der folgenden Äußerung eines Lerners des Englischen: *drop-on the timber* (‚das Holz fallen lassen') (ebd.: 331). Neben den dargestellten phrasalen Eigenschaften werden die Äußerungen auch durch spezifische semantische und pragmatische Beschränkungen bestimmt, auf die an dieser Stelle nicht weiter eingegangen werden kann (vgl. ebd.: 313–319).

Mit der weitestgehend konsistenten Lernervarietät lassen sich zentrale kommunikative Bedürfnisse zum Ausdruck bringen. So verwundert es nicht, dass ca. ein Drittel der 40 Studienteilnehmer die Basisvarietät nicht weiter ausbaute, diese also fossilisierte, wenngleich die Lerner ihren Wortschatz stetig vergrößerten (vgl. Klein 2000: 558). Bei den übrigen Lernern erfolgte ausgehend von der Basisvarietät ein weiterer schrittweiser Ausbau in Richtung der jeweiligen Zielsprache. Charakteristisch dafür war der Erwerb der Finitheit. Allerdings zeigten sich hierbei sehr individuelle Entwicklungsverläufe.

Ein ähnlicher Vorschlag zur Bestimmung der Lernersprachenentwicklung mit Bezug zum Deutschen stammt von Apeltauer (u. a. 2010). Auch hier wird von unterschiedlichen Entwicklungsphasen ausgegangen, die sich wie folgt darstellen lassen:

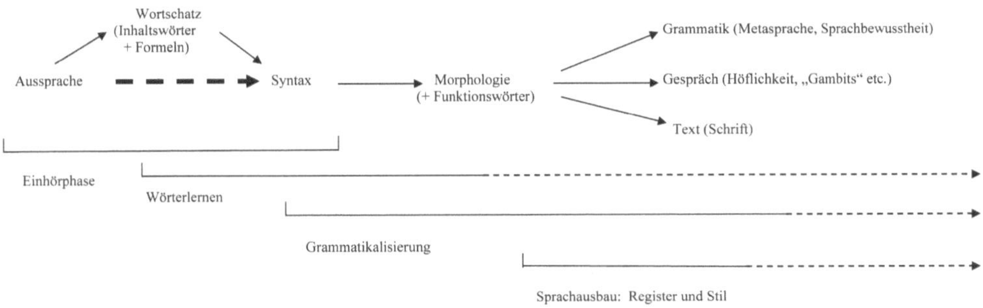

Abb. 7: Modell der Lernsprachenentwicklung (Apeltauer 2010: 836).

Wie Abbildung 7 veranschaulicht, werden vier aufeinander aufbauende Entwicklungsphasen angenommen:

- Einhörphase
- Wortlernen
- Grammatikalisierung
- weiterer Sprachausbau

Diese verlaufen nicht abgeschlossen voneinander, sondern überlappen sich. So geht beispielsweise die Phase des Einhörens, bei der Lernende prosodische Muster sowie den Rhythmus einer neuen Sprache kennenlernen und erfassen, in die Wortlernphase über, ohne dass die Einhörphase endet. Mit zunehmendem Ausbau des Wortschatzes wiederum lösen sich die Lernenden von festen, formelhaften Wortkombinationen (Chunks) und beginnen, produktiv und kreativ mit Sprache zu agieren. Zu Beginn des Prozesses der Grammatikalisierung steht der Erwerb syntaktischer Grundmuster, der vom Gebrauch morphologischer Markierungen (Flexionsmorpheme) und der Verwendung von Funktionswörtern begleitet wird (vgl. ebd.: 837). Dies ist allerdings ein langwieriger Prozess. Insgesamt zeigen bisherige Forschungen zum Deutschen, dass ab der Phase der Grammatikalisierung sehr unterschiedliche und höchst individuelle Sprachentwicklungsverläufe stattfinden, die von einer Vielzahl von Faktoren wie Alter, Motivation (→ Kap. 4.4) und auch der jeweiligen Herkunftssprache geprägt sind.

5.3.3 Die Rolle von Lernersprachen für die Sprachvermittlung

Die *Interlanguage*-Hypothese stärkt die Sicht auf die Zweitsprache als ein sich eigenständig entwickelndes System. Erneut steht hierbei die Betrachtung sprachlicher Strukturen im Zentrum, die von der Zielsprache abweichen. Im Gegensatz zur Kontrastivhypothese (⟶ Kap. 5.1), deren Fokus darauf liegt, Fehler zu vermeiden, werden diese Abweichungen allerdings als Teil des sich entwickelnden lernersprachlichen Systems angesehen. Fehler sind demnach nicht per se etwas Negatives, das durch gezielte Übungen und Instruktionen verhindert werden soll, sondern können auch als Zeichen des Lernfortschritts gedeutet werden. Die bereits angesprochenen Übergeneralisierungen können etwa Ausdruck dafür sein, dass Lernerinnen und Lerner eine Regel der Zweitsprache erworben haben, diese aber (noch) in Kontexten verwenden, in denen sie nicht gilt. Ähnliches sieht man auch im Erstspracherwerb.

Vor allem für sprachdidaktische Überlegungen und das **institutionelle Fremdsprachenlernen**, bei dem häufig auch die Vorbereitung auf Prüfungen im Fokus steht, ist der Beitrag der *Interlanguage*-Hypothese zentral (vgl. Rösler 2012: 247). Fehler werden hier nicht nur als defizitär betrachtet, sondern als Teil des Lernprozesses angesehen. Lernerinnen und Lerner sollen somit ermutigt werden, entdeckend mit ihrer neuen Sprache umzugehen, indem sie selbstständig neue sprachliche Strukturen ausprobieren. Lernersprachen sind demnach keine unvollkommenen Nachahmungen „richtiger Sprachen“ (vgl. Klein 2000: 556), vielmehr sind sie komplexe eigenständige Sprachsysteme, die mit der Zielsprache, aber auch mit der Herkunftssprache interagieren. Ihr Verhältnis zu Standardsprachen wie dem Deutschen oder Türkischen beschreibt Klein wie folgt:

> Voll entwickelte Sprachen, wie Chinesisch, Russisch, Deutsch oder Twi sind Grenzfälle von Lernervarietäten, die sozial normiert sind und oft ein besonderes soziales Prestige haben. Es sind ‚Endvarietäten‘; sie repräsentieren einen stabilen Zustand des Spracherwerbs – jenen Zustand, in dem der Sprecher zu lernen aufhört, weil kein nennenswerter Unterschied mehr zwischen seiner eigenen Varietät und dem Input besteht. (Klein 2000: 556; Hervorhebung im Original)

Somit kann festgehalten werden, dass sich mit dem Konzept der Lernersprache innerhalb der Zweitspracherwerbsforschung die Annahme durchgesetzt hat, dass es sich bei Transfereffekten von der Erst- auf die Zweitsprache nur um einen von vielen Faktoren handelt, der Einfluss auf den Erwerbsprozess nimmt. Lernersprachen sind eigenständige und dynamische Systeme, die sich bei ausreichendem sprachlichem Input zielgerichtet entwickeln. Sie sind demnach von Beginn an Teil des gesamtsprachlichen Repertoires (⟶ Kap. 2.2) von Lernerinnen und Lernern.

5.4 Prozessabilitätstheorie

Als eine der zurzeit einflussreichsten Theorien des Zweitspracherwerbs gilt die Prozessabilitätstheorie (PT) Pienemanns (1998, 2005). Als Grundlage der Theorie diente die ZISA-Studie (vgl. Clahsen et al. 1983), die den Zweitspracherwerb des Deutschen von italienischen und spanischen Arbeitsmigranten untersuchte. Hierbei zeigte sich im Bereich der Morphosyntax eine Systematik in der Erwerbsreihenfolge, die Ausgangspunkt der Prozessabilitätstheorie war. Grob lässt sich die Theorie in den Bereich kognitivistischer Verarbeitungsansätze einordnen. Das heißt, dass vor allem die mentale Sprachverarbeitung sowie die hierzu notwendigen Faktoren im Fokus der Betrachtung stehen.

Ziel der PT ist es, die Erwerbsreihenfolge sprachlicher Strukturen zu bestimmen und zu erklären. Dabei wird angenommen, dass der Zweitspracherwerb in unterschiedlichen Stufen erfolgt, die nacheinander durchlaufen werden. Lernerinnen und Lerner sind immer nur in der Lage, solche sprachlichen Strukturen zu verstehen und zu produzieren, die ihr Sprachverarbeitungssystem in der jeweiligen Stufe verarbeiten kann (vgl. Pienemann/Lenzing 2020: 159). Demnach ist die Abfolge der Spracherwerbsstufen zumindest teilweise durch die Beschaffenheit des menschlichen Sprachverarbeitungsprozessors bedingt (vgl. Pienemann 2005: 2). Diesen beschreibt Pienemann (1998: 5) als „the computational mechanisms that operate on (but are separate from) the native speaker's linguistic knowledge". Die Entwicklungsmuster im Zweitspracherwerb resultieren somit aus den Einschränkungen in der Sprachverarbeitung, die auf einer bestimmten Entwicklungsstufe im Zweitspracherwerbsprozess bestehen. Zur Erklärung der Abfolge der verschiedenen Stufen bezieht sich das Modell auf die Grammatiktheorie der *Lexical Functional Grammar* (LFG) (vgl. Bresnan et al. 2016) sowie auf das Sprachproduktionsmodell Levelts (1989) und versucht so zu erklären, weshalb bestimmte Erwerbsschritte zu einem bestimmten Zeitpunkt im Erwerbsverlauf auftreten (s. Kasten zu den Verarbeitungsstufen).

Eine solche Hierarchie der Stufen wurde für die Sprachen Deutsch und Englisch vorgeschlagen. Dennoch wird angenommen, dass diese Hierarchie universell ist und für alle Sprachen gilt. Das bedeutet allerdings nicht, dass die Entwicklungsverläufe, die in bestimmten Zielsprachen zu finden sind, einfach auf andere Sprachen übertragen werden können. Stattdessen sind Prozeduren je nach Sprache anders ausgeprägt, wie sich beispielsweise anhand der Wortstellung oder auch dem Abgleich von grammatischen Merkmalen, etwa innerhalb der Nominalphrase (NP), zeigt. Solche funktionalen Abhängigkeiten müssen somit zunächst auf Grundlage der *Lexical Functional Grammar* erfasst werden, um die Ausprägung von Prozeduren sprachspezifisch zu bestimmen (vgl. Bresnan et al. 2016: 174).

Verarbeitungsstufen der Prozessabilitätstheorie

Pienemann und Lenzing (2020: 161–164) führen die folgende Hierarchie von Verarbeitungsprozeduren (*procecessability hierarchy*) auf, die Lernerinnen und

Lerner chronologisch durchlaufen. Dabei werden die Merkmale, die auf einer Stufe erworben werden, an die nächste Stufe weitergegeben:

Stufe I: Es existieren noch keine Verarbeitungsprozeduren und keine grammatischen Merkmale. Lernerinnen und Lerner sind auf dieser Stufe zunächst nur dazu in der Lage, einfache lexikalische Einheiten zu verarbeiten, nicht jedoch größere Konstituentenstrukturen. Ausgenommen hiervon sind sog. Chunks, also feste Wortkombinationen wie *Auf Wiedersehen* oder *Wie geht's?*

Stufe II: Es entwickeln sich wortartenspezifische Prozeduren. Die lexikalischen Einheiten können mithilfe von Morphemen um bestimmte grammatische Merkmale modifiziert werden, um beispielsweise bei einem Verb die Vergangenheit zu bilden oder bei einem Substantiv den Plural. Auf syntaktischer Ebene erfolgt der Erwerb der Wortstellung (SVO).

Stufe III: Grammatische Merkmale innerhalb der Nominalphrase (NP) werden abgeglichen, was zu Kongruenz führt. Des Weiteren kann die erworbene SVO-Stellung um eine pragmatische Strategie erweitert werden, indem Adverbien bzw. Adverbialphrasen vorangestellt werden können.

Stufe IV: Mit dem Erwerb der Satzklammer können finite und infinite Teile des Prädikats getrennt werden. Der zuvor beschriebene Abgleich grammatischer Informationen auf der Ebene der NP ist jetzt auch innerhalb der Verbalphrase (VP) möglich.

Stufe V: Grammatische Informationen zwischen Phrasen werden ausgetauscht und abgeglichen. Lernerinnen und Lerner sind nun dazu in der Lage, eine korrekte Subjekt-Verb-Kongruenz herzustellen oder im Nebensatz die Verbendstellung des finiten Verbs korrekt zu realisieren.

Mit der PT wird somit ein **Sprachverarbeitungsmechanismus** für den Zweitspracherwerb vorgeschlagen, der in seiner Fähigkeit der Informationsverarbeitung zunächst eingeschränkt ist. Im Prozess des Spracherwerbs werden diesem Mechanismus neue Prozeduren hinzugefügt, während zuvor erworbene erhalten bleiben. Auf diese Weise wird die Verarbeitung immer komplexerer sprachlicher Strukturen möglich. Dies ist ein wichtiger Unterschied zum Ansatz der UG (→ Kap. 5.2), der voraussetzt, dass die für Sprache relevanten Mechanismen bereits angelegt sind. Die PT liefert somit eine Erklärung für die Entwicklungsverläufe von Lernersprachen. Darüber hinaus lässt sich auf der Basis sprachlicher Strukturen, die einzelne Lernerinnen und Lerner zu bestimmten Zeitpunkten produzieren, bestimmen, wie weit diese in ihrer sprachlichen Entwicklung fortgeschritten sind. Dies macht die Theorie in hohem Maße falsifizierbar. Wenn wir also L2-Lernerinnen und -Lerner finden würden, die eine Stufe in der Entwicklungssequenz übersprungen haben, dann hätten wir einen empirischen Beweis dafür, der die Theorie infrage stellt.

Es kann festgehalten werden, dass die PT versucht, mithilfe von Verarbeitungsprozeduren den Verlauf des Zweitspracherwerbs in Stufen einzuteilen, die alle Lernerinnen und Lerner chronologisch durchlaufen. Dem liegt die Vorstellung zugrunde, dass Grammatik ein klar definiertes System darstellt und bei allen kompetenten Sprecherinnen und Sprechern gleich ausgeprägt ist. Gegen eine solche Vorstellung wenden sich Ansätze, die auf individuelle Unterschiede in den Kenntnissen von Sprecherinnen und Sprechern in verschiedenen Bereichen der Grammatik hinweisen (vgl. u. a. Andringa/Dąbrowska 2019; Dąbrowska 2019; Street/Dąbrowska 2014). Weiterhin bezieht sich die PT auf formale Grammatiktheorien (und Produktionsmodelle). Demnach werden etwa Wörter/Lemmata gelernt, bevor man Prozeduren erwirbt, mithilfe derer diese dann miteinander kombiniert werden können. Auch diese Vorstellung ist umstritten. So schlagen gebrauchsbasierte Ansätze (→ Kap. 5.5) vor, die strikte Trennung von Grammatik und Lexikon aufzuheben und stattdessen von einem Kontinuum aus unterschiedlich abstrakten Konstruktionen auszugehen. Solche Ansätze beziehen deutlich stärker den Input als treibende Kraft des Spracherwerbs mit ein und versuchen zu erklären, wie Lernerinnen und Lerner hieraus mithilfe kognitiver Mechanismen Muster ableiten und so grammatisches Wissen aufbauen (vgl. u. a. Ellis/Wulff 2020). Hierauf soll im Folgenden eingegangen werden.

5.5 Gebrauchsbasierte Ansätze

5.5.1 Grundannahmen

Eine Gegenposition zur zuvor beschriebenen Prozessabilitätstheorie und auch zur nativistischen Vorstellung des Spracherwerbs wird von gebrauchsbasierten Ansätzen vertreten. Hierunter lässt sich eine Reihe von Ansätzen zusammenfassen, die sich sowohl mit dem (bilingualen) Erstspracherwerb (u. a. Goldberg 2019; Quick et al. 2021; Tomasello 2003) als auch mit dem Zweitspracherwerb befassen (u. a. Ellis/Wulff 2020). Grundlegend für das Verständnis und die Erklärung des Spracherwerbs sind dabei die folgenden zwei Annahmen:

1. Spracherwerb basiert in erster Linie auf dem sprachlichen Input, den Lernerinnen und Lerner durch ihre soziale Umwelt erhalten
2. Aus dem sprachlichen Input leiten Lernerinnen und Lerner auf Grundlage ihrer sozial-kognitiven Fähigkeiten sprachliche Muster ab, aus denen sich schrittweise die jeweiligen Regeln der zu lernenden Sprache generalisieren

Gebrauchsbasierte Ansätze gehen also zum einen von der sprachlichen Erfahrung als zentrale Bedingung für Spracherwerbsprozesse aus und zum anderen von kognitiven Mechanismen, die allerdings nicht ausschließlich für das Sprachenlernen gelten, sondern allgemeine kognitive Fähigkeiten sind, die bei jeder Art von Lernen zum Tragen kommen (vgl. Tomasello 2006: 286; s. Koch 2019 für eine detaillierte

Erläuterung der Grundannahmen). Damit gehören gebrauchsbasierte Ansätze zu den kognitiv-funktionalen Ansätzen, in denen das System der Grammatik historisch und ontogenetisch in sog. ‚Gebrauchsereignissen' begründet wird (vgl. u. a. Bybee 2010). In ihrem Grundverständnis folgen die Ansätze damit der Idee der Epigenese: Das Sprachwissen und das ihm zugrundeliegende neuronale System entstehen, indem neurophysiologische Prozesse mit individuell gemachten Erfahrungen interagieren (vgl. Szagun 2019: 265). Sprache ist demnach weder das alleinige Ergebnis der Gene noch der Umwelt. Sprachkompetenz basiert somit immer auf dem Sprachgebrauch, wodurch die Performanz von Sprache gleichzeitig Teil der Kompetenz von Sprecherinnen und Sprechern ist.

Als grundlegende sprachliche Einheit dient gebrauchsbasierten Ansätzen, die sich in ihrem Grammatikverständnis an Theorien der Kognitiven Linguistik und Konstruktionsgrammatik orientieren, die Konstruktion: Eine symbolische Verbindung aus sprachlicher Form und Bedeutung. Langacker (2013) folgend ist die Konstruktion eine Einheit, die nie nur phonologisch, morphologisch, syntaktisch oder semantisch sein kann. Dies steht im Einklang mit dem Saussure'schen Begriff des sprachlichen Zeichens, der ebenfalls Form und Bedeutung kombiniert. In gebrauchsbasierten Ansätzen wird davon ausgegangen, dass Konstruktionen sowohl kleiner als auch größer als ein Wort sein können und Morpheme, Kollokationen und feste Ausdrücke umfassen. Die Konstruktionen und damit sprachliches Wissen generell, variieren entlang eines Kontinuums in ihrer Komplexität und Spezifität. So reichen sie von vollständig lexikalisierten Einheiten, über teilweise schematische Äußerungen bis hin zu vollständig abstrakten Konstruktionen. Auf diese Weise verschwimmt die Grenze zwischen Lexikon und Grammatik und stellt stattdessen ein Kontinuum dar. Dieser Annahme folgend, besteht Sprache nicht nur aus Wörtern und einer abstrakten grammatischen Struktur, der Syntax, in die diese Wörter eingesetzt werden, sondern aus unterschiedlich komplexen Konstruktionen. Dies lässt sich wie folgt zusammenfassen (vgl. Koch 2021a: 11):

- **Spezifische Konstruktionen**: Vollständig lexikalisierte Konstruktionen wie (komplexe) Wörter, feste Mehrwortäußerungen, grammatische Phraseme, Idiome und Sprichwörter
- **Lexikalisch teilspezifische Konstruktionen**: Teilweise lexikalisierte Konstruktionen, sog. *frame-and-slot pattern*, wie Derivations- und Flexionsmorpheme (VERB-*te*: *spiel-te, such-te, lach-te*), schematische Idiome (X *hat seinen Preis*: *alles/Erfolg/Glück hat seinen Preis*) oder schematische Konstruktionen mit lexikalisch spezifischen Elementen und Leerstellen ([Ich sehe X]; [Gib mir X])
- **Abstrakte Konstruktionen**: vollständig schematische Konstruktionen ([Subj V Obj1 Obj2])

Der Grad der Abstraktheit und auch die Verarbeitung von Konstruktionen werden von vielen Faktoren beeinflusst. Insbesondere die Frequenz, also die Häufigkeit des Auftretens von Konstruktionen, spielt hierbei eine zentrale Rolle. Je höher die Häufigkeit eines Musters ist, desto stärker wird es mental verankert, was letztlich zu einem schnelleren

Abruf und einer schnelleren Verarbeitung führt (vgl. Schmid 2020). Dies wird auch als *Entrenchment* sprachlicher Strukturen bezeichnet (s. Kasten zum *Entrenchment*).

Entrenchment
Als Prozess des *Entrenchments* wird die erfahrungsbasierte mentale Verankerung von Wissen bezeichnet (vgl. Blumenthal-Dramé 2012; Schmid 2020). Hartmann und Quick (2021: 30) verdeutlichen dies mithilfe eines Beispiels aus dem Alltag, dem Autofahren: Fährt man regelmäßig Auto, so muss man nicht aktiv nachdenken, was bei den einzelnen Schritten zu tun ist. Dieses Wissen, etwa der Vorgang des Anfahrens (Anschnallen, Kupplung treten, Bremse lösen, Gang einlegen, Blinker setzen, Schulterblick, Kupplung kommen lassen und Gas geben), wird mit der Zeit automatisiert und so zu einer kognitiven Routine. Ähnliches gilt auch für Sprache. Viele Strukturen sind hier ebenfalls durch ihre häufige Verwendung kognitiv stark verankert und somit leichter zugänglich.

5.5.2 Die Bedeutung individueller Unterschiede

Da der sprachliche Input, den Lernerinnen und Lerner erhalten, zum Teil sehr verschieden ist und zu einem unterschiedlichen Output führt, insbesondere im Zweitspracherwerb, ist Variation ein wichtiger Bestandteil gebrauchsbasierter Ansätze. Daneben werden auch Unterschiede in kognitiven und sozioökonomischen Faktoren angenommen wie etwa dem Arbeitsgedächtnis, dem IQ oder auch dem Zugang zu Bildung. Dies alles hat Auswirkungen auf die mentalen Repräsentationen von Sprache. Aus diesem Grund nehmen gebrauchsbasierte Ansätze an, dass das sprachliche System von Menschen nicht einheitlich ist, sondern sich durch individuelle Unterschiede auszeichnet. Demnach verfügen Sprecherinnen und Sprecher immer über ihre eigene **individuelle Grammatik** (vgl. Dąbrowska 2012) oder ihr eigenes gesamtsprachliches Repertoire (→ Kap. 2.2). Bei einem mehrsprachigen Spracherwerb existieren im Vergleich zum monolingualen Erwerb noch mehr Variablen, die variieren können. Aus diesem Grund ist es essentiell, die individuelle Variation sowohl beim Erwerb als auch beim sprachlichen Wissen Erwachsener stärker in den Blick zu nehmen (vgl. de Bruin 2019). So zeigen beispielsweise Dąbrowska und Street (2006) sowie Street und Dąbrowska (2010, 2014) deutliche individuelle Unterschiede im Spracherwerb erwachsener Sprecherinnen und Sprecher und demonstrieren, dass selbst scheinbar einfache Konstruktionen wie das Passiv von verschiedenen Sprachbenutzerinnen und -benutzern unterschiedlich verstanden werden.

Kidd et al. (2018) geben einen Überblick über die aktuelle Forschungslage und betonen, dass individuelle Unterschiede in der Sprache allgegenwärtig sind. Insbesondere argumentieren sie, dass Theorien des Spracherwerbs und der Sprachverarbeitung die komplexe Beziehung zwischen Variation im Input und Spracherwerb berücksichtigen müssen, da dies zu Variationen in der Sprachkompetenz von Sprecherinnen und Sprechern im Verlauf ihres Lebens führt (vgl. ebd.: 165). Menschen haben demnach immer ein unterschiedliches Sprachwissen in Form verschiedener Konstruktionsinventare. Natürlich muss es hierbei auch Überschneidungen geben, sodass besonders saliente oder frequente Konstruktionen vermutlich von allen Sprecherinnen und Sprechern einer Sprachgemeinschaft verwendet werden.

Aus methodischer Sicht stellen die individuelle Variation und ihre enge Interaktion mit der Umwelt eine große Herausforderung dar. So weist etwa Matras darauf hin, dass die meisten Studien zum bilingualen Spracherwerb schwer vergleichbar sind:

> Even two case studies carried out in two households with very similar background could differ substantially as a result of a relative – say a grandmother speaking the language which the child otherwise hears only from the father – spending a couple of months in the family home. (Matras 2020: 66 f.)

Da es in der Regel das Ziel von Forschung ist, Verallgemeinerungen aufzustellen, die sich auf eine ganze Population von Sprecherinnen und Sprechern beziehen, ist dies ein wichtiger methodischer Vorbehalt. Dennoch macht es die systematische Untersuchung individueller Unterschiede noch wichtiger: Nur wenn wir wissen, wie sich Sprecherinnen und Sprecher voneinander unterscheiden (und idealerweise, warum sie diese Unterschiede aufweisen), können wir gültige Verallgemeinerungen über die Population als Ganzes treffen (⟶ Kap. 9).

5.5.3 Das *Competition Model*

Mit dem sog. *Competition Model* (vgl. Bates/MacWhinney 1989; MacWhinney u. a. 2005, 2022) ist ein Model vorgeschlagen worden, das zentrale Grundannahmen gebrauchsbasierter Ansätze aufgreift. Dabei versteht sich das Modell sowohl als Erklärungsansatz für den (bilingualen) Erstspracherwerb als auch den Zweitspracherwerb. Im *Competition Model* wird die Rolle des sprachlichen Inputs als entscheidender Faktor für gelingende Spracherwerbsprozesse angesehen. Der Input enthält dabei sog. ‚Hinweisreize', die *cue validity*. Als solche gelten beispielsweise die Wortstellung, Betonung, Kasusmarkierung, Belebtheit/Unbelebtheit, Subjekt-Verb-Kongruenz etc. Diese unterscheiden sich in ihrer Bedeutung für den Erwerb einer jeweiligen Sprache (vgl. MacWhinney 2005: 87).

Im Zentrum der Erklärung unterschiedlicher Spracherwerbsprozesse steht nun die Zuordnung von sprachlichen Formen und deren Funktionen. Zur Form gehören dabei phonologische Eigenschaften sowie Wortordnungsmuster, die in Wörtern und syntaktischen Konstruktionen verwendet werden. Funktionen sind die kommunikativen Absichten oder Bedeutungen, die dem Sprachgebrauch zugrunde liegen. Die kognitive Fähigkeit, Muster in den Hinweisreizen zu erkennen und diese mit bestimmten Funktionen zu verknüpfen, wird als *cue strength* bezeichnet (vgl. Bates/MacWhinney 1989: 42). Dies kann mithilfe des nachfolgenden Beispiels (1) veranschaulicht werden:

(1) *Das Mädchen streichelt die Katze.*

In diesem Beispiel wird das Subjekt des Satzes, *das Mädchen*, nicht nur mit der präverbalen Position assoziiert, sondern gleichzeitig mit der Nominativmarkierung des definiten Artikels (*das*). Diese Markierung weist zugleich auf die Agensfunktion einer transitiven Handlung hin. Befindet sich das Subjekt in der präverbalen Position der Äußerung, stellt es das Thema eines Diskurses dar (vgl. Bates/MacWhinney 1989: 39). Demnach transportiert die Wortstellung eine semantisch-pragmatische Funktion, indem durch das syntaktische Subjekt die semantische Rolle Agens sowie die pragmatische Funktion Topik realisiert werden. Der Beispielsatz (1) wird dabei als eine prototypische Realisierung im Deutschen angesehen, da die Agensfunktion durch die erste Nominalphrase sowohl durch die Wortstellung als auch den Nominativkasus bestimmt wird. Die Verknüpfung der beiden grammatischen Hinweise, die sog. *cues*, führt zu einem prototypisch transitiven Satz. Im **Zweitspracherwerb des Deutschen** könnten somit solche Prototypen den Erwerbsprozess unterstützen, da das Agens der transitiven Handlung durch die zweifache Markierung einfacher erkannt werden kann. Allerdings ist es im Deutschen auch möglich, das Subjekt postverbal auszudrücken wie in Beispiel (2a) oder als *Experiencer* einer Handlung wie in Beispiel (2b). Demnach können grammatische Formen wie etwa die präverbale Funktion oder der Nominativkasus auch mit unterschiedlichen Funktionen einhergehen.

(2) a. *Den Hund umarmt das Kind.*
b. *Der Junge fürchtet die Dunkelheit.*

Die Beispielsätze in (2) machen deutlich, dass die Verfügbarkeit eines Hinweises, hier die Wortstellung, nicht zwangsläufig zur korrekten Interpretation führt. Sprachen unterscheiden sich also darin, wie zuverlässig bestimmte Hinweisreize sind (*cue reliability*). Im Fall des Englischen beispielsweise stellt die präverbale Position einen dominanten Hinweisreiz für das Subjekt dar. In Sprachen wie dem Deutschen, Spanischen oder Italienischen hingegen liefert sie keinen zuverlässigen Hinweis. Für das Deutsche ist vielmehr die Kasusmarkierung des definiten Artikels ein verlässlicherer Hinweis für das Subjekt als die Wortstellung. Der Wettstreit – daher der Begriff *competition* – zwischen der Wortstellung und der Kasusmarkierung wird im Deutschen im Normalfall zugunsten des Kasus entschieden. Allerdings unterscheiden sich die sprachlichen Hinweisreize auch in ihrer Komplexität und besitzen so einen unterschiedlichen Verarbeitungsaufwand, was im Modell als *cue cost* bezeichnet wird. Des Weiteren hängt die Wahrnehmbarkeit der Hinweise auch vom Faktor der Performanz ab. So wird etwa im mündlichen Sprachgebrauch häufig die Akkusativmarkierung am unbestimmten maskulinen Artikel des Deutschen weggelassen: *Sie kaufte ein(en) Schal.* Für den Zweitspracherwerb stellen sich somit aus Sicht des Modells folgende Fragen:

- Wie passt man den internen Sprachverarbeitungsmechanismus, der auf die Verarbeitung von Hinweisreizen der Erstsprache eingestellt ist, auf solche an, die in der Zweitsprache relevant sind?

- Verwendet man zum Erwerb der Zweitsprache dieselben Hinweise wie in der Erstsprache, und sind diese Hinweise in der Zweitsprache gleich gewichtet?
- Wie interagieren die Hinweisreize der Erst- und Zweitsprache bei der Interpretation von Äußerungen?

Zur Untersuchung dieser Fragen ist eine Vielzahl von Studien durchgeführt worden (vgl. MacWhinney 2022). Diese deuten darauf hin, dass Lernerinnen und Lerner tatsächlich mit widerstreitenden Hinweisreizen ihrer Erst- und der Zweitsprache konfrontiert sind. Dabei scheinen Lernerinnen und Lerner, egal um welche Erst- und Zielsprache es sich handelt, zunächst auf ihre erstsprachlichen Interpretationsstrategien zurückgreifen. Sobald sie allerdings die Inkongruenz zwischen den Systemen der Erst- und Zweitsprache erkennen, verlassen sie sich stärker auf semantisch-pragmatische Hinweise im Gegensatz zu syntaxbasierten Hinweisen. Mit zunehmender Beherrschung der Zweitsprache werden allmählich die entsprechenden zweitsprachlichen Hinweise übernommen. Bei der Verarbeitung der Zweitsprache geht es dann darum, die für die Interpretation relevanten Hinweise neu zu bestimmen und die relative Relevanz dieser Hinweise festzulegen (für das Deutsche etwa, dass die Kasusmarkierung ein „stärkerer" Hinweis ist als die Wortstellung).

Zusammenfassend lässt sich festhalten, dass gebrauchsbasierte Ansätze prinzipiell von denselben Erwerbsmechanismen in den unterschiedlichen Formen des Spracherwerbs ausgehen. Anders als in nativistischen Ansätzen werden Unterschiede im Zweitspracherwerb nicht allein neurobiologisch erklärt, indem das Gelingen von Spracherwerb an bestimmte Zeitspannen und/oder an den Zugang zu einem genetisch verankerten Sprachwissen geknüpft ist. Stattdessen wird auf die Bedeutung zweier entscheidender Einflussfaktoren für den Spracherwerb verwiesen: Die Motivation, eine Sprache zu erwerben (→ Kap. 4.4.1) sowie den sprachlichen Input. Die Eigenschaften beider Faktoren verändern sich zum Teil grundlegend vom Erst- und frühkindlichen Zweitspracherwerb zum späteren Erwerb einer Sprache. Dies hat Auswirkungen auf den Verlauf und das Ergebnis von Spracherwerbsprozessen.

5.6 Zusammenfassung

In diesem Kapitel haben wir einige einflussreiche Theorien kennengelernt, die sich mit einem mehrsprachigen Spracherwerb beschäftigen. Bei der Betrachtung dieser Erklärungsansätze ist deutlich geworden, dass die Fähigkeit, Sprache zu erwerben, eine spezifisch menschliche Anlage ist. Zwar gibt es auch bei anderen Lebewesen (komplexe) Formen der Kommunikation, allerdings scheint nur der Mensch über eine grammatikalisierte Sprache zu verfügen (vgl. Rowland 2014: 1). Darüber hinaus besteht in der Spracherwerbsforschung Einigkeit darüber, dass mithilfe dieser Anlage prinzipiell alle Sprachen erworben werden können und Menschen nicht auf den Erwerb einer Sprache beschränkt sind. Wie die Anlage hierzu jedoch genau definiert wird und welche Rolle sie im Spracherwerbsprozess einnimmt, wird seit Jahren kontrovers diskutiert (für eine zusammenfassende Übersicht s. Koch 2021a, b). Hierbei stehen sich zurzeit vor allem nativistische und gebrauchsbasierte Ansätze diametral gegenüber. Während im Nativismus nach einem bereits fertigen Bauplan einer Grammatik gesucht wird, der sich lediglich im Erwerbsprozess entfalten muss, versuchen gebrauchsbasierte Ansätze Entwicklungswege hin zu einer Grammatik aufzuzeigen, die durch den Sprachgebrauch erworben und geformt wird (vgl. Koch 2021a: 5). Darüber hinaus wird hier verstärkt auf individuelle Unterschiede im Sprachsystem von Lernerinnen und Lernern hingewiesen.

Aufgaben zu diesem Kapitel und Lösungen unter https://www.narr.de/Migrationslinguistik-18517-1

6 Erhalt und Verlust von Mehrsprachigkeit in der Migrationsgesellschaft

Die Sprachkonstellationen, die in Familien in der Migration auftreten, sind äußerst vielfältig. Hier spielt zum einen eine Rolle, ob beide Elternteile den gleichen Sprachhintergrund haben oder verschiedenen Sprachgemeinschaften angehören und zum anderen, ob die Kleinfamilie in ein größeres Familiennetzwerk eingebunden ist, in dem auch Großeltern, Onkeln, Tanten und andere Verwandte sprachlichen Input liefern. Maßgeblich ist auch hier, ob es sich um jeweils einheitliche Sprachen oder um unterschiedliche Sprachen und Dialekte handelt, die in den jeweiligen Netzwerken gesprochen werden. Dies hat zum einen Auswirkungen auf den Sprachgebrauch der Kinder und den Erhalt von Herkunftssprachen, zum anderen auf Sprachmischungsprozesse (→ Kap. 8). Dieses Kapitel widmet sich dem Gebrauch und Erwerb sowie der Förderung der Herkunftssprachen in der Familie und diskutiert den Zusammenhang von individuellem und kollektivem Sprachverlust.

6.1 Mehrsprachigkeit in der Familie

In der Migrationssituation spricht man von der sog. ‚Drei-Generationen-Regel'. Diese besagt, dass die erste Generation die neue Sprache des Einwanderungslandes nur unvollständig erwirbt, die zweite Generation zweisprachig (in der Sprache der Eltern und der Sprache des Einwanderungslandes) und die dritte Generation schließlich wieder einsprachig in der Sprache des Aufnahmelandes ist (vgl. Riehl 2014b: 72). Das würde bedeuten, dass die Mehrsprachigkeit in der Migrationssituation die zweite Generation nicht überdauert. Diese Regel wird allerdings durchbrochen, wenn sich in bestimmten Sprachgruppen Netzwerke etablieren, in denen die Herkunftssprache gesprochen wird (→ Kap. 9). In bestimmten Metropolen haben sich eigene Viertel ausgebildet, in denen der überwiegende Prozentsatz der Bevölkerung einer bestimmten Migrantengruppe angehört (z.B. die türkischsprachige Gruppe in Berlin Kreuzberg und Neukölln). Wie wir in Kapitel 3 gesehen haben, sind größere Migrantengruppen auch institutionell organisiert und verfügen über bestimmte Einrichtungen, in denen ebenfalls die Herkunftssprache gepflegt wird.

Aber auch in einzelnen Familiennetzwerken, die nicht in größere Netzwerke in der Umgebung eingebunden sind, kann die Drei-Generationen-Regel durchbrochen und die Herkunftssprache an die dritte Generation weitergegeben werden. Vermittlerinnen und Vermittler sind hier neben den Eltern (bzw. einem Elternteil) besonders die Großeltern, die mit den Enkeln die Herkunftssprache sprechen und damit gerade in Familien, in denen gemischtsprachige Partnerschaften existieren, die schwächere Sprache stützen. Innerhalb der Familie sind Formen von Sprachmanagement (→ Kap. 12.2.1) ausschlaggebend, die die Sprachwahl in der Familie steuern (d.h. welche Sprache die

Sprache der Interaktion sein soll). Die Wahl der Sprachen wird meist von ideologischen Faktoren wie Prestige, Identität oder Aufstiegsorientiertheit bestimmt, also Faktoren, die die positive oder negative Einstellung gegenüber einer Sprache ausmachen. Gelingt es hier, eine positive Einstellung gegenüber der Herkunftssprache bei den Kindern zu erzeugen, führt dies dann auch zum Spracherhalt innerhalb dieses Familiennetzwerks (vgl. dazu Bsp. (1) in Kap. 12.2.1).

Die Beherrschung und Verwendung der unterschiedlichen Sprachen in mehrsprachigen Familien sind aber von Generation zu Generation verschieden. Daher soll im Folgenden auf den Sprachgebrauch und die Sprachkompetenz in den unterschiedlichen sprachlichen Generationen eingegangen werden.

6.2 Sprachliche Generationen

Bei der Einteilung der sprachlichen Generationen in der Migrationssituation geht es in der Regel um die Folgenden (vgl. Riehl 2018b: 33):

- **Als erste Generation** wird die Generation der Einwandererinnen und Einwanderer im Erwachsenenalter bezeichnet, die ihre L1 vollständig erworben haben, die L2 aber meist unvollständig beherrschen
- **Die zweite Generation** bildet die Kinder dieser Einwandererinnen und Einwanderer, die bilingual aufwachsen: Diese haben die Herkunftssprache zuhause gelernt und die Umgebungssprache entweder gleichzeitig mit der L1 oder später in den Peergroups und Bildungsinstitutionen
- **Die dritte Generation** ist die Generation der Enkelkinder. Diese sind oft nicht mehr bilingual, sondern beherrschen die Herkunftssprache ihrer Großeltern nur noch rudimentär oder passiv. In bestimmten Netzwerken und großen Migrantengruppen ist allerdings die Herkunftssprache auch in der dritten Generation erhalten

In neueren Arbeiten wird der Begriff ‚Generation 1.5' eingeführt für diejenigen Migrantinnen und Migranten, die als ältere Kinder oder Jugendliche (zwischen 8 und 18 Jahren) in der Regel mit ihren Eltern oder anderen Familienmitgliedern eingewandert sind. Diese Gruppe wird deswegen separat betrachtet, weil sie ganz unterschiedliche Migrationserfahrungen gemacht hat. Das betrifft zum einen unterschiedliche Herausforderungen durch die Schule oder auch den Erwerb der L2 (→ Kap. 4), zum anderen Konflikte mit Eltern und der Peergroup (vgl. Haller et al. 2011). Gerade Jugendliche, die in einer anderen Sprache und Kultur aufgewachsen sind, haben oft Probleme, da sie sich in dem Gastland als Außenseiterinnen und Außenseiter empfinden. Sie müssen sich entscheiden, ob sie mit dieser Außenseiterrolle leben können oder ob sie ihre ursprüngliche Identität aufgeben und versuchen, sich in die Mehrheitsgesellschaft zu integrieren (vgl. Isurin/Riehl 2017). In diesem Zusammenhang ist es von Bedeutung, dass die Aufnahmegesellschaft Migrantinnen und Migranten keine vordefinierten Identitäten und (Nicht-)Zugehörigkeiten zuschreibt und vor allem Kinder und Jugendliche darin unterstützt, dass sie eigene Vorstellungen von Identität entwickeln können (⟶ Kap. 11 und vgl. Busch 2021: 80–85).

6.2.1 Die Elterngeneration

Wichtige Faktoren, die die Sprachkompetenz und den Sprachgebrauch in der Elterngeneration beeinflussen, sind der kulturelle Hintergrund, die sprachlich-typologischen Unterschiede und der Bildungsstatus. Außerdem ist ausschlaggebend, ob die Sprecherinnen und Sprecher die L2 im Herkunftsland bereits erworben haben oder nicht. Ein wichtiger Faktor, der sich auch auf die nächste Generation auswirken kann, ist, ob die Eltern alphabetisiert sind und ob sie eine Standardvarietät ihrer Herkunftssprache sprechen, oder ob sie einen Dialekt verwenden und diesen an die nächste Generation weitergeben. Dieser Fall findet sich häufig bei italienischen Einwanderinnen und Einwanderern: Hier lernen die Kinder von den Eltern meist einen italienischen Dialekt (*Calabrese*, *Siciliano*) und nicht das Standarditalienische (vgl. Riehl/Ingrosso 2023). Auch die Bandbreite des Erwerbs der Zweitsprache ist sehr groß, wie Untersuchungen zum Gastarbeiterdeutsch in den 1970er und 1980er Jahren gezeigt haben (vgl. Klein/Dittmar 1979; ⟶ Kap. 10.1). Eine wichtige Rolle kommt dabei der **Akkulturation** zu, d.h. inwieweit sich die Sprecherinnen und Sprecher in die Gemeinschaft des Gastlandes integrieren und wie groß die soziale Distanz ist. Umgekehrt zeigt sich bei Sprecherinnen und Sprechern der ersten Generation, die schon sehr lange im Gastland leben, eine sprachliche Erosion ihrer Erstsprache, d.h. bestimmte Strukturen werden vereinfacht oder es findet eine Konvergenz, d.h. Annäherung an die Zweitsprache statt (⟶ Kap. 6.4.; zu den einzelnen Phänomenen ⟶ Kap. 7.2).

Die größte Zahl der Einwanderinnen und Einwanderer, und hier besonders die in Kapitel 1 beschriebene Gastarbeitergeneration, hat in der Regel das Deutsche ungesteuert im Land erworben und beherrscht die Sprache auf unterschiedlichen Niveaustufen. Hier ist zu bedenken, dass beim ungesteuerten L2-Erwerb in späteren Lebensphasen meist eine **Fossilisierung** auftritt (⟶ Kap. 4.4 und 5.3): Das heißt, die Sprecherinnen und Sprecher erwerben nicht alle grammatischen Strukturen der Zielsprache normkonform. Viele Lernende bleiben auf einer bestimmten Stufe des Spracherwerbs stehen, besonders dann, wenn ihnen die Kompetenz bereits genügt, um sich kommunikativ in dieser Sprache zurechtzufinden (vgl. Riehl 2014a: 88f.). Die Sprachkompetenz variiert allerdings von Lernerin zu Lerner sehr stark in Abhängigkeit von Bildungsgrad und Beruf, Alter der Zuwanderung und auch in Abhängigkeit vom Typus der L1. Wir bemerken z.B. bei vielen Migranten in Deutschland, die schon im Erwachsenenalter zuwanderten, keine höhere Schulausbildung in ihrem Heimatland bekommen hatten und außerdem in ihrem Beruf keine guten Sprachkenntnisse brauchen, dass sie auch nach zwanzig, dreißig Jahren in Deutschland von der grammatischen Norm abweichende Formen verwenden und auch eine hohe Variation aufweisen (⟶ Kap. 5.3). Hier kann zwar auch die oben erwähnte Akkulturation eine Rolle spielen, aber oft ist eher von einem *Good-Enough*-Prinzip auszugehen: Wenn die Verständigung nicht gefährdet ist, besteht keine Notwendigkeit, die Sprachformen noch weiter zu adaptieren.

Es gibt aber auch Migrantinnen und Migranten der ersten Generation (in der Regel mit höherem Bildungsabschluss), die Deutsch bereits im Heimatland erlernt haben. Besonders sind hier Zuwanderer aus osteuropäischen Ländern, v.a. Tschechien, der Slowakei, Polen und Ungarn zu nennen, die Deutsch in der Schule teilweise sogar als erste Fremdsprache gelernt haben. Diese lernen dann in der Migrationssituation je nach Berufszugehörigkeit das Deutsche ungesteuert oder auch gesteuert weiter (vgl. Riehl 2018b: 35).

In zunehmendem Maße spielen auch Transmigranten eine Rolle, wenn es um den Sprachgebrauch in der Migrationsgesellschaft geht (→ Kap. 2 zum Begriff). Gerade in dieser Gruppe sind aber ganz unterschiedliche Kriterien von Bedeutung, ob und welche Sprachen gelernt und verwendet werden. Dabei ist nicht nur die Aufenthaltsdauer, sondern auch die Integration der Familie in die Mehrheitsgesellschaft von entscheidender Bedeutung (vgl. Erfurt/Amelina 2008). Thrul (2013) konnte in einer Fragebogenstudie mit 26 befragten Familien, die für eine befristete Zeit in Deutschland waren, zeigen, dass sich die sog. **‚Elitemigranten'** (vgl. Erfurt/Amelina 2008) oft als Fremde oder Gäste betrachten, die sich aufgrund dieser Rolle und der begrenzten Aufenthaltsdauer auch nicht integrieren müssen (→ Kap. 2.1.4). Deshalb ist das soziale Netz nicht sehr stark in der deutschen Gastgebergesellschaft verankert. Die Verständigungssprache außerhalb der Familie ist hier meistens das Englische (zu ähnlichen Ergebnissen kommt auch Ingrosso 2021).

Je nach Bildungsgrad und Vorwissen ist daher der Wissensstand in der Sprache des Aufnahmelandes in der Elterngeneration sehr verschieden: von geringen mündlichen Kompetenzen über eine verhandlungssichere mündliche Kompetenz mit geringen schriftsprachlichen Kenntnissen bis hin zu einer quasi-muttersprachlichen Kompetenz in Wort und Schrift. Diese unterschiedlichen Voraussetzungen haben wiederum auch Auswirkungen auf den Spracherwerb in der nächsten Generation.

6.2.2 Die zweite Generation

Neben den Grundvoraussetzungen, die die Eltern mitbringen, spielt auch die Zusammensetzung der Familie eine wichtige Rolle beim Spracherwerb der Kinder. Hier ist entscheidend, ob beide Elternteile die gleiche Sprache sprechen oder beide einen unterschiedlichen Hintergrund haben oder ob ein Elternteil die Umgebungssprache als L1 spricht. Die zweite Generation kann zunächst nur in der Herkunftssprache (bzw. mit mehreren Herkunftssprachen) oder aber bereits mit Herkunftssprache(n) und der Umgebungssprache gleichzeitig aufwachsen. Hier gibt es wiederum verschiedene Konstellationen, die sich auf den Spracherwerb positiv oder negativ auswirken können (→ Kap. 4.2.3).

Gesetzt den Fall, beide Eltern haben dieselbe Erstsprache und die Umgebungssprache ist eine andere Sprache, die von den Eltern unzureichend beherrscht wird, erwirbt das

Kind die Umgebungssprache durch andere Bezugspersonen. Im Extremfall kommt das Kind erst spät, manchmal sogar erst kurz vor Schuleintritt, mit der Umgebungssprache, die im Regelfall auch die Sprache der Bildungseinrichtungen ist, in Kontakt. Bei dieser Konstellation ist dann die Erstsprache der Eltern bis zum Eintritt in die Bildungseinrichtung die dominantere Sprache. Mit fortschreitender schulsprachlicher Sozialisierung und dem Kontakt zu anderssprachigen Peers gewinnt die Umgebungssprache immer mehr an Bedeutung und wird in vielen Fällen zur dominanteren Sprache (vgl. Riehl 2018b: 39; → Kap. 4.2.4 zur Sprachdominanz). Da sich das Lebensumfeld heute stetig verändert, kann es selbstverständlich im Lauf der Zeit zu Veränderungen in der kommunikativen Praxis von Familien kommen, z. B. nach einem Umzug in ein anderes Land.

Sind die Kinder bereits älter, wenn sie in das Gastland kommen, so wachsen sie in der Regel nicht mehr mit zwei (oder mehreren) Erstsprachen auf, sondern erlernen die Sprache des Gastlandes als Zweitsprache. Wie in den Kapiteln 4.2 und 4.3 gezeigt, unterscheidet man hier aber zwischen dem frühkindlichen Zweitspracherwerb (bis zum Alter von ca. 4 Jahren) und dem Erwerb in einem späteren Stadium als älteres Kind oder Jugendlicher. Die Problematik, die im zweiten Fall auftritt, ist, dass beim Erwerb in einem späteren Stadium, v. a. nach der Pubertät, die zweite Sprache in den meisten Fällen nicht mehr in allen Bereichen auf einem muttersprachlichen Niveau erlernt wird (→ Kap. 4.4.2 und 5.3.1). Hier spielt weiter eine Rolle, in welchen Domänen die L2 die dominante Sprache der Kinder wird und ob die L1 weiterbehalten wird oder nicht.

In der Migrationssituation ist die Herkunftssprache in der zweiten Generation, wenn diese im Gastland die Schule besucht, in der Regel immer die schwächere Sprache. Zwar kann – wie gerade ausgeführt – im frühkindlichen Alter die Sprache, die zuhause gesprochen wird, die dominante Sprache des Kindes sein, aber spätestens mit Eintritt in die Schule ändert sich das zugunsten der Umgebungssprache. Viele mehrsprachige Kinder haben nur eine mündliche Kompetenz in ihrer Herkunftssprache, da sie in der Schule nur einsprachig in der Umgebungssprache alphabetisiert werden und die schriftsprachlichen Ausdrucksformen und Textkompetenzen nur in dieser Sprache erwerben. In diesem Zusammenhang spricht man daher auch von unvollständigem Erwerb (*incomplete acquisition*, vgl. Montrul 2008) (zur Diskussion des Begriffs → Kap. 6.4.1). Den Kindern steht oft nur der Input der älteren Generation (Eltern und Großeltern) zur Verfügung, und dies ist nicht ausreichend, um das Sprachsystem vollständig erlernen zu können. Deshalb besitzen die Sprecherinnen und Sprecher häufig im Vergleich zu kompetenten L1-Sprechern ein etwas abweichendes und vereinfachtes grammatikalisches System (→ Kap. 6.4.1).

Auch die typischen Sprechweisen, wie das gemischtsprachliche Sprechen (→ Kap. 8) sind Praktiken, die oft in mehrsprachigen Familien angewandt werden und so an die nächste Generation weitergegeben werden. So kann es zu Phänomenen einer sog. ‚**Diasporasprache**‘ kommen (→ Kap. 9). Daher ist es wichtig, dass die Kinder zum einen an die schriftsprachlichen Ausdrucksformen ihrer Herkunftssprache herangeführt werden und zum anderen auch weiteren Input in der Herkunftssprache im Ursprungsland bekommen (⟶ Kap. 14.2).

6.2.3 Die dritte Generation

Wie bereits erwähnt (⟶ Kap. 6.1), besagt die Drei-Generationen-Regel in der Migrationssituation, dass die dritte Generation wieder einsprachig ist, und zwar in der Umgebungssprache. Diese Regel wird durchbrochen, wenn die Herkunftssprachen-Sprecher in engen Netzwerken organisiert sind. In der dritten Generation setzen sich in der Regel die Tendenzen der zweiten Generation fort, d. h. der Input ist meist noch stärker durch Sprachkontakt geprägt und teilweise hat sich auch eine Form gemischtsprachlichen Sprechens herausgebildet, die von der zweiten an die dritte Generation weitergegeben wird (⟶ Kap. 8.1; vgl. Keim 2012: 165 f.).

Insgesamt lässt sich feststellen, dass die Sprachkompetenzen in der Herkunftssprache schwächer sind als in der zweiten Generation. So berichten etwa Sprecherinnen und Sprecher der dritten Generation, dass sie auch ihre Gefühle besser auf Deutsch ausdrücken können, wie in folgendem Beispiel (1) eines deutsch-albanischsprachigen Sprechers der dritten Generation:

(1) *Es geht auf beide sprachen* (-) *aber* (-) *deutsch gehts* (--) *besser* [...] *also deutsch kann ich mich* (-) *besser ausdrücken allgemein* (--) *kann ich besser* (1.0sek) *späße* (--) *ausdrückn kann ich* (--) *lustiger sein.* (albanischer Migrant, 3. Generation, 12 Jahre) (AlbiK-Korpus)

Die Herkunftssprache wird dann meist mit den Verwandten im Herkunftsland oder mit Großeltern vor Ort gesprochen. Hier gibt es oft aktive Bemühungen der Sprecherinnen und Sprecher, die Herkunftssprache zu verwenden, auch wenn sie sich ihrer Defizite oder Lücken bewusst sind. In diesem Fall kommt es dann auch zu Sprachmischungen:

(2) *Äh: ja:* (-) *wenn ich mit meiner familie aus alba/* (.) *also aus kosovo:/* (.) *wenn ich dort bin wenn ich mit den* spreche* (-) *und ähm:* (-) *dann schon versuche so:* (-) *eine* (.) *ganze* (.) *albanische konversation aufzubaun* (.) *dann merk ich dass ich dass ich oft zu meiner mutter muss* (-) *und sie: mit nem deutschen wort* (.) *fragen muss was es bedeutet* (-) *oder dann aus versehn einfach dann halt n deutsches wort benutze dass die* (-) *nicht* (.) *verstehn* (-) *also* (.) *hauptsächlich wenn ich albanisch spreche* (-) *und mir die wörter nich einfalln muss ich mischn* (.) *oder* (.) *nachfragen.* (albanische Migrantin, 3. Generation, 17 Jahre) (AlbiK-Korpus)

Häufig besteht auch nur eine rezeptive Kompetenz bei Kindern und Jugendlichen der dritten Generation. Dennoch haben sie oft einen emotionalen Bezug zur Sprache, der sich darin äußert, dass die Sprecherinnen und Sprecher dann versuchen, ihre Herkunftssprache als schulische Fremdsprache zu erlernen.

6.3 Förderung und Erhalt der Herkunftssprache

Wie bereits gezeigt wurde, können Migrantengruppen, die eine entsprechende Größe haben und in bestimmten Stadtteilen sehr konzentriert leben, in ihren Netzwerken und Institutionen die Herkunftssprache erhalten (→ Kap. 3.3 zu den großen Migrantengruppen in Deutschland). Der Spracherhalt in der zweiten (und weiteren) Generation wird hier maßgeblich begünstigt durch enge soziale Netzwerke, Endogamie, Austausch mit dem Mutterland durch Neueinwanderer, längere Aufenthalte im Herkunftsland, den Zugang zum Herkunftssprachenunterricht und die Präsenz einer gut etablierten Medienlandschaft. Ein weiterer entscheidender Aspekt ist das Prestige der Herkunftssprache: Hat diese ein hohes Prestige in der Mehrheitsgesellschaft (z. B. Englisch), ist es einfacher, diese zu erhalten, als wenn sie ein niedriges Prestige hat (z. B. Türkisch oder Arabisch). Allerdings gibt es auch Migrantensprachen, die trotz ihres verhältnismäßig niedrigen Prestiges in der Mehrheitsgesellschaft ein sehr hohes verdecktes Prestige bei den Muttersprachlerinnen und Muttersprachlern und anderen Einwanderergruppen haben, wie etwa das Türkische in Deutschland (vgl. Krefeld 2010; → Kap. 10.2).

Tatsächlich zeigt sich, dass Sprachprestige und die Funktion als Identitätsmarker durchaus wichtige Faktoren für den Spracherhalt sind. Dennoch sind die Faktoren, die einen Einfluss auf Spracherhalt und Sprachwechsel haben können, sehr vielfältig und interagieren häufig miteinander (vgl. Riehl 2014a: → Kap. 11). Hornberger (2010) geht sogar davon aus, dass es unmöglich ist, Spracherhalt oder Sprachwechsel in einer Gemeinschaft voraussagen zu können.

6.3.1 Sprachvitalität und Spracherhebungen

Informationen über die gesellschaftliche Sprachverteilung und individuelle Sprachdominanz lassen Aussagen auf zugrundeliegende Prozesse zu: Das heißt, wenn eine Sprache/Varietät X nur noch in der privaten Sphäre gesprochen wird, könnte das auf längere Sicht zum Sprachwechsel führen. Es lässt sich aber auch die Art der Mehrsprachigkeit eines einzelnen Sprechers feststellen, z. B. besonders, ob er eine seiner Sprachen in allen Bereichen oder etwa nur im Bereich der Mündlichkeit beherrscht. Diese Daten werden in sog. ***Home Language Surveys*** anhand von Fragebögen erhoben, um die Vitalität von bestimmten Minderheiten- bzw. Migrantensprachen zu bestimmen. Die Daten werden miteinander korreliert, um einen ‚**Sprachvitalitätsindex**' (LIV) zu erstellen. In der Regel werden Erhebungen an Primarschulen durchgeführt, um festzustellen, welche Vitalität eine Sprache in der jüngsten Generation hat (vgl. Riehl 2018b: 42).

Das bekannteste und umfangreichste *Home Language Survey* wurde von Guus Extra und Kollegen (s. die Zusammenfassung bei Extra/Yağmur 2004) durchgeführt. Die Erhebung fand in sechs europäischen Großstädten statt, und zwar in Brüssel, Hamburg, Lyon, Madrid, Den Haag und Göteborg. Insgesamt haben über 160.000 Schülerinnen und Schüler daran teilgenommen. Aus den gesammelten Daten wurden die 20 häufigsten Sprachen, die mindestens in drei Städten repräsentiert waren und mindestens von 30 Lernenden im Alter zwischen 6 und 11 Jahren gesprochen wurden, ausgewählt und genauer analysiert. Danach wurde aus einem Mittel zwischen Prozentwerten für vier verschiedene Bereiche ein sog. ***Language Vitality Index*** (LVI) errechnet. Die Bereiche umfassen:

- Sprachbeherrschung (inwieweit man die jeweilige Sprache versteht)
- Sprachwahl (inwieweit die betreffende Sprache mit der Mutter gesprochen wird)
- Sprachdominanz (welche Sprache am besten beherrscht wird)
- Sprachpräferenz (welche Sprache bevorzugt gesprochen wird)

Der Schwerpunkt der gewählten Dimensionen lag auf den mündlichen Fähigkeiten zu Hause und nicht auf der Lese- und Schreibfähigkeit, damit auch die Vitalität von Herkunftssprachen miteinbezogen werden konnte, in denen der Erwerb von Lese- und Schreibfähigkeiten weder zu Hause noch in der Schule gefördert wird. Die Operationalisierung der ersten und zweiten Dimension (Sprachbeherrschung und Sprachwahl) zielte darauf ab, die maximale Bandbreite für die Erfassung der Sprachvitalität zu erheben. Sprachverstehen wurde ausgewählt, da es im Allgemeinen die am wenigsten anspruchsvolle der vier beteiligten Sprachfertigkeiten ist und Sprache mit der Mutter, da die Mutter im Allgemeinen als die zentrale Person bei der Weitergabe der Sprache an die nächste Generation fungiert (vgl. Extra 2015).

Im deutschsprachigen Raum wurde eine vergleichbare großangelegte Studie im Bereich der *Home Language Surveys* in 3. und 4. Volksschulklassen in Wien durchgeführt (vgl. Brizić/Hufnagl 2011). Hier nahmen knapp 90 % aller Wiener Volksschulen an der Untersuchung teil, insgesamt 19.453 Schülerinnen und Schüler. In der Studie wurden 110 Familiensprachen erfasst, außer Deutsch war die zahlenmäßig größte Sprachgruppe Bosnisch/Serbisch/Kroatisch, gefolgt von Türkisch. Weitere sehr stark vertretene Sprachen waren Arabisch, Polnisch und Rumänisch. Von den befragten Schülerinnen und Schülern gaben 56,4 % an, in ihrem täglichen Leben mehr als eine Sprache zu verwenden. 13,9 % aller Befragten wuchsen sogar mit drei verschiedenen Sprachen auf, 2,5 % waren viersprachig und 0,5 % sogar fünfsprachig (vgl. ebd.: 37–40).

Die Berechnung des Vitalitätsindexes erfolgt nach denselben Kriterien wie bei dem erwähnten internationalen *Home Language Survey* von Extra und Yağmur (2004). Insgesamt zeigte sich, dass das Deutsche die Liste anführt (mit Ausnahme von Tschetschenisch, da es sich hier um eine sehr junge Einwanderung handelt und die Deutschkenntnisse der Sprecherinnen und Sprecher noch nicht ausreichend sind), d. h. Deutsch ist im Allgemeinen die stärkste Sprache der mehrsprachigen Kinder. Die anderen Familiensprachen haben einen Vitalitätsindex, der durchweg niedriger ist als Deutsch. Vergleichsweise hoch ist der Index für Türkisch, Albanisch, Polnisch, Chinesisch, Bosnisch/Serbisch/Kroatisch und Tagalog.

Die niedrigsten Werte zeigen Romanes, Italienisch und Kurdisch, gefolgt von Englisch und Französisch. Interessanterweise enthält diese „Schlussgruppe" Sprachen, die sich in einer schwierigen Position befinden (Romanes und Kurdisch) und man daher verstehen kann, dass die Sprecherinnen und Sprecher sie nicht erhalten wollen, aber es befinden sich auch Prestigesprachen darunter. Letzteres hängt damit zusammen, dass etwa Englisch und Französisch auch von vielen Kindern genannt wurden, die die Sprache gar nicht im familiären Alltag verwenden, sondern sie in der Schule als Fremdsprache erworben haben. Daher haben diese Sprachen in den Bereichen „Sprache mit der Mutter" und „bestgekonnte Sprache" einen ganz niedrigen Wert, der sich insgesamt auf den Vitalitätsindex auswirkt (vgl. Riehl 2018b: 43).

Als interessant stellt sich auch die Frage nach „liebster" und „bester" Sprache heraus. Hier gab es am meisten Übereinstimmung in den Gruppen mit Familiensprache Deutsch und Familiensprache Chinesisch (nur 23 % Nicht-Übereinstimmung) und am wenigsten bei den Gruppen mit den Sprachen Bosnisch und Kroatisch (ca. 60 % Nicht-Übereinstimmung). Gerade an letzterem Beispiel zeigt sich sehr deutlich, dass der emotionale Bezug zu einer Sprache nicht mit dem Beherrschen der Sprache übereinstimmt (s. Kasten zur Sprachenerhebung an Essener Grundschulen für eine Erhebung in Deutschland).

Sprachenerhebung an Essener Grundschulen
In Deutschland wurde ein vergleichbares Projekt mit SPREEG (Sprachenerhebung Essener Grundschulen) (vgl. Baur et al. 2004) an Essener Grundschulen (flächendeckend) durchgeführt. Die Studie ergab, dass 27,6 % der Schülerinnen und Schüler zu Hause eine andere Sprache als Deutsch sprechen, 88 % aber in der Familie auch Deutsch sprechen (d.h. Deutsch neben einer oder mehreren anderen Sprachen). In Bezug auf die Sprachpräferenz ergab sich folgendes Bild: 44 % sprechen beide Sprachen gleich gerne, aber 26 % sprechen lieber Deutsch, der Rest lieber ihre jeweilige(n) Muttersprache(n).

Derzeit wird eine weitere großangelegte europäische Studie durchgeführt, RECOLANG (*Resources for assessing the home language competences of migrant pupils*[18]), die die Stellung von verschiedenen Herkunftssprachen in Schulen, v.a. in verschiedenen Ausbildungszweigen und Lehrplänen erforschen möchte. An dieser Studie nehmen Schülerinnen und Schüler im Alter von 11 bis 18 Jahren teil (vgl. Seewald 2021).

6.3.2 Das Sprachkapitalmodell

Die Frage nach dem Spracherhalt wird noch komplexer, wenn die Einwanderinnen und Einwanderer bereits in ihrem Heimatland mehrsprachig waren. Neben den bereits erwähnten Migrantinnen und Migranten aus afrikanischen Staaten sind dies besonders solche aus der Türkei oder aus dem ehemaligen Jugoslawien. Diese sind häufig mehrsprachig in der Nationalsprache ihres Herkunftslandes und einer Minderheitensprache (z.B. Türkisch und Kurdisch, vgl. dazu auch Keim 2012: 38–40). Allerdings

18 Informationen zur Studie s.: https://www.ecml.at/ECML-Programme/Programme2020-2023/Resourcesforassessingthehomelanguagecompetencesofmigrantpupils/tabid/4297/Default.aspx (letzter Zugriff: 30.10.2023).

gibt es hier sehr unterschiedliche Spracherwerbsbedingungen: In der Türkei konnten Minderheitensprachen nicht schulisch erworben werden und sie werden oft sogar stigmatisiert. Erst seit dem Schuljahr 2012/13 gibt es ein Wahlfach ‚Lebende Sprachen und Dialekte', im Rahmen dessen Minderheitensprachen unterrichtet werden können; dieses Fach hat jedoch mit vielen Schwierigkeiten zu kämpfen (vgl. Bilmez et al. 2022).

Die unterschiedlichen Spracherwerbsbedingungen und die Spracheinstellungen gegenüber Minderheitensprachen im Herkunftsland der Eltern haben auch Auswirkungen auf den Spracherwerb und den Bildungserfolg der Kinder (vgl. Brizić 2007). Brizić (ebd.: 233) verdeutlicht dies in ihrem sog. ‚Sprachkapitalmodell'. In diesem Modell werden zunächst die Spracherwerbsbedingungen im Herkunftsland betrachtet (das betrifft die Elterngeneration, s. Abb. 8 Makroebene). Hier werden Faktoren aufgeführt wie das Prestige der jeweiligen Sprache, ob sie in der Schule erworben werden konnte, ob es eine Mehrheits- oder Minderheitssprache ist etc. Diese Faktoren haben Auswirkungen auf das sprachliche Kapital der Eltern, d. h. auf die Sprachkompetenzen, die sie mitbringen, und ob sie eine Minderheitensprache an die Kinder weitergeben oder eine Mehrheitssprache, die sie selbst nur unzureichend beherrschen. Angehörige sprachlicher Minderheiten konnten oft ihre Muttersprache nicht als Schulsprache erwerben oder diese wurde sogar stigmatisiert, so dass sie einen Sprachwechsel vollziehen mussten (s. Abb. 8 Mesoebene). Als Folge davon bringen sie häufig ein geringes Sprachkapital mit, das sie an die Kinder weitergeben. Dies wirkt sich dann auf die sprachliche Ausgangsposition des Kindes in der Migration aus und führt oft zu Bildungsnachteilen (s. Abb. 8 Mikroebene). Brizić (ebd.: 239) zeigt so, dass sich die soziale Ungleichheit und Stigmatisierung von Sprachen im Heimatland in der Migration fortsetzt.

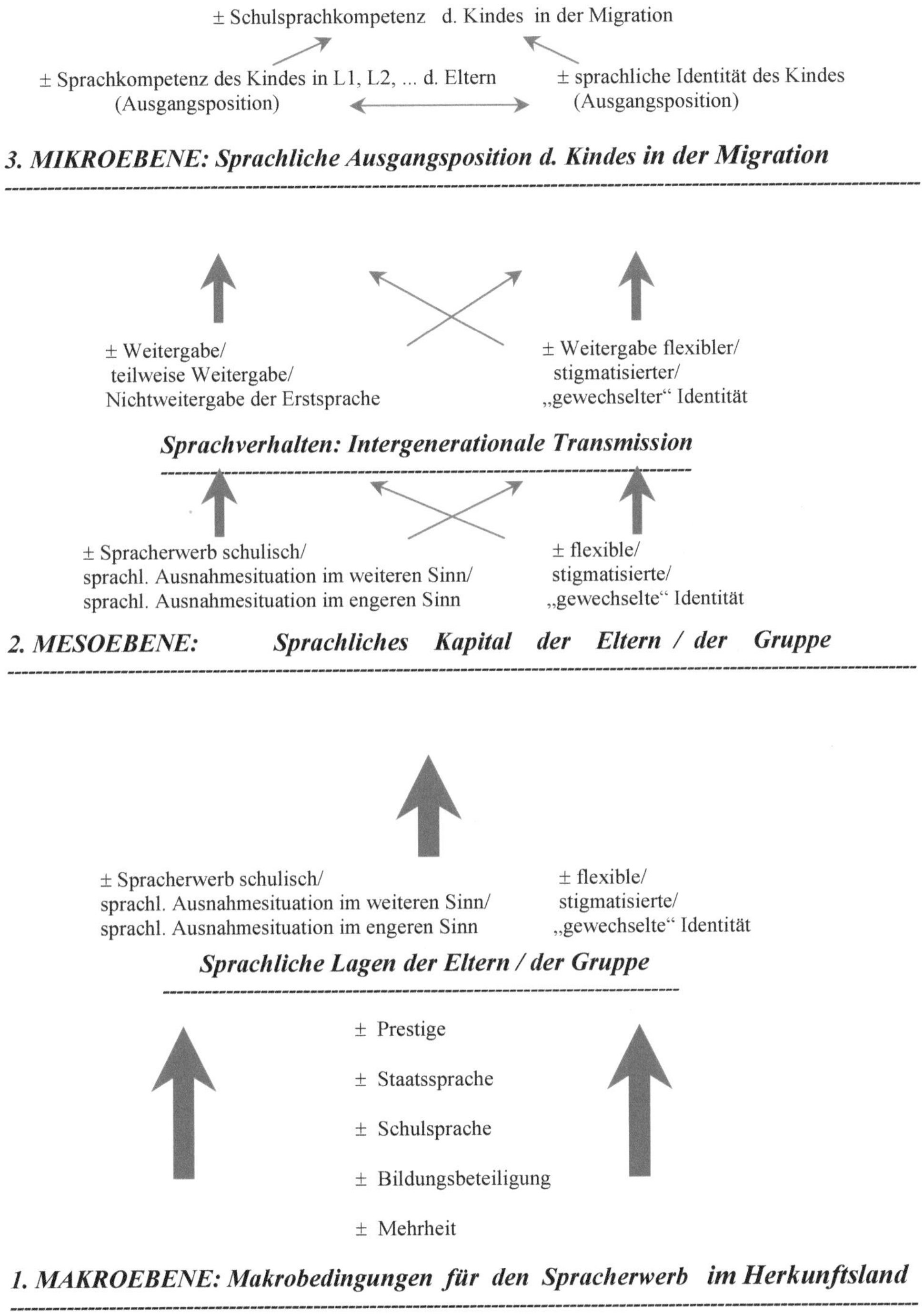

Abb. 8: Sprachkapitalmodell (aus Brizić 2006: 39).

6.4 Individueller und kollektiver Sprachverlust

In diesem Abschnitt wird beschrieben, wie sich individueller Sprachabbau in der Migrationssituation auf die Weitergabe der Sprache an die nächste Generation auswirkt und wie Sprachabbau und abnehmende Kompetenzen zum Sprachverlust einer Herkunftssprache führen.

6.4.1 Spracherosion und unvollständiger Erwerb von Herkunftssprachen

Spracherosion beschreibt den Verlust lexikalischer Einheiten, grammatikalischer und anderer Merkmale einer Sprache oder Veränderungsprozesse in einer Sprache als Folge des abnehmenden Gebrauchs durch Sprecherinnen und Sprecher, die in eine andere sprachliche Umgebung gewechselt sind und die ihre Sprachgewohnheiten geändert haben (vgl. Riehl 2014a: 89–93). Bei der Definition von Spracherosion spielt das Alter der Sprecherinnen und Sprecher bei der Migration eine wesentliche Rolle (vgl. Isurin 2007). Dabei unterscheidet sich Attrition bei Menschen, die auswanderten, bevor sich ihr Sprachsystem stabilisiert hatte (z. B. vor der Pubertät), von der Attrition bei Menschen, die im Erwachsenenalter migriert sind (vgl. Schmid 2011: 7). Wenn der Kontakt mit der Erstsprache bereits vor der Pubertät reduziert wird, kann dies dazu führen, dass die Sprecherinnen und Sprecher das sprachliche System ihrer L1 nur rudimentär beherrschen (insbesondere bei internationalen Adoptivkindern, vgl. Pierce et al. 2019; Ventureyra et al. 2004). Daher geht man in der Spracherosionsforschung davon aus, dass diese Sprecherinnen und Sprecher das Sprachsystem der Herkunftssprache möglicherweise nicht vollständig erworben haben und dass die Tatsache, dass bestimmte Strukturen nicht stabil gespeichert sind, dazu beitragen könnte, dass die Sprecherinnen und Sprecher Schwächen in der Performanz zeigen und das Gefühl haben, ihre Sprache zu vergessen (vgl. Ecke 2004: 323). Schmid (2011: 14) plädiert daher dafür, Migrantinnen und Migranten, die vor der Pubertät auswandern, als ‚unvollständige Lerner' (*incomplete learner/acquirer*) zu bezeichnen, und nur von Sprecherinnen und Sprechern, die nach dem 12. Lebensjahr ausgewandert sind, von ‚L1-Attritern' zu sprechen.

6.4.1.1 Unvollständiger Erwerb

Der Aspekt des unvollständigen Erwerbs wurde v. a. von Montrul (2008, 2016) und Polinsky (2006) ausführlich erläutert. Montrul (2008: 164) geht davon aus, dass „the outcome of attrition or incomplete acquisition in childhood is a linguistic system which […] varies from the outcome of adult L1 attrition in fully developed native speakers". Sie bezeichnet daher den ersten Typ von Sprecherinnen und Sprechern als unvollständige L1-Lernende. Nach Montrul (ebd.) ist das sprachliche System aus zwei Gründen unvollständig: Entweder wurde das System nach der kritischen Periode erworben (s. dazu kritisch Kap. 4.4.2) oder die Menge des Inputs war nicht ausreichend, um das System vollständig zu entwickeln und aufrechtzuerhalten. Im Gegensatz dazu hat Attrition bei Erwachsenen in erster Linie Auswirkungen auf die Performanz (Abruf, Verarbeitung und Geschwindigkeit), führt aber nicht zum Gebrauch von unvollständigen oder divergierenden grammatischen Mustern. Es kommt hier eher im Bereich der Aussprache und im Gebrauch bestimmter lexikalischer Einheiten zu Umstrukturierungen, die als nicht-muttersprachlich wirken (vgl. ebd.: 65). Sprecherinnen und Sprecher dagegen, die die Sprache unvollständig erwerben, haben ein grammatisches System, das von dem kompetenter L1-Sprecherinnen abweicht.

Der Begriff des ‚unvollständigen Erwerbs' (*incomplete acquisition*) wird allerdings in der Forschung kontrovers diskutiert (vgl. Putnam/Sánchez 2013; Putnam 2019; Zyzik 2019). Putnam und Sánchez (2013) stellen zu Recht die Frage, ob auch sog. ‚Muttersprachler' ihre Sprache vollständig erwerben können. Sie argumentieren, dass es auch bei Muttersprachlerinnen und Muttersprachlern Abweichungen und Variationen in bestimmten Mustern gibt.[19] Weiter gilt es auch zu bedenken, dass man je nach Bildungsstand ein unterschiedliches Niveau in seiner sog. ‚Muttersprache' erreicht (etwa im Bereich der Bildungssprache oder der Fachsprachen). Vor diesem Hintergrund schlagen Putnam und Sánchez (ebd.) vor, den Fokus auf den Erwerbsprozess zu verlagern. Bei Herkunftssprachen-Sprechern spiele weniger der fehlende Input eine Rolle als die fehlende Aktivierung von Strukturen oder Elementen der L1. Das heißt, die Autoren gehen davon aus, dass die Sprecherinnen und Sprecher die Strukturen erworben haben, sie aber nur schwer aktivieren können und sie daher häufig durch Äquivalente der Zweitsprache ersetzen. Daher sollte man eher von instabilen oder nicht konsolidierten Grammatiken (vgl. Putnam 2019: 276) sprechen und nicht von „unvollständigen". Kupisch und Rothman (2018) schlagen deshalb statt des Begriffs ‚unvollständiger Erwerb' den Terminus **‚differenzierter Erwerb'** (*differential acquisition*) vor.

Dennoch ist der Begriff des unvollständigen Erwerbs in einem breiteren Verständnis von Spracherwerb, der über den Erwerb von grammatischen Strukturen hinausgeht, durchaus vertretbar, wenn man bedenkt, dass in modernen Gesellschaften zum Spracherwerb auch der Erwerb der konzeptionellen Schriftlichkeit (→ Kap. 14.1.1) gehört, die in der Regel nur institutionell im Schulunterricht vermittelt wird (vgl. Riehl 2020). Da die Kenntnis komplexer grammatischer Konstruktionen kognitive Reifung und Erfahrung mit der Schriftlichkeit erfordern, erstreckt sich der vollständige Erwerb der Erstsprache auch über die Kindheit hinaus (vgl. Montrul/Polinsky 2019). Damit führt der unvollständige oder Nicht-Erwerb formaler Register in der Herkunftssprache dazu, dass diese Sprache auf gesprochene Register und informelle Domänen beschränkt bleibt (vgl. Riehl 2020).

---

19 Montrul (2008: 250) diskutiert ebenfalls den Begriff der muttersprachlichen Kompetenz. Es ist schwer zu definieren, wie viel Variation akzeptiert werden kann, um eine Person als Muttersprachler oder Muttersprachlerin einer Sprache zu bezeichnen oder nicht.

6.4.1.2 Die Rolle des Inputs in der Herkunftssprache

Ein weiterer Aspekt, der in diesem Zusammenhang berücksichtigt werden muss, ist die Art des Inputs, mit dem Sprecherinnen und Sprecher der zweiten oder dritten Generation von Herkunftssprachen im Vergleich zu ihren einsprachigen Altersgenossen in den jeweiligen Heimatländern konfrontiert werden: So zeigen Studien zur Weitergabe von Herkunftssprachen von einer Generation zur nächsten, dass Eltern in einem Migrationsumfeld oft eine Art von Herkunftssprache an ihre Kinder weitergeben, die bereits durch Sprachkontakt mit der Zweitsprache verändert wurde. Dies betrifft vor allem das Lexikon, aber auch kleinere grammatische Veränderungen. So fanden etwa Paradis und Navarro (2003) heraus, dass spanischsprachige Eltern in den USA mehr explizite Subjektpronomina produzieren als einsprachige Spanischsprecher.[20] Durch den Sprachkontakt mit dem Englischen hat also bereits die Elterngeneration ihren Sprachgebrauch verändert, so dass nicht ausgeschlossen werden kann, dass das Kind eine idiosynkratische Varietät von seinen Eltern lernt (vgl. Nicoladis/Smithson 2018). Diese Annahmen wurden kürzlich von Pascual y Cabo (2020) in seiner Studie zur generationenübergreifenden Attrition des Spanischen als Herkunftssprache in den USA bestätigt.

Auch im Bereich der Aussprache gibt es bereits Auswirkungen des Sprachkontakts in der ersten Generation: So haben Brehmer und Kurbangulova (2017) die Entwicklung der sog. *Voice Onset Time* (VOT) bei russischsprachigen Migranten untersucht. Darunter versteht man die Zeit zwischen der Verschlusslösung, beziehungsweise der Geräuschbildung (*burst*), und dem Einsatz der Stimme bei Plosiven wie *p, t, k.* Brehmer und Kurbangulova (ebd.) haben bereits bei der Elterngeneration eine Veränderung in der VOT bei Plosiven gefunden, die sich dann in der zweiten Generation noch verstärkt. Daher kann nicht ausgeschlossen werden, dass Kinder diese idiosynkratische Variante der Sprache von ihren Eltern erlernen. In diesem Fall kann nicht genau bestimmt werden, wie viel von der Kompetenz der ersten Generation in einer Sprache als Input für die nächste Generation zur Verfügung steht (vgl. Riehl 2019).

6.4.1.3 Unterschiede zwischen Attritern und Herkunftssprachen-Sprechern

Zusammenfassend lässt sich sagen, dass der Hauptunterschied zwischen der klassischen Spracherosionssituation und dem Sprecherszenario der zweiten Generation darin besteht, dass die erste Gruppe zuerst die L1 und die L2 zu einem späteren Zeitpunkt – meist nach der Pubertät – erwirbt, während die letztere Gruppe beide Sprachen entweder simultan erwirbt oder früh sukzessiv zweisprachig ist. Das bedeutet auch: Während der erste Typus von Sprecherinnen und Sprechern zuerst in einer einsprachigen Umgebung aufwächst und später in einer anderen potenziell einsprachigen Umgebung lebt, wächst der zweite Typus von Sprecherinnen und Sprechern von

20 Im Englischen ist die Setzung des Personalpronomens obligatorisch, im Spanischen wird es nur gesetzt, wenn es besonders betont wird (sog. ‚Pro-Drop', ⟶ Kap. 7.2.3).

Anfang an in einer zweisprachigen Gemeinschaft auf und hat oft keine (oder nur eine eingeschränkte) formale Ausbildung in der Herkunftssprache. Die unterschiedliche Erwerbssituation wirkt sich auch darin aus, dass der Schwerpunkt der Forschung auf unterschiedlichen Altersgruppen liegt (s. Tab. 4).

Kanonische Attriter	Klassische Herkunftssprachen-Sprecher
Sind Einwanderer der ersten Generation	Sind Einwanderer der zweiten Generation
Erwerben L2 im Erwachsenenalter	Erwerben L1 und L2 in früher Kindheit
Erfahren die L1 als dominante Sprache in Kindheit und Jugend	Erfahren L2 als dominante Sprache in Kindheit und Jugend
Emigrieren in ein anderes sprachliches Umfeld	Wachsen in einem bilingualen Umfeld auf
Schwerpunkt der Forschung auf älteren Sprecherinnen und Sprechern	Schwerpunkt der Forschung auf Kindern und jugendlichen Sprecherinnen und Sprechern

Tab. 4: Unterschiede zwischen Attritern.

Dies spiegelt sich nicht nur in einem anderen sprachlichen Repertoire, sondern auch in einem anderen sprachlichen Verhalten wider: Während die erste Gruppe vor der Auswanderung in der Regel ein einsprachiges Verhalten zeigt, wächst die zweite Gruppe in einer zweisprachigen (oder mehrsprachigen) Umgebung auf und verhält sich sprachlich anders (etwa durch Verwendung von Code-Switching, Sprachmischungen und anderen bilingualen Konversationsstrategien, vgl. Riehl 2019). Sobald ein Sprecher bilingual wird, kann der Transfer von L1 nach L2 und umgekehrt nicht vollständig ausgeschlossen werden. Wichtig ist dabei, dass der wechselseitige Einfluss der Sprachen in beide Richtungen geht, wie es sich auch im Konzept der Multikompetenz widerspiegelt (→ Kap. 2.2.2). Aus diesem Grund sollte man das Zusammenspiel der gesamten sprachlichen Phänomene und nicht einzelne Phänomene isoliert betrachten (→ Kap. 7).

Darüber hinaus spielt auch die Art des Kontakts mit der L1 in der L2-Umgebung eine wesentliche Rolle für den Erhalt der Herkunftssprache. In diesem Fall müssen verschiedene Arten des Kontakts mit der Herkunftssprache unterschieden werden (vgl. Schmid 2011: 83–85; Schmid 2019: 292):

- interaktiver Gebrauch von L1 in Situationen, in denen die L2 unterdrückt wird und kein Code-Switching erfolgt (z. B. Verwendung im Arbeitsumfeld)
- interaktive Nutzung in informellen Situationen, in denen auch Code-Switching zugelassen wird (mit Partnern, Kindern, Freunden)
- Situationen, in denen die L1 passiv rezipiert wird (Lesen, Medienrezeption)
- Gebrauch von L1 nur als innere Sprache (Gedanken, Träume)

In diesem Zusammenhang spielt v. a. eine Rolle, welche kommunikativen Routinen in der L1 erhalten werden. Dabei ist auch von Bedeutung, welche Stellung die L1 als Sprache der Emotion in Äußerungen von Attritern hat (vgl. Pavlenko 2009) oder ob die L1 als Sprache der Religionsausübung (z. B. in Gebeten, Liedern und anderen Arten liturgischer Sprache) gebraucht wird.

Daher ist zwischen zwei verschiedenen Typen von Phänomenen zu unterscheiden, die im Bereich der Spracherosionsforschung diskutiert werden:

- Veränderungen in den beteiligten Sprachen durch Sprachkontakt, die darauf zurückzuführen sind, dass Sprachen parallel in unserem Gehirn gespeichert und stark miteinander verbunden sind;
- Phänomene, die auf den mangelnden Gebrauch der L1 zurückzuführen sind, z. B. Häsitationsphänomene, fehlende Sprachflüssigkeit und Code-Switching.

Allerdings gehen diese Phänomene Hand in Hand und können nicht immer separat betrachtet werden (vgl. Schmid 2011).

6.4.2 Die Wechselbeziehung von individuellem und kollektivem Sprachverlust

Prozesse der Spracherosion sind besonders interessant, wenn sie im Kontext von sprachlichen Minderheiten analysiert werden: Hier beeinflussen die Attritionsprozesse in einer Generation nicht nur den sprachlichen Input der nächsten, sondern haben einen signifikanten Einfluss auf Sprachwandel im Allgemeinen. Darüber hinaus sind beide Prozesse, ‚Attrition' auf individueller Ebene und ‚Sprachwechsel' auf der Ebene der Sprachgemeinschaft, eng miteinander verflochten. Wenn eine Sprache von einer Generation seltener verwendet wird, erwirbt die nächste Generation nur begrenzte Ressourcen in dieser Sprache (sowohl durch reduzierten Input als auch durch eingeschränkte Aktivierung). Die Tatsache, dass die jüngeren Sprecherinnen und Sprecher sich nur in begrenzten Domänen (z. B. in der Familie) ausdrücken können, kann dazu führen, dass die Sprecherinnen und Sprecher in dieser Generation die Sprache noch weniger verwenden und es kann der Eindruck entstehen, dass die Minderheitensprache nicht mehr richtig beherrscht wird. Eine Konsequenz daraus ist, dass Sprecherinnen und Sprecher der jüngeren Generation beschließen, die Herkunftssprache nicht mehr an ihre Kinder weiterzugeben (vgl. Riehl 2018b).

Allerdings muss bedacht werden, dass nicht nur die Quantität, sondern vor allem die Qualität des Kontakts für den Spracherhalt eine wichtige Rolle spielt. Ein entscheidender Faktor ist dabei der Zugang zur Schriftlichkeit in der Minderheiten- bzw. Herkunftssprache (vgl. Riehl 2020). Darüber hinaus stellt auch die Einstellung der Sprecherinnen und Sprecher zu ihrer Herkunftssprache einen potenziellen Motor für den Erhalt der Sprache dar. So zeigen etwa Sprecherinnen und Sprecher, die aktiv versuchen, ihre Herkunftssprache zu erhalten (z. B. durch das Abonnieren von Zeitungen in L1, das Nachschlagen von Wörtern im Wörterbuch usw.), den geringsten

Anteil an Spracherosionsphänomenen (vgl. Riehl 2014b: 95). Diese Tatsache kann damit erklärt werden, dass sich separate Verbindungsknoten für Elemente der L1 konsolidieren (vgl. das *Competition Model* von MacWhinney 2019 ⟶ Kap. 5.5.3). Ein weiterer Aspekt, der in jüngster Zeit in der *Language-Attrition*-Forschung diskutiert wird, ist das Wiederausgesetztsein (*reexposure*) gegenüber der Herkunftssprache: Durch die zunehmende Mobilität und die modernen Kommunikationsmittel ist es für Sprecher von Herkunftssprachen viel einfacher geworden, den Kontakt zu ihren Herkunftsländern aufrechtzuerhalten. In einer interessanten Längsschnittstudie verfolgten Stolberg und Münch (2010) eine deutsche Herkunftssprachen-Sprecherin, die zu Beginn der Studie seit 47 Jahren in den USA lebte und in dieser Zeit nie mehr Deutsch gesprochen hatte. Darin zeigte sich, dass einige Stunden Konversation alle paar Monate die Sprachfähigkeit im Deutschen insgesamt verbesserten. Neuere psycholinguistische Studien haben auch gezeigt, dass sich ein Aufenthalt im Heimatland auf die Reaktivierung bestimmter Merkmale auswirkt, etwa die korrekte Verwendung von Subjektpronomina (Chamorro et al. 2016; Köpke/Genevska-Hanke 2018).

Während Attritionsphänomene wie Zugriffsschwierigkeiten und Reduktion grammatischer Markierungen auf den reduzierten In- und Output zurückzuführen sind, finden sich Phänomene wie grammatische Konvergenz und die Verwendung von L2-Strukturen (⟶ Kap. 7.2.3) auch in bilingualen Gemeinschaften, die über Generationen dem Sprachkontakt ausgesetzt waren und eine eigene **Kontaktvarietät** entwickelt haben, die die gleichen Funktionen wie die Ausgangssprache erfüllt. Aus diesem Grund sind nicht alle Phänomene, die im Falle von Spracherosion diskutiert werden, notwendigerweise von der Häufigkeit des Sprachgebrauchs abhängig (vgl. Schmid 2007; Schmid/Dusseldorp 2010). Wenn eine Sprache sehr häufig in einem zweisprachigen Sprachmodus verwendet wird (⟶ Kap. 2.2.4), kann sie sich im Laufe der Zeit aufgrund des Sprachkontakts mit der L2 verändern. Der permanente Gebrauch einer Sprache im zweisprachigen Kontext bewirkt Veränderungen im Sprachsystem (vgl. Köpke 2004) und führt zum Erwerb einer kontaktinduzierten Varietät in der nächsten Generation. Die restrukturierte Varietät kann jedoch die gleichen Funktionen erfüllen wie die Herkunftsvarietät, und damit führt Sprachkontakt nicht unbedingt zu einem Sprachwechsel. Daher können Merkmale, die Teil des kontaktinduzierten Sprachsystems sind, nur aus der Perspektive des Sprachsystems als Attritionsphänomene gesehen werden, nicht aber aus der Perspektive des Benutzers oder der Benutzerin – da Sprachnutzer die Sprache weiterhin in einer Vielzahl von Domänen verwenden können (zu Kontaktphänomenen ⟶ Kap. 7.2).

Ein weiterer Aspekt, der in zweisprachigen Gemeinschaften immer wieder beobachtet wurde, ist die hohe Variation zwischen den Sprecherinnen und Sprechern und auch innerhalb ein und desselben Sprechers. Diese hohe Variation hängt auch mit dem Verlust der sprachlichen Normativität bei Herkunftssprachen-Sprechern zusammen (⟶ Kap. 9). In diesem Zusammenhang ist es von entscheidender Bedeutung, ob es Sprachmanagementprozesse auf der Makroebene gibt, z.B. normgebende Institutionen wie Kirche oder Schule, die die Minderheitennormen kontrollieren, und andere

Normautoritäten (Lehrerinnen und Lehrer, Medien etc.), die eine Art normativen Sprachgebrauch vorgeben und als Modellsprecher fungieren (vgl. Ammon 1995: 78–80; Hundt 2010; → Kap. 12.2). Dies gilt insbesondere für Sprachgemeinschaften, in denen die Herkunftssprache nicht als schriftlicher Standard erworben wird (vgl. Riehl 2010). Folglich wird eine gewisse Pluralität verschiedener Varianten in der Sprachgemeinschaft genutzt und an die nächste Generation weitergegeben. Diese Aspekte werden in Kapitel 9 näher diskutiert.

6.5 Zusammenfassung

In diesem Kapitel wurden zunächst die sprachlichen Generationen und der Spracherwerb in der Herkunftssprache der Sprecherinnen und Sprecher ins Visier genommen. Hier wurden zunächst die unterschiedlichen Voraussetzungen von Seiten der Eltern, aber auch die unterschiedlichen Erwerbsbedingungen der Kinder und Enkelkinder erläutert. Davon ausgehend wurden Studien zur Sprachvitalität vorgestellt, die zeigen, dass bestimmte Sprachgruppen in der Migrationssituation die Herkunftssprachen häufiger an die nächste Generation weitergeben als andere. Hier sind v. a. Sprachen in der Schlussgruppe zu finden, die sich in einer schwierigen Position befinden, etwa Minderheitensprachen (Kurdisch) oder stigmatisierte Sprachen (Romanes). Insgesamt spielt auch das sprachliche Potential, das die Eltern aus dem Herkunftsland mitbringen, eine zentrale Rolle. Ein weiteres Augenmerk lag auf Aspekten, die zum Verlust der Herkunftssprache in der Migrationssituation führen können: Dabei wurde die individuelle Spracherosion beleuchtet, wie sie vor allem in der ersten Generation der Migranten vorkommt. Diese wurde abgegrenzt von den weiteren Generationen von Herkunftssprachen-Sprechern, bei denen die Herkunftssprache viel weniger konsolidiert ist und in bestimmten Bereichen (z. B. der Schriftlichkeit) nur eingeschränkt erworben wird. Davon ausgehend wurde gezeigt, wie Spracherosion in der einen Generation und unvollständiger Erwerb in der nächsten schließlich zu einem vollständigen Sprachwechsel in den Folgegenerationen führen können.

Aufgaben zu diesem Kapitel und Lösungen unter https://www.narr.de/Migrationslinguistik-18517-1

7 Mehrsprachiges Sprechen: Begriffe und Definitionen

Wir haben im Laufe des Buches immer wieder betont, dass mehrsprachige Menschen nicht als Personen betrachtet werden dürfen, die aus zwei einsprachigen zusammengesetzt sind: Denn wie Untersuchungen zur mentalen Repräsentation zeigen, sind alle Sprachen untereinander vernetzt, und wenn eine Sprache aktiv ist, kann die andere nicht ausgeschaltet werden. Wie mehrmals hervorgehoben (→ Kap. 2.2), verfügen die Sprecherinnen und Sprecher über ein Gesamtsprachrepertoire, und die einzelnen Sprachen sind keine abgeschlossenen Systeme, so wie Sprachideologien es glauben lassen. Außerdem können sich, wie noch gezeigt werden soll (→ Kap. 11), mehrsprachige Menschen über ihre Mehrsprachigkeit definieren. All diese Faktoren haben bestimmte Praktiken mehrsprachigen Sprechens zur Folge, die sich v. a. in Form von Sprachmischungen oder Übernahme von Elementen und Strukturen von einer Sprache in die andere äußern. Im Folgenden werden zunächst die verschiedenen Formen von Sprachmischung diskutiert (→ Kap. 7.1) und danach wird gezeigt, welche Elemente und Strukturen man von einer Sprache in die andere übernehmen kann (→ Kap. 7.2).

7.1 Sprachmischungen

Das Mischen von Sprachen, das ein typisches Phänomen mehrsprachigen Sprechens ist und insbesondere in mehrsprachigen Gesellschaften vermehrt auftritt, zählt zu den am meisten analysierten Sprachkontaktphänomenen (vgl. Müller 2017: 9). Aus diesem Grund verwundert es nicht, dass es eine Vielzahl von Definitionen und Abgrenzungen von Sprachmischungsphänomen gibt, die sich zum Teil gravierend unterscheiden. So gibt es neben dem Begriff ‚Code-Switching' eine Reihe weiterer Bezeichnungen, um einen Sprachwechsel zu erfassen: *Code-Mixing, Language-Switching, Style-Shifting, Language-Shifting, Code-Shifting*. Dabei herrscht oft wenig Einigkeit darüber, was genau mit den Begriffen erfasst wird und wie diese sich voneinander abgrenzen. Dies kann dazu führen, dass einerseits dasselbe Phänomen mit unterschiedlichen Termini beschrieben wird und andererseits derselbe Terminus für verschiedene Phänomene verwendet wird, also buchstäblich ein Begriffs-Switching. Dies hält auch Romaine (1995: 124) wie folgt fest: „In general, in the study of language contact there has been little agreement on the appropriate definitions of various effects of language contact". Clyne (2003: 70) spricht in diesem Zusammenhang gar von einer „troublesome terminology around ‚code-switching'". Im Folgenden soll deshalb etwas Ordnung in dieses unübersichtliche Terminologiegeflecht gebracht werden.

Zunächst grenzt Müller (2017: 9) den Begriff ‚Code-Switching' vom sog. *Code-Shifting* ab. Während mit ersterem der Sprachwechsel bei Personen erfasst wird, die in den jeweils beteiligten Sprachen auch über eine hohe monolinguale Kompetenz verfügen, wird mit letzterem der Sprachwechsel aufgrund mangelnder Sprachkenntnisse bezeichnet. Oft sind diese Sprachwechsel durch Häsitationen und Pausen gekennzeichnet (vgl. Gardner-Chloros 1987: 77). Riehl (2014a: 21) weist darauf hin, dass der Begriff ursprünglich dem Kontext der Konversationsanalyse entstammt und zur Beschreibung von Diskursstrategien bei erwachsenen Sprecherinnen und Sprechern diente. Damit standen vor allem soziale und pragmatische Funktionen im Vordergrund der Betrachtung (vgl. Blom/Gumperz 1972). Im Zuge einer stärkeren Erforschung grammatischer Besonderheiten von Sprachmischungs- und Kontaktprozessen entstand ein nicht immer klar abgegrenztes Verhältnis zu Transferprozessen, sowohl im lexikalischen als auch grammatischen Bereich. Dies soll im Folgenden genauer diskutiert werden.

7.1.1 Code-Switching

In mehrsprachigen Gemeinschaften ist es üblich, dass Menschen auf verschiedene Weise zwischen ihren Sprachen wechseln. Dies kann innerhalb eines Gespräches an ganz unterschiedlichen Stellen erfolgen. So kommt es vor, dass Mehrsprachige von der einen in die andere Sprache wechseln, wenn sich beispielsweise das Thema ändert. Darüber hinaus kann der Sprachwechsel auch innerhalb eines Satzes bzw. einer Äußerung auftreten. Um dies zu beschreiben und auch zu erklären, existieren eine Vielzahl unterschiedlicher Modelle und Theorien, die Sprachmischungsprozesse klassifizieren und differenzieren. In diesem Kontext ist der Begriff ‚Code-Switching' zentral. Hierunter versteht man den Wechsel zwischen Sprachen oder auch Varietäten innerhalb einer kommunikativen Interaktion (vgl. u. a. Milroy/Muysken 1995: 7). Dies lässt sich mithilfe des folgenden Beispiels (1) veranschaulichen:

(1) *Ama* ***es gibt tausend Studien die beweisen*** *qe osht keq mi qu fmit kaq heret per msim.*
‚Aber es gibt tausend Studien die beweisen, dass es schlecht ist, Kinder so früh für den Unterricht zu wecken.' (albanische Migrantin, 2. Generation, 28 Jahre) (AlbiK-Korpus)

In diesem Beispiel findet der Wechsel der Sprachen vom Albanischen (kursiv) zum Deutschen (fett) und dann wieder zurück ins Albanische statt. Dass ein solcher Wechsel auch zwischen drei Sprachen erfolgen kann, zeigt das folgende Beispiel (2), in dem die Sprachen Spanisch (fett), Italienisch (kursiv) und Englisch (recte) enthalten sind (Bsp. nach Clyne/Cassia 1999: 69):

(2) *Un giorno normale* ***en la*** *city la cosa che* ***me sorprende de Australia que el lunes el martes el miercoles*** *tu va a la* city plenty people.
‚Ein ganz normaler Tag in der Stadt, die Sache, die mich überrascht in Australien, dass am Montag, Dienstag, Mittwoch, du gehst in die Stadt, voller Leute.'

7.1.1.1 Grammatische Bestimmungen von Sprachwechsel

Zur weiteren Differenzierung wird der Begriff des ‚Code-Switching' häufig in ein intersententiales und intra-sententiales Code-Switching unterschieden (für eine weitere Unterscheidung s. Kasten zu *Tag*- und Einzel-Nomen-Switching). Hiermit wird erfasst, an welcher Stelle sich das gemischtsprachliche Material innerhalb der Äußerung befindet. Intra-sentential bedeutet dabei, dass der Wechsel innerhalb der Äußerung erfolgt wie in Beispiel (1). Inter-sententiales Code-Switching hingegen erfolgt an der Satz- bzw. Äußerungsgrenze (vgl. Myers-Scotton 1993: 4).

***Tag*-Switching und Einzel-Nomen-Switching**

Neben dem inter- und dem intra-sententialen Code-Swiching findet sich auch noch eine weitere Differenzierung in die Unterkategorien *Tag*-Switching und Einzel-Nomen-Switching, die sich teilweise dem intra-sententialen Code-Switching unterordnen lassen (vgl. Poplack 1980: 589). Unter *Tag*-Switching wird dabei das Einfügen eines einzelnen Wortes oder formelhaften Ausrucks, sog. *Tags*, in eine ansonsten monolinguale Äußerung einer anderen Sprache verstanden (s. Beispiel (3)). Dies wird häufig auch als emblematisches Code-Switching bezeichnet, das oft innerhalb der Äußerungsgrenzen vorkommt (vgl. ebd.). Beim Einzel-Nomen-Switching wird ein Nomen aus Sprache A in eine ansonsten in Sprache B verfasste Äußerung eingefügt. Generell können Ein-Wort-Switches mit allen Wortarten vorkommen, jedoch sind vor allem Nomen die am häufigsten geswitchten Elemente. Aus diesem Grund werden sie oft als eine eigene Unterkategorie aufgeführt, während die restlichen Ein-Wort-Switches zum intra-sententialen Code-Switching gezählt werden (vgl. ebd.: 603). Die Kategorisierung von Einzel-Nomen-Switches wird allerdings kontrovers diskutiert, da ihre Abgrenzung zu Lehnwörtern (⟶ Kap. 7.1.1.2) oft nicht eindeutig ist.

Neben der Differenzierung verschiedener Typen von Sprachmischungen wird in der Forschung auch diskutiert, ob Sprachwechsel generell an allen Stellen in einer zweisprachigen Äußerung möglich sind, oder ob es bestimmte Beschränkungen, sog. *constraints*, gibt. Ein einflussreiches Modell, das diese Idee aufgreift, ist das sog. ***Matrix Language Frame Model*** (MLF) von Carol Myers-Scotton (u. a. 2002, 2006). Hier werden verschiedene Beschränkungen (*constraints*) vorgeschlagen, wann der Sprachwechsel erfolgen kann und wann nicht. Das Modell geht davon aus, dass eine Sprache, die sog. ‚Matrixsprache', den grammatischen Rahmen bildet, in den Wörter oder Phrasen einer anderen Sprache eingebettet sind (*embeded language*). Die Matrixsprache dominiert die Sprachmischungsäußerung, indem sie sowohl die Wort- und Morphemreihenfolge bestimmt (*morpheme order principle*) als auch alle funktionalen Elemente vorgibt (*system morpheme principle*) (vgl. Jake/Myers-Scotton 2020: 64; Myers-Scotton/Jake 2015: 421). Ein Beispiel hierfür ist die Studie von Auer und Muhamedova (2005), in der gezeigt wird, wie in kasachisch-russischen Sprachmischungen die kasachische Matrixsprache das eingebettete Russische beeinflusst. So erhalten russische Adjektive in Adjektivphrasen grundsätzlich eine maskuline Kasusmarkierung, da das Kasachische kein grammatisches Geschlecht hat. Wenn allerdings dieselben Sprecherinnen und Sprecher in einem monolingualen russischen Modus sind, folgen sie der Genuszuweisung des Russischen.

Das Modell geht also davon aus, dass alle syntaktisch relevanten Systemmorpheme der Matrixsprache entstammen (vgl. Myers-Scotton 1993: 7). Riehl (2014a: 34) verdeutlicht dies mit folgendem Beispiel: Die Äußerung *you will die Kirche see* wäre demnach nicht möglich, da das Englische als Matrixsprache dient und somit auch die Wortstellung vorgibt. Aus diesem Grund müsste die Äußerung folgendermaßen aufgebaut sein: *You will see die Kirche*. Das Modell schlägt also vor, dass die dominante Sprache die Grammatik liefert, während die andere lediglich einige Inhaltswörter beisteuert.

Es kann jedoch vorkommen, dass die eingebettete Sprache sog. ‚Inseln' bildet, indem längere Einheiten in der Matrixsprache auftreten, die entsprechende grammatische Merkmale der ansonsten eingebetteten Sprache aufweisen (vgl. Riehl 2014a: 34). Auf diese Weise lassen sich neben den für Sprachmischungen typischen Insertionen auch Alternationen berücksichten (⟶ Kap. 7.1.2). Darüber hinaus wird angenommen, dass die beteiligten Sprachen durchaus ihre Rollen tauschen können und somit von der Matrixsprache zur eingebetteten Sprache werden können und umgekehrt. In neueren Arbeiten wird eine Ausdifferenzierung unterschiedlicher Morphemtypen vorgenommen (vgl. Jake/Myers-Scotton 2020 sowie Myers-Scotton/Jake 2015 zum *4 M-Modell*). Hiermit soll besser erfasst werden können, welche sprachlichen Elemente von einer in die andere Sprache gewechselt werden können.

Generell hat sich gezeigt, dass sich mit diesem Ansatz einige Sprachmischungsmuster recht gut beschreiben lassen (u. a. Paradis et al. 2000). Andere Untersuchungen kommen jedoch zu Ergebnissen, die den Vorhersagen des Ansatzes widersprechen (u. a. Backus 2014; Zabrodskaja 2009). Quick und Verschik (2021: 3) merken in diesem Kontext an, dass insbesondere die Asymmetrie zwischen den beteiligten Sprachen nicht immer klar gegeben ist, da sich die Dominanz je nach Kontext, Thema, Gesprächspartnerinnen und -partner und – vor allem bei kindlichen Sprachmischungen – mit der Sprachentwicklung ändern kann. Darüber hinaus fehlt ihrer Meinung nach eine Erklärung dafür, weshalb die dominante Sprache das syntaktische Gerüst (Grammatik) liefern sollte. Dies wurde bereits in zahlreichen anderen Studien kritisiert, die u. a. fehlende Kriterien zur Bestimmung einer Matrixsprache monieren (vgl. u. a. Auer/Muhamedova 2005; Bullock et al. 2018; MacSwan 2000, 2005). Zabrodskaja und Verschik (2014) geben darüber hinaus zu bedenken, dass die Sprache Bilingualer viel weniger einheitlich ist, als es in den meisten Modellen angenommen wird. Vielmehr lassen sich deutliche individuelle Unterschiede und eine hohe Variation auch bei Sprachmischungen feststellen. So zeigt deren Studie etwa, dass estnische Substantive eben nicht zwangsläufig eine russische Kasusmarkerierung erhalten (als *embeded language)*, wie es das MLF-Model vorschlagen würde.[21]

7.1.1.2 Code-Switching vs. Entlehnung (*borrowing*)

Eine zentrale Frage in der Untersuchung von Code-Switching ist, ob darunter auch Äußerungen gefasst werden können, in denen lediglich ein einzelnes Wort aus einer anderen Sprache stammt, wie in Beispiel (3). Hier wird ein albanisches Wort (fett gedruckt) in einer deutschen Äußerung verwendet:

(3) *Die Pommes haben kein* ***kryp***.
‚Die Pommes haben kein Salz.' (albanischer Migrant, 2. Generation, 22 Jahre) (AlbiK-Korpus)

Um Beispiel (3) zu produzieren, muss der Sprecher also lediglich ein albanisches Wort (*kryp*) kennen. Nun stellt sich die Frage, ob es sich hierbei tatsächlich um Code-Switching handelt. In der Forschung wird zur Beschreibung und Erklärung solcher Fälle eine Abgrenzung von Code-Switching und Entlehnung (*borrowing*) diskutiert. Nach Gardner-Chloros (1987) wird bei der Entlehnung sprachliches Material aus einer Gebersprache in eine Nehmersprache integriert. Hierbei handelt es sich um einzelne Wörter (Lehnwörter) oder kurze Phrasen, mit denen zumeist semantische Lücken geschlossen werden (vgl. ebd.: 102).

Im Gegensatz zum Code-Switching erfolgt bei der Entlehnung eine morphologische Adaption der sprachlichen Elemente (vgl. Grosjean 1982: 308). Für Myers-Scotton (2002: 153) handelt es sich allerdings auch dann noch um Code-Switching, sofern das inserierte Wort nicht bereits im Lexikon der anderen Sprache fest verankert ist. Damit rückt auch die Frage nach der Frequenz, also der Häufigkeit des Auftretens solcher Wörter, in den Fokus der Betrachtung. Wird also ein Lexem häufig in einer anderen Sprache und von mehreren Sprecherinnen und Sprechern dieser Sprachgemeinschaft verwendet, gilt es als konventionalisiert. Damit ist es eher als Lehnwort zu betrachten. Tritt das geswitchte sprachliche Element hingegen nur einmal oder sehr selten auf, wird dies häufig als *nonce borrowing* bezeichnet (vgl. MacSwan 2005: 7). Auf diese Weise findet eine terminologische Unterscheidung zum Lehnwort statt, die auch als ‚Ad-hoc-Entlehnung' oder ‚Ad-hoc-Übernahme' bezeichnet wird (vgl. Riehl 2001: 61). Begründet wird eine solche Einordnung damit, dass sich Ad-hoc-Entlehnungen in ihrer Struktur nicht von bereits im mentalen Lexikon verankerten Lehnwörtern unterscheiden. In Riehl (2014a: 22 f.) wird dies mithilfe des spontan aus dem Englischen übernommen

21 Weitere Kritik am Modell stammt auch von formaler Seite. So kritisierte u. a. MacSwan (2000, 2005) die beiden primären Mechanismen, das System-Morphem-Prinzip und das Morphem-Ordnungs-Prinzip, indem er auf eine Reihe empirischer Gegenbeispiele verweist. Des Weiteren hält er die Differenzierung in eine Matrixsprache und eine eingebettete Sprache für nicht plausibel. Darüber hinaus kritisiert er, dass das Modell die Relevanz phonologischer Aspekte für die Analyse von Sprachmischungen ausblendet, etwas, dem MacSwan in seinem eigenen Ansatz eine zentrale Bedeutung zuweist.

Verbs *collecten* verdeutlicht, das dieselbe morphologische Struktur aufweist wie die bereits etablierter Entlehnungen wie *checken.* Das heißt, auch im Falle der Ad-hoc-Entlehnungen kommt es zur morphologischen und syntaktischen Integration in die Sprache, in die das Wort entlehnt wird. Dies zeigt sich vor allem bei Sprachen, die über eine reiche Flexionsmorphologie verfügen (→ Kap. 7.2.1 Beispiel (9)). Jedoch muss angemerkt werden, dass eine klare Grenzziehung zwischen Lehnwörtern und *nonce borrowing* schwer möglich ist, da nicht klar ist, wie häufig ein Wort vorkommen muss, um als Lehnwort zu gelten, oder über welchen Grad linguistischer Assimilation der Nehmersprache es bereits verfügen muss (vgl. Poplack et al. 1988: 50). Aus diesem Grund hält Myers-Scotton (1993: 181 f.) die Differenzierung von Lehnwörtern und *nonce-borrowing* für nicht zielführend, um das einmalige Vorkommen von Ein-Wort-Switches zu erfassen und diese von Lehnwörtern abzugrenzen. Folglich werden in ihrem Ansatz Fälle, die etwa bei Poplack oder Riehl als *nonce-borrowing* analysiert werden, als Code-Switching bezeichnet.

Ein weiterer Aspekt zur Differenzierung von Code-Switching und Entlehnung wurde von Grosjean (1995) eingebracht. Er verweist in diesem Zusammenhang auf die Berücksichtigung einer phonetisch-phonologischen Integration. Wenn die geswitchten Wörter ihren ursprünglichen phonologischen Konventionen folgend ausgesprochen werden, handelt es sich seiner Meinung nach um Code-Switching. Ist dies nicht der Fall, handelt es sich um sog. ‚Gastwörter' (*guest words*), die (ad-hoc) entlehnt sind. Dies zeigt sich im folgenden Beispiel (4), in dem die englischen Wörter *to switch* (4a) und *to slash* (4b) lautlich sowie morphologisch vollständig in das Französische integriert wurden (Grosjean 2008: 161):

(4) a. *On peut switcher les places?*
‚Können wir die Plätze tauschen?'

b. *Il a slashé le rideau.*
‚Er hat den Vorhang zerrissen.'

Jedoch weist Grosjean selbst auf die Schwierigkeit einer phonetisch-phonologischen Integration als Unterscheidungskriterium hin. Eine Vielzahl von Sprecherinnen und Sprechern hat trotz hoher Kompetenzen in ihrer Zweitsprache einen fremdsprachlichen Akzent, sodass Unterschiede in der Aussprache generell zu beobachten sind (vgl. Riehl 2014a: 23).

7.1.2 Code-Mixing

In den unterschiedlichen Disziplinen der Lingustik aber auch in verwandten Nachbardisziplinen wie der Bildungsforschung wird zwischen den Begriffen ‚Code-Switching' und ‚Code-Mixing' differenziert. Dies geschieht allerdings nicht einheitlich. So wird etwa in der Soziolinguistik häufig der Begriff ‚Code-Mixing' verwendet, um den Sprachwechsel ohne pragmatische Funktion, etwa in etablierten Mischsprachen, zu beschreiben. In der Spracherwerbsforschung wird generell eher von Code-Mixing gesprochen, wenn es um Sprachmischungen von Kindern geht (vgl. Cantone 2007: 15, 56; Hartmann/Quick 2021: 30). Es existieren also eine Reihe von unterschiedlichen Definitionen und Ansätzen, die die Begriffe teils synonym, teils unterschiedlich verwenden.

Einer der bekanntesten Ansätze wurde von Muysken (2000) vorgeschlagen, der den Begriff ‚Code-Mixing' verwendet, um alle Fälle, in denen lexikalische sowie grammatische Elemente zweier Sprachen in einer Äußerung auftreten, zu erfassen. Den Begriff ‚Code-Switching' beschränkt er dabei auf eine Teilmenge von Code-Mixing. Grundlegend für Muyskens Ansatz ist die Annahme, dass sowohl die Grammatiken als auch die mentalen Lexika beider Sprachen bei der Produktion einer gemischten Äußerung involviert sind (vgl. Muysken 2000: 70). Dabei werden drei Unterkategorien von Code-Mixing unterschieden (vgl. ebd: 3):

1. Insertion (*insertion*)
2. Alternation (*alternation*)
3. konkruente Lexikalisierung (*congruent lexicalisation*)

Insertion

Unter Insertion wird die Übertragung von Elementen einer Sprache in die jeweils andere verstanden. Hierbei handelt es sich um morphologisch integrierte lexikalische (und nicht funktionale) Elemente. Dies können Wörter, Wortstämme aber auch komplexe Konstituenteneinheiten sein, die eine einzige syntaktische Konstituente bilden. In der Regel handelt es sich dabei um Objekte oder Komplemente und nicht um Adjunkte. In einem solchen Fall von Code-Mixing wird die Sprache, aus der die zugrunde liegende Satzstruktur stammt, als Matrixsprache oder Gebersprache bezeichnet. Beispiel (5) veranschaulicht einen solchen Fall:

(5) *Yo anduve* ***in a state of shock*** *por dos dias.*
‚Ich fiel für zwei Tage in einen Schockzustand.' (Muysken 2000: 5)

Die englische Nominalphrase (NP) *in a state of shock* (fett hervorgehoben) wird hier in die spanische Satzstruktur inseriert. Obwohl die Kategorie ‚Insertion' offensichtliche Ähnlichkeiten mit lexikalischer Entlehnung aufweist, besteht Muysken (2000: 71) darauf, ersteres als „supralexikalisch" anzusehen, während er letzteres als „sublexikalisch" und „gelistet" bezeichnet und somit als Teil einer auswendig gelernten Liste deklariert, die sich innerhalb einer bestimmten Sprachgemeinschaft durchgesetzt hat. Noch schwieriger wird diese Differenzierung, wenn es sich bei dem inserierten Element nicht um eine komplexe NP handelt, sondern lediglich um ein einzelnes Wort.

Alternation

Im Gegensatz zur Insertion beinhaltet die Alternation häufig den Wechsel längerer, komplexerer Elemente wie Mehrwortkonstituenten, indem die Äußerung in einer Sprache beginnt und dann in der anderen endet. Der Wechsel erfolgt dabei sowohl auf grammatischer als auch auf lexikalischer Ebene: „There is a true switch from one language to the other, involving grammar and lexicon“ (ebd.: 5). Dies zeigt sich etwa im Beispiel (6), das von einem bilingual aufwachsenden elfjährigen Jungen stammt. Zunächst beginnt dieser seine Äußerung im Italienischen, um dann in seine zweite Sprache Deutsch zu wechseln (fett hervorgehoben). Häufig treten im Alternationsprozess auch sog. satzperiphere Elemente wie Adverbiale, Interjektionen und Diskurspartikel auf. Dies führt auf theoretischer Ebene zur Schwierigkeit der Abgrenzung vom sog. *Tag*-Switching (s. Kasten zum *Tag*-Switching → Kap. 7.1.1.1).

(6) *Hanno vinto una medaglia,* ***die hängt da, und dann noch 'ne andere.***
‚Sie haben eine Medaille gewonnen, die hängt da, und dann noch `ne andere.‘ (Krefeld 2004: 98)

Kongruente Lexikalisisierung

Im Gegensatz zu Insertion und Alternation, die gewisse grammatische Anforderungen an das Code-Mixing stellen, ist bei der kongruenten Lexikalisisierung alles möglich (vgl. Muysken 2000: 128). Die jeweiligen Elemente können aus einfachen oder mehrfachen Konstituenten bestehen (oder auch gar keine Konstituenten sein) und sowohl zu lexikalischen als auch funktionalen Kategorien gehören. Das bedeutet, dass in diesem Fall sprachliche Elemente aus verschiedenen Lexika in eine gemeinsame grammatische Struktur eingebettet werden. Im Unterschied zur Insertion oder auch Alternation ist bei der kongruenten Lexikalisierung nicht bestimmbar, welche Sprache das grammatische Muster liefert. So findet im Beispiel (7) der Wechsel zwischen dem Niederländischen und Englischen an der Stelle von *what* statt. Da beide Sprachen über den gleichen Typus des indirekten Fragesatzes verfügen, kann die grammatische Struktur nicht einer Sprache zugeordnet werden.

(7) *Weet je what she is doing?*
‚Weißt du was sie tut?‘ (Muysken 2000: 149)

In Muyskens Ansatz (2000) wird der Vorgang der Insertion mit kürzeren Kontaktsituationen und isolierteren Gruppen (wie z. B. neue Einwanderergemeinschaften) in Verbindung gebracht, Alternation dagegen mit Gemeinschaften mit starken Normen, Wettbewerb zwischen Sprachgruppen und typologischer Distanz zwischen Sprachen. Konkruente Lexikalisierung findet eher bei lockereren Normen, ausgeglichener Zweisprachigkeit und ähnlich strukturierten Sprachen statt. Der Grad der Integration des Sprachmaterials einer Sprache in die andere nimmt von der Insertion, über die Alternation, bis hin zur kongruenten Lexikalisierung ab. Aus diesem Grund wird davon ausgegangen, dass für die Insertion die geringste Sprachkompetenz nötig ist, gefolgt von der Alternation und der kongruenten Lexikalisierung (vgl. Cárdenas-Claros/Isharyanti 2009: 77). Nach dem Versuch, eine Reihe von zweisprachigen Gemeinschaften nach Code-Mixing-Strategien zu charakterisieren, kommt Muysken jedoch zu dem Schluss, dass die Unterschiede zwischen ihnen nicht absolut sind, da verschiedene soziale Faktoren zusammenwirken können, um gemischte Code-Mixing-Strategien innerhalb jeder Gemeinschaft zu erzeugen.

Die in diesem Kapitel gezeigten Sprachmischungsprozesse zeichnen sich dadurch aus, dass man zwischen zwei (oder mehreren) Sprachsystemen hin- und herwechselt. Sie unterscheiden sich von anderen Prozessen des Sprachkontakts, bei denen sich eine Sprache durch den Einfluss der anderen verändert, indem etwa Elemente, Strukturen oder Bedeutungen aus der anderen Sprache übernommen werden. In diesem Fall spricht man von Transfer. Dies soll im nächsten Kapitel genauer erläutert werden.

7.2 Formen des Transfers

In Sprachkontaktkonstellationen können bestimmte sprachliche Elemente (z.B. ein Wort, ein Laut oder ein Morphem), eine abstrakte sprachliche Struktur (z.B. Aspektmarkierung) oder eine Gebrauchsregel (z.B. wann man Futur verwendet) von einer Sprache (der sog. Gebersprache) in die andere (die sog. Nehmersprache) übertragen werden (vgl. Riehl 2018a: 10f.). In der Sprachkontaktforschung spricht man hier von ‚Transfer' (vgl. Clyne 1991). Es werden aber auch Bezeichnungen wie Entlehnung (*borrowing*) (⟶ Kap. 7.1.1.2) oder *replication* (vgl. Matras 2020) verwendet (weitere Begriffe und ihre Diskussion bei Winford 2020). Ein Problem der vorgeschlagenen Begriffe ist jedoch, dass sie eine bewusste Aktivität einer Sprecherin implizieren. In Wirklichkeit handelt es sich aber um einen Prozess, der sich bei der Sprachproduktion eines mehrsprachigen Sprechers abspielt. Allerdings haben wir es bei den jeweiligen Phänomenen, die wir im Output einer Sprecherin feststellen, immer mit den Resultaten dieser Prozesse zu tun und können nur diese analysieren. Clyne (1991) schlägt daher vor, nicht nur den Prozess selbst, sondern auch das Resultat der Transferenz mit dem Terminus ‚Transfer' zu benennen.

Bei den zugrundeliegenden Prozessen muss man allerdings davon ausgehen, dass Mehrsprachige, wenn sie sprechen, auf ihr gesamtes Sprachrepertoire zurückgreifen und lautlich oder strukturell ähnliche Konstruktionen sprachübergreifend ko-aktiviert werden. Wenn nun eine Konstruktion einer Sprache in einem Kontext häufiger vorkommt, ist sie stärker verankert und erfährt daher eine höhere Aktivierung (vgl. Schmid 2020). Das bedeutet, dass diese Konstruktion anstelle derjenigen, die normalerweise in diesem sprachlichen Subset (im Sinne der **Subsethypothese** von Paradis 2004, vgl. Riehl 2014b: 40) verwendet wird, aktiviert wird und damit Eingang in ein anderes sprachliches Subset findet. Koch und Günther (2021) sprechen in diesem Fall von einer Übergeneralisierung der Konstruktion, d. h. sie wird in einem neuen Kontext verwendet (⟶ Kap. 4.2.2). Wenn das nur einmal geschieht, kann das mit einem Versprecher verglichen werden, geschieht das immer wieder, kann sich die jeweilige Konstruktion in diesem Subset verfestigen, weil sie wiederum Verknüpfungen mit Ausdrucksformen in dem anderen sprachlichen System eingeht. Handeln viele Mehrsprachige ähnlich, indem sie entweder durch Analogiebildungen zum gleichen Phänomen kommen oder indem sie das Sprachverhalten anderer bilingualer Sprecherinnen und Sprecher aus der

Diasporagemeinschaft kopieren, kommt es schließlich zu einem Sprachwandelprozess, der zu einer Verfestigung der Konstruktion in der Diasporavarietät führen kann (→ Kap. 9).

Im Folgenden sollen nun die häufigsten Typen von Transfer in Sprachkontaktkonstellationen kurz illustriert werden.

7.2.1 Lexikalischer Transfer

Die häufigste Form des Transfers ist die Übernahme einzelner Wörter aus der jeweils anderen Sprache (vgl. Riehl 2014a: 97): Wörter werden oft transferiert, weil sie entweder ökonomischer sind oder ein Konzept beschreiben, das es in der anderen Sprache nicht gibt, z. B. kulturelle Besonderheiten (*Nikolaus*, *Weihnachtsmann*, *Osterhase*) oder den Bereich von Institutionen (*Arbeitsamt*, *Kindergeld*, *Lohnsteuerkarte*). Dies wird in Beispiel (8) deutlich:

(8) *È venuta mamma, ha portato i* ***Nikoläuse*** *così piccolini.*
‚Die Mama ist gekommen, sie hat so kleine Nikoläuse mitgebracht.' (Krefeld 2004: 104)

In diesem Fall existiert das entsprechende Wort für ‚Nikolaus' im Italienischen nicht, da es den Brauch, dass der Nikolaus am 6. Dezember den Kindern Geschenke bringt, gar nicht gibt. Diese Wörter aus der Umgebungssprache werden transferiert, um sich an veränderte Lebenswelten anzupassen (sog. ‚Bedürfniswortschatz' oder *cultural borrowings*; vgl. Myers-Scotton 2006: 212). Das betrifft auch Lexeme, die einem Bereich angehören, in dem normalerweise nur die Umgebungssprache verwendet wird (z. B. die Domäne Arbeitswelt bei Migrantinnen und Migranten und Sprachminderheiten). Oft kommt es aber auch vor, dass die Sprecherin nur gerade in diesem Moment keinen Zugriff auf das entsprechende Wort in der L1 hat. Sie verwendet dann das entsprechende Wort in L2.

In vielen Fällen werden aber auch ganz geläufige Alltagswörter, über die die Sprecherinnen und Sprecher durchaus in ihrer Herkunftssprache verfügen, in die Äußerungen eingebettet, wenn diese sich in einem bilingualen Sprachmodus befinden (→ Kap. 2.2.4). Dies hängt mit Alltagsroutinen zusammen, mit bestimmten Präferenzen oder aber Zusatzbedeutungen, die Wörter in der deutschen Sprache haben (vgl. Keim 2012: 147).

Substantive bilden dabei die größte Gruppe der entlehnten Wörter, da sie konkrete Objekte, Institutionen oder Gegebenheiten benennen und damit semantisch spezifisch sind, gefolgt von Verben und Adjektiven (vgl. Riehl 2014a: 97 f.). Die Integration der Substantive in das System der Herkunftssprache wird dabei sehr unterschiedlich gehandhabt: Sie werden entweder in ihrer Grundform im Nominativ verwendet oder aber wie in obigem Beispiel im Plural. In hochflektierenden Sprachen wie Kroatisch oder Russisch werden die Substantive in das System integriert, wie in folgenden Beispielen, in dem einmal das deutsche Wort *Ausländer* im Kroatischen im Lokativ

Plural flektiert wird (9a) und einmal das Wort *Augenarzt* im Russischen im Genitiv Plural (9b):

(9) a. *Taj nekakav stav prema* ***auslenderima.***
,Diese Art von Einstellung gegenüber den Ausländern.' (Ščukanec 2021: 268)

b. *Malo* ***augenarztov.***
,Es gibt wenige Augenärzte.' (Hakimov 2021a: 218)

Verben werden ebenfalls in das jeweilige Flexionssystem integriert, wie das in verschiedenen Herkunftssprachen auftretende *anmelden* (bei der Ausländerbehörde) (10):

(10) a. *Kogda ty* ***anmel'dueš'sja.***
,Wann meldest du dich an?' (Meng/Protassova 2005: 234)

b. *Si è* ***anmeldato.***
,Er hat sich angemeldet.' (Ingrosso 2021, Anhang)

Nicht alle Herkunftssprachen können allerdings deutsche Verben auf diese Weise ins System integrieren. In diesem Fall kommt es zu einer analytischen Form der Entlehnung mithilfe eines Passe-partout-Verbs (eines Verbs, das in einer Vielzahl von Kontexten eingesetzt werden kann, wie z.B. das Verb *machen*) (sog. *light verb construction*, s. Wohlgemuth 2009). So werden etwa im Deutschtürkischen deutsche Verben mithilfe des türkischen Verbs *yapmak* ,machen' integriert, das deutsche Verb bleibt dabei im Infinitiv (z.B. *tauschen yapmam* ,ich tausche nicht'; wörtlich ,ich mache nicht tauschen').[22] Beispiele lassen sich auch aus dem Deutschgriechischen anführen: *κάνω putzen* (,ich putze'; wörtlich ,ich mache putzen'). Dies deutet darauf hin, dass ähnliche phonotaktische Regeln von Sprachen bzw. gleiche Silbenstrukturen die Integration erleichtern oder vielleicht sogar erst ermöglichen (vgl. Riehl 2014a: 101f.).

7.2.2 Semantischer Transfer

Neben diesen typischen Fällen von Übernahme sprachlichen Materials finden wir eine Reihe von Umstrukturierungen im Bereich der Semantik, die sich auf die „partial modification of already existing language-mediated conceptual categories" (Jarvis/Pavlenko 2008: 160) beziehen. Dabei werden Bedeutungen von Wörtern in einer Sprache auf ein teiläquivalentes oder ähnlich klingendes Wort in der anderen Sprache übertragen. Dieser Prozess ist darauf zurückzuführen, dass die phonologischen Repräsentationen von Lexemen untereinander vernetzt sind und zwar unabhängig davon, zu welcher Sprache sie gehören (vgl. Riehl 2014b). Daher werden ähnlich klingende Wörter bei der Sprachproduktion häufig gleichzeitig miteinander aufgerufen. Semantischer Transfer erfolgt daher hauptsächlich bei sog. ***cognates*** (etymologisch verwandte Wörter in

22 Ähnliches geschieht in Konstellationen mit Türkisch-Englisch, Türkisch-Niederländisch und Türkisch-Norwegisch (vgl. Clyne 2003: 151).

verschiedenen Sprachen) oder anderweitig **homophonen Lexemen** (vgl. Clyne 2003; Riehl 2014a, b). Je näher die Sprachen miteinander verwandt sind, desto größer ist der gemeinsame Erbwortschatz. Man würde daher eine besonders hohe Anzahl von semantischem Transfer bei Sprecherinnen und Sprechern von anderen germanischen Herkunftssprachen erwarten, z. B. Niederländern, Dänen oder Schweden in Deutschland.

Aber auch die romanischen Sprachen besitzen eine Reihe von Wörtern, die in gleichlautender Form im Deutschen existieren, da sie auf eine gemeinsame lateinische Basis zurückgehen. So finden wir etwa im Sprachgebrauch italienischer Migrantinnen und Migranten in Deutschland eine Reihe von Fällen, in denen die Bedeutung des gleichlautenden deutschen Wortes auf das Italienische übertragen wird, wie in Beispiel (11) sichtbar wird:

(11) *Ho lasciato i miei documenti nella* ***mappa*** *per la scuola.*
‚Ich habe meine Unterlagen in der Mappe für die Schule vergessen.' (ital. Mappa = Landkarte[23]) (MULT_S-Korpus)

In diesem Zusammenhang referiert Krefeld (2004: 73) eine Reihe von Beispielen von italienischen Migrantengruppen, die auch Bedeutungen von nicht etymologisch verwandten, sondern nur ähnlich lautenden Wörter verwenden: z. B. *ramo* (‚Ast') für *Rahmen* (it. *cornice*) oder *stecca* (‚Speiche') für *Stecker* (it. *spina*) (→ Kap. 9.4.1).

7.2.3 Struktureller Transfer

Ein besonderes Augenmerk gilt in der Sprachkontaktforschung dem Transfer von Strukturen. Strukturen können u. a. im Bereich der Syntax (Wortstellungsmuster, periphrastische Formen) oder im Bereich der Prosodie (intonatorische Muster) von einem Sprachkontext in einen anderen kopiert werden.

So führt etwa Pfandl (1998) für das Russische als Herkunftssprache auf, dass Migrantinnen und Migranten bei Aussagesätzen häufig das Muster des Deutschen mit einer leichten Tonerhöhung im Informationszentrum realisieren und dabei auch den Wortakzent verstärken, was der russischen Frageintonation nahekommt (sog. ‚IK-2').

Phänomene des Transfers beziehen sich auch auf die Übernahme von grammatischen Konstruktionen, die es in der einen Sprache gibt, in der anderen nicht (oder nur eingeschränkt). Ein Beispiel dafür ist das sog. ‚**Pro-Drop-Phänomen**': In einer Reihe von Sprachen (z. B. Spanisch, Italienisch, Türkisch, Polnisch) ist die Setzung des Subjektpronomens nicht obligatorisch wie im Deutschen. In diesen Sprachen wird das Subjektpronomen nur verwendet, wenn es besonders hervorgehoben werden soll: z. B. ital. ***io*** *vado a casa* ‚**ich** gehe nach Hause' (und nicht du). In allen anderen Fällen markiert einzig die Verbendung, um welche Person es sich handelt.

---

23 Das deutsche Wort *Mappe* und das italienische Wort *mappa* gehen beide auf das lat. *mappa* ‚Landkarte' zurück. Im Italienischen hat sich diese Bedeutung erhalten, im Deutschen entwickelte sich über die Bedeutung ‚Umschlag für Landkarten' die heutige Bedeutung von ‚Mappe'.

Viele mehrsprachige Personen, die in ihrem täglichen Leben eine Sprache verwenden, in der Subjektpronomina in allen Kontexten obligatorisch sind – wie Deutsch oder Englisch –, verwenden nun in ihren Erstsprachen das Pronomen in Kontexten, wo es in der jeweiligen Sprache gar nicht stehen würde, wie in den nachfolgenden Beispielen (12) gezeigt wird (zu Sprachkontaktkonstellationen mit dem Englischen u. v. a. Gürel/Yilmaz 2013; Montrul 2008):

(12) a. *A me mi piacerebbe (.) vivere in Italia (.) perché* ***io*** *(-) spesso vado in Italia.*
‚Ich würde gerne in Italien leben, weil ich oft nach Italien fahre.' (italienische Migrantin, 2. Generation) (Riehl/Barberio demn.)

b. *Anul acesta* ***eu*** *am împlinit 20 de ani.* ***Eu*** *sunt dintr-o familie de români, dar* ***eu*** *nu vorbesc bine românește.*
‚Dieses Jahr bin ich 20 geworden. Ich komme aus einer rumänischen Familie, aber ich spreche nicht sehr gut Rumänisch.' (rumänische Migrantin, 2. Generation) (Merlan 2020: 205)

c. ***Ja*** *sam to* ***prihvatio*** *žrtvovao sam praznike.* [statt: *prihvatio sam to*]
‚Ich habe das akzeptiert, ich habe meinen Urlaub geopfert.' (kroatischer Migrant, 1. Generation) (Ščukanec 2021: 275)

Das Pro-Drop-Phänomen wird immer wieder als eine entscheidende Entwicklung im Herkunftssprachenkontext angeführt und auch in der Attritionsforschung häufig thematisiert (vgl. u. a. Gürel 2019; Sorace/Serratrice 2009), aber erst in neueren Untersuchungen auch systematisch analysiert. In jüngsten quantitativen Untersuchungen zum Pro-Drop-Phänomen in Herkunftssprachen werden nur geringe Unterschiede zwischen Herkunftssprachen-Sprechern und Standardsprechern attestitiert, die statistisch nicht relevant sind (vgl. Scherger et al. 2016; Scherger/Schmitz 2020). Möglicherweise hängt dies mit der jeweiligen Kompetenz der Sprecher zusammen. So zeigt gerade Beispiel (12b), dass die Sprecherin des Rumänischen auch in ihrer Selbsteinschätzung das Rumänische nicht gut beherrscht (ähnliches gilt für den Sprecher in (12a)); s. dazu detaillierter Kap. 9.4.3).

Ein weiterer Bereich, bei dem es sehr häufig zu strukturellem Transfer kommt, ist die Wortstellung. So referieren unterschiedliche Studien zu Herkunftssprachen immer wieder den Einfluss der deutschen Klammerkonstruktion auf Herkunftssprachen, vgl. das folgende Beispiel (13) aus der Herkunftssprache Kroatisch:

(13) *Čut ćeš svaki jezik samo* ***nećeš*** *njemački* ***čut****.* [statt: *nećeš čut njemački*]
‚Hören wirst du jede Sprache aber du wirst nicht Deutsch hören.' (kroatischer Migrant, 2. Generation) (Ščukanec 2021: 274)

In diesem Beispiel steht das Wort *njemački* (‚Deutsch') analog zum Deutschen im Mittelfeld zwischen dem Auxiliar *nećeš* (‚du wirst nicht') und dem Infinitiv *čut* (‚hören'). Im Kroatischen dagegen würden die beiden Verben in Kontaktstellung stehen (*nećeš čut njemački*).

Neben der Übernahme von Mustern, die die Kontaktsprache vorgibt, gibt es noch eine weitere Möglichkeit, die in Sprachkontaktsituationen öfter auftritt, nämlich die sog. ‚Replikakonstruktion' (vgl. Heine/Kuteva 2005). In diesem Fall bekommen bestimmte Konstruktionen in einer Sprache wie z. B. bestimmte Periphrasen, unter dem Einfluss der Kontaktsprache eine neue Bedeutung oder weiten ihre Bedeutung aus. Ein prominentes Beispiel ist die *am*-Konstruktion in verschiedenen Kontaktvarietäten des Deutschen, die unter dem Einfluss des Englischen grammatikalisiert wird und damit ihr Bedeutungsspektrum verbreitert (vgl. Riehl 2021). Den Anstoß von einer Kontaktsprache, um eigene Formen zu grammatikalisieren, haben schon viele Sprachen genutzt. Allerdings sind diese Konstruktionen in der Regel weniger stark grammatikalisiert (d. h. sie kommen in weniger Kontexten vor) als das Pendant in der Kontaktsprache (vgl. Heine 2012). Ein Beispiel dafür ist die Bildung von bestimmten und unbestimmten Artikeln in der Herkunftssprache Russisch (⟶ Kap. 9.2.3).

7.2.4 Pragmatischer Transfer

Sehr prominent im Sprachkontakt ist der Transfer im Bereich der Diskursmarkierung (vgl. Matras 2020; Riehl 2014a, 2018 u.v.m.). Dabei werden entweder Diskursmarker von einer Sprache in die andere transferiert oder es werden die Gebrauchskontexte von bestimmten Diskursmarkern in einer Sprache durch den Einfluss der anderen erweitert. Unter Diskursmarkern versteht man Wörter, die das Gespräch steuern und keine eigentliche semantische Bedeutung haben, wie dt. *also*. Sie haben stattdessen „interaktionsstrategische" Funktionen oder tragen zur Strukturierung von Äußerungen bei. Beim Transfer dieser Partikeln handelt es sich eigentlich um die Übertragung eines sprachlichen Subsystems, nämlich mündlicher Kommunikationsstrukturen, die dem Kommunikationssystem der Gestik nahestehen (vgl. Matras 1998: 310). Partikeln, die als Gesprächswörter dienen, werden umso eher entlehnt, je weniger durchsichtig ihre lexikalische Bedeutung ist und je mehr gestenhaften Charakter sie haben, d. h. je mehr ihre Funktion der von entsprechenden Gesten gleichkommt. Da es sich bei diesen Gesprächswörtern um ein eigenes sprachliches Subsystem neben der Grammatik und dem Lexikon handelt, werden nicht nur die lexikalischen Einheiten entlehnt, sondern auch der pragmatische Kontext, in dem sie vorkommen. Das Phänomen findet sich nun in allen Sprachkontaktsituationen und zwar schon in einem recht frühen Stadium des Kontaktes (vgl. Riehl 2018a). Dies zeigen die folgenden Beispiele (14) von verschiedenen Migrantengruppen in Deutschland:

(14) a. *Adesso che imparo l'italiano* **also** *che ho (.) l'italiano a scuola.*
‚Jetzt, wo ich Italienisch lerne – also, dass ich Italienisch in der Schule habe.'
(italienische Migrantin, 2. Generation) (MULT_G-Korpus)

b. *Po do me tha:n pej kut qona pej mengjesit (--) a:h fshtir* **also** *(.) shumicen: sidomos nshpi: me pri:nd (.) gjithqysh o shqip.*

,Du meinst von dem Moment an, wenn ich morgens aufwache (--) also schwierig, die meiste Zeit zu Hause mit meinen Eltern spreche ich Albanisch.' (albanische Migrantin, 3. Generation) (AlbiK-Korpus)

c. *I (--) tu je napravila* **also** *stavila cvijeće na šešir.*
,Und (--) hier hat sie gemacht also die Blumen auf den Hut gelegt.' (kroatische Migrantin, 3. Generation) (Markovic 2016: 69)

Hier zeigt sich, dass in allen Migrantensprachen, unabhängig voneinander, gerade Diskursmarker ohne eigene semantische Bedeutung – wie eben dt. *also* – übernommen werden. Ähnliches hat auch Clyne (2003: 226–230) für Herkunftssprachen-Sprecher in Australien gezeigt: Hier verwenden Sprecherinnen und Sprecher unterschiedlichster Herkunftssprachen ganz häufig den Diskursmarker *well* (s. dazu Riehl 2019). Erklären kann man nun dieses Phänomen zum einen mit der Annahme, dass Sprecherinnen damit den Habitus einer anderen Sprachgemeinschaft imitieren. Damit hätte die Verwendung der Diskursmarker auch eine identitätsstiftende Funktion (⟶ Kap. 11). Eine andere Erklärung basiert auf psycholinguistischen Erkenntnissen und hat mit Sprachproduktion zu tun. Hier wird angenommen, dass, während die Inhalte des Gesagten auf einer Ebene ablaufen, die Sprachplanung auf einer anderen Ebene angesiedelt ist (vgl. Riehl 2018a, 2019). Mehrsprachige Sprecherinnen und Sprecher können nun auf diesen unterschiedlichen Ebenen in unterschiedlichen Sprachen operieren: Sie geben den Inhalt in einer Sprache wieder, planen und steuern ihre Rede aber in einer anderen. Dies hängt allerdings mit der jeweiligen Dominanz einer Sprache zusammen und ist situationsabhängig, so dass sich der Gebrauch bei ein und demselben Sprecher immer wieder ändern kann (vgl. Riehl 2019).

Schließlich kann Transfer auch im Bereich des Sprachverhaltens stattfinden. Hier verwenden die Sprecherinnen und Sprecher ein bestimmtes Sprachverhalten, das sie in der einen Sprache zeigen, z.B. wie ich jemanden anrede, ob ich danke oder bitte oder jemandem ein Kompliment mache, wenn sie die andere Sprache sprechen (vgl. Riehl 2014a: 158f., 2018). Auch **Anredeformen** (z.B., ob ich jemanden duze der sieze und mit Vor- oder Nachnamen anspreche) sind kulturspezifisch und werden oft kopiert, auch wenn man eine andere Sprache spricht. Hier ein Beispiel einer brasilianischen Studentin, die die Gepflogenheit, die Professoren mit Titel und Vornamen anzureden, auf das Deutsche überträgt (eigene Email-Korrespondenz CMR):

(15) *Sehr Geehrte Frau Professorin Claudia,*
Ich bin eine Austauschstudentin und kann mich nicht online zu den Klausur anmelden.
Liebe Grüße

Neben diesen genannten Prozessen können in Sprachkontaktkonstellationen weitere Phänomene beobachtet werden, die indirekt auf Sprachkontakt zurückzuführen sind. Diese werden im folgenden Kapitel kurz erläutert.

7.3 Restrukturierungs- und Vereinfachungsprozesse

Einige Erscheinungen im Sprachkontakt sind nicht durch den Einfluss der Kontaktsprache zu erklären, sondern dadurch, dass mehrsprachige Sprecherinnen und Sprecher, die mehrere Sprachen gleichzeitig prozessieren müssen, komplexe Strukturen in einem sprachlichen System vereinfachen. Im Gegensatz zu den eigentlichen Sprachkontakterscheinungen sind Vereinfachungsprozesse unabhängig von der typologischen Nähe und Distanz der Kontaktsprache zu beobachten (vgl. Riehl 2015: 48 f.; Riehl 2018a).

Dennoch wirkt sich der Sprachkontakt insofern aus, dass er in der Sprache bereits angelegte Prozesse beschleunigt (vgl. Clyne 1991). Rosenberg (2003) erklärt Vereinfachungsprozesse auch damit, dass das Normbewusstsein in der Sprachgemeinschaft abnimmt. Simplifizierungsprozesse betreffen besonders die Reduktion komplexer morphologischer Strukturen,[24] wie etwa der Flexionsmorphologie. So findet sich bei allen deutschen Minderheiten der Abbau des Dativs, allerdings in unterschiedlicher Intensität (vgl. den Überblick bei Riehl 2021). Aber auch in vielen hochflektierenden Herkunftssprachen wie Russisch, Polnisch, Kroatisch, Albanisch etc. findet ein allmählicher Abbau der Kasus in bestimmten Kontexten statt (s. u. a. Brehmer 2007; Brehmer/Mehlhorn 2020; Warditz 2017; ⟶ Kap. 9.2.2). Dies könnte auch mit der Lernbarkeit der jeweiligen Strukturen zusammenhängen (vgl. Bentz/Winter 2013; Rosenberg 2003). Da in der Migrationssituation der Input in der Herkunftssprache oft reduziert ist (⟶ Kap. 6.4.1), können bestimmte Konstruktionen, die mit einer geringen Frequenz im Input vorkommen, nur schwer entrenchet werden. Vereinfachungsprozesse treten auch im System komplexer verbaler Kategorien wie etwa der Aspektmarkierung auf (vgl. Anstatt 2017).

Neben diesen Reduktionsprozessen finden sich auch andere Prozesse, die nur indirekt auf den Sprachkontakt zurückzuführen sind, nämlich Restrukturierungen: Darunter fällt etwa die Verwendung semantisch ähnlicher Wörter (16a) oder die Verwendung von Wortneubildungen (16b), was Clyne (1981: 38) unter dem Begriff ‚sprachliche Entfremdung' fasst, hier zwei Beispiele aus dem Kontext deutscher Auslandsvarietäten:

(16) a. *Wir ham keine* ***Ursache*** *zu deutsches Sprechen.* [statt: *Gelegenheit, Anlass*] (Beispiel Barossadeutsch)

b. *Das war moi* [‚schön'], *unsere Zusammenarbeitung.* (Beispiel Namibiadeutsch)

Bevor nun im Folgenden die crosslinguistischen Prozesse gezeigt werden, die einmal die Herkunftssprachen und einmal die Sprache der Aufnahmegesellschaft betreffen, soll noch kurz ein weiterer Begriff diskutiert werden, nämlich *Translanguaging*.

24 Unter morphologischer Komplexität werden u. a. die folgenden Aspekte gefasst: Morphologische Irregularität, morphologische Undurchsichtigkeit, syntagmatische Redundanz und eine Vielzahl an morphologischen Kategorien (vgl. Rosenberg 2016; Trudgill 2011).

7.4 Mehrsprachiges Sprechen und *Translanguaging*

Mit dem Begriff des ‚*Translanguaging*' erfährt jüngst ein weiterer Terminus große Popularität, mit dem mehrsprachige Äußerungen beschrieben werden. Vor allem in der angewandten Bildungsforschug und Sprachdiaktik wird häufig von *Translanguaging* gesprochen, um den flexiblen Wechsel zwischen mehreren Sprachen zu erfassen. Dabei wird eine klassische Konzeptualisierung verschiedener Sprachen als geschlossene Systeme abgelehnt (vgl. García 2009: 46 f.). Aus Sicht der Beführworter des Ansatzes stellt das *Translanguaging* nicht nur eine neue Theorie zweisprachiger Erziehung und des Bilingualismus dar, sondern versteht sich als eine neue Theorie der Sprache (vgl. Otheguy et al. 2015: 284). Statt von Sprache als einer sozial-historisch konstruierten Entität auszugehen, steht deren Rolle als Wissensrepertoire im Fokus (vgl. ebd.). Dabei wird davon ausgegangen, dass das Konzept von Sprache für das Individum nicht exisiert. Otheguy et al. (ebd.; Hervorhebung im Original) stellen darüber hinaus die Existenz einer linguistischen Realität von Sprache in Frage:

> A named language *cannot* be defined linguistically, cannot be defined, that is, in grammatical (lexical or structural) terms. And because a named language cannot be defined linguistically, it is not, strictly speaking, a linguistic object; it is not something that a person speaks.

Daraus folgt, dass die mentale Grammatik mehrsprachiger Sprecher aus einem Verbund sprachlicher Merkmale besteht, die nicht verschiedenen Sprachsystemen zugeordnet werden (vgl. García/Wei 2014: 14). Werden dann bei der Merkmalsauswahl durch das Individuum sprachliche Elemente unterschiedlicher Sprachen gewählt, handelt es sich um *Translanguaging* (vgl. Othguy et al. 2015: 281). Sprachmischungen sind demnach das Resultat eines flexiblen und dynamischen Gebrauchs des gesamtsprachlichen Repertoires eines Menschen, die sich nicht von anderen sprachlichen Handlungen unterscheiden. In einem solchen Verständnis von Sprache werden Konzepte wie Code-Switching, Code-Mixing, Transfer und Entlehnung hinfällig (vgl. Auer 2022: 128).

Der *Translanguaging*-Ansatz sorgt insbesondere innerhalb der Bilingualismusforschung für Diskussion. So merkt Auer (ebd.: 152) an, dass in den zahlreichen Veröffentlichungen von Ophelia García und Kolleginnen und Kollegen das Konzept des *Translanguaging* mit einer pauschalen Ablehnung aller früheren soziolinguistischen Arbeiten über Code-Switching und ähnliche sprachliche Phänomene einhergeht. Darüber hinaus sei vielfach nicht klar, was genau mit dem Begriff aus sprachwissenschaftlicher Sicht erfasst werden soll. Gegen die Vorstellung einer Art spontanen Ad-hoc-Kombination bei der Auswahl sprachlicher Merkmale aus einem nicht weiter differenzierten sprachlichen System sprechen eine Vielzahl von Studien wie etwa MacSwan (2017), Muysken (2000) oder Myers-Scotton (1993) (vgl. Auer 2022: 134). Darüber hinaus lassen sich Auer (ebd.: 127) folgend keine empirischen Belege in den Publikationen zum *Translanguaging* dafür finden, dass neue mehrsprachige Phänomene entstanden sind, die nicht bereits in der Bilingualismusforschung mit bestehenden Konzepten beschrieben und analysiert wurden. Die Notwendigkeit eines neuen theoretischen Rahmens scheint sich damit nicht empirisch durch das Auftreten neuer bilingualer

Praktiken begründen zu lassen. Aus **sprachtheoretischer Perspektive** wird kritisiert, dass mit der Zusammenfassung mehrsprachiger Phänomene, denen unterschiedliche sprachstrukturelle Eigenschaften, verschiedene interaktionelle Funktionen sowie soziale Faktoren zugeschrieben werden, die Möglichkeit einer differenzierten Erfassung und auch Erklärung eingeschränkt wird (vgl. ebd.; Auer 2010a).

Auch aus **gebrauchsbasierter Perspektive** (s. u. a. Tomasello 2003; ⟶ Kap. 5.5) muss der *Translanguaging*-Ansatz kritisch betrachtet werden. Die dualistische Gegenüberstellung einer mentalen, kognitiven Entität von Sprache sowie der damit einhergehenden mehrsprachigen Strategien und der Vorstellung eines sozial-historisch konstruierten Konzepts von Sprache, die getrennt voneinander betrachtet werden, widerspricht einer zentralen Grundannahme gebrauchsbasierter Theorien. Insbesondere Studien zum Erstspracherwerb betonen die Bedeutung des sozialen Kontextes für das Gelingen von Spracherwerbsprozessen. Der Erwerb von Sprache(n) erfolgt immer in sozialen Kontexten und ist hiermit fest mental verankert. So neigen bilinguale Kinder dazu, ihre Sprachen an den jeweiligen Kontext anzupassen, sei es personengebunden oder auch räumlich. Auer (2022: 128) argumentiert in dieselbe Richtung. Er teilt zwar das Argument, dass Sprachen immer auch zu einem gewissen Teil soziale Konstrukte sind. Allerdings wendet er sich gegen die Kernthese eines *Translanguaging*-Ansatzes, dass diese Konstrukte für die Sprecherin oder den Sprecher nicht real seien und lediglich die Konstrukion staatlicher Institutionen wie etwa Schulen darstellen. Vielmehr sieht er Sprachen als reale Konzepte, die Mehrsprachige durch ihren individuellen Sprachgebrauch konstruieren.

Die dargelegten kritischen Einwände richten sich somit gegen das sprachtheoretische Verständnis des *Translanguaging*-Ansatzes. In Bezug auf das pädagogische sowie sprachdidkatische Potential besteht hingegen aus sprachwissenschaftlicher Sicht Einigkeit. Aus diesem Grund werden wir uns dem Begiff und seiner unterrichtspraktischen Dimension in Kapitel 14.1.3 noch einmal widmen.

7.5 Zusammenfassung

In diesem Kapitel haben wir eine Vielzahl von Begriffen kennengelernt, mit denen die Sprachmischungen mehrsprachiger Sprecherinnen und Sprecher beschrieben werden. Hierbei ist deutlich geworden, dass verschiedene Ansätze und Modelle mit unterschiedlichen Begriffen dasselbe Phänomen beschreiben oder aber für dasselbe Phänomen unterschiedliche Begriffe verwenden. Vor allem zwei Termini spielen in der Forschung zu Sprachmischungen eine zentrale Rolle: Code-Switching, womit ein Hin- und Herwechseln zwischen Sprachen erfasst wird, sowie Transfer, mit dem die Übernahme von Elementen von einer Sprache auf die andere beschrieben wird. Dabei kann man sowohl lexikalische Einheiten als auch grammatische Strukturen übernehmen oder aber auch Bedeutungen transferieren. Darüber hinaus kann eine Sprachgemeinschaft auch das Sprachverhalten einer anderen mit eigenen sprachlichen Mitteln nachahmen. Des Weiteren ist erläutert worden, dass nicht alle Erscheinungen im Sprachkontakt durch den Einfluss der Kontaktsprache erklärt werden können. Durch die gleichzeitige

Prozessierung mehrerer Sprachen kann es dazu kommen, dass komplexe sprachliche Strukturen vereinfacht werden. Diese Vereinfachungsprozesse sind im Gegensatz zu den eigentlichen Sprachkontakterscheinungen unabhängig von der typologischen Nähe und Distanz der Kontaktsprache. Schließlich wurden jüngste Bestrebungen dargelegt, die mit dem Begriff des ‚*Translanguagings*' bezeichnet werden, die klassische Konzeptualisierung von Sprachen als geschlossene Systeme aufzubrechen. Insbesondere die Annahme, dass das Konzept von Sprache für das Individuum keinen Bestand habe, halten wir für problematisch. Dies zeigt sich auch im folgenden Kapitel, in dem Sprachmischungsprozesse und ihre Funktionen genauer betrachtet werden.

Aufgaben zu diesem Kapitel und Lösungen unter https://www.narr.de/Migrationslinguistik-18517-1

8 Mehrsprachige Rede: Sprachmischungsprozesse und ihre Funktionen

In Folge migrationsbedingter Mehrsprachigkeit kann es zu intensivem Sprachkontakt kommen. Dieser führt sowohl auf gesellschaftlicher Ebene als auch auf Seiten des Individuums zu neuen sprachlichen Phänomenen, bis hin zu neuen Varietäten. Somit trägt Migration einerseits dazu bei, den Sprachgebrauch komplexer zu machen, andererseits aber auch, die Sichtweise auf Sprache als nationales Konstrukt aufzubrechen (vgl. Dirim/Heinemann 2016: 108). Sprachkontakt kann zu Veränderungen der Sprachsysteme führen, sowohl auf der Ebene der Herkunftssprachen (→ Kap. 9) als auch auf der Ebene der Zielsprache (→ Kap. 10). Im Folgenden sollen sprachliche Phänomene betrachtet werden, die sich im Kontext migrationsbedingter Mehrsprachigkeit auf der Ebene des Individuums zeigen und die – wie im vorherigen Kapitel diskutiert – als Sprachmischungen bezeichnet werden können. Obwohl diese nicht zwingend mit Migration verbunden sind, treten sie insbesondere in diesem Kontext verstärkt in Erscheinung, da sie ein charakteristisches Phänomen mehrsprachigen Sprechens sind.

8.1 Formen mehrsprachiger Rede

Die verschiedenen Typen von Sprachmischung, die wir in Kapitel 7 diskutiert haben, lassen sich in der Sprachrealität nicht immer genau unterscheiden. Denn der Wechsel zwischen den Sprachen in der Rede Mehrsprachiger ist so vielfältig, dass man nicht immer entscheiden kann, um welches Phänomen es sich im Einzelnen handelt. In der mehrsprachigen Rede kommen der Sprachwechsel bei einzelnen Wörtern bzw. Wortstämmen und der Sprachwechsel von längeren Einheiten meist gemeinsam vor, wie das folgende Beispiel (1) einer albanischen Migrantin der 2. Generation zeigt:

(1) *Ich weiß nicht ob du dich an Fred Feuerstein erinnerst* ***amo aj kur ka shku npun e ka pas*** *eine Steintafel* ***edhe ja ka dhan*** *einem Dino, der in die Steintafel gebissen hat.*
‚Ich weiß nicht, ob du dich an Fred Feuerstein erinnerst aber er, als er in die Arbeit gegangen ist hatte er eine Steintafel und hat sie gegeben einem Dino, der in die Steintafel gebissen hat.' (AlbiK-Korpus)

In diesem Fall wechselt die Sprecherin zwischen dem Deutschen und dem Albanischen an der Satzgrenze (*ob du dich ... erinnerst*) im Sinne einer Alternation. In den folgenden albanischen Satz wird aber dann das Objekt *eine Steintafel* wieder aus dem Deutschen inseriert. Weiter wechselt die Sprecherin dann, als sie das indirekte Objekt *einem Dino* einführt, wieder ganz zurück ins Deutsche. Diese Art des Sprechens ist eine für mehrsprachige Sprecherinnen und Sprecher typische **kommunikative Routine**, die besonders in der zweiten Generation auftritt und an die nächste Generation weitergegeben wird (vgl. Riehl 2018b: 49), wie es auch in diesem Beispiel der Fall war.

Noch deutlicher zeigen sich diese Mischungsprozese an dem folgenden Beispiel (2) von einem deutsch-türkischen Kind der dritten Generation:

(2) *Weihnachtsmann* ***geln/ gel/ gelmişti.*** *Isch hab zwei* ***Çukuladen*** *gekriegt.* ***Niye biliyon mu?*** *Weil=sch der Ü/ Ü/ Überse/ Übersetzer bin.* ***En iyisi benim ya zaten*** *isch helf die alle un=dann krigg isch alles.* ***Çocuk/ çocuklar he/ bausteineleri yapmıyolar, ya dökmüşler, yapmıyolar. Ben yapıyom.*** *(-) Krigg i/ krigg-isch lutscher.*
‚Der Weihnachtsmann ist gekommen. Ich habe zwei Schokoladen gekriegt. Weißt du warum? Weil ich der Übersetzer bin. Weil ich doch der Beste bin sowieso, ich helfe denen allen und dann krieg ich alles. Die Kinder machen die Bausteine nicht, also haben sie sie verstreut. Sie machen (das) nicht, ich mach das. Krieg ich Lutscher.' (Keim 2012: 165 f.)

In diesem Beispiel hat der erste Satz *weihnachtsmann gelmisti* (‚der Weihnachtsmann ist gekommen') eine türkische Struktur: das Wort *Weihnachtsmann* ist eine Entlehnung aus dem Deutschen und wird in die türkische Satzstruktur eingepasst. Ein weiteres Wort *Bausteine* wird ebenfalls vollständig in die türkischsprachige Äußerung integriert, indem die Pluralendung (*-ler*) und die Kasusendung (*-i*) an das inserierte Wort angefügt werden. Diese Art von Ad-hoc-Entlehnungen ist für die türkisch-deutsche Mischsprache typisch. Eine interessante Beobachtung kann man bei der Form *Çukuladen* machen: hier handelt es sich um eine Überblendung von türk. *çikolata* und dem dt. *Schokolade* (vgl. Keim 2012: 166). Eindeutige Fälle von Alternation sind dagegen die Mehrwortverbindungen *Weil=sch der Übersetzer bin* und *helf die alle un=dann krigg isch alles* sowie *krigg-isch lutscher* (vgl. Riehl 2016).

Das Mischmuster, das dieses sechsjährige Kind aus der dritten Generation verwendet, ähnelt denen, die auch Jugendliche benutzen. Das Kind hat dieses Muster von seiner Mutter (Sprecherin der zweiten Generation) und in seinem türkischen Umfeld erworben, wo diese Form der Sprachverwendung eine gängige Praxis ist. Dies zeigt, dass diese Mischmuster zu den selbstverständlichen Routinen von mehrsprachigen Sprecherinnen und Sprechern gehören und auch an die nächste Generation weitergegeben werden (vgl. ebd.: 165–175).

Ein Beispiel, das über die Illustration der Mischungsprozesse hinaus auch Aufschluss auf bestimmte Mechanismen von Sprachmischung liefert, stammt von einer italienischsprachigen Sprecherin der dritten Generation:

(3) *Eh eh eh si, per fa la* ***Kosmetikerin*** *ci vuole il ehm il* ***so'n Pass, ich glaub*** *per fare la,* ***du musst halt in die neunte gehen****, e se poi ce la fai* ***kannst du des so mit'm Pass schaffen.***
‚Äh ja, um Kosmetikerin zu werden, braucht man den ehm den so'n Pass, ich glaub um das zu machen, du musst halt in die neunte gehen, und wenn du es dann schaffst kannst du des so mit'm Pass schaffen.' (Krefeld 2004: 100)

Interessant an diesem Beispiel ist, dass die Hauptinformationen wie *Kosmetikerin, so'n Pass, in die neunte Klasse gehen* auf Deutsch wiedergegeben werden, während Passe-partout-Wörter (z. B. *fare* ‚tun') und häufige umgangssprachliche Formeln wie *ci vuole* (‚es ist notwendig‘) und *ce la fai* (‚du schaffst es‘) auf Italienisch erscheinen. Das heißt, diese Konstruktionen sind sehr frequent und daher als eine Art Chunk in dem sprachlichen Repertoire der mehrsprachigen Sprecherinnen und Sprechern gespeichert. In diesem Fall einer Sprecherin aus der dritten Generation von Migranten ist auch davon auszugehen, dass die deutsche Sprache die dominante ist – zumindest in der Domäne Schule (→ Kap. 4.2.4).

8.2 Der Einfluss der Frequenz auf Sprachmischungen

Der Einfluss der Frequenz, wie sie im vorangegangenen Beispiel (3) diskutiert wurde, spielt anscheinend eine entscheidende Rolle in Bezug darauf, wann und warum zwischen den verschiedenen Sprachen geswitcht wird. In diesem Zusammenhang wird im Zuge der **gebrauchsbasierten Theorie** vorgeschlagen, Konstruktionen an sich als Analysegegenstand in Sprachmischungsäußerungen zu betrachten und nicht die verschiedenen Sprachen (vgl. Gaskins et al. 2021). Dabei spielt v.a. die Berücksichtigung allgemeiner kognitiver Mechanismen eine Rolle, die ausführlich in Schmids (2017, 2020) *Entrenchment-and-Conventionalization*-Modell diskutiert werden. Hierbei wird insbesondere auf den Einfluss von Frequenzeffekten und Automatisierung hingewiesen. Dass die Verwendungshäufigkeit einer sprachlichen Einheit ihre Auswahl im zweisprachigen Sprechen beeinflusst, hat bereits Backus (2001, 2003) gezeigt. Bei der Analyse eines zweisprachigen niederländisch-türkischen Sprachkorpus zeigte sich, dass mindestens die Hälfte der niederländischen zusammengesetzten Substantive, die in ansonsten türkischen Sätzen vorkommen, hochfrequente Elemente sind (vgl. Backus 2003: 104). Ähnlich argumentiert auch Boumans (1998), der das Einfügen von Adjektiv-Nomen-Kombinationen in ansonsten marokkanisch-arabischen Sätzen auf die Häufigkeit ihres gemeinsamen Auftretens im Niederländischen zurückführt. Gleichzeitig lässt sich die Seltenheit der Modifikation niederländischer Substantive durch marokkanisch-arabische Adjektive mit dem Fehlen solcher Kollokationsbeziehungen erklären.

Jüngst konnte Hakimov (2021a, b) positive Belege vorlegen, die das Einfügen flektierter Wörter sowie Mehrwortsequenzen in zweisprachigen Äußerungen mit deren Verwendungshäufigkeit in Verbindung bringen. Dies zeigt sich etwa in der Analyse eines russisch-deutschen Korpus alltäglicher Gespräche und informeller Gruppeninterviews. Im Fokus steht dabei erneut die Analyse der Nominalphrase und deren Modifizierung durch Adjektive. Die Daten zeigen, dass deutsche Substantiveinschübe in ansonsten russischen Äußerungen entweder durch russische oder deutsche Adjektive attributiv modifiziert werden, wie in Beispiel (4) dargestellt:

(4) a. *Ja xoč-u čё-nibud‘ s* ***gebratene Nudeln.***
‚Ich will etwas mit gebratenen Nudeln.‘ (Hakimov 2021a: 133)

b. *U neё prosto pozdn-ij* ***pubertät*** *nača-l-sja.*
‚Bei ihr begann einfach eine späte Pubertät.‘ (Hakimov 2021a: 147)

Wie das Beispiel (4) zeigt, lassen sich zwei Muster feststellen: Im Fall von (4a) wird die deutsche Nominalphrase *gebratene Nudeln*, die aus einem Adjektiv und einem Substantiv besteht, in die russische Äußerung eingefügt. Dabei wird das Adjektiv korrekt flektiert und kongruiert mit dem Substantiv im Numerus. Hinsichtlich des grammatischen Kasus fällt allerdings auf, dass die Nominalphrase nicht den von der russischen Präposition *s* regierten Instrumental aufweist, sondern den Akkusativ bzw. Nominativ (vgl. Hakimov 2017: 322). Im Beispiel (4b) wird hingegen ein einzelnes Substantiv des Deutschen in eine russische Äußerung inseriert, was zu einer gemischten Nominalphrase führt. Hierbei findet eine morphosyntaktische Integration statt. Dies wird an der russischen Adjektivendung *pozdn-ij* sichtbar, indem das Adjektiv im Maskulinum Singular dekliniert ist. Eigentlich würde man spontan aufgrund des deutschen Substantivs *Pubertät* das Feminium erwarten, allerdings weist Hakimov (ebd.) darauf hin, dass konsonantisch auslautende Substantive wie Maskulina flektiert werden (⟶ Kap. 9.2.1). Genau dies erfolgt im dargelegten Beispiel in der attributiv erweiterten Nominalphrase *pozdnij* ‚Pubertät'. Somit entstehen Äußerungen, die entweder gemischte deutsch-russische Konstituenten (4a) oder deutsche Adjektiv-Substantiv-Einschübe enthalten (4b).

Die Frequenz des Adjektivgebrauchs im Russischen war ein entscheidender Faktor für die Wahl eines der beiden Muster für die Bildung attributiv erweiterter Nominalphrasen (vgl. ebd.). Wurden gemischte Nominalphrasen gebildet, handelte es sich um russische Adjektive, die hochfrequent sind. Darüber hinaus konnte ein Vergleich der Frequenz von Adjektiv-Substantiv-Kombinationen mit Häufigkeitsdaten eines großen deutschen Korpus zeigen, dass die Bindung zwischen Wörtern ebenfalls einen Einfluss auf die Sprachmischungen hat, indem deutsche Adjektiv-Substantiv-Kombinationen als **feste Chunks** in die russische Äußerung inseriert werden (vgl. ebd.: 324–327; Hakimov 2021a, b). Dies dürfte auch bei *gebratene Nudeln* (4a) der Fall gewesen sein. Solche Mehrwortkombinationen werden als holistische Einheit gesehen, die als Ganzes im mentalen Lexikon aktiviert wird (vgl. Backus 2003; Koch 2019).

Eine hohe Gebrauchshäufigkeit führt demnach dazu, dass mentale sprachliche Repräsentationen einfacher zugänglich sind. In mehrsprachigen Kontexten können insbesondere die Strukturen der häufiger verwendeten Sprache, die oft die sozial dominante Sprache ist, für Zweisprachige leichter verfügbar sein als ähnliche Strukturen der anderen Sprache. So kann ein Großteil von Sprachmischungen auf die Fülle fester Wortabfolgen (Chunks) sowie durch die Verwendung wiederkehrender, teilspezifischer Konstruktionen (*frame-and-slot pattern*) zurückgeführt werden, die aufgrund ihres hohen *Entrenchment*-Grades (⟶ Kap. 5.5.1) leicht zugänglich sind (vgl. Goria 2021; Hakimov 2021a, b). Daneben scheinen aber auch weitere Faktoren wie der Einfluss des unmittelbaren Gesprächskontexts oder die strukturelle Ähnlichkeit zwischen Kontaktsprachen eine Rolle für die Erklärung von Sprachmischungen zu spielen (vgl. Hakimov 2017: 315–329; Gampe et al. 2021).

8.3 Mechanismen von Sprachmischungen bei Kindern

Wie bereits in Kapitel 8.1 deutlich wurde, stellen Sprachmischungen das wohl auffälligste Phänomen in der Rede mehrsprachiger Menschen dar. Besonders bei Kindern wird das vermeintlich unsystematische und der sprachlichen Norm widersprechende ‚Mischen' der Sprachen von Erzieherinnen und Erziehern sowie Lehrerinnen und Lehrern, aber auch von Kinderärztinnen und -ärzten sowie Eltern häufig immer noch als defizitär bewertet oder zumindest mit Besorgnis betrachtet. Zum Teil werden solche Äußerungen nach wie vor als Belege gesehen, dass mehrsprachig aufwachsende Kinder nicht immer in der Lage sind, ihre Sprachen zu trennen und/oder keine der beiden Sprachen richtig beherrschen. Beide Befürchtungen sind durch die Forschung widerlegt. So weiß man, dass Kinder bereits sehr früh ihre Sprachen voneinander trennen können (vgl. Genese 2005). Etwa ab dem Zeitpunkt der ersten Wortkombinationen ist Kindern bewusst, dass ihnen unterschiedliche Sprachen zur Verfügung stehen (vgl. Tracy 2008: 125; → Kap. 4.2.3). Des Weiteren belegen zahlreiche Untersuchungen, dass Sprachmischungen eine hohe Systematik aufweisen und Kinder diese u.a. als Kommunikationsstrategie effektiv einsetzen:

> Mixed utterances are not a sign of confusion. Rather, since many of the mixed utterances that young children produce are not used by the people around them, mixed utterances are highly creative features of speech (. . .). Mixed utterances can be enhancements to communication. They are exclusively available to bilinguals. (De Houwer 2009: 44)

Äußerungen wie *nein this aber nicht* (Fion, 2;8.5) oder *aber die Bauarbeiter speaken german* (Fion, 3;3.14) (vgl. Hartmann/Quick 2021: 32f.) treten vor allem in den ersten drei Lebensjahren von bilingual aufwachsenden Kindern auf (vgl. Cantone 2007: 16).[25] Ob der Input Auswirkungen auf das Sprachmischverhalten hat, wird kontrovers diskutiert. So weisen Nicoladis und Smithson (2018) darauf hin, dass der Anteil von Sprachmischungen durch den Input beeinflusst wird. Neigen Eltern dazu, in der familiären Interaktion in ihren Sprachen selbst häufig zu mischen, tritt dies auch bei ihren Kindern stärker auf, als wenn sie sich an das OPOL-Prinzip halten (→ Kap. 4.2.3). Müller (2017: 44) hingegen kommt zu dem Schluss, dass die Sprachpraxis innerhalb der Familie keine Auswirkungen auf das Mischverhalten der Kinder hat.

Wie häufig Kinder ihre Sprachen mischen, kann auch damit zusammenhängen, ob dies von ihrem sozialen Umfeld akzeptiert oder abgelehnt wird (vgl. Lanza 1997). Schließlich sollte auch nicht vergessen werden, dass jedes Kind ein eigenständiges Individuum ist, mit eigenen Vorlieben und Wesensmerkmalen. Das Ausmaß von Sprachmischungen variiert somit von Kind zu Kind sehr stark, sodass sich kaum oder gar keine Fälle von Sprachmischungen zeigen können bis hin zu deren regelmäßigem

---

25 Müller (2017: 50f.) kann in den von ihr untersuchten Daten allerdings keine generelle Altersspanne ausmachen, in der Sprachmischungen gehäuft vorkommen. Wie für den Spracherwerb generell, deutet dies somit auch für das Auftreten von Sprachmischungen auf individuelle Entwicklungsverläufe hin.

Auftreten. In der Regel handelt es sich aber um einen kleineren Teil der Äußerungen (vgl. Cantone 2007: 113–128; De Houwer 2009: 267–269).

8.3.1 Sprachmischungen als Kompensationsstrategie

In der Spracherwerbsforschung geht man häufig davon aus, dass Kinder ihre Sprachen mischen, da sie noch nicht über alle lexikalischen und/oder grammatischen Elemente in ihren Einzelsprachen verfügen (vgl. Gawlitzek-Maiwald/Tracy 1996). Damit stellen Sprachmischungen eine Art Kompensationsstrategie dar. So führen zahlreiche Studien, die sich mit Sprachmischungen bei Kindern beschäftigen, einen Mangel an pragmatischer, lexikalischer oder grammatischer Kompetenz an, um dieses Phänomen zu erklären. Unter dem Fehlen pragmatischer Kompetenz wird dabei verstanden, dass mehrsprachige Kinder noch nicht dazu in der Lage sind, ihre Sprachwahl nach dem jeweiligen Interaktionspartner auszurichten. Der Mangel an lexikalischer Kompetenz bedeutet, dass Kinder bestimmte Wörter in der einen Sprache noch nicht erworben haben und aus diesem Grund Übersetzungsäquivalente der anderen Sprache gebrauchen, um diese lexikalische Lücke (*lexical gap*) zu schließen. Diese Strategie findet sich in der Literatur als *lexical gap-filling strategy*. Das Fehlen grammatischer Kompetenz wird dadurch begründet, dass Kinder bestimmte grammatische Strukturen, die sie bereits in einer ihrer beiden Erstsprachen erworben haben, in der jeweils anderen Sprache verwenden (vgl. Müller et al. 2011: 208 f.). Di Sciullo et al. (1986) führen Sprachmischungen von Kindern vor allem auf das Fehlen pragmatischer und grammatischer Kompetenz zurück. Müller et al. (2011: 65–95) begründen die Verwendung von Sprachmischungen in ihrem Konzept der Sprachdominanz mit dem Füllen lexikalischer und syntaktischer Lücken der schwächeren Sprache mit Elementen der stärkeren (zur Definition von Sprachdominanz ⟶ Kap. 4.2.4). Hierauf soll im Folgenden noch genauer eingegangen werden.

8.3.2 Sprachmischungen und Sprachdominanz

Innerhalb der Spracherwerbsforschung trifft man immer wieder auf die Aussage, dass simultan bilingual aufwachsende Kinder eine sog. ‚Mischphase' durchlaufen, in der sie häufiger als sonst ihre Sprachen mischen (vgl. Müller 2017: 24). Dies wird mit fehlender Sprachkompetenz begründet und daher häufig Kindern zugeschrieben, die mit einer dominanten und einer schwachen Sprache aufwachsen. Zahlreiche Forschungsarbeiten widerlegen jedoch eine solche Sicht, wonach mangelnde Kompetenz in der schwachen Sprache der Auslöser für Sprachmischungen sei. Exemplarisch lässt sich dies mithilfe einer Untersuchung von Gawlitzek-Maiwald und Tracy (1996) veranschaulichen. Gegenstand der Studie ist die sprachliche Entwicklung eines in Deutschland mit den Sprachen Deutsch und Englisch aufwachsenden Mädchens. Der Untersuchungszeitraum erstreckt sich bis zum Alter von 4;3 Jahren. Innerhalb dieser Zeit wächst das Mädchen bilingual auf, indem ihre Eltern dem Prinzip ‚Eine-Person-eine-Sprache'

(OPOL) folgen (→ Kap. 4.2.3). Hinsichtlich der sprachlichen Entwicklung merken die Autorinnen an, dass das Deutsche auf morphosyntaktischer Ebene weiter entwickelt ist als das Englische (vgl. ebd.: 913). Wie Beispiel (5a) verdeutlicht, zeigt sich in den gemischtsprachigen Äußerungen die Tendenz, deutsches Sprachmaterial (fett hervorgehoben) in englischen Äußerungsstrukturen zu verwenden (ebd.: 911, 913):

(5) a. ***Ich habe ge***-*made you much better.* (2;4.17)
‚Ich habe dich viel besser gemacht.'

b. *Kiwi ...* ***du hast ge***-*buyed them?* (2;4.17)
‚Kiwi ... hast du die gekauft?'

c. ***Kannst du*** *move a bit?* (2;4–2;9)
‚Kannst du dich ein wenig bewegen?'

Die Beispiele in (5) zeigen, wie das Mädchen finite Elemente aus dem Deutschen in ihre englischen Konstruktionen einbaut. Ein Vergleich mit den monolingualen Äußerungen im Englischen zeigt, dass hier zum Zeitpunkt der zitierten Beispiele sowohl tempusbildende Hilfsverben als auch Modalverben fehlen (vgl. ebd.: 915). Aus diesem Grund greift das Mädchen auf Formen ihrer dominanten Sprache, das Deutsche, zurück. Dass hierbei allerdings zwingend mangelnde Kompetenz in der schwachen Sprache der Auslöser für Sprachmischungen sein muss, widerlegt das folgende Beispiel (6), das von demselben Mädchen stammt (ebd.: 917). Hierbei verwendet es eine Infinitivkonstruktion aus dem Englischen, einschließlich ihrer grammatischen Struktur und füllt sie mit lexikalischen Elementen aus dem Deutschen auf. Der Erwerb von Infinitivkonstruktionen erfolgt im Englischen früher als im Deutschen (vgl. ebd.: 916), weshalb zum Zeitpunkt der Äußerung die äquivalente deutsche Struktur noch nicht erworben wurde.

(6) *Die mama helf mir –* ***strap it in.*** (2;3.17)
‚Die Mama hilf mir sie an(zu)schnallen.'

Als Erklärung für die Sprachmischungen schlagen Gawlitzek-Maiwald und Tracy (1996) den Begriff des ‚***bilingual bootstrapping***' vor. Damit ist gemeint, dass sprachliches Wissen aus einer Sprache genutzt werden kann, um Hürden in einer anderen zu meistern. Dies gilt nicht nur für das Entlehnen lexikalischer Elemente, sondern wird auf den strukturellen Bereich von Sprache ausgedehnt (vgl. ebd.: 903). Außerdem handelt es sich hierbei um eine bidirektionale Strategie. Das heißt, dass *bootstrapping* in beide Richtungen erfolgen kann. Sprachmischungen sind damit kein Zeichen mangelnder Kompetenz, sondern das Gegenteil ist häufig der Fall: Sind sprachliche Bereiche der einen Sprache bisher noch nicht erschlossen worden, kann dies mithilfe der anderen erfolgen. Dabei muss es sich aber nicht zwangsläufig um die dominante Sprache handeln, wie das Beispiel der Infinitivkonstruktion zeigt.

Darüber hinaus hält Müller (2017: 36) den Begriff der ‚Mischphase' für zu ungenau. Anhand von Longitudinaldaten der Wuppertaler Bilingualismusgruppe (WuBiG) zeigt sie, dass Sprachdominanz und die Häufigkeit von Sprachmischungen nicht per se korrelieren (vgl. ebd.: 31–36). Das heißt, Sprachmischungen treten bei Kindern mit einer unbalancierten Sprachentwicklung nicht häufiger auf als bei Kindern, deren Sprachentwicklung als balanciert gilt. Allerdings ist es ihrer Meinung nach nötig, genauer zwischen den gemischten Kategorien – lexikalisch vs. funktional – zu differenzieren (s. Kasten zu funktionalen Kategorien).

Funktionale Kategorien
Funktionale Kategorien stellen in Abgrenzung zu lexikalischen Kategorien eine geschlossene Klasse gebundener und freier Morpheme dar, mithilfe derer grammatische Informationen ausgedrückt werden. Hierzu zählen beispielsweise die tempusanzeigenden Modal- sowie Hilfsverben, Konjunktionen, aber auch die Verbflexion. In formalen Ansätzen entsprechen diese Elemente syntaktischen Kategorien wie T (*Tempus*), AGR (*Agreement*) oder C (*Complementizer*). Die Unterscheidung in lexikalische und funktionale Kategorien spielt insbesondere in diesen Sprachtheorien eine entscheidende Rolle. Zur Identifizierung und Erklärung des Mischpunktes, also der Bestimmung, an welcher Stelle innerhalb der Äußerung ein Sprachwechsel stattfindet, eignet sich die Differenzierung nicht. Müller (2017: 55–66) legt anhand dreier funktionaler Kategorien empirisch dar, dass die Unterscheidung zwischen lexikalischen und funktionalen Kategorien für kindliche Sprachmischungen den Mischpunkt nicht erklären kann. Gleiches gilt auch für Sprachmischungen Erwachsener. Allerdings wird ein Zusammenhang zur Bestimmung von Sprachdominanz (→ Kap. 4.2.4) im bilingualen Spracherwerb gesehen.

Während sich hinsichtlich lexikalischer Kategorien kein Zusammenhang zur Sprachdominanz herstellen lässt, zeigt sich Müllers Meinung nach eine solche Korrelation für **funktionale Kategorien**. Diese treten häufiger in einem unbalancierten Erwerbskontext in der schwachen Sprache auf (vgl. ebd.: 36, 61). Exemplarisch kann hier auf eine Beobachtung Müllers (ebd.: 61 f.) verwiesen werden, die Sprachmischungen innerhalb der Nominalphrase eines deutsch-französischen Mädchens über einen Untersuchungszeitraum von 1;9 bis 4;0 Jahren analysiert hat. Gemessen an der MLU (*mean length of utterance*) stellt das Französische in diesem Zeitraum klar die dominante Sprache des Mädchens dar. Allerdings unterscheiden sich die Sprachmischungen in ihrer Anzahl mit 51 Vorkommnissen im Französischen zu 49 im Deutschen nicht sonderlich. Entgegen gängiger Erwartungen treten nicht mehr Sprachmischungen im Deutschen auf. Allerdings unterscheiden sich die Mischungen hinsichtlich des Auftretens funktionaler Kategorien. Während im deutschen Kontext häufig französische Artikel verwendet werden, treten im französischen Kontext hingegen bevorzugt deutsche Nomen auf. Hieraus und auch aufgrund weiterer Untersuchungen schlussfolgert Müller (ebd.: 63), dass das Mischen funktionaler Kategorien auf Sprachdominanz schließen lässt.

Ein weiterer Aspekt, der in der Forschung diskutiert wird, um das Sprachmischverhalten von Kindern zu erklären, ist das **Geschlecht**. So zeigen erste Tendenzen in den WuBiG-Longitudinaldaten, dass Jungen und Mädchen sich hinsichtlich intra-sententialer Sprachmischungen signifikant unterscheiden (vgl. Müller 2017: 47). Allerdings ist hier der Forschungsstand nach wie vor äußerst gering.

Eine andere Sichtweise auf Sprachmischungen im kindlichen Spracherwerb wird in gebrauchsbasierten Ansätzen eingenommen. Hier wird davon ausgegangen, dass diese sich nicht grundlegend von einsprachigen Äußerungen unterscheiden, da ihnen oft dieselben sprachlichen Muster zugrunde liegen. Hierauf wird im Folgenden noch genauer eingegangen.

8.3.3 Sprachmischungen von Kindern aus gebrauchsbasierter Perspektive

Insbesondere Quick und Kolleginnen und Kollegen haben sich in einer Reihe von Studien mit der Erklärung von Sprachmischungen bei Kindern beschäftigt (u. a. Quick et al. 2018a, b; Quick/Hartman 2021; Quick et al. 2021). Auf einige dieser Studien soll im Folgenden exemplarisch eingegangen werden. Generell gilt, dass hier eine Matrixsprache als Erklärung abgelehnt wird, die quasi das Gerüst für Sprachmischungsprozesse liefert (⟶ Kap. 7.1.1.1). Stattdessen werden vor allem **Chunks** sowie sog. ***frame-and-slot patterns*** als Bausteine kindlicher Sprachmischungen gesehen. Dies zeigt sich etwa in den folgenden Äußerungen Tims, einem dreisprachig aufwachsenden Jungen, dessen sprachliche Entwicklung im Alter von 1;10. bis 3;1 Jahren analysiert wurde:

(7) *Ich kann nicht climb up.* (Tim, 1;10–3;1)
‚Ich kann nicht hochklettern.' (Quick et al. 2018b: 487)

Demnach enthält die zweisprachige Äußerung in (7) das Muster [ich kann nicht X], das auch mehrfach in den einsprachigen deutschen Äußerungen des Jungen belegt ist. Der offene Slot X wird in der gemischten Äußerung folglich durch englische Elemente befüllt. 88 % (N = 1.178) der Sprachmischungen des Jungen konnten auf solche *frame-and-slot pattern* zurückgeführt werden. Diese stammen zumeist aus der dominanten Sprache des Kindes. Quick et al. (2018b) schließen daraus, dass lexikalisch teilspezifische Muster nicht nur für einsprachige Äußerungen, sondern ebenso für Sprachmischungen eine wichtige Rolle spielen. Die bereits erworbenen und kognitiv verankerten Muster werden für denselben Zweck genutzt, nämlich um sprachliche Äußerungen zu produzieren.

Der wohl gravierendste Unterschied zu formalen Theorien von Sprachmischungen, wie etwa dem MLF-Modell (⟶ Kap. 7.1.1.1), besteht darin, dass nicht zwangsläufig von einer Trennung in eine Matrixsprache und eine eingebettete Sprache ausgegangen wird. So gibt es Hinweise darauf, dass das *frame-and-slot pattern* bzw. die Matrix-Konstruktion (s. Kasten zu Matrix-Konstruktionen) bereits aus einem zweisprachigen

Chunk besteht. Dies kann mithilfe der Äußerungen aus Beispiel (8) verdeutlicht werden, die alle auf das Muster [Ich want X] zurückgeführt werden können:

(8) a. *Ich want my socks.* (Tim, 1;10–3;1)
‚Ich will meine Socken.' (Quick et al 2018b: 487)

b. *Ich want water.* (Tim, 1;10–3;1)
‚Ich will Wasser (haben).' (Quick et al. 2018a: 288)

c. *Ich want sleep.* (Tim, 1;10–3;1)
‚Ich will schlafen.' (Quick et al. 2018b: 490)

Diese gemischten Konstruktionen stellten nicht etwa die Ausnahme dar, sondern machten 56 % (N = 655) der beobachteten Schemata aus (vgl. ebd.: 490).

Matrix-Konstruktionen

In Bezug auf Sprachmischungen schlägt Wasserscheidt (2020, 2021) in seiner *Bilingual Construction Grammar* vor, von sog. Matrix-Konstruktionen auszugehen anstatt von Matrix-Sprachen. Die Rahmen, die die Matrix der Äußerung bilden, sollten diesem Ansatz folgend, nicht mit Sprachen gleichgesetzt werden (vgl. Wasserscheidt 2020: 71–73). Anders als etwa das MLF-Modell (→ Kap. 7.1.1.1) geht die *Bilingual Construction Grammar* nicht von der Vorauswahl einer Sprache bei der Produktion mehrsprachiger Äußerungen aus, sondern von Konstruktionen als Form-Bedeutungs-Paare auf verschiedenen Abstraktionsebenen (→ Kap. 5.5.1). Von diesen wird angenommen, dass sie das sprachliche Repertoire der Sprachbenutzerin bzw. des Sprachbenutzers ausmachen. Darüber hinaus werden keine festen Wechselpunkte innerhalb einer Äußerung angenommen oder sprachliche Elemente vorausgesetzt, die gemischt werden können oder nicht.

Ähnliche Ergebnisse lieferte auch die Studie von Quick et al. (2018a), in der Sprachmischungen dreier deutsch-englisch bilingualer Kinder untersucht wurden. Hierbei konnte zudem festgestellt werden, dass die sprachgemischten Äußerungen im Durchschnitt sowohl länger als auch komplexer waren. Darüber hinaus konnten Quick et al. (2018b) anhand der Fion-Daten (→ Kap. 4.2.4) zeigen, dass ein Großteil der Sprachmischungen durch das Vorkommen derselben Formen im unmittelbar vorangegangenen Diskurs ausgelöst wurde. Exemplarisch kann hierzu auf das folgende Beispiel (9) verwiesen werden, in dem die Äußerung des Vaters die Verwendung der Matrixkonstruktion des Kindes anbahnt:

(9) FAT: *I see a helicopter.*
‚Ich sehe einen Helicopter.'
CHI: *I see a Kelle.* (Fion, 2;3.)
‚Ich sehe eine Kelle.' (Quick et al. 2018a: 289)

Ein gebrauchsbasierter Ansatz führt demnach die zunehmende Kompetenz im Erwerb des Kindes, sowohl in monolingualen als auch in zweisprachigen Äußerungen, auf die vermehrte Verwendung teilschematischer Konstruktionen zurück. Ob diese in späteren Erwerbsstadien und im Erwachsenengebrauch gänzlich abstrakten Konstruktionen weichen, ist jedoch fraglich (vgl. Koch 2019).

Schließlich konnte in jüngsten Untersuchungen gezeigt werden, dass Kinder im Laufe der Zeit konventionelle Sprachmischungsmuster entwickeln, die sich zum Teil deutlich voneinander unterscheiden (vgl. u. a. Quick et al. 2021). Dies bestätigt die Annahme großer individueller Unterschiede zwischen den untersuchten Probanden (→ Kap. 5.5.2). So zeigten etwa Quick und Hartmann (2021) in einer explorativen Analyse von Sprachmischungen zweier Kinder, dass jedes Kind über ein eigenes Inventar an Konstruktionen verfügt, das durch Unterschiede im Input erklärt werden kann. Während die gemischten Äußerungen des einen Kindes eher länger und komplexer sind, zeichnen sich die des anderen stärker durch den Rückgriff auf dieselben Konstruktionsmuster aus.

8.4 Funktionen von Sprachmischungen

Aus einer soziolinguistischen Perspektive werden den Sprachmischungen bestimmte Funktionen in der Rede Mehrsprachiger zugeschrieben, die im Folgenden kurz erläutert werden sollen. Dabei wird v. a. auf das in Kapitel 7.1.1 beschriebene Code-Switching eingegangen, und zwar in Form eines Sprachwechsels von umfangreicheren Äußerungseinheiten. Das wird auch als pragmatisch motiviertes oder funktionales Code-Switching bezeichnet (→ Kap. 8.4.1). Eine besondere Funktion besteht darin, dass Code-Switching oder Sprachmischungen im Allgemeinen zur Markierung einer bestimmten Gruppenidentität verwendet werden (→ Kap. 8.4.2).

8.4.1 Pragmatisch motiviertes oder funktionales Code-Switching

Die Betrachtung von Code-Switching nahm ihren Anfang in der Diskursanalyse der Soziolinguistik. Hierbei erfolgte zunächst eine Bestimmung des Phänomens auf Grundlage der kommunikativen Funktionen (vgl. Blom/Gumperz 1972; Gumperz/Hymes 1972). Dies geschah zu einem großen Teil mithilfe von Daten der gesprochenen Sprache (s. u. a. Gumperz 1982; Hoffmann 1991). Dabei wurden eine Reihe von Gründen für das Wechseln zwischen den Sprachen zusammengetragen, die sich auf den Gesprächskontext, aber auch auf die Gesprächssituation sowie die persönlichen Einstellungen der Sprecherinnen und Sprecher beziehen.

Diese Vielzahl unterschiedlicher Gründe führte dazu, dass eine weitere Differenzierung verschiedener Funktionen für das Mischen von Sprachen vorgenommen wurde. So lässt sich zwischen einem sog. ‚situationsbedingtem und konversationellem Code-Switching' unterscheiden (s. u. a. Auer/Estman 2010; Gumperz 1982). Bei Ersterem wird davon ausgegangen, dass eine direkte Beziehung zwischen dem Sprachwechsel und der sozialen Situation besteht (vgl. Blom/Gumperz 2000: 126). Von **situationsbedingtem Code-Switching** spricht man also, wenn die Gesprächsteilnehmerinnen und -teilnehmer in verschiedenen sozialen Situationen unterschiedliche Sprachen verwenden. Diese Situationen sind einerseits charakterisiert durch den jeweiligen Ort oder den sozialen Rahmen wie bespielsweise die häusliche Umgebung, das Klassenzimmer, der Opernbesuch oder einem Anliegen auf dem Amt. Andererseits nehmen auch die beteiligten Personen wie Eltern, Lehrer, Freunde, Kolleginnen und Kollegen oder Vorgesetzte sowie die Beziehung, die zwischen den Sprechern besteht, einen entscheidenden Einfluss auf Spachmischungsprozesse (vgl. ebd.). Ein Beispiel für situationsbedingtes Code-Switching kann etwa sein, dass eine neue Gesprächsteilnehmerin hinzukommt, die durch eine bis dahin nicht verwendete Sprache adressiert wird. Appel und Muysken (1987: 119) bezeichnen dies auch als direktive Funktion. Vgl. dazu folgendes Beispiel:

(10) CR: *Und auf die passen Sie dann auch mal auf und gehen dorthin?*
OR: *Ja, immer. [...] die allerkleanste die lernt noch net. Das ist die (Allerhaupts?), die Kleanste. Zu Hause, wenn die Mutter sie, meine Tochter sie, we/ ein wenig schellt oder was, na sacht sie: -- no ich fahr – fort. Wohin fahrst du schon wieder? Ich fahr bei die Oma! Mit der Oma gehn mer Lieder singen und - wenn mer zu Haus gehen. Ich wohn weit von ihr* (weiter auf Russisch zu OT:) ***ja daleko živu otsjuda, von tam po Černo*** [‚ich wohne weit von hier, da in der Černaja‘]. (Riehl 2014a: 25)

Einen Grenzfall innerhalb der Forschung stellt der Sprachwechsel infolge eines Themenwechsels dar. Während einige Forscherinnen und Forscher dies als Teil des situationsbedingten Code-Switchings ansehen (vgl. Myers-Scotton 1995: 52; Riehl 2013: 387), verwenden andere diesen Begriff, um den Gebrauch verschiedener Sprachen in unterschiedlichen Situationen zu betonen. Der Sprachwechsel lässt sich jedoch nicht immer auf eine Änderung der Situation zurückführen. Vielmehr werden durch den Sprachwechsel verschiedene kommunikative Effekte erzielt. Diesen Sprachwechsel klassifizieren Blom und Gumperz (2000: 127) als **metaphorisches oder konversationelles Code-Switching**. Der Sprachwechsel wird hier vor allem durch die Einstellung der Sprecherinnen und Sprecher zu einem Thema motiviert, statt durch einen Wechsel des Themas oder des sozialen Kontextes. Gumperz (1982: 187) spricht hierbei auch von einer Kontextualisierungsstrategie, die seiner Ansicht nach dazu dient, den Gesprächspartnerinnen und -partnern zu vermitteln, wie die eigene Äußerung verstanden werden soll. Auch für diesen Typ des Code-Switchings sind eine Reihe weiterer Funktionen formuliert worden (vgl. Gumperz 1982: 75–82). Eine davon ist die sog. ‚Zitatfunktion‘, die als die häufigste Form von Code-Switching angesehen wird (vgl. Riehl 2013: 387). Hierbei werden wörtliche Zitate oder auch die indirekte Rede in der jeweils anderen Sprache realisiert, wie in folgendem Beispiel (türkisch-deutsch mehrsprachige Frau im Rollstuhl an einer Straßenbahnhaltestelle):

(11) *Önce birisi geldi* ***wolln sie in die bahn soll isch sie tragn*** *dedi* ***isch so nee*** *diyom* ***isch wart hier nur***.

‚Zuerst kam einer wolln sie in die bahn soll isch sie tragn hat er gesagt isch so nee sage ich isch wart hier nur.' (Keim 2012: 161)

In diesem Beispiel gibt die Sprecherin den Inhalt der direkten Rede auf Deutsch wieder, so wie das vermutlich auch in der konkreten Situation geschehen ist, es kann aber auch der umgekehrte Fall eintreten, dass das Zitat in der Sprache wiedergegeben wird, in der es gerade nicht geäußert wurde.

Appel und Muysken (1987: 119f.) haben mit Bezug auf das Kommunikationsmodell von Jakobson (1960) die zahlreichen vorgeschlagenen Funktionen konversationellen Code-Switchings in fünf Kategorien zusammengefasst, die im Folgenden kurz erläutert werden: referentiell, direktiv, expressiv, phatisch und poetisch.

Funktionen von Konversationellem Code-Switching (nach Appel und Muysken (1987))

1. **Referentielle Funktion**: Diese besagt, dass Sprecherinnen und Sprecher dann in die andere Sprache wechseln, wenn sie Schwierigkeiten haben, das, was sie sagen möchten, in der Sprache der Interaktion auszudrücken. Somit erfüllt Code-Switching hier primär eine kommunikative Funktion und kann auch als Ausweichstrategie angesehen werden, wie im folgenden Beispiel (12) deutlich wird.

   (12) *Uno è così [gestikuliert], e noi dobbiamo ehm* ***entweder*** *ehm* ***Überschlag nach hinten machen oder nach vorne.***
   ‚Einer ist so [gestikuliert], und wir müssen entweder einen Überschlag nach hinten machen oder nach vorne.' (Krefeld 2004: 101)

   In diesem Beispiel wird deutlich, dass dem Sprecher, der eine Aktivität im Sportunterricht kommentiert, nicht nur das italienische Äquivalent für Purzelbaum fehlt, sondern dass er auch Schwierigkeiten hat, die komplette Aktivität (einen Purzelbaum vorwärts oder rückwärts zu machen) auf Italienisch zu kommunizieren, da diese Aktivität Teil der schulischen Sprachdomäne, d. h. des Deutschen, ist. Der Wechsel wird von Häsitationsmarkern wie *ehm* begleitet, die darauf hinweisen, dass der Sprecher sich bemüht, den Inhalt auf Italienisch auszudrücken (wie es die einsprachige Gesprächssituation vorsieht), aber schließlich aufgibt und stattdessen zum Deutschen wechselt.
2. **Direktive Funktion**: Hiermit werden Sprachwechsel bezeichnet, die in Folge der direkten Ansprache von Gesprächsteilnehmerinnen und -teilnehmern erfolgen (s. Beispiel (10)) oder auch, wenn dadurch Teilnehmerinnen oder Teilnehmer von einem Gespräch ausgeschlossen werden sollen. Über Code-Switching kann somit eine Gruppenzugehörigkeit oder Exklusivität signalisiert werden.
3. **Expressive Funktion**: Hierbei wird ein enger Zusammenhang zur Identität und den persönlichen Einstellungen sowie Bewertungen von Sprecherinnen und Sprechern gesehen. Ein Beispiel hierfür stammt von einer italienischen Auswanderin in Australien:

(13) *Siamo ritornati a Roma e poi làbbiamo lasciato.* ***It was just amazing****. Era proprio Perfetto.*
‚Wir sind nach Rom zurückgekehrt, und dann haben wir es wieder verlassen. Es war einfach unglaublich. Es war wirklich perfekt.' (Riehl 2013: 387)

4. **Phatische Funktion**: Laut Appel und Muysken (1987: 119) erfüllt Code-Switching in diesem Fall die Funktion „to indicate a change in tone." Dies bedeutet, dass der Sprachwechsel etwa genutzt wird, um wichtige Teile eines Gesprächs zu betonen (s. Beispiel 14). Weiterhin kann der Gebrauch zweier Sprachen auch dazu dienen, andere mit den eigenen sprachlichen Fähigkeiten beeindrucken zu wollen und ihnen somit zu imponieren.

(14) *Además que nadie va a ir.* ***Niemand wird dahin kommen****.* (Müller 2003: 73)

Im vorangegangenen Beispiel (14) betont die Sprecherin ihre Ansicht, dass keiner zum bevorstehenden Schulfest kommen wird, indem sie ihre Aussage in beiden Sprachen tätigt.

5. **Poetische Funktion**: Der Wechsel von Sprachen wird hierbei in Witzen und Wortspielen eingesetzt (vgl. Auer 2010a; Matras 2020). Zudem kann Code-Switching beispielsweise auch in Liedern genutzt werden, um den Rhythmus zu verstärken oder eine gewisse Dynamik zum Ausdruck zu bringen. Dies zeigt sich etwa im folgenden Beispiel des Songs *Move On* der indonesischen Band *Project Pop*, in dem ein Wechsel vom Englischen ins Indonesische stattfindet:

(15) *We're gonna move on* ***hati galau hanya bikin orang blo'on****.*
‚We are going to move on; a confused heart only makes people whacky.' (Kadir 2021: 120)

Eine eindeutige Zuordnung zu diesen Funktionen ist allerdings nicht immer möglich. Vielmehr erfüllen Sprachwechsel häufig mehrere Funktionen, die sich nicht strikt voneinander trennen lassen. Wichtig ist es an dieser Stelle noch zu betonen, dass die Bestimmung konversationeller Funktionen nicht als Vorhersagen für das Auftreten von Sprachwechseln hergangezogen werden können (vgl. Auer 1995: 121).

8.4.2 Code-Switching als Identitätsmerkmal

Die Interpretation von Sprachmischungen wird auch davon beeinflusst, in welche Richtung die Sprachen gewechselt werden. Dies ist vor allem eng mit der Identitätsfunktion von Sprache verknüpft. Um diese zu beschreiben, wird häufig das Begriffspaar ‚*we-code*' und ‚*they-code*' verwendet (vgl. Gumperz 1982: 66). So können mit dem Sprachwechsel unterschiedliche soziale Identitäten angezeigt werden. Die Wahl einer bestimmten Sprache kann dabei Zugehörigkeit zu einer Gruppe oder aber auch Ausschluss von dieser signalisieren. Die lässt sich mithilfe des Beispiels (16) veranschaulichen:

(16) *Manchmal wenn ich deutschsprachige Bekannte treffe, spreche ich deutsch,* ***otherwise I speak only English***. (Clyne 2003: 160)

Riehl (2014a: 28) weist in der Analyse dieses Beispiels eines australischen Zuwanderers darauf hin, dass jede seiner Sprachen einer sozialen Identität bzw. Zugehörigkeit zugeordnet werden kann. Das Deutsche übernimmt hier die Funktion des *we-codes*, indem es innerhalb einer sozialen oder ethnischen Gruppe verwendet wird und somit primär in privaten Kontexten. Oft handelt es sich dabei um die Minderheitensprache, die in informellen Kontexten, innerhalb der *In-group*, zur Anwendung kommt. Der *they-code* dient zur Kommunikation außerhalb dieser Gruppe (*Out-group*) und geht häufig mit der Mehrheitssprache einher, die eher in formelleren und weniger persönlichen Beziehungen gebraucht wird.

In der Identitätsfunktion sieht Riehl (ebd.) neben weiteren kommunikativen Funktionen, die Code-Switching innerhalb einer Interaktion übernimmt, einen möglichen Grund für den Sprachwechsel. So ist bei ihren Untersuchungen zum Code-Switching von deutsch- und italienischsprachigen Einwanderinnen und Einwandern in Australien deutlich geworden, dass deren Herkunftssprache (Deutsch oder Italienisch), also der *we-code*, oft die schwächere Sprache war. Dennoch entschieden sich die Sprecherinnen und Sprecher für eine Verwendung dieser Sprache. Der Sprachwechsel in die dominante Sprache Englisch fand vor allem aus Gründen mangelnder Kompetenz statt, sich bei bestimmten Themen angemessen auszudrücken (vgl. ebd.).

Ein weiteres Beispiel, in dem der Sprachwechsel genutzt wird, um sich als Mitglied der *In-group* zu präsentieren, stammt von Dirim und Auer (2004: 161):

(17)	Maike:	*ist sie eigentlich älter*
	Cansel:	*Nee [die is*
	Maike:	*[<<len>* ***abla****:: oder* ***karDEŞ****>*
	Cansel:	***[kardeş***
	Öznur:	***[kardeş***
	Öznur:	*he is sie*
	Maike:	*ja,*
	Cansel:	*<<all> ja sie is jünger>*

Mit dem Sprachwechsel zum Türkischen, den Maike als Fortsetzung ihrer Frage vollzieht, demonstriert sie, dass sie die im Deutschen nicht existierende, lexikalische Unterscheidung zwischen *abla* (‚ältere Schwester') und *kardeş* (‚jüngeres Geschwister') kennt. Dass diese Ergänzung nicht notwendig ist, um ihre Frage zu beantworten, wird durch die bereits einsetzende Antwort von Cansel deutlich. Vielmehr erfüllt der Sprachwechsel hier einen anderen Zweck, indem er anzeigt, dass „ein wichtiges Zugehörigkeitskriterium erfüllt ist, nämlich türkische Sprachkompetenz" (ebd.: 160).

Bei der Zuordnung von *we-* und *they-code* zur *In-* bzw. *Out-group* handelt es sich allerdings nicht um eine statische. Vielmehr wird davon ausgegangen, dass sich die *codes* dynamisch verändern können (vgl. Myers-Scotton 1995: 54). Außerdem führt nicht die bloße Verfügbarkeit von mehr als einer Sprache zwangsläufig dazu, dass ein Sprachwechsel stattfindet (vgl. Heller 2010: 83). Darüber hinaus kann durch die Verwendung von Code-Switching nicht nur die Zugehörigkeit zu einer Gruppe betont werden, sondern auch das Gegenteil. Der Sprachwechsel kann dann als Zeichen der Zugehörigkeit zur *Out-group* dienen. Außerdem kann ein Sprachwechsel auch bewusst vermieden werden, um somit eine Gruppenidentität auszudrücken.

Schließlich weist Gumperz (1982: 66) darauf hin, dass „this association between communicative style and group identity is a symbolic one: it does not directly predict actual usage." Die Sprachwahl wird seiner Meinung nach zu einem Großteil durch den Diskurskontext, die sozialen Voraussetzungen und durch das Hintergrundwissen von Sprecherinnen und Sprechern beeinflusst (vgl. ebd.). Die Identitätsfunktion von Sprache ist demnach ein Grund, weshalb es zu einem Sprachwechsel kommen kann. Daneben spielen immer auch weitere kommunikative Funktionen, die Code-Switching innerhalb einer Interaktion übernimmt, eine Rolle.

8.5 Psycholinguistisch motiviertes oder nicht-funktionales Code-Switching

Erfolgt der Sprachwechsel ohne eine bewusste Absicht der Sprecherin oder des Sprechers und ist stattdessen auf mentale Sprachproduktionsprozesse zurückzuführen – wie sie etwa für die meisten Beispiele in Kapitel 8.1 und 8.3 zutreffen –, spricht man von psycholinguistischem oder nicht-funktionalem Code-Switching (vgl. Clyne 1967). Hier werden also nicht die Erfüllung spezifischer kommunikativer Funktionen für den Sprachwechsel angenommen, sondern interne Prozesse der Sprachproduktion (vgl. Riehl 2014a: 29). Als Belege nicht-intentionalen Code-Switchings werden u. a. solche Äußerungen gesehen, in denen sich die Sprecherinnen und Sprecher nach dem Sprachwechsel selbst korrigieren wie im folgenden Beispiel:

(18) *Amo qy sa interesant qysh kan edhe* ***Hunde*** *(-) äh (-)* ***qent*** *karakter ndryshe.*
‚Aber schau wie interessant, wie auch Hunde (-) äh (-) Hunde unterschiedliche Charaktere haben.' (AlbiK-Korpus)

Die Pausen (-) sowie der Häsitationsmarker (Verzögerunsmarker) *äh* verdeutlichen, dass die Sprecherin ihren Sprachwechsel erst nachträglich bemerkt. Daraufhin verbessert sie sich, indem sie das deutsche Wort *Hund* durch das albanische *qent* ersetzt.

Dieser nicht-intendierte Wechsel von einer Sprache in die andere wird häufig durch sog. ‚**Auslösewörter**' (*trigger* oder auch *facilitation words*) hervorgerufen, die in beiden Sprachen identisch oder ähnlich klingen und die dazu führen, dass die Äußerung in der anderen Sprache fortgesetzt wird. Diese werden nach Clyne (2003: 162–166) in Eigennamen, lexikalische Entlehnungen sowie bilinguale Homophone differenziert, wie in den folgenden Beispielen erläutert (in Anlehnung an Riehl 2014a: 29 f.):

- **Eigennamen**: Ein Beispiel für Eigennamen sind Ortsnamen. Diese können in beiden Sprachen gleich sein, wodurch ein Wechsel von der einen in die andere ausgelöst wird. Ein Beispiel hierfür ist das Folgende, in dem der Name einer deutschen Siedlung in Australien in beiden Sprachen in derselben Form vorhanden ist und somit den Wechsel vom Deutschen ins Englische auslöst:

(19) *Es war Mr Fred Burger, der wohnte da in* ***Gnadenthal*** *and he went out there one day and Mrs Roehr said to him.* (Clyne 1994: 112).

- **Lexikalische Entlehnungen**: Hierbei handelt es sich Riehl (2014a: 30) folgend entweder um bereits etablierte Enlehnungen oder auch um Ad-hoc-Entlehnungen. Ein Beispiel für Letzteres ist das Folgende:

(20) *Ich les grade eins/ das is' ein/ handelt von einem alten/* ***secondhand-dealer and his son*** (Clyne 1991: 194).

Die Auslösung des Sprachwechsels durch das bereits im Standarditalienischen etablierte Lehnwort *film* lässt sich in der nachfolgenden Äußerung erkennen:

(21) *Come che l'ha conosciuto su i film?* ***Not in the films, are you, these pornographic films he gets in?***
‚Wie, Sie haben ihn über die Filme kennengelernt? Nicht in diesen Filmen, oder, diese pornographischen Filme, in die er reingeht?' (Bettoni, zitiert in Clyne 1991: 94).

- **Bilinguale Homophone**: Der Auslöseeffekt zum Sprachwechsel bedingt sich im Fall bilingualer Homphone durch die phonetisch-phonologische Ähnlichkeit von Wörtern. In genetisch eng verwandten Sprachen tritt dies häufiger auf (s. detaillierter Riehl 2014a: 30 f.). Ein Beispiel hierfür ist der nachfolgende Wechsel vom Niederländischen ins Englische:

(22) *Dit* ***kan*** *be anywhere.* (Clyne 1991: 194)

8.6 Zusammenfassung

In diesem Kapitel wurde dargestellt, dass Sprachmischungen nicht nur eines der salientesten Phänomene von Mehrsprachigkeit sind, sondern auch ganz typisch für den Sprachgebrauch von Migrantinnen und Migranten, besonders der zweiten und dritten Generation. Hier zeigte sich, dass vor allem Insertionen anderssprachiger Elemente auf die Gebrauchsfrequenz bestimmter Konstruktionen und die Verwendung von Chunks zurückzuführen sind. Sprachmischungen sind aber auch eine viel diskutierte Erscheinung bei mehrsprachig aufwachsenden Kindern. Entgegen früheren Annahmen, dass Sprachmischungen Ausdruck einer mangelnden Kompetenz in der schwachen Sprache seien, konnte demonstriert werden, dass auch hier lexikalisch-teilspezifische Konstruktionen, die an sich schon gemischt sein können, eine große Rolle spielen.

Weiter wurden auch die verschiedenen Funktionen, die Code-Switching in der mehrsprachigen Rede haben kann, diskutiert. Neben situationsbedingtem Sprachwechsel wurde v. a. auf die konversationellen Strategien eingegangen, die durch Code-Switching ausgeführt werden können: z. B. das Markieren von Zitaten, der Ausdruck der persönlichen Einstellung, die Betonung wichtiger Gesprächsteile. Daneben wurde auch auf die identitätsbildende Funktion von Sprachwechsel und Sprachmischung eingegangen. Schließlich wurde auf nicht-funktionales Code-Switching hingewiesen und wie dieses durch bestimmte Auslösewörter hervorgerufen werden kann.

Aufgaben zu diesem Kapitel und Lösungen unter https://www.narr.de/Migrationslinguistik-18517-1

9 Einfluss der Migration auf die Herkunftsprache: Diasporavarietäten

Die gesellschaftliche Mehrsprachigkeit in einer Immigrantensituation unterscheidet sich in mehrfacher Hinsicht von anderen Sprachkontaktsituationen (z. B. Sprachinselminderheiten und mehrsprachige Nationen, vgl. Matras 2020; Riehl 2014a). Dennoch sind die Sprachkontaktphänomene die gleichen, da Sprachkontakt im Kopf des Individuums beginnt und sich im Laufe der Zeit über die gesamte Sprachgemeinschaft ausbreitet (vgl. Riehl 2019; ⟶ Kap. 2.2.4). Stabilisieren sich bestimmte Phänoneme in dieser Gemeinschaft, entstehen neue kontaktinduzierte Varietäten. Die Form der Kontaktvarietät hängt jedoch sowohl vom Sprachgebrauch in der Gemeinschaft als auch von der Einstellung der einzelnen Sprecherinnen und Sprecher ab. Ein abnehmender Gebrauch einer Sprache führt in der Regel zu größerem Einfluss der dominanten Sprache, jedoch können Sprecherinnen und Sprecher auch ganz bewusst Sprachkontaktphänomene vermeiden (vgl. Riehl 2014a: 41).

Eine zentrale Frage ist dabei auch, ob die Sprache der Herkunftssprecher und ihrer Nachkommen von **Spracherosion** (*language attrition*) und unvollständigem Erwerb (zweite und spätere Generationen) geprägt ist oder ob es sich hier um den vollständigen Erwerb einer kontaktinduzierten Varietät handelt und damit um einen Sprachwandelprozess. Die Untersuchung der typischen Merkmale der Migrationssprache sowie ihrer Entstehungsmechanismen ist daher sowohl für die Beschreibung der jeweiligen Sprachvarietät im Ausland als auch für die Erforschung der Sprachwandelprozesse insgesamt relevant (vgl. Glovinskaja 2001: 341).

Daher soll in diesem Kapitel der Frage nachgegangen werden, ob sich in den jeweiligen allochthonen Minderheitengruppen (⟶ Kap. 3.3.2) in der Migrationssituation tatsächlich eigene Diasporavarietäten einer Sprache ausbilden, die sich von den Sprachvarietäten, die in den jeweiligen Herkunftsländern oder Herkunftsregionen der Migrantinnen und Migranten gesprochen werden, unterscheiden. Hier gibt es unterschiedliche Auffassungen, ab wann man von einer eigenen Varietät sprechen kann und wann es sich nur um individuelle Varianten handelt. Sicherlich sind hier die unterschiedlichen Bereiche der Sprache unterschiedlich zu werten und am auffälligsten sind prosodisch-phonetische Besonderheiten und die Lexik. Inwiefern auch grammatische Phänomene herangezogen werden können, ist weit schwieriger zu entscheiden, da es auf diesem Gebiet wesentlich mehr individuelle Unterschiede gibt (vgl. Cindark/Aslan 2004; ⟶ Kap. 9.2).

Auf der anderen Seite stellt sich aber auch die Frage, inwiefern sich die jeweiligen Herkunftssprachen im Sinne des *crosslinguistic influence* (⟶ Kap. 2.2.4) auf die Umgebungssprache auswirken. Auch diese Entwicklung geht wieder von der individuellen Sprechweise der einzelnen Sprecher aus, setzt sich aber dann in der Gemeinschaft fort und kann schließlich auch das Sprechen von monolingualen Sprechern beeinflussen,

d. h. Auswirkungen auf das Sprachsystem der Aufnahmegesellschaft haben. Darauf wird in Kapitel 10 näher eingegangen werden.

9.1 Migrationssprachen als Varietäten

Im Bereich der Herkunftssprachenforschung wird immer wieder diskutiert, ob sich in der Diasporasituation durch die Isolierung vom Mutterland einerseits und durch den Sprachkontakt mit einer anderen Sprache andererseits eigene Varietäten entwickeln, die man als Diasporavarietäten oder Auslandsvarietäten der jeweiligen Sprache bezeichnen könnte (z. B. Russisch in den USA, in Israel, in Deutschland etc.) (vgl. Zybatow 2017). Diese Varietäten unterscheiden sich sowohl in ihrer Lautgestalt als auch in ihren grammatischen Strukturen von der Standardvarietät im Inland, ebenso wie dort auch Dialekte und Soziolekte selbständige sprachliche Varietäten sind, die von der Standardvarietät abweichen (ebd.). Da die Diasporavarietäten im Gegensatz zu anderen Varietäten in einem bi- bzw. multilingualen Kontext entstehen, werden sie auch als Kontaktvarietäten bezeichnet (vgl. Warditz 2017).

Allerdings ist die Frage, ob es sich bei Migrantensprachen tatsächlich um eigenständige Varietäten handelt, äußerst schwer zu beantworten. Grundsätzlich handelt es sich bei der Ausbildung von neuen Varietäten um einen Sprachwandelprozess, der sich in der Regel über mehrere Generationen erstreckt (vgl. etwa Trudgill 2004 zur Koineisierung). Vor diesem Hintergrund resultieren die Variationen in Migrationssprachen zum einen aus der Isolation der jeweiligen Migrationssprache und zum anderen aus dem Sprachkontakt mit der Umgebungssprache. Ob sich aber in der Diaspora eine eigenständige Varietät entwickelt, hängt im Wesentlichen davon ab, ob die sprachlichen Besonderheiten in der gesamten Gruppe oder nur bei einzelnen Sprecherinnen und Sprechern vorkommen. Viele Studien zu Migrantensprachen beruhen aber entweder auf Daten zur ersten Generation (im Sinne der Attritionsforschung) oder allenfalls auf Daten zur zweiten Generation. Studien, die weitere Generationen ins Visier nehmen, sind selten (vgl. Keim 2012; Kelmendi demn.; Krefeld 2004; Warditz 2017). Nicht berücksichtigt wird auch der ständige Zuzug von neuen Migrantinnen und Migranten aus den Heimatländern oder der anhaltende Kontakt zu Familienangehörigen, die noch dort leben. Das verzögert ebenfalls die Konsolidierung einer eigenen Varietät, da bestimmte Phänomene, die auf Sprachkontakt beruhen, damit wieder rückgängig gemacht werden können.

Doch neben typischen Erscheinungen des Sprachkontakts wie Transfer auf lexikalischer oder struktureller Ebene gibt es weitere Besonderheiten, die nicht immer einfach einzuordnen sind. So können etwa in der Diaspora auch ältere Sprachstufen erhalten bleiben: Zemskaja (2000) zeigt an vielen Beispielen, wie die russische Varietät in den USA von veralteter Lexik geprägt ist: z. B. *sestra miloserdija* statt *medsestra* (‚Krankenschwester'), *lednik* statt *cholodil'nik* (‚Kühlschrank'), *pero* statt *ručka* (‚Füller', ‚Kugelschreiber'), *pravit' avtomobilem* statt *vodit' mašinu* (‚Auto fahren') (vgl. ebd.: 778). Ähnliches lässt sich auch bei vielen Sprachenklaven des Deutschen feststellen (vgl. Riehl 2014a: 116). Außerdem werden in den in der Diaspora gesprochenen Dialekten (z.B. Dialekten des Italienischen) bestimmte Dialektmerkmale konserviert, die im Herkunftsland schwinden. Auch bestimmte im Herkunftsland verbreitete Neologismen sind nicht bekannt (vgl. Krefeld 2004: 43f.).

Damit sind wir bereits bei einem weiteren Problem bei der Festlegung der Sprachkontakteinflüsse bzw. Vereinfachungsprozesse, nämlich was man als **Vergleichsnorm** (*baseline*) zugrundelegen soll. Die meisten migrantischen Sprecherinnen und Sprecher – egal aus welchem Sprachraum sie zugewandert sind – sprechen nicht die jeweilige Standardvarietät ihrer Herkunftssprache, sondern eine regionale Umgangssprache oder einen Dialekt. In vielen Untersuchungen zum Kontakteinfluss (Englisch wie Deutsch) werden aber häufig die standardsprachlichen Varietäten als Vergleichsgrößen herangezogen (einige Ausnahmen bilden etwa Krefeld 2004 oder Warditz 2016).

Ebenfalls problematisch ist, dass zwar eine Reihe von Einzelstudien zu verschiedenen Phänomenen existieren (etwa zum Türkischen), diese aber auf sehr unterschiedlichen Korpora beruhen (unterschiedliche Altersgruppen, unterschiedliche Einwanderergenerationen, verschiedene Textsorten sowie schriftliche und mündliche Daten) und dass es bisher wenige quantitativ belastbare Untersuchungen gibt. Ein weiteres Problem stellen die unterschiedlichen Methoden dar: Nicht alle Studien beruhen auf Produktionsdaten, es gibt auch Studien, die das Sprachwissen abtesten, z.B. durch Satzergänzungsaufgaben oder Grammatikalitätsurteile (zu dieser Problematik s. Anstatt 2017).

So kann man weitgehend nur von Beobachtungen ausgehen, die Sprachkontakteinflüsse bei einzelnen Sprecherinnen und Sprechern zeigen. Hier sieht man aber ähnlich wie im typischen Kontext der Spracherosion (vgl. Riehl 2019), dass es eine hohe Variation sowohl zwischen den Sprechern als auch innerhalb ein und desselben Sprechers gibt, so dass es schwierig ist, von einer konsolidierten Varietät zu sprechen. Ein Grund für die große Varianz ist auch die Heterogenität im Erwerb der Herkunftssprache in der zweiten und dritten Generation (→ Kap. 4). Vielmehr sind es einzelne Merkmale, anhand derer in der Diaspora lebende Sprecher einer Sprache von den im Herkunftsland lebenden Sprecherinnen als Migranten identifiziert werden (vgl. Cindark/Aslan 2004; → Kap. 9.2.3).

Im Folgenden sollen einige typische Charakteristika von Herkunftssprachen anhand dreier ausgewählter Beispiele vorgeführt werden, nämlich am Beispiel des Russischen, Türkischen und Italienischen. Dabei handelt es sich zum einen um sehr verbreitete Herkunftssprachen (→ Kap. 3.3.1), zum anderen erfolgte die Auswahl auch deshalb, weil es sich hier um Vertreter ganz unterschiedlicher Sprachfamilien handelt. Damit können einige typische Entwicklungen im Sprachkontakt mit dem Deutschen herausgearbeitet werden. Es werden Besonderheiten aufgezeigt, die entweder direkt auf den Sprachkontakt zurückgehen, oder aber indirekt durch die Diasporasituation ausgelöst werden. Oft aber gehen beide Entwicklungen Hand in Hand (vgl. auch Riehl 2014a: 116–120).

9.2 Russisch als Herkunftssprache in Deutschland

Die russischsprachige Gruppe ist mit ca. 2,4 Millionen Sprechern neben den türkischsprachigen Einwanderinnen und Einwanderern die größte Gruppe an Herkunftssprachen-Sprechern in Deutschland. Allerding ist sie, wie bereits erwähnt (→ Kap. 3.3.2.1), auch die heterogenste Gruppe, da sie sich aus Spätaussiedlern, jüdischen Kontingentflüchtlingen und russischsprachigen Migrantinnen und Migranten aus Staaten der ehemaligen Sowjetunion zusammensetzt (vgl. Dück 2020; Isurin/Riehl 2017). Diese heterogene Zusammensetzung hat auch Auswirkungen auf die Herausbildung einer Diasporavarietät. Untersuchungen zur Kontaktvarietät Russisch stammen u. a. von Brehmer (2007), Goldbach (2005), Meng (2001), Meng und Protassova (2005) und Pfandl (1998) und liefern qualitative Belege zu verschiedenen Bereichen des Sprachkontakts. Hinzu kommen einige Darstellungen der genannten Autorinnen und Autoren in russischer Sprache. Einige neuere Studien legen quantitative Analysen vor (vgl. Brehmer/Usanova 2015; Rethage 2012; Warditz 2017).

9.2.1 Besonderheiten der Lexik und Semantik

Das Russische als Herkunftssprache zeichnet sich vorangig dadurch aus, dass es Lexeme aus dem Deutschen übernimmt. Die lexikalischen Transfers betreffen grundsätzlich alle Wortarten, aber v. a. Inhaltswörter. Während der Schwankungsbereich bei der lautlichen Integration recht hoch ist (vgl. Meng 2001: 127), werden die entlehnten Wörter morphologisch in das russische Paradigma integriert: Ihnen wird ein bestimmtes Genus zugewiesen, und sie werden nach den entsprechenden Kasus dekliniert. Bei substantivischen Übernahmen wird den Lexemen, die auf Konsonanten enden, in der Regel das maskuline Genus zugewiesen (*lučšij študium* (Nom. Mask.) ‚das beste Studium'), die Einordnung als Neutrum ist eher untypisch. Substantive, die im Deutschen auf *-e* enden, werden in der Regel als Feminina dekliniert: *v knaipy* (Akk. Fem. ‚in die Kneipe') (Brehmer 2007: 177; ähnlich auch im Kroatischen, vgl. Ščukanec 2021).

Auch deutsche Verben werden in der Regel vollständig in das russische Verbalparadigma integriert:

(1) a. *Mužiki na Bodenzee* **mitajut** *prudy.* (von dt. *mieten*)
‚Die Männer am Bodensee mieten Teiche.'

b. *Po pjatnizam* ja **putzaju** *v odnoj firme.* (von dt. *putzen*)
‚Freitags putze ich in einer Firma.' (Warditz 2017: 290)

Dass die entlehnten Verben vollständig in das russische System integriert sind, zeigt sich u. a. daran, dass auch Aktionsarten und Aspekte von deutschen Verben gebildet werden können: z. B. ***po-putz-yvaet*** (‚sie putzt (immer)' = iterative Aktionsart zum Verb ‚putzen'); *my* ***za****-anmeld-****ovalis'*** (‚wir haben uns angemeldet' = Bildung des vollendeten Aspekts zum deutschen Verb *sich anmelden* mithilfe des russischen Präfixes *za-*) (vgl. ebd.).

Darüber hinaus finden auch **Bedeutungsübertragungen** statt: So wird etwa der Gebrauch des russischen Verbs *delat'* (‚machen') auf Kontexte ausgeweitet, die im Russischen durch andere Verben abgedeckt sind. Dabei übernimmt *delat'* die Bedeutung ‚studieren' oder ‚sich mit etw. beschäftigen' wie im umgangssprachlichen Deutsch: *on delaet slavistiku* (‚er macht Slavistik'), *on delaet sport* (‚er macht Sport') (Brehmer 2007: 179). Weiter gibt es Beispiele für die Übertragung von Bedeutungen bei homophonen Wörtern: So wird etwa das russische Lexem *familija* (‚Familienname', ‚Nachname') in der Bedeutung von ‚Familie' (russ. *sem'ja*) verwendet: *vsja moja familija praktičeski v Moskve* (‚meine ganze Familie ist praktisch in Moskau') (ebd.).

Umstrukturierungen (→ Kap. 7.3) zeigen sich auch bei der Wortbildung: Das Suffix *-nost'*, das zur Bildung von Abstrakta verwendet wird, wird an Substantive angefügt, die im Standardrussischen als Simplicia existieren: *ėto takaja stydnost'* [statt *styd*]: ‚Das ist so eine Schande' (ebd.: 174). Hier wird in Analogie zu vielen anderen abstrakten Wörtern, die mit dem Suffix *-nost'* gebildet werden, ein Wort gebildet, das so im Standardrussischen nicht vorkommt. Ein vergleichbares Beispiel im Deutschen wäre, wenn man hier statt *Schande* **Schandheit* sagen würde.

9.2.2 Besonderheiten der Morphologie

In der Nominalflexion kommt es zu einer Ausdehnung des Nominativs anstelle von obliquen Kasus: *on vzjal odin den' otpusk* [statt Gen. *otpuska*] (‚er nahm einen Tag Urlaub'). Ähnlich kommt es auch zum Verlust des Instrumentalis in der prädikativen Funktion und einer Verdrängung durch Nominativ mit der Vergleichspartikel *kak* (‚als', ‚wie'):

(2) a. *Mat' byla* ***kak učitel'niza***. [statt: *učitel'nizej*, Instr.]
‚Meine Mutter war als Schullehrerin tätig.'

b. *Moja mama rabotajet* ***kak Altenpflegerin***.
‚Meine Mama arbeitet als Altenpflegerin.' (Warditz 2017: 290)

In diesem Fall ist ein Einfluss der Kontaktsprache Deutsch anzunehmen (vgl. Warditz 2017: 290). Ein Grund für die Nachbildung der deutschen Konstruktion könnte sein, dass die Konstruktion sehr häufig im Zusammenhang mit Berufsbezeichnungen erscheint, die auch auf Deutsch benannt werden (2b). Diese bilingualen Konstruktionen sind häufig „Einfallstore" für Sprachkontaktphänomene (vgl. Clyne 2003: 162–179).

Weitere Beispiele zeigen, dass bestimmte Genitivkonstruktionen zugunsten von Akkusativkonstruktionen abgebaut werden. Das geschieht v. a. dort, wo das Russische je nach Kontext (Satzart oder Belebtheit) zwischen Genitiv und Akkusativ unterscheidet. Im Russischen wird bei Negation der Genitiv, bei affirmativen Sätzen der Akkusativ verwendet. Ebenfalls wird zwischen Genitiv und Akkusativ unterschieden, je nachdem ob das Objekt belebt (Genitivgebrauch) oder unbelebt ist (Akkusativgebrauch). In der Diasporasituation kommt die Ersetzung von Genitiv durch Akkusativ nach Negation (3a) oder nach belebtem Objekt (3b) vor:

(3) a. *On ne govoril* ***plochoe*** *o drugich.* [statt: *ne govoril plochovo*]
‚Er sagte über die anderen nichts Schlechtes.'

b. *On videl ruskie* ***studenty.*** [statt: *ruskich studentov*]
‚Er hat russische Studenten gesehen.' (Warditz 2017: 292)

Nach Warditz (2017: 292) ist dieses Phänomen ebenfalls kontaktinduziert, weil eine grammatische Unterscheidung im Kasusgebrauch bei Negation gegenüber Affirmation im Deutschen nicht gegeben ist. Weiter ist auch die Kategorie der Belebtheit/Unbelebtheit im Deutschen nicht vorhanden. Es kann sich in diesen Fällen aber auch um eine Nivellierung der Kategorien handeln, in dem Sinne, dass nur noch eine Konstruktion für die beiden alternativen Kontexte verwendet wird, und damit um einen Fall von Simplifizierung (→ Kap. 7.3).

Eine sehr typische Erscheinung eines **Simplifizierungsprozesses** im Diasporarussischen ist der erweiterte Gebrauch der Nullflexion im Gen. Mask. Pl.: *Spelych pomidor* (‚reife Tomaten' anstelle von russ. *pomidorov*). Ähnliches findet sich beim Verlust der Zahlwörter-Deklination, der sich u. a. in der Expansion des Nominativs anstelle der russischen Lokativkonstruktion äußert:

(4) ***V sorok kilometrov*** *ot granizy.* [statt: *v soroka kilometrach*]
‚40 Kilometer von der Grenze entfernt.' (Warditz 2017: 288)

Eine weitere Erscheinung, die eine Tendenz zum analytischen Satzbau zeigt, ist die Entwicklung einer präpositionalen Verbrektion anstelle einer präpositionslosen: *pisat'* **s** *karandašom* (‚mit Bleistift schreiben' anstelle des bloßen Instrumentalis *pisat' karandašom*). Diese Tendenz findet sich allerdings auch bei Sprechern im Herkunftsland, d. h. die Kontaktsprache Deutsch führt hier lediglich zur Beschleunigung des Prozesses. Weitere Veränderungen in der präpositionalen Rektion sind auch direkt auf Transfer des Rektionsmodells aus dem Deutschen zurückzuführen: *ezdit' s avtobusom* (‚fahren mit dem Bus') statt russ. *na avtobuse* (Warditz 2017: 294). In einer experimentellen Untersuchung zur Beurteilung von Phrasen, die nach diesem Modell konstruiert waren, konnte Warditz (2016) feststellen, dass Sprecherinnen und Sprecher der ersten Generation diese Konstruktionen in einigen Fällen bereits als Varianten zulassen, während Sprecher der zweiten Generation sehr häufig die nach dem L2-Modell konstruierten Sätze als korrekt akzeptieren. Auch hier deutet sich bereits eine allmähliche Lockerung der sprachlichen Normen an (→ Kap. 9.5).

Eine weitere Erscheinung, die mit Unsicherheiten in der Kasusbildung zu tun hat (bzw. mangelndem *Entrenchment* der entsprechenden Konstruktionen → Kap. 5.5.1), ist die Vermischung der Kasus-Formen bzw. Kasus-Flexionen. So wird etwa häufig der Genitiv Plural anstelle des Lokativs verwendet, wie in folgendem Beispiel (5):

(5) *Vo mnogich včerašnich* ***dokladov*** *govorilos' o smešenii koda.* [statt: *dokladach*]
‚Gestern wurde in vielen Vorträgen über das Code-Switching referiert.' (Warditz 2017: 288)

In einer quantitativen Untersuchung konnte Rethage (2012) nachweisen, dass ihre Probanden in 4,3 % der Fälle Präpositionen normabweichend verwenden (gegenüber 0,3 % im Referenzkorpus). Dabei handelt es sich um normabweichende Flexionsformen oder den Gebrauch falscher Präpositionen. Die höchste Fehlerquote weisen dabei Präpositionen auf, die vergleichsweise selten verwendet werden wie z. B. *pod* (,unter'), *ot* (,von', ,aus'), während frequentere Präpositionen, wie z. B. *v* (,nach', ,in') oder *na* (,auf') eine geringe Abweichungsquote aufweisen. Rethage (2012: 59) verweist darauf, dass etwa Studien zum australischen Russisch Normabweichungen vor allem bei *v* und *na* feststellen. Die Autorin erklärt den Unterschied aber damit, dass diese rein qualitativen Beobachtungen darauf zurückzuführen sind, dass die beiden Präpositionen *v* und *na* eine viel höhere Frequenz aufweisen und aus diesem Grunde auch mehr Abweichungen liefern.

Im Bereich des kategoriellen Systems des Aspekts kommt es ebenfalls zum Abbau bestimmter Konstruktionen bei Specherinnen und Sprechern der zweiten Generation (s. Kasten zu Aspektbereichen und Kompetenzen). Das hat auch damit zu tun, dass in der Umgebungssprache Deutsch keine vergleichbare Kategorie existiert. Allerdings weist Anstatt (2017) darauf hin, dass auch im monolingualen Russisch Verben, die Aspektpartner miteinander bilden, nicht das gleiche Gewicht haben: Jeweils ein Partner ist wichtiger, häufiger und kognitiv privilegiert (das sog. ,Alpha-Verb'). Dies kann je nach Telizität einmal das perfektive (z. B. *dat'* ,geben') oder einmal das imperfektive (*guljat'* ,spaziergengehen') sein. Im Russischen als Herkunftssprache verstärkt sich nun die Bevorzugung der Alpha-Verben. Je nach Kompetenz der Sprecher kann dies von einer leichten Präferenz bis hin zu einer sehr starken Dominanz der Alpha-Verben reichen.

Aspektbereiche und Kompetenzen
Anstatt (2017) differenziert zwischen einem eindeutigen Aspektbereich, der durch klare Regeln formuliert ist, und einem nicht eindeutigen Bereich, der durch den Kontext vorgegeben ist. Je mehr Russischkompetenzen vorhanden sind, umso besser scheinen die Regeln im eindeutigen Aspektbereich erworben zu werden. Hierzu gehört etwa die Verwendung der progressiven Funktion des imperfektiven Aspekts und der konkret-faktischen des perfektiven Aspekts. Im nicht eindeutigen Bereich kommt es dagegen aufgrund des zu geringen Inputs zu Überproduktionen (ebd.).

9.2.3 Besonderheiten syntaktischer Konstruktionen

Einige Besonderheiten sind auch im Bereich der Wortstellung zu finden. So führt Anstatt (2006: 21) Beispiele auf, in denen Sprecherinnen und Sprecher der zweiten Generation die deutsche Satzklammer nachahmen:

(6) *Potom oni* ***choteli*** *ljagušku* ***najti****.* [statt: *potom oni choteli najti ljagušku*]
‚Dann sie wollten den Frosch finden.' (Anstatt 2006: 21)

Obwohl das Russische eine sehr freie Wortstellung aufweist, ist dennoch eine Tendenz zur Verbzweit-Stellung festzustellen. In einigen Fällen, v. a. bei einem vorangestellten Nebensatz, ist das im Russischen so nicht möglich:

(7) *Kogda mama chotela moloko i tvorogu vse brat',* ***skazala ona im****, čto.* [statt: *ona skazala im*]
‚Als Mama wollte Milch und Quark kaufen, sagte sie ihnen, dass ...' (Meng 2001: 147)

In einer quantitativen Studie zu schriftlichen Texten russischer Herkunftssprachen-Sprecher der zweiten Generation konnten Brehmer und Usanova (2015) eine Tendenz zur Verbendstellung in untergeordneten Sätzen in narrativen Texten feststellen, die sich statistisch signifikant vom Gebrauch monolingualer Sprecherinnen und Sprecher unterscheidet. Brehmer und Usanova sehen einen Einfluss des Sprachkontakts dahingehend, dass ein Muster, das im Russischen pragmatisch markiert ist, unter dem Einfluss des Deutschen immer häufiger gebraucht wird, was dazu führen kann, dass eine ursprünglich markierte Wortstellung zu einer unmarkierten wird.

Eine weitere Ausweitung des Verwendungsbereichs einer Konstruktion findet sich auch bei den Passivbildungen: So führt etwa Warditz (2017) an, dass die Verwendung der deutschen Passivkonstruktionen anstelle von russischen unbestimmt-persönlichen Konstruktionen ausgedehnt wird:

(8) *Ja často vyzyvalas' k direktoru.* [statt: *Menja často vyzyvali,* wörtl. ‚sie riefen mich oft']
‚Ich wurde oft zum Direktor gerufen.' (Warditz 2017: 296)

In Beispiel (8) verändert die Bildung der Passivform mithilfe der Reflexivpartikel *-sja* zusätzlich auch die Semantik des Verbes, vgl. *vyzyvat'* (‚aufrufen') und *vyzyvat'sja* (‚sich für etwas bereit erklären') (Warditz 2017: 296).

Die Ausweitung eines Gebrauchskontexts einer bestimmten Konstruktion unter Einfluss des Deutschen kann auch Rethage (2012) für Komitativkonstruktionen des Russischen nachweisen. Eine Komitativkonstruktion ist eine Konstruktion, die einen Handlungsteilnehmer einführt, welcher in Begleitung eines anderen auftritt. In vielen Sprachen wird diese Konstruktion auch verwendet, wenn Personen gemeinsam handeln (z. B. *Mischa mit seinem Hund legt sich schlafen*). Im Deutschen wird hier eine koordinierende Konstruktion verwendet: *Mischa und sein Hund legen sich schlafen.*

Rethage (2012) kann nun feststellen, dass Konstruktionen wie *Miša s sobakoj lëg spat'*, wörtlich: ‚Mischa mit seinem Hund legt sich schlafen') signifikant seltener vorkommen als im russischen Referenzkorpus (18,4 % gegenüber 25,4 %). Im Gegensatz dazu ist der Gebrauch einer koordinierenden Konstruktion wie sie auch im Deutschen üblich ist (*Miša i sobaka legli spat'* ‚Mischa und der Hund legen sich schlafen') signifikant häufiger (14,5 % gegenüber 6,8 % im Referenzkorpus). Hier zeigt sich, was bereits in einigen vorhergehenden Beispielen ebenfalls der Fall war, nämlich dass es in

Kontaktsituationen häufig zu einer Sprachökonomie kommt, indem Konstruktionen, die in beiden Sprachen möglich sind, in der Sprache, in der sie eher selten sind, an Häufigkeit gewinnen und irgendwann sogar die Konkurrenzkonstruktion verdrängen können (vgl. auch Riehl 2014a: 119 f.).

Eine interessante Erscheinung im Bereich grammatischer Konstruktionen ist die Nachbildung der deutschen *haben*-Konstruktion mit dem russischen Verb *imet'* (‚haben', ‚besitzen'), das im Standardrussischen nur mit abstrakten Objekten und wenigen Konkreta verwendet wird. In der Herkunftssprache ersetzt dieses Muster die russische unpersönliche Konstruktion *u menja (jest') X* (wörtl. ‚bei mir ist X'):

(9) *V četverg ja imeju general'nuju probu.* [statt: *u menja general'naja proba*]
‚Am Donnerstag habe ich Generalprobe.' (Pfandl 1998: 379)

Weiter finden sich Beispiele, in denen Determiniertheit mithilfe von Artikelwörtern hergestellt wird. So wird verstärkt das Zahlwort *odin* ‚eins' in der Funktion eines unbestimmten Artikels oder ein Demonstrativum wie *ėto* ‚dieser' oder *tot* ‚jener' in der Funktion eines bestimmten Artikels eingesetzt (vgl. Brehmer 2007: 175; Meng 2001: 125) (vgl. auch oben Beispiel (1b): *v* ***odnoj*** *firme* (‚bei einer Firma', statt *v firme*)). Dies ist eine typische Erscheinung einer Replikakonstruktion, da hier versucht wird, eine Kategorie der Kontaktsprache, die in der Herkunftssprache nicht vorhanden ist, nämlich Determination, mit eigenen sprachlichen Mitteln nachzubilden (vgl. Heine/Kuteva 2005; → Kap. 7.2.3).

9.2.4 Pragmatische Besonderheiten

Einige Studien zum Russischen in Deutschland gehen auch auf die Verwendung von Diskurspartikeln ein (vgl. Goldbach 2005; Meng 2001). Hier wird v. a. die Übernahme der Antwortpartikel *doch* in russischsprachige Diskurse angeführt, d. h. die Verwendung in Antwort auf eine Entscheidungsfrage bzw. eine Aussage, die eine explizite Negation enthält. Goldbach (2005: 61) führt die Verwendung von *doch* darauf zurück, dass das Russische nicht über ein System von drei Antwortpartikeln verfügt (positiv: *ja* oder *doch*; negativ: *nein*), sondern nur über zwei (positiv: *da*, negativ: *net*), so dass die Übernahme bereits nach kurzer Aufenthaltsdauer erfolgt und pragmatisch motiviert ist.

In Goldbachs Korpus tritt außerdem das Gliederungs- und Rückmeldesignal *ach/ach so* auf, das eine Eigen- oder Partnerkorrektur einleitet. Der Transfer könnte hier auch dadurch verursacht sein, dass im Russischen eine Partikel *ach* existiert, die aber nicht als Gliederungssignal, sondern im Sinne einer Interjektion zum Ausdruck von Verwunderung, Erstaunen oder Mitleid gebraucht wird, wie sie ähnlich auch im Deutschen verwendet werden kann (vgl. ebd.: 62). Bei der Verwendung als Gliederungspartikel könnte es sich um eine Bedeutungs-/Kontexterweiterung handeln, die durch die lautliche Ähnlichkeit hervorgerufen wird. Weitere Gliederungspartikeln, die Goldbach anführt (ebd. 66 f.) sind *naja* und *und so/oder so*, die allerdings keine lautlichen Äquivalente im Russischen haben. Darüber hinaus listet Brehmer (2007: 176) auch noch Grußformeln wie *hallo* oder *tschüss* auf.

9.2.5 Fazit: Russisch als Diasporavarietät

Insgesamt zeigt sich, dass es in der Herkunftssprache Russisch zu Schwankungen in Kategorien des Numerus und des Kasus der Nomina kommt. Außerdem finden sich Veränderungen bzw. Variationen im Bereich der nominalen und verbalen Rektion: entweder Transfer aus L2 und/oder Vereinfachungsprozesse in der L1 (Varianzreduktion). Es werden syntaktische Konstruktionen aus der L2 übernommen (*haben*-Konstruktion) oder die Gebrauchskontexte bereits vorhandener Konstruktionen unter dem Einfluss des Deutschen ausgeweitet (Verbendstellung in subordinierten Sätzen, koordinierte Konstruktionen anstelle der Komitativkonstruktionen). Bestimmte verbale Kategorien werden nur unvollständig erworben (Aspekt) und es kommt zur Etablierung neuer semantischer Kategorien (Determiniertheit).

Aufgrund der Heterogenität der russischsprachigen Gruppe ist es allerdings schwierig, von einer Diasporavarietät des Russischen zu sprechen. Allgemein zeigen sich aber bestimmte Tendenzen, v. a. im Kasusabbau und Veränderungen in der nominalen und verbalen Rektion sowie in verbalen Kategorien wie dem Aspektsystem, die auch in anderen Diasporavarietäten des Russischen (z. B. in den USA, vgl. Glovinskaja 2001) auftreten. Warditz (2017) diskutiert in diesem Zusammenhang, ob es sich hier um Kontaktphänomene handelt, die sich auf den Einfluss einer verwandten Sprache mit einer ähnlichen grammatischen und syntaktischen Struktur zurückführen lassen, oder ob es sich um Veränderungen in Bereichen handelt, die instabil sind und daher stark zur Veränderung neigen. Sicher hängt es aber auch mit der sich auflösenden Norm im Migrationskontext zusammen. Glovinskaja (2001) spricht in diesem Zusammenhang auch von kontaktinduzierten Varianten: Diese Varianten treten auch in umgangssprachlichen Varietäten im Herkunftsland auf, werden aber in Sprachkontaktsituationen zu konstituierenden Merkmalen.

9.3 Türkisch als Herkunftssprache in Deutschland

Die türkischsprachige Gruppe stellt mit ca. 2,75 Millionen Menschen mit türkischem Hintergrund (⟶ Kap. 3.3.2.2) die größte Gruppe von Herkunftssprechern in Deutschland dar. Im Gegensatz zu anderen Herkunftssprachen wird der Einfluss des Deutschen auf das Türkische bereits seit den 1990er Jahren beschrieben. In vielen Einzelstudien wurden einzelne Besonderheiten analysiert, die in der Regel als Interferenzen aus dem Deutschen erklärt wurden. Die Mehrzahl der Untersuchungen fokussierte sich dabei auf die Morphosyntax (u. v. a. Aytemiz 1990; Backus/Boeschoten 1998; Boeschoten 1994; Rehbein 2001). Die in den einzelnen Untersuchungen beschriebenen Abweichungen erweckten den Eindruck, dass kein Bereich des Türkischen vom Deutschen unbeeinflusst geblieben wäre und sich daher ein Diasporatürkisch herausgebildet habe (vgl. Cabadağ

2001). Problematisch ist dabei, dass die Arbeiten mehrheitlich schriftsprachliche Texte (von Nacherzählungen bis Romanübersetzungen) untersuchten (vgl. Cindark/Aslan 2004). Cindark und Aslan (ebd.) zeigten jedoch anhand mündlich erhobener Spontandaten auf, dass diese Erhebungen teilweise an der Sprachrealität vorbeigehen. Außerdem gibt es bisher nur wenige quantitative Studien (ebd.). Diese sind aber gerade im Hinblick auf die Frage nach der Herausbildung einer Diasporavarietät besonders relevant, da nur sie aufzeigen können, ob die beobachteten Phänomene rekurrent vorkommen.

9.3.1 Besonderheiten der Lexik und Semantik

Auch in der Herkunftssprache Türkisch werden Inhalts- und Funktionswörter aus dem Deutschen verwendet: In ihrer Studie zum Sprachgebrauch junger türkisch-deutsch bilingualer Frauen der zweiten Generation stellte Balcı (2004) fest, dass 28 % der inserierten Wörter in ihrem Korpus einen semantischen Bezug zu den Bereichen Schule, Ausbildung, Institutionen und Orte haben. 23 % gehören zu den Domänen Familie, Freunde, Freizeit und Kommunikation, und 10,5 % bezeichnen Beschreibungen, Kommentare und Meinungsäußerungen. Weitere Bereiche sind Kleidung, Essen, Trinken u. a. Die größte Gruppe bilden auch hier die Substantive (56,6 %), gefolgt von Verben (26,9 %) und Adjektiven (10 %).

Die Substantive werden dabei in der Regel nach dem türkischen Muster ins Sprachsystem integriert:

(10) a. *Bizim okulda **treppeler** var ya.*
‚In unserer Schule sind doch so Treppen.' (Keim 2012: 153)

b. *Ya da sizinle **schwimmbada** gitdiydik.*
‚Oder wo wir mit euch im Schwimmbad waren.' (Balcı 2004: 231)

In Beispiel (10a) wird das deutsche Wort *Treppe* morphologisch in das Türkische integriert, indem das der Vokalharmonie entsprechende Pluralsuffix des Türkischen (*-ler*) angefügt wird. In (10b) erhält das deutsche Wort *Schwimmbad* die Dativendung *-a*, die den Direktiv markiert, und wird damit durch die Kasusendung morphologisch integriert.

Wie bereits erwähnt (→ Kap. 7.2.1), kann das Türkische Verben nicht direkt in das System integrieren, sondern bedient sich hier einer periphrastischen Konstruktion mit den Verben *yapmak* (‚machen') bzw. *etmek* (‚tun') (sog. *light verb construction,* vgl. auch Wohlgemuth 2009):

(11) a. *Zaten **nerven yaparsak** ablami nerven yapariz.*
‚Wenn wir nerven, nerven wir sowieso meine große Schwester.' [wörtlich: ‚wenn wir nerven machen.'] (Balcı 2004: 232)

b. *Misswahlda **teilnehmen etmiş**.*
‚Sie hat an der Misswahl teilgenommen.' [wörtlich: ‚machte teilnehmen'] (Keim 2012: 154)

Gelegentlich kommt es zur semantischen Restrukturierung eines Ausdrucks: So wird etwa im Türkischen unterschieden zwischen zielgerichtetem Lernen (= *çalışmak*) und Lernen allgemein (= *öğrenmek*): In der Herkunftssprache wird häufig analog zum Deutschen *lernen* der Ausdruck *öğrenmek* generalisiert und auch für das zielgerichtete Lernen verwendet: *bahçede öğrencem* [statt: *çalışacam*] (‚ich werde im Garten lernen') (Sirim 2009: 73).

9.3.2 Besonderheiten der Morphologie

Im Bereich der Morphosyntax finden sich Abweichungen vom Standardtürkischen etwa im Bereich der Kasusverwendung und Pluralmarkierung (vgl. Backus/Boeschoten 1998; Boeschoten 1994) sowie der Verbrektion (vgl. Aytemiz 1990; Rehbein 2001). Es gibt auch Veränderungen im Gebrauch der analytischen Syntax und im Gebrauch der Konnektoren (vgl. Aytemiz 1990; Rehbein 2001) und es kommt zur Ausdehnung des Gebrauchs von pronominalen Subjekten und Objekten (vgl. Aytemiz 1990; Pfaff 1991; Rehbein 2001).

Ähnlich wie in der hochflektierenden Herkunftssprache Russisch kommt es auch beim Türkischen in der Diaspora zu Unsicherheiten im Kasusgebrauch und bei der Pluralmarkierung. So finden sich Beispiele, in denen etwa die Genitivmarkierung in Modalkonstruktionen, bei Subjekten nominalisierter Nebensätze und bei Komposita entfällt (vgl. Boeschoten 2000). Jedoch zeigt Sirim (2009) anhand ihres Korpus, dass Abweichungen im Kasusgebrauch insgesamt nur selten vorkommen und häufig auch als mangelnde Kenntnis eines idiomatischen Ausdrucks interpretiert werden können.

Interessanterweise zeigt sich, dass das Fehlen von bestimmten grammatischen Elementen (wie etwa dem Genitivsuffix) durch eine bestimmte Intonationsstruktur (steigende Intonation mit folgender Pause) kompensiert wird, d. h. hier ersetzt eine prosodische Struktur die syntaktischen Markierungen (vgl. Küppers et al. 2015: 35 f.).

Als besonders markant im Bereich morphologischer Besonderheiten definiert Cabadağ (2001: 240) die Pluralmarkierung nach Kardinalzahlen:

(12) *Iki melekler geldiler* [statt: *iki melek geldi*].
‚Zwei Engel kamen.'

Diese Bildung widerspricht der Regel der beschränkten Kongruenzmarkierung im Türkischen. Im Standardtürkischen werden nach Kardinalzahlen das folgende Substantiv und Verb im Singular verwendet. Die Verwendung der Pluralsuffixe *-ler* wie in Beispiel (12) kann sowohl mit einer allgemeinen Ausweitung der Kongruenzregel als auch mit Kontakteinfluss erklärt werden, da im Deutschen die Kongruenzmarkierung erfolgen muss.

Ähnlich wie schon bei der Herkunftssprache Russisch festgestellt (→ Kap. 9.2.2), finden sich im Türkischen der Herkunftssprachen-Sprecher Unsicherheiten im Gebrauch von Tempus- und Aspektmarkierung (vgl. Cabadağ 2001; Rehbein et al. 2009; Şimşek/Schroeder 2011).

Besonders auffällig in der Herkunftssprache Türkisch sind Formen einer **Dialektnivellierung** (vgl. Boeschoten 2000: 146): So verbreitet sich etwa das Lokativsuffix *-lEn*, das von älteren Generationen aus den ostanatolischen Dialekten mitgebracht wurde, in der Diasporasituation auch im Sprachgebrauch der jüngeren Sprecher und ersetzt das standardtürkische *-lE* teilweise sogar im Schriftlichen (vgl. Şimşek/Schroeder 2011). Ebenfalls auf die anatolischen Dialekte geht der suffixlose Gebrauch des Adverbs *hep* (‚immer') zurück, das im Standardtürkischen nur in einigen idiomatischen Wendungen ohne ein Suffix vorkommt (vgl. Sirim 2009: 63). Auch in diesem Zusammenhang zeigt sich, wie wichtig die Bestimmung der Vergleichsnorm ist.

Es kommt darüber hinaus zum Abbau des Gebrauchs der Fragepartikel *mI*. Diese wird durch eine Frageintonation ersetzt, d. h. dass türkische Fragesätze eine deutsche Intonationskurve aufweisen (vgl. Hess-Gabriel 1979): *duydunØ↑* (‚hast du gehört') statt *duydun mu* (Sirim 2009: 48). Allerdings ist diese Erscheinung nicht sehr häufig. In Sirims Korpus (2009) finden sich 181 korrekte Markierungen und nur 12 mit fehlender Fragepartikel.

Cindark und Aslan (2004) kritisieren jedoch in diesem Zusammenhang, dass die meisten Studien zum Türkischen der zweiten und dritten Generation auf schriftlichen Daten beruhen und meist von Kindern oder Jugendlichen im Schulalter stammen (vgl. auch Küppers et al. 2015). Im Gegensatz dazu analysieren Cindark und Aslan (2004) spontane mündliche Daten zweier unterschiedlicher Gruppen von Herkunftssprachen-Sprechern, eine Mädchengruppe zwischen 15 und 22 Jahren und türkische Jungakademiker zwischen 25 und 33 Jahren. Bei diesen Probanden können Cindark und Aslan (ebd.) feststellen, dass in den drei von ihnen untersuchten Bereichen (Verbrektion, Verwendung anaphorischer Pronomina und Verwendung der Fragepartikel in Entscheidungsfragen) Abweichungen vom Standardtürkischen nur peripher oder singulär auftreten (etwa 3–6 %). Darüber hinaus kann man bei keiner der Auffälligkeiten ein rekurrentes Vorkommen verzeichnen (vgl. Cindark/Aslan 2004). Allerdings sind Schwankungen zwischen den einzelnen Sprechern festzustellen, die zwischen 1 % und 9 % an Auffälligkeiten reichen. Cindark und Aslan (2004) weisen darüber hinaus darauf hin, dass diese partiellen Abweichungen nicht auf Transfer aus dem Deutschen, sondern vielmehr auf die gelockerten Sprachnorm(en) in der Diaspora zurückzuführen sind.

9.3.3 Besonderheiten syntaktischer Konstruktionen

Insgesamt scheint sich die stärker analytisch ausgeprägte Struktur des Deutschen auch auf das Türkische als Herkunftssprache auszuwirken, das in der Regel syntaktische Verhältnisse häufiger durch synthetische Formen ausdrückt: So lassen sich strukturelle Abweichungen in der Syntax verzeichnen, die v. a. die türkische Subordinationstechnik und die Verbendstellung betreffen. Wenn die Syntax mit Satzeinbettungen und Nominalisierungen verschiedener Art eine längere Satzkonstellation erfordert, wird sie meistens vermieden (vgl. Cabadağ 2001: 241). So verwendet man beispielsweise im

Standardtürkischen eine nominale Konstruktion (-DIk-Poss *için*), um kausale Unterordnung (im Sinne von dt. ‚weil') auszudrücken. Daneben gibt es aber auch Konjunktionen wie *çünkü* (‚denn'), die ebenfalls kausale Folgen bezeichnen. Im Türkischen als Herkunftssprache werden häufiger Satzkonstruktionen mit *çünkü* anstelle nominaler Konstruktionen verwendet (vgl. auch Dirim/Auer 2004: 18). Ähnlich werden auch andere nominale Konstruktionen des Türkischen durch Nebensatzkonstruktionen ersetzt, die mit *ki* (‚dass', ‚denn') eingeleitet werden (vgl. Cabadağ 2001: 133–135).

Diese Beispiele belegen eine allgemeine Tendenz, nämlich dass bestimmte Regeln oder Gebrauchsmöglichkeiten ausgebaut werden, die im gesprochenen Standardtürkischen durchaus existieren, wenngleich nur unter bestimmten Bedingungen. Das Deutsche als Kontaktsprache stützt mit seinen jeweiligen satzstrukturellen Modellen diese Entwicklung. Auf diese Weise kommt es zu einer Konvergenz zwischen dem türkischen Subordinationssystem und dem deutschen System, indem Konstruktionen, die in beiden Sprachen vorhanden sind, präferiert werden.

Ähnliches geschieht im Bereich der pronominalen Referenz: So weist bereits Pfaff (1991) darauf hin, dass bilinguale deutsch-türkische Kinder eine höhere Frequenz von pronominaler Referenz zeigen als monolinguale, d. h. hier werden Personalpronomina gesetzt, die im Standardtürkischen ausgelassen werden (⟶ Kap. 7.2.3 zum Pro-Drop-Phänomen). In Beispiel (13) wird das Pronomen *ona* (‚sie') redundant verwendet:

(13) *Benim yerime alıyo ↓, ben parayı verdim* ***ona*** ** gerisini de* ***o*** *eklemiştir ↓*
‚Sie kauft (es) an meiner Stelle. Ich habe ihr das Geld gegeben. Den Rest hat sie sicherlich draufgelegt.' (Sirim 2009: 50)

Der verstärkte Gebrauch von expliziten Pronomina ist nicht sehr häufig, aber immerhin kann Sirim (2009: 50) in ihrem Korpus gesprochener Spontandaten von bilingualen Jugendlichen 4,4 % abweichende Formen nach diesem Muster feststellen.

Ähnlich wie in der Herkunftssprache Russisch fügen auch türkische Herkunftssprachen-Sprecher bisweilen artikellosen türkischen Nomina das Demonstrativpronomen *bu* (‚dieser/diese/dieses') in der Funktion des bestimmten Artikels hinzu. Damit bedient sich die türkische Herkunftssprache derselben Strategien wie das Russische. Es handelt sich auch hier um eine Replikakonstruktion (⟶ Kap. 7.2.3).

9.3.1 Pragmatische Besonderheiten

Im Zusammenhang mit der Verwendung des Demonstrativs *bu* (‚diese/r') gibt Sirim (2009: 51) einen interessanten Hinweis auf pragmatische Abweichungen vom Standardtürkischen: Um auf die Interviewerin zu referieren, verwendet eine Informantin das Demonstrativpronomen *bu* (‚diese/r') bzw. das Pronomen in Kombination mit dem Substantiv *kadın* (‚Frau'):

(14) a. ***Buna*** *bi tane kız anlatmış ki* [...].
‚Der soll ein Mädchen erzählt haben, dass [...].'

b. ***Bu** kadın şeyi sormuştu.*
‚Diese Frau hat dings gefragt.' (Sirim 2009: 51)

Der in dieser Situation (14b) angemessene Ausdruck wäre *bayan* (‚Dame'). Der Sprecherin fehlt aber hier das entsprechende pragmatische Wissen und so verwendet sie eine Struktur, die sie aus dem Deutschen kennt. Eine derartige Formulierung ist im Türkischen jedoch sehr despektierlich. Nach Sirim (ebd.) ist dieses fehlende sozialstilistische Wissen auch einer der Gründe, weshalb Herkunftssprachen-Sprecher in der Türkei auffallen und oft sogar respektlos auf die Muttersprachler wirken.

9.3.2 Fazit: Türkisch als Diasporavarietät

Ähnlich wie auch in anderen Herkunftssprachen finden sich bei der Herkunftssprache Türkisch binnenstrukturelle Phänomene des Türkischen (Dialektnivellierung und Strukturen des Mündlichen), die in der Diaspora andere Aufgaben erfüllen. Daneben gibt es Vereinfachungstendenzen und Kontakteinfluss des Deutschen, der die binnenstrukturellen Entwicklungen stützt. Weiter finden sich Phänomene, die Unsicherheiten im Gebrauch widerspiegeln (adverbialer Kasus, Tempus- und Aspektformen), die aber im Sinne einer Restrukturierung auch zu innovativen Formen führen können (vgl. Şimşek/Schroeder 2011: 222).

Küppers et al. (2015: 44) weisen allerdings darauf hin, dass strukturelle Unterschiede zwischen dem gesprochenen Deutschlandtürkischen und dem gesprochenen Türkeitürkischen zwar bestünden, aber der Grad der Systematitzität und Stabilität noch sehr unklar sei. Hier ist vor allem auch auf die unterschiedlichen Bildungsvoraussetzungen und den schichtenspezifischen Sprachgebrauch hinzuweisen. Cindark und Aslan (2004) gehen sogar davon aus, dass man nicht von einer isolierten Entwicklung der türkischen Sprachgemeinschaft in der Diaspora reden kann. Die beobachteteten Phänomene seien zu singulär oder zu peripher, als dass sie eine eigene Varietät konsitutieren könnten. Durch die anhaltende Wirksamkeit und Vitalität des Standardtürkischen in der Diaspora, entweder durch den anhaltenden Nachzug von Migrantinnen und Migranten aus der Türkei oder den enormen Zuwachs an Medienangeboten in türkischer Sprache seit Anfang der 1990er Jahre, sei es kaum zu erwarten, „dass sich in Deutschland oder Europa eine eigenständige, relativ stabile Diasporavarietät des Türkischen entwickeln wird" (Cindark/Aslan 2004: 18).

Allerdings zeigt sich, dass die wenigen Abweichungen von der Norm dennoch genügen, um die Sprecherinnen und Sprecher als Diasporatürken auszuweisen. So stellte etwa eine Informantin aus der Türkei beim Hören des von Cindark und Aslan (2004) analysierten Gesprächsmaterials fest, „dass die Fragepartikel fehlen" (Keim 2012: 146), obwohl das nur in 3 % der Fälle vorkam. Offensichtlich entspricht dies einem Mechanismus, den kompetente Sprecherinnen und Sprecher anwenden, wenn sie L2-Sprecherinnen und Sprecher beurteilen: Bereits wenige Abweichungen werden zu grundlegenden Defiziten erklärt (vgl. ebd.)[26] und sind ein Zeichen für „Non-nativeness". Cindark und Aslan (2004) nehmen an, dass die selektive Wahrnehmung dieser wenigen Besonderheiten dazu führt, sie zusammen mit lexikalischen Lücken zu charakteristischen Eigenschaften des Diasporatürkischen zu stilisieren.

9.4 Italienisch als Herkunftssprache in Deutschland

Wie in Kapitel 3.3.2.4 dargestellt, ist auch die italienische Einwanderergruppe in Deutschland sehr heterogen, da verschiedene Einwanderungswellen und -gruppen berücksichtigt werden müssen. Neben der Gastarbeitergeneration der 1950er und 1960er Jahre und ihren Nachkommen der zweiten und dritten Generation gibt es eine beachtliche Zahl von Neuankömmlingen in den 2000er Jahren, v. a. in Folge der Krise im Jahr 2008. Mit ca. 650.000 Personen gehören die italienischen Migranten ebenfalls zu den größeren Einwanderergruppen (Platz 6). Die verschiedenen Gruppen unterscheiden sich auch in ihrem Sprachgebrauch ganz wesentlich voneinander (vgl. Riehl/Ingrosso 2023; → Kap. 3.3.2.4). Im Gegensatz zur russischen und türkischen Gruppe ist die Diasporavarietät des Italienischen in Deutschland noch kaum beschrieben worden: Mit Ausnahme der Darstellung von Bierbach und Birken-Silvermann (2004) zu italienischen Jugendlichen und Krefelds (2004) grundlegendem Werk zum Sprachgebrauch in drei Generationen gibt es nur wenige Einzelstudien (vgl. Krefeld/Melchior 2008). Erst neuere Arbeiten zu den sog. *Newcomern* (Ingrosso 2021) und zum Sprachkontakt bei Jugendlichen der zweiten Generation (Barberio 2021) gehen stärker auf diese Migrantengruppe ein (vgl. auch Riehl/Barberio demn.). Quantitative Untersuchungen zu Spontansprachdaten beziehen sich bisher nur auf wenige Einzelphänomene, z.B. Stellung der Adjektive (Kupisch 2014) und Verwendung von Pronomina (Scherger et al. 2016; Scherger/Schmitz 2020; Torregrossa/Bongartz 2018).

9.4.1 Besonderheiten der Lexik und Semantik

Sprachkontakterscheinungen treten in der Herkunftssprache Italienisch ebenfalls vor allem im Lexikon auf, auch liegt der Schwerpunkt auf den Inhaltswörtern, v. a. den Substantiven. Im Gegensatz zu den Sprechern der Gastarbeitergeneration (vgl. Riehl/Ingrosso 2023) sind diese Entlehnungen bei den *Newcomern* phonologisch nicht in das System der italienischen Sprache integriert; auch die morphologische Integration geschieht lediglich durch den italienischen Artikel mit entsprechender Genuszuweisung: *con **la** steuernummer* (‚mit der Steuernummer'), *si fanno **le** rechnung* (‚sie machen die Rechnungen') (ebd.). Gerade letzteres Beispiel ist bezeichnend, da auch die Pluralmarkierung lediglich durch den Artikel (Fem. Plur.) erfolgt und keine morphologische

26 Diesem Irrtum unterliegen im Übrigen auch Sprachkontaktforscherinnen und -forscher, wenn sie wenige Beispiele bereits zu gängigen Kontaktphänomenen stilisieren. Eine quantitative Analyse ist daher unumgänglich.

Pluralmarkierung am Substantiv vorgenommen wird. Ähnliches findet sich auch in Beispiel (8) in Kapitel 7.2.1: Im Falle von *i Nikoläuse* wird sogar die deutsche Pluralform beibehalten und nur der italienische Artikel (*i* = Mask. Pl.) hinzugefügt.

Verben werden entweder mithilfe einer italienischen Flexionsendung für Verben, z.B. *-are,* ins System integriert (z.B. *loro planavano* ‚sie planten', *ci siamo anmeldati* ‚wir haben uns angemeldet') oder aber wie auch im Deutschtürkischen mithilfe des Passepartout-Verbs *fare* ‚machen' (*fa una Pokemon-Karte einsetzen* ‚er setzt eine Pokemon-Karte ein', *facciamo schmücken* ‚wir schmücken', vgl. Krefeld 2004: 105). Eine mögliche Erklärung für die unterschiedlichen Typen von Integration könnte die phonotaktische Struktur bzw. Silbenstruktur des Deutschen sein: Im Falle von *schmücken* würde die Silbenstruktur einerseits und der im Italienischen nicht existente Laut /ü/ andererseits die direkte Integration verhindern (vgl. Riehl 2014a: 102). Diese Vermutung müsste aber im Einzelnen noch überprüft werden.

In der Herkunftssprache Italienisch finden sich auch eine Reihe von semantischen Transfererscheinungen: Typischerweise kommt es zur **Bedeutungsübertragung** aus L2 bei ähnlich klingenden Wörtern (manchmal mit völlig unterschiedlichen Wurzeln) in beiden Sprachen: So übernimmt etwa *regalo* (‚Geschenk') die Bedeutung des deutschen *Regal* oder *rosino* (‚kleine Rose') wird für das deutsche Wort *Rosine* verwendet (vgl. Krefeld 2004: 73). Ähnlich erhält das Wort *nota* (‚Notiz', ‚Anmerkung') die Bedeutung von *Note* (= Schulnote) (MULT_S-Korpus). Diese Beispiele stützen die Annahme, dass phonologisch ähnliche Wörter im mentalen Lexikon unabhängig vom sprachlichen System, zu dem sie gehören, miteinander verbunden sind (vgl. Riehl 2010, → Kap. 7.2.2).

Bei der Newcomergeneration, die in der Regel dreisprachig ist (Italienisch-Deutsch-Englisch) (vgl. Ingrosso 2021), finden sich auch Beispiele, in denen Bedeutungstransfer aus dem Englischen stattfindet. So wird etwa die zusätzliche Bedeutung von engl. *application* (‚Anwendung', ‚Bewerbung') auf das ital. *applicazione* (‚Anwendung') transferiert und damit die Bedeutung ausgedehnt:

(15) *Mandavo sempre* ***applicazioni*** *in inglese.*
‚Ich schickte immer Bewerbungen auf Englisch.' (Ingrosso 2021: 399)

Auch in der Herkunftssprache Italienisch kommt es zu Phänomenen sprachlicher Entfremdung und zur Bildung neuer Wörter mithilfe von etablierten Wortbildungsmustern, die im Standarditalienischen so nicht existieren: Die folgenden Beispiele stammen aus unserem Korpus schriftlicher Texte von zweisprachigen Schülerinnen und Schülern: *bizzarezza* (statt *una cosa bizzara* ‚ein bizarres Ding'), *paccone* (statt *un grande pacco* ‚ein großes Paket') (MULT_S-Korpus; vgl. Barberio 2021: 154).

Weiter findet man auch 1:1-Übersetzungen von Kollokationen: so verwenden einige Sprecherinnen und Sprecher *fa senso* (lit. ‚es macht Sinn') statt *ha senso* (MULT_S-Korpus). Interessant ist auch die Übernahme von Phrasemen: *andare fuori* (lit. ‚gehen + heraus') statt *uscire* (‚herausgehen') (vgl. Krefeld 2004: 77).

9.4.2 Besonderheiten der Morphologie

Im Gegensatz zum Russischen und Türkischen markiert das Italienische Kasus nicht morphologisch, sondern mithilfe von Präpositionen, so dass es in diesem Bereich nicht zum Abbau kommen kann. Dennoch lassen sich auch in der italienischen Diasporavarietät Vereinfachungsprozesse des grammatischen Systems feststellen. Nach Krefeld (2004: 70) resultiert die auffälligste Varianz im Bereich der Morphologie aus der geringen Trennschärfe zwischen Dialekt und Standard und ist bei vielen italienischen Migrantinnen und Migranten Ausdruck einer geringen Kompetenz in der italienischen Standardsprache. Die Phänomene der Vereinfachung sind stark von der Sprachkompetenz der Sprecher abhängig und daher sehr individuell und sprecherspezifisch: Dies gilt vor allem für die allmähliche Reduktion polymorphologischer Strukturen. Ein typisches Phänomen, das in Diasporavarietäten des Italienischen auftritt, ist, dass Sprecherinnen die Unterscheidung zwischen verschiedenen Typen von Artikeln aufgeben, wie z.B. die Varianten der maskulinen Artikel *lo* (Sg.) oder *gli* (Pl.), deren Verwendung auf bestimmte phonologische Kontexte (nach Vokal oder *s* + Konsonant) beschränkt ist. Krefeld (ebd.: 69) stellt zwei Tendenzen fest, die auch in süditalienischen Dialekten zu beobachten sind: vor *s* + Konsonant setzen sich die frequenteren Varianten *il* und *i* durch (*i spaghetti* ‚die Spaghetti', *dai zii* ‚bei Onkel und Tante'), vor Vokal bleibt allerdings die elidierte Form *l'* stabil (*l'occhiali* ‚die Brille'). Diese Beispiele zeigen, dass unter den Bedingungen des Spracherwerbs im migrantischen Kontext die komplexe phonotaktische Regel (*il* ⟶ *lo* und *i* ⟶ *gli/* vor *s impurum*) nicht etabliert wird (ebd.). Der Gebrauch wird von einigen Sprechern der zweiten und dritten Generation auch auf schriftliche Texte ausgedehnt: So kommen in unserem schriftlichen Korpus von Schülerinnen und Schülern mit Herkunftssprache Italienisch folgende Kombinationen vor: *il stesso typo* (statt *lo stesso*), *i studenti* (statt *gli studenti*), *i stranieri* (statt *gli stranieri*) (MULT_S-Korpus; vgl. Barberio 2021: 151).

Ähnliche Beispiele für die Reduktion polymorphologischer Strukturen finden sich in Verbflexionsparadigmen: *diciono* (statt *dicono* ‚sie sagen') in lautlicher Anlehnung an *dice, diciamo* (Krefeld 2004: 70), *leggio* (statt *leggo* ‚ich lese') in lautlicher Anlehnung an *leggi, leggiamo* (MULT_G-Korpus). Diese Strategie dient der Optimierung der Transparenz von grammatischen Formen (vgl. Krefeld 2004: 70).

9.4.3 Besonderheiten syntaktischer Konstruktionen

Im Bereich der syntaktischen Konstruktionen macht sich dagegen auch der Kontakteinfluss des Deutschen bemerkbar, etwa bei den Possessivkonstruktionen: Gelegentlich lassen hier die Sprecherinnen und Sprecher des Italienischen den Artikel in der Possessivkonstruktion weg:

(16) *Per me è importante parlare* ***mia lingua*** *pero a casa io non parla molto italiano con* ***mia famiglia***. [statt: ***la*** *mia lingua* / ***la*** *mia famiglia*]

> ‚Für mich ist es wichtig meine Sprache zu sprechen, denn zu Hause spreche ich nicht viel Italienisch mit meiner Familie.' (italienische Migrantin, 2. Generation) (MULT_G-Korpus)

Dieses Phänomen stellt eine Vereinfachungsstrategie dar, da ja bereits das Possessivpronomen das Genus markiert. Der Artikel ist in diesem Falle redundant.

Weitere Beispiele, in denen Einfluss der Kontaktsprache Deutsch geltend gemacht werden kann, finden sich in unserem geschriebenen Korpus (MULT_S-Korpus): So werden gelegentlich Infinitive mit einer Präposition (*a*) angeschlossen in Konstruktionen, in denen im Italienischen der bloße Infinitiv steht (*mi piace a guardare* anstelle von *mi piace guardare*). Diese Fälle könnten zurückgeführt werden auf das Deutsche, da hier Infinitive immer mit einer Partikel, nämlich *zu*, angeschlossen werden. Der Gebrauch der Präposition *a* wird in Folge auch auf Kontexte ausgedehnt, in denen im Italienischen kein bloßer Infinitiv, sondern ein Infinitiv mit einer anderen Präposition stehen würde, z. B. ein Infinitiv mit *di*, wie im folgenden Beispiel (17):

(17) *Ho una possibilità a parlare italiano.* [statt: *di parlare*]
‚Ich habe eine Möglichkeit Italienisch zu sprechen.' (italienischer Migrant, 2. Generation) (MULT_S-Korpus)

Im Italienischen der Diaspora findet sich weiter das bereits oben erwähnte Phänomen, dass in verstärktem Maße Subjektpronomina in Kontexten verwendet werden, in denen normalerweise **Pro-Drop** erfolgt. Während dieses Phänomen vor allem für gesprochene Sprache beschrieben ist, findet es sich in unserem Korpus auch in der geschriebenen Sprache in narrativen Texten:

(18) ***Io** ero in centro a fare una passeggiata Ahhh!! Prima che **io** mi dimentico io mi chiamo Alessia*
‚Ich war im Stadtzentrum spazieren Ahhhh! Bevor ich es vergesse, ich heiße Alessia.' (italienische Migrantin, 2. Generation) (MULT_S-Korpus)

Wie bereits erwähnt (→ Kap. 7.2.3), konnten Scherger et al. (2016) sowie Scherger und Schmitz (2020) in einer quantitativen Analyse von Spontansprachdaten italienischer Herkunftssprachen-Sprecher keinen statistisch signifikanten Unterschied bei der Subjektellipse in den verschiedenen grammatischen Personen (1., 2. und 3. Person) zwischen monolingualen Sprechern, bilingualen Erwachsenen und bilingualen Kindern feststellen. Allerdings ist dieses Ergebnis unserer Ansicht nach auf die Kompetenz im Italienischen bei den untersuchten Probanden zurückzuführen: Sie erreichten das Kompetenzniveau B2+ und hatten mit einer Ausnahme alle Herkunftssprachenunterricht (vgl. Schmitz/Scherger 2019: 455). So konnten etwa Torregrossa und Bongartz (2018) in einer Studie mit italienischen Herkunftssprachen-Sprechern der zweiten Generation nachweisen, dass die Sprachdominanz eine signifikante Rolle dabei spielt, ob die Sprecherinnen und Sprecher die Pro-Drop-Regeln anwenden oder nicht. Schmitz und Scherger (2019) nehmen darüber hinaus an, dass der Herkunftssprachenunterricht wesentlich zur Verfestigung der Pro-Drop-Regeln beiträgt. Allerdings bemerken sie einen leichten Alterseffekt im Gebrauch von Subjektpronomina in der 1. Person: Ältere Sprecher verwenden häufiger das konkrete Subjektpronomen *io* (‚ich') als jüngere. Auch in unserem Korpus tritt das Phänomen ebenfalls in der 1. Person auf. Hier lässt sich vermuten, dass das narrative Ich, das bei Erzählungen in der 1. Pers. eine Rolle spielt, im Deutschen immer stärker entrenchet und so auch auf die L1 übertragen wird.

9.4.4 Pragmatische Besonderheiten

Als weitere Besonderheit und Einfluss des Deutschen auf das Italienische als Herkunftssprache ist die Ausweitung der Verwendung der italienischen Partikel *così* (‚so'), und zwar im Sinne eines Unschärfemarkierers anzuführen:

(19) a. *Che è anche **così** otto nove mesi.*
‚Er ist auch so acht neun Monate.'

b. *Era meglio a scuola e **cosí**.*
‚Die ist besser in der Schule und so.' (Krefeld 2004: 80)

Während in Beispiel (19a) noch die Bedeutung von ital. *circa* impliziert ist, handelt es sich in Beispiel (19b) um die Verwendung in einem anderen pragmatischen Kontext, nämlich als Unschärfemarkierer im Sinne von dt. *und so.*

9.4.5 Fazit: Italienisch als Diasporavarietät

Auch in der italienischen Herkunftssprache zeigen sich bestimmte Tendenzen, die bereits für das Russische und/oder das Türkische attestiert wurden, etwa die Ausweitung der Verwendung von Subjektpronomina. Allerdings gibt es aufgrund der fehlenden Kasusmorphologie im Italienischen weit weniger Auffälligkeiten im Bereich der Morphologie. Dennoch kommt es auch hier in der Diasporasituation zu Nivellierungstendenzen, die einerseits auf Dialekteinfluss zurückzuführen sind und andererseits auf allgemeine Vereinfachungstendenzen durch mangelnden Input zurückgehen. Wie bereits bei der türkischen Gruppe finden auch hier dialektale und umgangssprachliche Muster Einzug in die Schriftlichkeit.

Die Heterogenität der italienischen Migrantengruppe ist daher nicht nur in der Soziodemographie und in der unterschiedlichen Ausbildung und beruflichen Qualifikation (die allerdings auch für andere Gruppen aus Südeuropa zutrifft) begründet, sondern vor allem in der unterschiedlichen Beherrschung und im Gebrauch des sprachlichen Repertoires. Dieses reicht von einem dialektalen Repertoire des Italienischen und des Deutschen über ein pluriglossisches Repertoire (Dialekt, Umgangssprache, Standard) in beiden Sprachen bis zu einem mehrsprachigen Repertoire, das außer dem Deutschen und Italienischen auch das Englische umfasst. Diese Heterogenität wirkt der Ausbildung einer spezifischen Diasporavarietät des Italienischen entgegen (vgl. Riehl/Barberio demn.).

9.5 Zusammenfassung: Besonderheiten von Diasporavarietäten

Die drei exemplarischen Kurzporträts der Herkunftssprachen Russisch, Türkisch und Italienisch in Deutschland weisen einige interessante allgemeine Tendenzen auf: Grundsätzlich zeigt sich, dass man nicht vom Standard der jeweiligen Nationalsprache als Vergleichsnorm ausgehen darf, sondern von zugrundeliegenden Substandards. Hier kann man erkennen, dass sich Tendenzen des Sprachwandels, die in umgangssprachlichen oder dialektalen Varietäten vorhanden sind, in der Diasporasituation stärker durchsetzen. Weiter kommt hinzu, dass substandardliche Varianten durch den Einfluss des Sprachkontakts verstärkt werden können.

Darüber hinaus kann man sehr ähnliche Entwicklungen von strukturellem Transfer unter Sprachkontaktbedingungen mit dem Deutschen bei verschiedenen Herkunftssprachen feststellen, etwa dass die Tendenz zur redundanten Setzung von Subjektpronomina sowohl im Türkischen als auch im Italienischen vorhanden ist. Ähnliches wurde auch für andere Herkunftssprachen wie Rumänisch oder Kroatisch gezeigt (→ Kap. 7.2.3). Eine weitere Entwicklung im Sinne einer Replikakonstruktion ist die Emergenz eines Artikelsystems: Dabei wird in der artikellosen Sprache Russisch die Herausbildung eines definiten und eines indefiniten Artikels angestoßen, in der auf den indefiniten Artikel beschränkten Sprache Türkisch die Herausbildung eines definiten Artikels. Die Entwicklung des Artikelsystems bedient sich dabei der gleichen Prinzipien wie in der Geschichte der germanischen und romanischen Sprachen: Für den unbestimmten Artikel wird das Zahlwort *eins* und für den bestimmten Artikel das Demonstrativum herangezogen (vgl. Wolf 1981: 87–92).

Insgesamt zeigen diese drei Beispiele, dass morphologisch komplexe Sprachen wie das Russische und Türkische in der Diasporasituation v.a. Strukturen abbauen, die weniger häufig vorkommen oder morphologisch aufwendig sind (Genitiv Plural) oder aber Strukturen, die ambig sind (z.B. unterschiedliche Markierung bei belebten vs. unbelebten Objekten). Ähnliche Tendenzen finden sich auch in anderen hochflektierenden Herkunftssprachen wie dem Polnischen (vgl. Brehmer/Mehlhorn 2020) und dem Kroatischen (vgl. Ščukanec 2021). Sprachkontakt macht sich ebenfalls bemerkbar, wo Strukturen in der Kontaktsprache einfacher prozessierbar sind, da sie weniger syntagmatische Redundanz aufweisen (Beispiel Possessivkonstruktionen im Italienischen). Das bezieht sich auch auf den Abbau polymorphologischer Strukturen im Paradigma (wie etwa unregelmäßige Verbkonjugationen im Italienischen). Während einige dieser Strukturvereinfachungen auch in gesprochenen Substandardvarietäten der jeweiligen Sprachen vorkommen, zeichnet sich die Diasporasituation dadurch aus, dass diese Muster Einzug in die Schriftsprache halten.

Daneben finden sich Unsicherheiten im Kasusgebrauch, v.a. in idiomatischen Wendungen, oder Unsicherheiten beim Gebrauch von hochkomplexen semantischen Kategorien wie Aspekt oder Modalität (im Russischen und Türkischen). Hier macht sich bemerkbar, dass durch den reduzierten Input (auch im Bereich der Schriftlichkeit) zu wenige Kontexte angeboten werden, in denen die verschiedenen Formen disambiguiert werden könnten. Meist hängt das auch zusammen mit der Auflösung von Normen in Sprachminderheitskontexten. Der redundante Gebrauch von Subjektpronomina in Kontexten, die nicht für die Herkunftssprache typisch sind, lässt sich nicht nur durch den Sprachkontakt mit dem Deutschen erklären, sondern auch damit, dass aufgrund der weniger rigiden Normen eine Unsicherheit im Gebrauch auftritt. Die explizite Verwendung der Pronomina wird dann von den Sprechern eingesetzt, um durch die redundante Verwendung von sprachlichem Material das Verstehen zu sichern. Die Abnahme des Gebrauchs von Aspektmarkierung im Russischen lässt sich ebenfalls mit der Lockerung der Normen einerseits und dem mangelnden *Entrenchment* (→ Kap. 5.5.1) andererseits erklären. Nicht-eindeutige Regeln der Aspektmarkierung, die eher randständige Konstruktionen darstellen, sind schwerer erlernbar und kommen weniger häufig im Input vor.

Es gibt aber auch eine gegenläufige Tendenz: Durch die Auflösung von Normen und Abnahme des *Entrenchments* von Konstruktionen kommt es zu einer höheren Varianz, so dass ein und derselbe Sprecher einmal die eine und einmal die andere Konstruktion im Input vorfindet. Tatsächlich zeigen die wenigen quantitativen Studien, dass die von einer Standardnorm abweichenden Konstruktionen immer nur zu einem geringen Prozentsatz vorkommen, sich also keine grundsätzlichen Sprachwandelprozesse vollzogen haben. Dazu ist zum einen die Zeitspanne zu gering, zum anderen kommt es auch immer wieder zu Einflüssen der Standardvarietät, etwa durch den Zuzug neuer Sprecherinnen und Sprecher aus dem Herkunftsland, durch Transmigration und durch unterschiedliche Medien. Auch der Herkunftssprachenunterricht (→ Kap. 14.2.2) hat hier einen entscheidenden Einfluss. Lediglich bei einzelnen Herkunftssprachen-Sprechern mit einer sehr geringen Kompetenz (z. B. der dritten Generation) kann es zu einem völligen Fehlen bestimmter Konstruktionen kommen.

Allen Kontaktsituationen gemeinsam ist der semantische Transfer bei ähnlich klingenden Lexemen. Dies ist auf die Sprachspeicherung zurückzuführen und hat kognitive Ursachen: Wie psycholinguistische Studien nachweisen, sind ähnlich klingende Wörter im Gesamtsprachrepertoire unabhängig von der Sprachzugehörigkeit miteinander vernetzt und werden bei der Sprachproduktion mitaktiviert (→ Kap. 7.2.2). Im Vergleich der drei Herkunftssprachen war im Italienischen der Anteil wesentlich höher, da das Deutsche und Italienische sehr viele gemeinsame *cognates* haben, die auf den gemeinsamen Einfluss der Bildungssprache Latein zurückzuführen sind.

Insgesamt gilt festzuhalten, dass unterschiedliche Bildungsniveaus der Sprecherinnen und Sprecher, unterschiedliche Stufen des Spracherwerbs und die Heterogenität durch unterschiedliche Einwanderungsphasen die Herausbildung einer Diasporavarietät erschweren. Dennoch lassen sich einige typische Kontakterscheinungen festmachen.

Aufgaben zu diesem Kapitel und Lösungen unter https://www.narr.de/Migrationslinguistik-18517-1

10 Der Einfluss der Einwanderersprachen auf die Sprache der Aufnahmegesellschaft

Im Gegensatz zum vorhergehenden Kapitel, das die Entwicklung der Herkunftssprachen im Blick hatte, soll es in diesem Kapitel um den Zusammenhang von Mehrheitssprache, Sprachkontakt und Mehrsprachigkeit gehen, d. h. um die Diskussion, ob Migration langfristig auch Auswirkungen auf die Sprache der Aufnahmegesellschaft hat. Dabei soll zunächst das „Deutsch der Migranten" (Deppermann 2013) in den Blick genommen werden und zwar im Besonderen das Gastarbeiterdeutsch, das in den 1970er Jahren vor allem unter dem Aspekt eines Pidgindeutsch untersucht wurde (→ Kap. 10.1). Danach wird auf aktuelle Einflüsse des Deutschen im Migrationskontext unter dem Begriff des ‚Multiethnolekts' eingegangen (→ Kap. 10.2).

10.1 Gastarbeiterdeutsch als Kontaktvarietät

Die ersten Studien, die sich mit dem Deutschen im Migrationskontext beschäftigten, waren Untersuchungen zum Deutsch der Gastarbeiter, die ab Ende der 1950er Jahre nach Deutschland gekommen waren (→ Kap. 1). Die Grundannahmen waren dabei, dass sich hier eine Sprachform ausbilde, bei der das Prinzip der Simplifizierung, das ein Grundmerkmal von Pidginsprachen ist, besonders zum Tragen komme (zu Charakteristika von Pidginsprachen, s. Kasten). Außerdem wurde argumentiert, dass das Gastarbeiterdeutsch mit Pidgins gemeinsam habe, dass es nur eingeschränkt gebraucht werde (nämlich überwiegend am Arbeitsplatz) und auch als Verständigungssprache von Sprechern verschiedener nicht-deutscher Herkunftssprachen untereinander verwendet werde, z. B. von Gastarbeitern aus Italien, Griechenland und der Türkei (vgl. Meisel 1975: 21).

Definition von Pidginsprachen
Unter Pidginsprache versteht man eine vereinfachte Sprache, die sich als Kommunikationsmedium zwischen zwei oder mehreren Gruppen von Menschen herausgebildet hat, die keine gemeinsame Sprache haben. Pidginsprachen entwickeln sich in der Regel in Umgebungen, in denen eine allgemeine Sprache der Verständigung gebraucht wird, und zeichnen sich durch eingeschränkten Gebrauch und einfache Strukturen aus. Am häufigsten treten Pidginsprachen im Zusammenhang mit Handelsbeziehungen auf. Sie entstanden aber auch auf Plantagen, im Bergbau oder in multiethnischen Schiffsmannschaften, besonders im Zusammenhang mit der Sklaverei (vgl. Rickford/McWhorter 1997). Viele Pidginsprachen bildeten sich im Kontakt von europäischen mit afrikanischen und austronesischen (überwiegend in Indonesien und Polynesien beheimateten) Sprachen heraus, und zwar mit dem

Lexikon einer europäischen Sprache und der Grammatik mehrerer afrikanischer oder austronesischer Sprachen (vgl. Riehl 2014a: 121–128).

Mit dem Phänomen des Gastarbeiterdeutsch hat sich als Erster Michael Clyne (1968) intensiv beschäftigt. Auf der Grundlage von Interviews gelang es ihm, eine Reihe einheitlicher Tendenzen trotz unterschiedlicher Herkunftssprachen (Spanisch, Griechisch, Türkisch sowie Slowenisch) festzustellen. Diese äußern sich etwa durch:

- den Wegfall verschiedener syntaktischer Kategorien (Personalpronomina, Artikel, Präpositionen, Kopula)
- das Fehlen von Flexionsendungen
- die Generalisierung des femininen Genus
- die Realisierung von Verbformen vor allem im Infinitiv

Zusammenfassen lassen sich diese Beobachtungen mit den Prinzipien der Reduktion, wie sie bereits in Kapitel 7.3 beschrieben wurden.

Diese erste systematische Untersuchung unterstützte zunächst die These, dass es sich beim Gastarbeiterdeutsch um ein Pidgin handle. Diese Annahme wurde allerdings durch nachfolgende, großangelegte Forschungsprojekte widerlegt. So wurden etwa im *Heidelberger-Projekt Pidgin-Deutsch* (HPD) (s. Pfaff 1981 für einen Überblick) bereits vier syntaktische Stufen formuliert, die eine Sichtweise auf das Gastarbeiterdeutsch als Lernersprache (⟶ Kap. 5.3) andeuten (vgl. Klein/Dittmar 1979). Diese sollen im Folgenden kurz vorgestellt werden (aus Riehl 2014a: 131–135):[27]

Beispiel (1) = Stufe 1

Der erste Sprecher, Battista I. (= B), stammt aus der Gegend von Neapel, kommt mit 15 Jahren nach Heidelberg und ist zum Zeitpunkt der Aufnahme 18 Monate dort. Er arbeitet bei einer holzverarbeitenden Firma (I = Interviewer):

(1)
I: Nicht eine Minute Pause (dürfen Sie bei der Arbeit machen)?
B: Wanne wann isch drink, drei Uhr, drei Uhr, ein Mann, eine mal deutsch, ein Gaste Bier alles, eh? + Wann isch drink, Chef gomm, sage, hö! Was mag du, eh? Warum isch nix, warum warum Alfred gomme Bier, isch bezahl, warum isch nix drink?
I: Ach so, die Deutschen dürfen trinken und die Italiener dürfen nicht?

27 Die folgenden Beispiele (1–4) sind aus Klein und Dittmar (1979: 138–142) übernommen. Allerdings sind sie dort in phonetischer Umschrift abgedruckt. Hier wurde dagegen versucht, die Transkription in eine literarische Umschrift umzuwandeln, um Leserinnen und Lesern, die mit phonetischen Schriften nicht vertraut sind, das Lesen der Beispiele zu vereinfachen. Dabei wurden auch weitere Vereinfachungen (z. B. im Anlaut) zur besseren Lesbarkeit vorgenommen.

B: Ja, wann isch in Toilett, he, eine mal ein Dag isch in Toilett, Chef gomm, so
v'stesch, dududu, he, was mage des, he? Nix rauge, ja, isch, isch rauge, ja, isch
eine ein Paket Zigarett ein Tag, he? Ja, warum nix rauge, he?
(nach: Klein/Dittmar 1979: 138)

Die Äußerungen von Battista I. bestehen lediglich aus sehr kurzen Sätzen; er verwendet nur wenige Verben: *trinken, kommen, machen, sagen, bezahlen, verstehen, rauchen.* Die Kopula *sein* fehlt. An Personalpronomina werden nur *ich* und *du* verwendet; Formeln der höflichen Anrede fehlen ebenfalls. Die Nominalgruppe besteht nur aus einem Nomen, manchmal mit indefinitem Artikel (*ein Gaste* Z. 2f., *ein Paket* Z. 9). Auffällig ist der typische Gebrauch von *nix* als partielle Negation und als Satznegation. Dies ist eine typische soziale Markierung von deutschen Gastarbeitern und wird auch von Deutschen benutzt, wenn sie deren Sprechweise nachahmen.

Beispiel (2) = Stufe 2

Isabel M. (= Is) stammt aus einem Dorf in der Provinz Andalusien. Sie kommt mit 23 Jahren nach Heidelberg, zur Zeit des Interviews ist sie bereits zehn Jahre dort. Sie hat in Spanien keine Schule besucht und hat kaum Kontakt zu Deutschsprachigen. Im Interview spricht Isabel M. von Problemen ihres ältesten Sohns in der deutschen Schule:

(2) Is: Meine Kinde viel tschimfe su mir, viel tschimfe + sagen zag isch ni ++ komme
Sohn fümfa Jahre komm in die Schule + un dann bissele äh lese Spani und andre,
und dann komme hier. Maestra vo die Schule imme tschimfe „ho, deiner Soh
viel dumm, deiner Soh(n) viel dung" und da i schimpfe, zage „meiner Soh ni
dumm! Warum du ni spreche Spanik? Schwer su dir, a fo main Soh au schwer!
Langsa, un da mein Sohn lenek."
(nach: Klein/Dittmar 1979: 140)

Im Vergleich zu Beispiel (1) gebraucht die Sprecherin mehr Präpositionen (*zu, in, von*) und benutzt als Determinanten auch den bestimmten Artikel und die Possessivpronomina *mein* und *dein.* Die sozial stigmatisierte Form dieser Varietät ist der Gebrauch des Quantifizierers *viel* statt *sehr* vor einem Adjektiv (*viel dumm* Z. 4, statt *sehr dumm*).

Beispiel (3) = Stufe 3

Tomás A. (= T) kommt aus einem Dorf in Galizien, in der Nähe der portugiesischen Grenze, und besuchte dort sieben Jahre die Schule. Er kommt mit 19 Jahren nach Deutschland und ist zur Zeit des Interviews über vier Jahre in Heidelberg. Tomás arbeitet als Bauarbeiter, ist angeblich häufig in Kontakt mit Deutschsprachigen während der Arbeit, aber kaum in seiner Freizeit. Im Interview erklärt er, warum er die Arbeit als Schweißer aufgegeben hat und jetzt auf dem Bau arbeitet:

(3) T: Wann viel nix igal eine Stunde sweiße mache oder swei Stund oder Tage oder
eine Monat, mach nix, aber wann jente Tage jente, des immer son le- esecht
machen: das son slegt. Der Maske machen nix, wann jente Tage, der der Maske

machen nix, ja? Vielleicht sie jet kommen bein Wohnetsimmer, ne? Immer kanze F -- ganze Fabrik immer laufen, vleis eine Freu do sweiße mache und andre so. Ni lins und res, un der andre Gas immer au selber machen, wann sie fort machen wie wie seine Plass arbeite und der Maske muss raus machen der Maske, ne? Ich muss kommen, bei mir Dolmetscher bein Doktor, muss i fragen alles fir Maske Arbeit oder so. Und der Doktor mir sagen, egal, wann du vielleicht kommen bein Toiletten oder Zimmer Wohnezimmer, ne? Du Maske raus machen, in der ganze Halle imme viel Rauch fir Eise, gel das? Und dau alles egal. Un ich muss fragen bein der Meister, ne? Und da geben eine eine Brief von der Doktor, muss bring von Meister, Meister muss lesen, sagen, gi mir Papier, der Meister muss eine Papier. Ich beim Bau kommen, Bau besser.
(nach: Klein/Dittmar 1979: 141)

Es fällt auf, dass die Sätze mehr Satzkonstituenten umfassen als die Sätze in Beispiel (1) und (2). Der definite und indefinite Artikel sind korrekt verwendet, das Verb ist oft mit einem Modalverb verknüpft. Typisch für diese Stufe ist die vage Verwendung von verschiedenen lexiko-semantischen Elementen (z. B. *Wohnetsimmer* für ‚Aufenthaltsraum', Z. 4). Die Präposition *bei* übernimmt auch die Funktion von *in, auf* und *zu* (*bein Toiletten* Z. 10, *beim Bau* Z. 14). Das Modalverb *müssen* in Kombination mit einem Verb zeigt sowohl Präsens als auch Perfekt an (*muss raus machen* Z. 7, *muss bring von Meister* Z. 13). Die unterordnende Konjunktion *wann* leitet Temporalsätze und Konditionalsätze ein.

Beispiel (4) = Stufe 4

Manuel E. (= M) aus Andalusien hat dort zehn Jahre die Schule besucht und eine Lehre als Mechaniker absolviert. Er kommt mit 19 Jahren nach Deutschland und ist zur Zeit des Interviews 3 1/2 Jahre dort. Er arbeitete zuerst als Chauffeur, dann als Küchenhilfe, schließlich als Schweißer. Manuel hat gute Kontakte zu Deutschsprachigen bei der Arbeit, aber nur sporadisch in der Freizeit. Im Interview erzählt er, wie er gefeuert wurde, weil er zum Zahnarzt ging:

(4) M: Ich war an Do- war ein Donnersta und hab ich am acht Uhr (...) und dann hab ich zu ihre Sohn gesach „Ich möchte heute mittach em drei Uhr zu Mauer [= Dorfname] zum Zahaetz geh. Isch (h)abe große Schmerzen" und de sach „gut". So, am sieben Uhr bis acht Uhr morgens (h)ab ich das gesach, ne? Gut, also ich am (h)alber drei Feieraben machen, ne, so normal, ne? Aha, bei dem imme länger bleiben un nich bezahle Iberstunde, gar nix. Drei Uhr sach: „Ja, ich geh for un weg. Ja, ech geh zum Zahnaetz". Ja, mirs gesach: „Du gescht net weg. Du muscht arbeite fertisch mache". Ich sach: „(H)eute morge hab ich zu dir gesach " ich mechten zum Zahnaetz gehn". „Du hast mir gar nix gesach, nur jetz". „Ne, das stimm net; ich (h)aba so groß Schmerze, ne, is geh s weg." „Gut, wann du gehs, komm nie mehr." So einfach gut, hab ich rausgegang, aber vorher (h)ab ich gesach: „Barum de?" „Nis, (h)au ab! Weg! Du Simpl, du Hund!" Do (h)ab ich s veschtande, ne?
(nach Klein/Dittmar 1979: 142)

Im Vergleich zu den drei vorhergehenden Texten ist dieser Text leicht verstehbar und zeigt auch deutlich Spuren des Pfälzer Dialekts (*halber drei* Z. 5, *net* Z. 7, *gescht* Z. 7, *muscht* Z. 8). Modus und Tempus des Verbs sind korrekt verwendet (*hab ich gesach* Z. 4, *ich möchte* [...] *geh* Z. 2 f.). Der Sprecher zeigt eine relativ gut entwickelte Morphologie, sowohl bei den Verben (*hast, gesach, rausgegang*) als auch bei den Nomina (*große Schmerzen* Z. 3 f.). Die Wortstellung ist an vielen Stellen korrekt, es werden Präsens- und Präteritumsformen der Kopula verwendet (*war* Z. 1). Das Pronominalsystem wird ökonomisch genutzt.

Zusammenfassend stellen Klein und Dittmar (1979: 143–145) folgende Stadien fest:

1. Im Anfangsstadium findet man Äußerungen ohne finites Element und ohne Subjekt: *Kinder drei* (‚ich habe drei Kinder'), *ein Tag eine Mark fufzig* (‚ich bekomme an einem Tag eine Mark fünfzig'). Fortgeschrittene Lernende haben dagegen immer ein Subjekt und finites Element. Für den Verbalkomplex gilt die Lernreihenfolge: einfaches Verb, Kopula, Modalverb, Hilfsverben. Die Kombination Modalverb + Verb wird relativ spät erworben.
2. Im nominalen Komplex überwiegen im Anfangsstadium einfache Nomina ohne Artikel, und Nominalphrasen haben keine Modifizierer oder Determinanten. Innerhalb der Determinanten geht der Erwerb von einfachen Zahlen (*swei mark*) und Quantifizierern (*viel arbei*) zu Artikeln. Die ersten Attribute sind Adjektive; Präpositionalphrasen und Relativsätze treten sehr spät auf, Nominalsätze (*dass*-Sätze) erst im mittleren Stadium.
3. Im Bereich des Adverbialkomplexes finden sich erst Adverbiale und einfache Nominalphrasen ohne Präposition z. B. *Deutschla* (= ‚in, nach, für Deutschland'). Danach folgen einfache Adverbien, Präpositionalphrasen, schließlich Adverbialphrasen. Präpositionalphrasen mit Nomina werden vor Präpositionalphrasen mit Pronomina gelernt: *bei mein Kollega* vor *bei ihm.*
4. Auch bei untergeordneten Sätzen gibt es eine klare Erwerbsreihenfolge: Adverbialsätze werden vor Nominalsätzen gelernt, diese vor Relativsätzen.

Betrachtet man nun diese verschiedenen Stufen, so fällt eine starke Abweichung zwischen den verschiedenen Stadien auf, und es erhärtet sich die Annahme, dass es sich dabei um Lernervarietäten handelt. Meisel (1975) schlug in diesem Zusammenhang den Begriff ‚pidginisierte Lernervarietäten' vor (zu Lernervarietäten ⟶ Kap. 5.3). Die verschiedenen Stufen dürfen allerdings nicht mit einer linearen Entwicklung gleichgesetzt werden, sondern können lediglich als Indiz für lernertypische Variation dienen (zur Kritik s. Hünlich 2022: 54 f.). Als entscheidende außersprachliche Faktoren, die auf die Sprachentwicklung einwirken, stellten sich das Alter bei der Einreise, Bildungshintergrund und Kontakt zu Sprecherinnen und Sprechern der Mehrheitsgesellschaft heraus. Die Ergebnisse wurden auch durch weitere Untersuchungen zum Gastarbeiterdeutsch in der jugoslawischen Migrationsgruppe (vgl. Orlović-Schwarzwald 1978) und zu türkischen Gastarbeitern (vgl. Keim 1978) bestätigt (vgl. den Überblick über die Studien bei Hünlich 2022: 47–104).[28]

10.2 Ethnolekte des Deutschen

Während der Sprachgebrauch der „traditionellen" ersten Generation von Arbeitsmigranten vor allem in den 1970er und 1980er Jahren untersucht wurde, wendete sich die Forschung ab den 1990er Jahren dem Sprachgebrauch der zweiten Generation der Migranten zu. Die spezifische Sprechweise, die sich bei Sprecherinnen und Sprechern der zweiten und dritten Generation herausbildet, wird in der Regel als ‚Ethnolekt' bezeichnet. Darunter versteht man „a variety of a language that marks speakers as members of ethnic groups who originally used another language or distinct variety" (Clyne 2000: 86).

Clyne (ebd.) führt zwei Arten von Ethnolekten auf: Der eine Typus entsteht in Situationen, in denen die Minderheitensprache in der zweiten Generation und in weiteren Generationen immer weniger verwendet wird. Als Folge davon wird die symbolische Bedeutung der Minderheitensprache als Identitätsmarker auf eine Varietät der Mehrheitssprache übertragen. Dieser Typ des Ethnolekts kann von den jeweiligen ethnischen Gruppen entweder generell oder in gruppeninternen Kontexten verwendet werden.[29] Die andere Art von Ethnolekt wird von Sprecherinnen und Sprechern verschiedener Herkunftssprachen verwendet, um einen Minderheitenstatus zum Ausdruck zu bringen oder eine Reaktion auf diesen Status auszudrücken. In diesem Fall spricht man von ‚**Multiethnolekt**', da diese Varietät nicht auf die Verwendung in einer bestimmten ethnischen Gruppe beschränkt ist, auch wenn eine bestimmte Gruppe einen dominanten Einfluss darauf nimmt (vgl. Freywald et al. 2011; Jannedy/Weirich 2013; Wiese 2009).

Die neue Varietät der zweiten und dritten Generation der Gastarbeiter, die sich in Deutschland seit der 1990er Jahre herausgebildet hat, wurde zunächst mit dem Begriff ‚Türkendeutsch' oder ‚Kanaksprak' bezeichnet.[30] Im Gegensatz zum oben beschriebenenen Gastarbeiterdeutsch (⟶ Kap. 10.1) zeichnet sich diese Varietät durch eine flüssige Sprechweise aus und stellt damit einen Ethnolekt des Deutschen dar. Da die Kontaktvarietät von Sprecherinnen und Sprechern verwendet wird, die in der deutschen Sprache sehr kompetent sind – und in den meisten Fällen Deutsch als dominante Sprache verwenden –, kann ihre Entstehung nicht durch Einfluss des

28 Eine weitere Studie, die sog. ZISA-Studie (*Zweitspracherwerb Italienischer und Spanischer Arbeiter*), geht noch genauer auf die verschiedenen Erwerbsstufen in Bezug auf die Satzbaumuster ein (vgl. u. a. Clahsen et al. 1983).

29 Beispiele bei Clyne (2000) sind unter anderem: jüdisch-amerikanisches Englisch, griechisches und jiddisches australisches Englisch sowie jüdische, tschechische und italienische Ethnolekte des österreichischen Deutsch in der Donaumonarchie.

30 Der Begriff ‚Kanaksprak' ist übernommen von dem gleichnamigen Buch von Feridun Zaimoğlu. Das Phänomen des Ethnolekts ist in vielen europäischen Ländern vor allem unter Jugendlichen sehr verbreitet.

Zweitspracherwerbs erklärt werden (vgl. Riehl 2018b: 36–40). Vielmehr ist der Ethnolekt Teil eines sprachlichen Repertoires, das auch andere Varietäten und Sprachstile der deutschen Sprache umfasst.

Die Besonderheiten des ethnolektalen Deutsch wurden zum ersten Mal von Tertilt (1996) dokumentiert. Tertilt analysierte den Sprechstil der sog. ‚Turkish Power Boys' in Mannheim und zeigte auf, wie die Angehörigen dieser Gruppe mithilfe dieses Sprechstils ihre ethnische Zugehörigkeit definierten. Die meisten sprachlichen Merkmale, die in aktuellen ethnolektalen Varietäten des Deutschen auftreten, waren bereits in diesem speziellen Gruppenstil vorhanden (vgl. Auer 2013: 12–14). Nachfolgende Studien zum ethnolektalen Sprechen in München und Nürnberg (Flüglein 2000), Mannheim (Hinnenkamp 2005; Kallmeyer/Keim 2003; Keim 2008, 2011), Hamburg (Dirim/Auer 2004), Münster (Bücker 2007) Berlin (Kern 2013; Şimşek 2012; Wiese 2012) und Stuttgart (Auer 2013; Siegel 2018) fanden ähnliche Merkmale, vor allem in Bezug auf morphosyntaktische Besonderheiten. Diese Merkmale wurden auch in schweizerischen und österreichischen ethnolektalen Varianten festgestellt (vgl. Ivušić 2011; Lenzhofer 2018; Tissot et al. 2011).

Wie diese Studien zeigten, zeichnen sich ethnolektale Varietäten des Deutschen durch mehr oder weniger gleichzeitig auftretende phonologische, morphosyntaktische, lexikalische und pragmatische Merkmale aus, die sich von den Strukturen unterscheiden, die in der deutschen Umgangsssprache verwendet werden. Im Folgenden werden die wichtigsten Merkmale vorgestellt.

10.2.1 Phonetische Merkmale

Das ethnolektale Deutsch zeigt einige Besonderheiten auf der phonetisch-phonologischen Ebene, hauptsächlich im Bereich der Realisierung von Frikativen und Affrikaten sowie die Realisierung von /r/ in verschiedenen Positionen. Dazu gehören die folgenden Merkmale (aus Dirim/Auer 2004; Keim 2011):

- Koronalisierung des stimmlosen palatalen Frikativs /ç/ im Auslaut (*isch* statt *ich*)
- Fehlende Vokalisierung des auslautenden /r/ und apikal-alveolare Realisierung von /r/ im Anlaut
- Reduktion der Affrikate /ts/ in Konsonantenclustern im Anlaut (*swei* statt *zwei*)
- Kürzung von Langvokalen

Einige dieser phonetisch-phonologischen Merkmale können auf den Einfluss zugrundeliegender Kontaktsprachen, hauptsächlich des Türkischen, zurückgeführt werden (vgl. Keim 2011). Dies gilt insbesondere für die Nicht-Vokalisierung von auslautendem /r/ und die Reduktion der Affrikate /ts/. Da jedoch Sprecherinnen und Sprecher ethnolektaler Varietäten in einem deutschsprachigen Umfeld aufgewachsen sind und die Standardaussprache der deutschen Sprache in der Regel beherrschen, sind diese Merkmale als Nachahmung des Gastarbeiterdeutsch und nicht als Zeichen von unvollständigem Erwerb zu interpretieren. Andere Merkmale, wie etwa die Koronalisierung des palatalen Frikativs /ç/, finden sich zudem in verschiedenen regionalen Dialekten des Deutschen (vgl. Auer 2013).

Während die oben genannten Merkmale typischerweise im Hamburger, Mannheimer und Berliner Korpus auftreten, sind sie in anderen Varianten weniger häufig. So wurde bei zehn ausgewählten Probanden aus dem Stuttgarter Korpus nur in 6 % der Fälle die Koronalisierung von /ç/ vollständig und in 11 % der Fälle teilweise durchgeführt (vgl. Auer 2013: 24). Darüber hinaus treten einige der genannten Merkmale nur in ethnolektalen Varietäten in Deutschland auf, in Österreich und der Schweiz finden sich andere ethnolektale Merkmale in örtlichen oder regionalen Dialekten (vgl. Lenzhofer 2018; Tissot et al. 2011). So ist etwa in schweizerdeutschen ethnolektalen Varietäten eine abweichende Realisierung von Plosiven charakteristisch (z. B. die stimmhafte Aussprache von Lenis-Plosiven, wie z. B. *b* oder *g* in Wörtern wie *aber* oder *gehen*), die von einem albanischen Substrat beeinflusst sein kann (vgl. Tissot et al. 2011).

Sprecherinnen und Sprecher ethnolektaler Varietäten, hauptsächlich mit türkischem Hintergrund, übernehmen ebenfalls typische Merkmale der türkischen Prosodie (vgl. Kern 2013, 2015; Şimşek 2012; s. Kasten zur Signalisierung von Kontrasten im Ethnolekt). Dies hat Auswirkungen auf die diskursstrukturelle Ebene, da die entlehnten prosodischen Muster Kohärenz und Kohäsion durch kurze prosodische Einheiten mit hoher Akzentdichte herstellen (vgl. Şimşek 2012). Dabei wird semantisch zusammengehörige Information, die im Standarddeutschen häufig in einer komplexen Einheit integriert werden würde, in selbstständigen prosodischen Einheiten, häufig auch mit nachgestellten Satzgliedern, präsentiert. Diese Form des Sprechens lässt sich als ein eigener ethnischer Stil definieren, wie im Beispiel (5) gezeigt:

(5) = isch hab GESTern geSEHN;
SO=ne Tüte? (.)
dis war bestimmt ZEHN gramm;=
=oder t' sch' zwanzisch GRAMM; (-)
der mann hat geGEben, (.)
<<rall>> und denn GELD geGEben;>
(Şimşek 2012: 65)

Signalisierung von Kontrasten im Ethnolekt

Im Zusammenhang mit Sprechrhythmus im ethnolektalen Sprechen beschreibt Kern (2011, 2013) zwei verschiedene Typen: Der erste Typ basiert auf einer Akzent-Isochronie, der zweite auf wiederkehrenden Betonungsmustern und einer metrischen Silbenstruktur mit syntaktischem und lexikalischem Parallelismus. Beide Muster zeichnen sich durch einen Wechsel der Vokalqualitäten und durch Akzentverschiebungen sowohl auf der Wort- als auch auf der Äußerungsebene aus. Im Gegensatz zum Standarddeutschen und regionalen Varietäten des gesprochenen Deutsch weisen ethnolektale Varietäten kurze prosodische Einheiten auf, indem lange syntaktische Phrasen in kleinere Einheiten aufgeteilt werden. Darüber hinaus wird die Intonation des Türkischen verwendet, um die semantische Beziehung des Kontrastes herzustellen (vgl. Kern 2013). Auf diese Weise wird der Kontrast nicht nur durch lexikalische Mittel (z.B. *aber*) gekennzeichnet, sondern durch eine gegenläufige Intonationskontur (steigend-fallend) in aufeinanderfolgenden Äußerungen:

ELA: <<acc>> jEder Isst so Ein me´NÜ,
ich `ZWEI;>
(Kern 2013: 163)

Da diese Typen von asyndetischen syntaktischen Verbindungen in der türkischen Sprache zur Signalisierung von Kontrasten verwendet werden, geht Kern (2015) davon aus, dass dieses rhythmische Muster kontaktinduziert ist.

10.2.2 Lexikalische Übernahmen

Ein Hauptmerkmal des deutschen Ethnolekts, das auf den Einfluss von Herkunftssprachen zurückgeht, ist die Verwendung von Lehnwörtern, vor allem aus dem Türkischen. Die prominentesten sind dabei Anredeformen wie *lan* (‚Alter'), *moruk* (‚Alter', etwas vulgärer), *kizim* (‚mein Mädchen') oder *abi* (‚(älterer) Bruder') und *abla* (‚(ältere) Schwester'). Häufig kommen auch Schimpfwörter (z. B. *siktir* ‚fuck you')[31] oder formelhafte Wendungen wie *tamam* (‚okay') und *wallah* (lit. ‚und Allah' [= wirklich]) vor (vgl. Bahlo et al. 2019: 137 f.).

Formeln wie *yemin ederim* (‚ich schwöre') werden oft auch in einer Lehnübersetzung mit *ich schwör* wiedergegeben, was zusammen mit der typischen Prosodie (⟶ Kap. 10.3.1) zu einer Art Schibboleth für den deutschen Ethnolekt geworden ist. In ähnlicher Weise spiegelt die Anredeformel *(h)ey Alder* das türkische Äquivalent *hi lan* wider und wird ebenfalls synonym dazu verwendet. Beide Ausdrücke unterstreichen die Gleichberechtigung von Sprecherinnen und Zuhörern und wirken identitätsstiftend und beziehungsbildend (vgl. Dirim/Auer 2004: 90; ⟶ Kap. 11). Darüber hinaus wird die deutsche Phrase *weißt du* mit hoher Frequenz und in vielen Funktionen äquivalent zum Türkischen *biliyon mu* (‚du weißt') verwendet (vgl. Şimşek 2012: 129–162). Die typische phonetische Realisierung und die Distribution dieses Ausdrucks tragen ebenfalls zu seiner Funktion als ethnolektaler Marker bei (vgl. ebd.; Bücker 2007).

Ein weiteres auffälliges Phänomen ist die Entlehnung von Diskursmarkern und Rezipientensignalen aus der türkischen Sprache (vgl. Bahlo et al. 2019: 138; Şimşek 2012). Besonders häufig sind dabei die Diskurspartikeln *yani* ‚also', *işte* ‚halt', *hani* ‚doch' oder Rezipientensignale wie *ha, he, hı, ay* (‚hm').

31 Interessanterweise wird in Schweizer ethnolektalen Varietäten das Albanische *ta qui nënën* (‚fuck your mother') verwendet (Schader 2006: 312). Das hat damit zu tun, dass dort das Albanische die vorherrschende Migrantensprache ist (vgl. ebd.).

Wie bereits zuvor in Kapitel 7.2.4 erwähnt, ist der Transfer von Diskurspartikeln und verwandten Operatoren ein sehr häufiges Phänomen in Sprachkontaktkonstellationen und dient u. a. der Imitation des Habitus einer anderen Sprachgemeinschaft. Die Verwendung der Diskursmarker eignet sich daher besonders, um sich von der Mehrheitsgruppe abzusetzen und die eigene Identität zu markieren (→ Kap. 11).

10.2.3 Morphologische und syntaktische Besonderheiten

Während die oben genannten Merkmale des ethnolektalen Deutsch direkte Einflüsse von Migrantensprachen zeigen, ist der Kontakteinfluss auf morphologischer und syntaktischer Ebene weitaus geringer. Ein typisches morphosyntaktisches Phänomen ethnolektaler Varietäten des Deutschen ist das Weglassen von Präpositionen in lokalen und richtungsweisenden Konstruktionen, wie das nachfolgende Beispiel (6) veranschaulicht:

(6) a. *Wir gehen jetzt FANmeile.* (Wiese 2013: 122)

b. *Wir warn letztens SCHIschabar.* (Siegel 2018: 104)

c. *Ich muss toilette.* (Keim 2012: 128)

d. *Die fohrt italien und wir nit.* (Ivušić 2011: 86)

Wie Wiese (2009: 792) betont, können auch im umgangssprachlichen Deutsch Substantive ohne Artikel oder Präposition verwendet werden, um eine lokale Angabe auszudrücken, jedoch nur in Kombination mit Haltestellen des öffentlichen Verkehrs, z. B. *nein, wir sind noch nicht Wannsee.* In ethnolektalen Varietäten wird diese Option ausgeweitet und auf andere Kontexte übertragen, d. h. auf alle Arten von lokalen Ausdrücken (z. B. *ich geh Kino*) (Wiese/Pohle 2016). Präpositionslose Konstruktionen werden von lokalen und richtungsweisenden Kontexten auf quasi-lokale und quasi-richtungsweisende Kontexte transferiert (z. B. metaphorische Orte wie *Abschlussball, fünfte Klasse).* Da quasi-direktionale Ausdrücke sowohl lokale/gerichtete als auch zeitliche Bedeutung haben (*fünfte Klasse* kann den Ort [= das Klassenzimmer] oder einen Punkt auf einer Zeitlinie angeben), gibt es einen offensichtlichen Grammatikalisierungspfad von direktionalen zu quasi-gerichteten zu zeitlichen Konstruktionen (z. B. *Ich werde zweiten Mai fünfzehn*) (Siegel 2018: 126). Wiese und Pohle (2016) konnten nun für das Berliner Korpus (KiDko, vgl. https://www.kiezdeutschkorpus.de/kidko-home.html), das mehrsprachige Sprecherinnen und Sprecher und eine einsprachige deutsche Gruppe umfasst, zeigen, dass alle Sprecher präpositionslose NPs verwenden, allerdings war der Prozentsatz in der mehrsprachigen Gruppe signifikant höher (14 % nicht-kanonische lokale Ausdrücke im mehrsprachigen Korpus vs. 8 % in den Daten monolingualer Sprecherinnen und Sprecher). Die nicht-kanonischen NPs sind jedoch auf lexikalische Präpositionen beschränkt (wie im Falle von *ins Kino, am Bahnhof*) während funktionale (d. h. verbbasierte) Präpositionen (wie *nach etwas aussehen*) fast ausschließlich entsprechend der standarddeutschen Norm realisiert werden (vgl. Wiese/Pohle 2016.).[32]

Im Gegensatz dazu ist im österreichischen Kontext der Prozentsatz der präpositionslosen NPs, die lokale oder richtungsweisende Dimensionen angeben, viel höher. In Osttirol erreicht der Anteil nicht-kanonischer Realisationen (d.h. als artikel- und präpositionslose NPs) in einem mehr oder weniger einsprachigen Umfeld von Sprechern verschiedener Altersgruppen 33,54 % (vgl. Lenzhofer 2018: 500). Es gibt jedoch einen signifikanten Unterschied zwischen erwachsenen und jugendlichen Sprecherinnen und Sprechern (28,79 % vs. 39,81 %).[33] Obwohl die Ausweitung des Gebrauchs präpositionsloser Konstruktionen durch Sprachkontakt verursacht sein könnte – Pohl (1989) geht davon aus, dass die Konstruktionen aus zweisprachigen deutsch-slowenischen Gemeinden Kärntens stammen –, deuten die Ergebnisse auf eine eigenständige Entwicklung des österreichischen Deutsch hin. In Österreich haben diese Konstruktionen auch nicht die Funktion eines ethnolektalen Markers, sondern sind Beispiele für jugendpräferenzielle Sprechweisen (vgl. Lenzhofer 2018: 504).[34] Diese Befunde zeigen noch einmal ganz deutlich, dass präpositions- und artikellose NPs in ihrer lokalen und richtungsweisenden Funktion unabhängig voneinander in unterschiedlichen Varietäten entstehen können und ihren Ursprung eben nicht nur im ethnolektalen Sprechen haben!

Ein weiteres hervorstechendes morpho-syntaktisches Merkmal ethnolektalen Sprechens ist das Weglassen von Artikeln in Nominalphrasen:

(7) a. *Da wird Messer gezogen.* (Dirim/Auer 2004: 207)
b. *Gib mir kippe.* (Keim 2012: 126)
c. *Wir haben da mischung geraucht.* (Siegel 2018: 75)
d. *Es isch eifach Unterschiid.* (Schweizerdeutsch; Tissot et al. 2011: 225)

In einer quantitativen Analyse des Stuttgarter Korpus zeigte Siegel (2018), dass bestimmte und unbestimmte Artikel in Nominalphrasen allerdings nur dann weggelassen werden, wenn die Bedeutung aus dem syntaktisch-semantischen Kontext abgeleitet werden kann. Aus diesem Grund fehlten häufiger definite als indefinite Artikel sowie Artikel, die in Konstruktionen vorkommen, die sich auf unbelebte Objekte bezogen.

---

32 Ähnliche Ergebnisse erzielte Siegel (2018) für das Stuttgarter Korpus. Hier wurden 14,2 % der Phrasen, die im Standarddeutschen als Präpositionalausdrücke realisiert werden, als artikel- und präpositionslose NPs wiedergegeben. Unter diesen präpositionslosen Phrasen sind quasidirektionale und quasi-lokale Ausdrücke am häufigsten (45 % vs. 23,6 %), gefolgt von direkten und lokalen Phrasen (15 % vs. 9,1 %). Zusätzlich wurden 9,9 % der adverbialen Substantivphrasen mit temporaler Bedeutung ohne Präposition realisiert.

33 Diese Zahlen müssen jedoch anders interpretiert werden als die Daten bei Wiese und Pohle (2016) und Siegel (2018), da sie idiomatische Ausdrücke und Pfadangaben ausschließen (vgl. Auer 2013). Ohne diese Art von Ausdrücken würden auch die Daten aus Stuttgart und Berlin höhere Prozentzahlen aufweisen (d. h. 25 %, vgl. Auer 2013).

34 Auch in mehrsprachigen Kontexten der österreichischen Großstädte ist die Verwendung präpositionsloser lokaler Ausdrücke in südöstlichen Gebieten höher (vgl. Lenzhofer 2018).

Darüber hinaus unterliegt die Verwendung und Nichtverwendung von Artikeln einer hohen Variation zwischen den Sprecherinnen und Sprechern und ist auch nicht von den jeweiligen Herkunftssprachen beeinflusst (vgl. Siegel 2018: 203–205): Die Auslassung von Artikeln tritt auch bei monolingualen Sprecherinnen und bei Sprechern von Sprachen auf, die über ein Artikelsystem verfügen (z. B. Italienisch). Es kann jedoch nicht ausgeschlossen werden, dass die Entwicklung, die auf die 1990er Jahre zurückgeht (vgl. Tertilt 1996), ursprünglich von Sprechern des Türkischen (einer Sprache mit einem anderen Artikelsystem) angestoßen und dann von Sprechern der zweiten Generation als Nachahmung des Gastarbeiterdeutsch übernommen wurde (⟶ Kap. 10.1).

Gelegentlich folgen ethnolektale Äußerungen nicht den deutschen Wortstellungsprinzipien, wie dem V2-Prinzip. In Sätzen wie in Beispiel (8) gibt es keine Inversion von finitem Verb und Subjekt:

(8) a. *Jetzt ich bin 18.* (Dirim/Auer 2004: 207)

b. *Jestern wir gucken Fußball.* (Wiese et al. 2020: 683)

Wiese et al. (2020) führen jedoch an, dass Fälle wie in (8) eher Beispiele nicht-kanonischer Wortstellung sind, die in verschiedenen anderen germanischen V2-Sprachen ebenfalls vorkommen (vgl. Freywald et al. 2015). Diese Muster müssen als sprachunabhängiges Muster identifiziert werden, bei dem ein Prädikat einem Rahmensetzer (*framesetter*) und einem Thema folgt. Die Konstruktion ist damit informationsstrukturell motiviert. Nicht-kanonische V3-Wortstellung tritt typischerweise in informeller Sprache auf, die weniger kodifizierten Normen unterliegt (vgl. Wiese et al. 2020). In diesem Sinne ist es nicht verwunderlich, dass die Konstruktion, die sich gerade durch eine Lockerung von Normen auszeichnet, in ethnolektalen Varietäten mit höherer Frequenz verwendet wird.

Ein weiteres häufig genanntes Merkmal sind Abweichungen bei der Genus- und Kasusmarkierung:

(9) a. *ein Ohrfeige geben.* (Dirim/Auer 2004: 219)

b. *sieht die mich mit das andere Mädchen.* (Bücker 2007: 46)

Die Beispiele in (9) spiegeln Äußerungen wider, die auch typisch für Lernervarietäten sind: So ist der Erwerb des Genus im Deutschen eine der größten Hürden für L2-Lernende (⟶ Kap. 4.3.2). Ein Lerner, der in einer mehrsprachigen Umgebung lebt und ständigen Kontakt mit L2-Sprecherinnen und -Sprechern der deutschen Sprache hat, ist mit einem sehr variablen Input morphologischer Markierungen konfrontiert. Infolgedessen können die Sprecherinnen und Sprecher in informellen Situationen unterschiedliche Genus- und Kasusmarkierungen austauschbar verwenden (vgl. Riehl 2015). Darüber hinaus markieren sie durch die Verwendung normabweichender Formen auch einen spielerischen Verstoß gegen mehrheitliche Sprachnormen (vgl. Wiese et al. 2020).

10.2.4 Morpho-syntaktische Innovationen

Zusätzlich zu den oben genannten grammatischen Merkmalen, die in allen Studien zum ethnolektalen Deutsch auftreten, fand Wiese (2009, 2012) neue produktive Muster, die sich in der Berliner ethnolektalen Variante ‚Kiezdeutsch' abzeichnen. Hier werden bestimmte Konstruktionen gebildet, die sog. **Funktionsverbgefügen** ähneln, bei denen die semantische Bedeutung der Verben völlig verblasst ist:

- *rote Ampel machen* (‚bei Rot über die Straße gehen')
- *jemanden Messer machen* (‚jem. mit einem Messer umbringen')
- *U-Bahn haben* (‚mit der U-Bahn fahren')
- *neues Thema sein* (‚ein neues Thema angefangen haben') (Wiese 2009: 798)

Diese Konstruktionen ähneln Konstruktionen wie *Angst haben, Angst bekommen* oder *Angst machen.* In diesen Konstruktionen werden an den Verben nur noch die grammatischen Funktionen markiert und die inhaltliche Bedeutung liegt auf dem Nomen. Die Funktion der Funktionsverbgefüge ist in der Regel die Markierung von Aktionsarten (durativ, inchoativ, kausativ). Ähnliche Ausdrucksformen, aber mit anderer Funktion, finden sich auch im Türkischen. Hier dienen Konstruktionen wie *telefon etmek* (wörtl. ‚Telefon machen' = ‚telefonieren') dazu, Fremdwörter zu integrieren.[35] Das Vorhandensein des Konstruktionstyps (Nomen + Verb mit der Bedeutung ‚machen') in beiden Sprachen erleichtert nun den Ausbau dieses Bildungstyps (vgl. Wiese 2009: 798). Diese Annahme steht im Einklang mit den Ergebnissen in Sprachkontaktkonstellationen, in denen die Grammatikalisierung neuer Kategorien auf bereits bestehenden Konstruktionen basiert (vgl. Riehl 2014a: 119).

Eine weitere Entwicklung, die Wiese (2009: 801) anführt, ist die Grammatikalisierung von Direktiven wie *musstu* (‚musst du') und *lassma* (‚lass mal') zu Modalpartikeln.

(10) a. *Musstu Doppelstunde fahren!* [= Vorschlag, an den Hörer, in der Fahrschule eine Doppelstunde zu fahren]

b. *Lassma Moritzplatz aussteigen!* [= Vorschlag, gemeinsam am Moritzplatz aus dem Bus auszusteigen]

c. *Musstu hinten aussteigen!* [= Vorschlag an mehrere Personen, hinten im Bus auszusteigen]

Wie die Beispiele in (10) zeigen, leitet *lassma* Aufforderungen ein, die den Sprecher mit in die Aufforderung einbeziehen, und *musstu* Aufforderungen, die sich an die Hörer richten. Die beiden Ausdrücke haben sich aber bereits von der eigentlichen verbalen Bedeutung (‚[da] musst du', ‚lasst uns mal') entfernt, wie das Beispiel (10c) zeigt: Mit *musstu hinten aussteigen* werden nicht nur ein Adressat oder eine Adressatin, sondern mehrere Personen angesprochen. Das bedeutet, dass die Imperativform nicht mehr

35 Ähnlich werden ja auch Verben aus anderen Sprachen mithilfe von *etmek* ins Türkische integriert (→ Kap. 9.3.1).

als Verb, sondern als ein feststehender Ausdruck verwendet wird, der die Funktion einer unflektierten sprachlichen Einheit hat. Diese sprachliche Form fungiert wie eine Partikel und bringt eine Verstärkung zum Ausdruck, ähnlich wie *doch* in ‚steigt *doch* hinten aus'. Kiezdeutschsprecher kreieren damit eine neue Ausdrucksform, die allgemein für Direktive verwendet werden kann.

Eine weitere Entwicklung, die zuerst im Kiezdeutschen beobachtet wurde, aber auch in anderen mehrsprachigen Kontexten auftritt, ist die Entwicklung der Existenzkonstruktion *gibt es:* Diese durchläuft zunächst eine phonologische Reduktion (*gibs*) und entwickelt sich dann zu einem monomorphematischen existentiellen Marker (vgl. Wiese 2020):

(11) *WEIßte doch, die die in verschiedene FARben gibs?* (Wiese 2020: 270)

Die genannten Beispiele zeigen, dass die Praxis des mehrsprachigen Sprechens zur Entstehung kreativer Formen und zur Grammatikalisierung neuer morphosyntaktischer Muster führt. In diesem Sinne können die mehrsprachigen und multikulturellen Milieus als Motor für Innovationen dienen, die sich auch auf andere Varietäten der deutschen Sprache auswirken können. Im Folgenden soll nun darauf eingegangen werden, welche Funktionen das ethnolektale Deutsch in der entsprechenden Sprechergruppe erfüllt.

10.2.5 Funktionen des ethnolektalen Deutsch

Die anfängliche ethnolektale Sprachform, das sog. ‚Türkischdeutsch' (vgl. Tertilt 1996), wurde zunächst von türkischen Jugendlichen verwendet, entweder in Konfliktsituationen mit deutschsprachigen Peers, um eine fremde und bedrohliche Identität zu projizieren, oder in der *In-group*-Kommunikation, um spielerisch mit Konflikten umzugehen oder die Inkompetenz Dritter zu karikieren (vgl. Hinnenkamp 2005; Keim 2008). Der Sprachstil diente damit der Markierung einer spezifischen Identität (→ Kap. 11) als ‚Türkendeutsche'.

In der Folgezeit wurden – vermutlich aufgrund der ethnischen Diversifizierung der „Ghettos" in deutschen Großstädten (vgl. Auer 2013: 18) – Charakteristika des ‚Türkendeutschen' auch vermehrt von Jugendlichen anderer ethnischer Herkunft und von Jugendlichen mit deutschem Familienhintergrund aufgegriffen, die Teil dieser Netzwerke waren. Somit entwickelte sich der Ethnolekt zu einem polyethnischen Stil (vgl. Quist 2008) bzw. zu einem ‚Multiethnolekt' (vgl. Clyne 2000; Freywald et al. 2011), in dem die sprachlichen Praktiken zunehmend von mehreren Substratsprachen beeinflusst werden und die mehrsprachigen Milieus widerspiegeln.[36]

Aber auch im multiethnolektalen Sprechen setzten sich türkisch-basierte Anredeformen und Diskursmarker durch (→ Kap. 10.3.2) – was auf die Dominanz türkischstämmiger Sprecher hindeutet (vgl. Auer 2013: 18f.). Auer (2013) betont, dass der

36 Die sprachlichen Praktiken mehrsprachiger Jugendlicher finden sich auch in anderen europäischen Metropolen wieder und werden als „late urban youth style" (vgl. Madsen 2011) oder „contemporary urban vernacular" (vgl. Rampton 2015) bezeichnet (vgl. auch Kern 2015).

polyethnische Stil klar von der spielerischen Sprechweise des *double voicing* im sog. ‚tertiären Ethnolekt' zu unterscheiden ist (s. Kasten zum sekundären und tertiären Ethnolekt). Im Falle von Multiethnolekten verwenden Mitglieder der dominanten (ethnischen) Gruppe diese Sprechweise gegenüber ethnischen Minderheiten, um eine neue Art von Gruppenidentität auszudrücken. In diesem Sinne kann man von einer gewissen Deethnisierung des deutschen Multiethnolekts sprechen, der sich in einigen städtischen, nicht-migrantischen Milieus verbreitet hat (vgl. Auer 2013).

Sekundärer und tertiärer Ethnolekt

In den späten 1990er Jahren erfuhr das Türkischdeutsche eine Stilisierung durch Comedy-Sendungen, in die auch reine Comedy-Erfindungen wie der universelle Artikel *dem* (*dem ist korrekt*) und neue Wortbildungen (*brontal* aus *brutal* und *frontal*) einflossen. Diese stilisierte Form wird als ‚sekundärer Ethnolekt' bezeichnet (vgl. Androutsopoulos 2002; Auer 2003). Der sekundäre Ethnolekt wurde wiederum von jugendlichen Sprechern nicht-türkischer Herkunft imitiert und verwendet, um entweder dem Gespräch eine spielerische Wendung zu geben oder Dinge auszusprechen, die in der eigenen Sprache eine gesichtsbedrohende Handlung oder ein Tabu darstellen würden (= *double voicing*, vgl. Rampton 1995). Diese Sprechweise, die als ‚tertiärer Ethnolekt' bezeichnet wird, zeichnete sich aus durch die Verwendung stereotyper ethnolektaler Marker (d. h. die Koronialisierung des palatalen Frikativs /ç/ im Auslaut) durch Sprecherinnen und Sprecher, die sich explizit vom Migrantenmilieu distanzierten (vgl. Androutsopoulos 2002, 2007; Auer 2003).

Jugendliche setzen dieses spezielle Register ein, um bestimmte diskursive und soziale Zwecke zu verfolgen (vgl. Keim 2012: 132). In der Peergroup gilt der Ethnolekt als Normalform, in der Interaktion mit Lehrerinnen und Lehrern oder anderen erwachsenen Personen verwenden die Jugendlichen dagegen reguläre umgangssprachliche Varietäten. Das heißt, sie verwenden beispielsweise Präpositionen und Artikel standardkonform und vermeiden typisches ethnolektales Vokabular und die ethnolektale Aussprache. Wenn jedoch Erwachsene Teil der *In-group* sind (in Keims Korpus ein türkischstämmiger Sozialarbeiter), wird der Ethnolekt auch mit diesen als unmarkierte Varietät verwendet (vgl. Keim 2012: 132). Keim (2012) veranschaulicht in einer Analyse von Peergroup-Gesprächen und Lehrer-Schüler-Interaktionen, dass Jugendliche mit ihren unterschiedlichen Repertoires unterschiedliche Diskurskonstellationen konstruieren und Beziehungsstrukturen markieren. Ähnliches stellten auch Wiese und Pohle (2016) in ihrem Korpus von Kiezdeutsch-Sprechern fest: 76,7 % der nicht-kanonischen lokalen NPs (ohne Präposition) traten im informellen Umfeld auf. Im Gegensatz dazu verwendeten die Probanden in formalen schriftlichen Äußerungen sogar 91,8 % kanonische lokale Ausdrücke (d. h. Präposition + Artikel + NP).

10.2.6 Ethnolektale Merkmale als Zeichen des Sprachkontakts?

Wie die Beispiele zeigen, ist nur ein kleiner Teil der ethnolektalen Merkmale tatsächlich kontaktinduziert, und es gibt darüber hinaus auch regionale Unterschiede: Zu den kontaktinduzierten Merkmalen zählen Lehnwörter und Phraseologismen aus dem Türkischen – oder Albanischen wie im Fall der schweizerdeutschen ethnolektalen Varietäten – und aus dem Türkischen entlehnte Diskursmarker. Diese Beobachtungen basieren jedoch auf qualitativen Beschreibungen und wurden noch nicht systematisch untersucht. Darüber hinaus können einige phonetische und prosodische Merkmale ebenfalls auf Sprachkontakt zurückgeführt werden: Typische phonetisch-phonologische Merkmale wie die Koronalisierung des stimmlosen palatalen Frikativs /ç/ oder die Realisierung von /r/ gehen auf Sprachkontakt in Migrantenvarietäten der ersten Generation zurück, die von Sprechern der zweiten und dritten Generation nachgeahmt werden (vgl. Bahlo et al. 2019: 151). Dagegen werden prosodische Muster, die sich an der prosodisch-pragmatischen Schnittstelle befinden, von Sprechern des Ethnolekts aus der Migrantensprache Türkisch übernommen.

Besonderheiten auf morphosyntaktischer Ebene sind dagegen nicht durch Sprachkontakt induziert, sondern sind Ausdruck von Strategien der **Sprachökonomie oder Vereinfachung**, die typischerweise in migrantischen Milieus auftreten: Durch das Weglassen von Artikeln und Präpositionen versuchen die Sprecherinnen und Sprecher redundante grammatische Informationen zu vermeiden. Wie Siegel (2018) hervorhebt, folgen Sprecher multiethnolektaler Varietäten einer universellen Tendenz, Funktionswörter auszulassen, die funktional entbehrlich sind (z. B. die Verwendung einer Präposition zum Ausdruck der Richtung, wenn die Direktionalität bereits durch das Verb kodiert ist). Diese Tendenz ist jedoch nicht auf ethnolektales Sprechen beschränkt, wie auch das Vorkommen in einigen österreichischen Dialekten zeigt (vgl. Lenzhofer 2018). Allerdings kann der Sprachkontakt diese Entwicklung beschleunigen oder verstärken (vgl. Riehl 2014a: 117). Ähnliches gilt für die V3-Wortstellung, die als eine pragmatische Option beim informellen Sprechen auftritt (vgl. Wiese et al. 2020).

Andere Merkmale wie die Verwendung von normabweichenden Genus- oder Kasusmarkierungen können eher als Performanzphänomene oder Reduktionen, die für Allegrosprache, d. h. für schnelles Sprechen, charakteristisch sind, interpretiert werden (vgl. Bahlo et al. 2019: 141). Darüber hinaus spiegeln sie die Lockerung von Normen und den höheren Grad an Variation in mehrsprachigen Sprachgemeinschaften wider (→ Kap. 9.5).

Jugendliche Sprecherinnen und Sprecher in der Migrationsgesellschaft zeigen insgesamt ein hohes Innovationspotenzial: Sie nutzen ihr gesamtes Sprachrepertoire auf kreative Weise, indem sie entweder Elemente aus einem Sprachsystem in das andere transferieren oder Muster anderer Sprachen (Phrasen, Intonationsmuster) replizieren. Darüber hinaus imitieren sie phonetische Besonderheiten von Herkunftssprachen-Sprechern der ersten Generation und integrieren sie in ihre Sprechweise. Dabei bedienen sie sich der für Jugendsprachen typischen Technik der Bricolage (vgl. Bahlo et al. 2019: 65). Diese stilistische Praxis kombiniert unterschiedliche Ressourcen, um eine komplexere Bedeutungseinheit zu konstruieren (vgl. Eckert 2008: 456 f.). Damit zeigt sich, dass Ethnolekte nicht Ausdruck bestimmter ethnischer Gruppen sind, sondern vielmehr ein stilistisches Werkzeug darstellen, um individuelle oder Gruppenidentität zu konstruieren.[37]

Ein weiterer Aspekt, der typisch ist für mehrsprachige Milieus, ist die **Lockerung sprachlicher Normen**. Mehrsprachige Sprachgemeinschaften haben in der Regel einen weniger normativen Zugang zur Standardsprache (vgl. Riehl 2018b): Mehrsprachige Normen setzen nicht nur die Mischung von verschiedenen Sprachen und Repertoires voraus, sondern tolerieren auch ein breiteres Spektrum an Varianten sprachlicher Merkmale. Angesichts des unterschiedlichen Inputs, den die Sprecher erhalten, sind sprachliche Normen in einer mehrsprachigen Umgebung weniger rigide und unterliegen einer allgemeinen sprachlichen Dynamik (vgl. Riehl 2018b, 2019; Wiese 2020). In diesem Kontext werden Strukturen, die außerhalb der formalen Standardsprache überlebt haben – wie z. B. V3-Wortstellungsmuster (vgl. Wiese et al. 2020) –, und Strukturen der Sprachökonomie (z. B. nicht-kanonische lokale Ausdrücke) häufiger verwendet als in einsprachigen Umgebungen (→ Kap. 9.4.5).

10.3 Zusammenfassung

Wir haben gesehen, dass Migrantinnen und Migranten in Deutschland keine eigene Varietät des Deutschen ausgeprägt haben: In der ersten Generation finden sich v. a. Lernervarietäten, die im Falle des Gastarbeiterdeutsch pidginisierte Züge tragen. In den Folgegenerationen entwickeln sich dann Formen ethnolektalen Sprechens, die teilweise kontaktinduziert sind (v. a. im Bereich des Lexikons), meist aber Reduktionsprozesse darstellen, die allgemein im Sprachsystem angelegt sind. Dieser Sprachstil wird nun auch von Sprecherinnen und Sprechern ohne Migrationshintergrund übernommen und beeinflußt damit auch die Sprache der Aufnahmegesellschaft.

Wie im Falle der Herkunftssprachen spielen im Falle ethnolektalen Sprechens verschiedene Aspekte eine zentrale Rolle: Wesentliche Faktoren sind die in einer mehrsprachigen Umgebung sich auflösenden Normen und die damit einhergehende Toleranz gegenüber einer hohen Variation verschiedener Formen und Konstruktionen. Ein weiterer Aspekt, der typisch für alle Arten von Kontaktvarietäten ist, ist die Sprachökonomie, d. h. der Versuch, komplexe Konstruktionen entweder zu vereinfachen oder aber die Konstruktionen zu bevorzugen, die in mehreren Sprachsystemen vorhanden sind.

In diesem Zusammenhang soll auch noch einmal die Diskussion der Diasporavarietät (→ Kap. 9) aufgegriffen werden. Nicht nur ethnolektale Varietäten sind Ausdruck der (migrantischen) Identität der Sprecher, sondern auch Herkunftsprachen können

37 Typisch für den kreativen Gebrauch der Sprache sind auch neue Wortbildungen, die anderssprachige Wortbildungsmuster nachahmen, z. B. *deutschisch* nach Türk. *almanca* = *alman* (‚Deutsch') + Suffix *-ca* (vgl. Bahlo et al. 2019: 141).

diese Funktion ausüben: Hier kommt die Frage ins Spiel, ob etwa die Sprecherinnen in bestimmten Kontexten bewusst eine kontakinduzierte Diasporavarietät verwenden, um ihre Identität als Deutschtürken, Deutschitaliener etc. auszudrücken. Darauf wird auch Kapitel 11 eingehen.

Aufgaben zu diesem Kapitel und Lösungen unter https://www.narr.de/Migrationslinguistik-18517-1

11 Sprache, Biographie und Identität in der Migration

Johanna Holzer

In der Migrationslinguistik stellen sprachbiographische Erhebungen seit Kurzem eine bewährte Methode dar, das Spracherleben von Sprecherinnen und Sprechern mit und ohne eigener Migrationserfahrung abzubilden (vgl. Ingrosso 2021; König 2014; Wolf-Farré 2017). Das gesamtsprachliche Repertoire, das in Zusammenhang mit (erzwungener) Migration steht, ist von vornherein durch sprach- oder asylpolitische Variablen geprägt: Gesellschaften stellen sprachliche Anforderungen, die überwiegend implizit im Alltag auftreten. Demgegenüber stehen explizit formulierte Anforderungen, die sich z. B. auf Bedingungen für die Aufenthaltserlaubnis oder Staatsbürgerschaft anhand der Niveaustufen des Gemeinsamen Europäischen Referenzrahmens beziehen (vgl. Dannerer 2014: 297). Die Sprachbiographieforschung ermöglicht einen Einblick in die sprecherindividuellen Perspektiven auf dieses Spannungsverhältnis und die damit verbundenen Persönlichkeitsentwicklungen. Besonders im Fokus stehen dabei Spracherwerbskontexte im Laufe des Lebens sowie die narrative Identitätskonstruktion in sprachbiographischen Interviews. Zunächst wird jedoch der Zusammenhang von Sprache und Identität diskutiert.

11.1 Sprache und Identität

Die Beschäftigung der Sprachwissenschaft mit Identität orientiert sich nach wie vor an soziolinguistischen Identitätstheorien, allen voran dem symbolischen Interaktionismus und Pragmatismus. Eine zentrale Traditionslinie bildet der Ansatz von George H. Mead (1968) mit seiner Konzeption von Identität. Ausgangspunkt seiner Überlegungen ist das Chicago der 1930er Jahre, das durch die wachsende Zahl an Migrantinnen und Migranten in Amerika geprägt ist und somit gesellschaftlichen Veränderungen unterliegt. So stehen das Individuum und die Gesellschaft in einer sich wechselseitig bedingenden Beziehung zueinander (vgl. Abels 2017: 17). Durch die Sozialisation erwirbt das Individuum seine Persönlichkeit, die im Prozess der Interaktion mit seiner Umwelt entweder bestätigt oder verändert wird (vgl. ebd.).

Im Rahmen sozialer Aushandlungsprozesse spielen für die Herausbildung des Selbst die ‚signifikanten Symbole', die jeder Mensch entwickelt, eine entscheidende Rolle. Zu signifikanten Symbolen zählt Mead Gesten, die sowohl beim Sender als auch beim Empfänger die gleiche Assoziation zu der dahinter liegenden Bedeutung hervorrufen (vgl. ebd.: 20). Die vokale Geste, also die durch einen Laut produzierte Kontextualisierung in Interaktion, wird dann zu einem signifikanten Symbol, wenn Sender und Empänger die vokale Geste gleichermaßen begreifen. Mit dem reziproken Gebrauch von vokalen Gesten fängt Sprache an (vgl. ebd.: 21). Sprache als Teil des gesellschaftlichen Verhaltens wird bewusst eingesetzt, da das Individuum sich in die Haltung des Gegenübers hineinversetzt (vgl. Thietz 2018: 44). Die Übernahme dieser Haltungen und die Fähigkeit, sich in das Gegenüber hineinzuversetzen und andere Perspektiven in das gemeinsame Handeln einzubeziehen, bezeichnet Mead als ‚Rollenübernahme' (vgl. Abels 2017). Die Konstitution des Selbst in sozialer Interaktion geschieht einerseits durch die Fähigkeit des denkenden Individuums, sich in das Gegenüber hineinzuversetzen, andererseits durch das wechselseitige Verstehen von vokalen, gesellschaftlich konventionalisierten Gesten als signifikante Symbole.

‚Identität und Sprache', ‚sprachliche Identität', ‚Sprachidentität' – die definitorische Benennung des Zusammenhangs von Sprache und Identität zeigt, dass sich die Suche nach begrifflicher Eindeutigkeit für Identität aus sozio- und psychologischer Perspektive in der Sprachwissenschaft fortsetzt. Es existieren unterschiedlichste sprachwissenschaftliche Studien zum Forschungsgegenstand Sprachidentität, die sich vor allem mit dem Zusammenhang von eigener Sprache und nationaler Identität auseinandersetzen (vgl. Reichmann 2000), die Aspekte narrativ-konstruierter Identität beleuchten (vgl. König 2014) und den Sprachstil als identitätsstiftenden Aspekt von Sprechergruppen untersuchen, der durch unterschiedlichste biographische und gesellschaftliche Einflüsse geprägt ist (vgl. Auer 2003). Darüber hinaus beschäftigen sich sprachwissenschaftliche Studien verstärkt mit Identität und Mehrsprachigkeit (vgl. Franceschini 2001; Ingrosso 2021; Thim-Mabrey 2002).

Die kommunikative Aushandlung der eigenen Identität und die Übernahme von Rollen in Gesprächssituationen bezeichnen die Wegbereiter für sprachwissenschaftliche Identitätsanschauungen, Robert Brook Le Page und Andrée Tabouret-Keller (1985), als *acts of identity*. Den Zusammenhang von linguistischen Sprachmerkmalen und der Herausbildung gruppenbezogener Identifizierung zeigten Le Page und Tabouret-Keller mit ihrer Studie zu Kreolsprecherinnen und -sprechern in der Karibik und karibischen Migrantinnen und Migranten in London (vgl. ebd.). Sprache spiegelte in dieser Längsschnittstudie den Zusammenhang zu ethnischer Identität als Gegenstand kultureller *Frames* wider (vgl. ebd.: 209–211), welche auf die *Frame Analysis* von Erving Goffman (1974) zurückgehen (zu einigen weiteren Arbeiten zum Thema s. Kasten zu soziolinguistischen Pionierarbeiten).

Soziolinguistische Pionierarbeiten für die Untersuchung von Sprache und Identität

Mit der Etablierung der soziolinguistischen Forschung in der zweiten Hälfte des 20. Jh. wird der Zusammenhang zwischen Sprache und Identität verstärkt untersucht. In der variationslinguistisch ausgerichteten Soziolinguistik, die als Wegbereiterin für das heutige, postmoderne Verständnis von Sprachidentität gilt, spielte zunächst der Zusammenhang zwischen Sprachgebrauchsmustern und „Mustern der sozioökonomischen Stratifikation" (Schiesser 2020: 70) eine Rolle. Diese als erste Welle der Soziolinguistik bezeichnete Periode begann mit William Labovs Studien „Martha's Vineyard" (1972a) und „The Social Stratification of (r) in New York City Department stores" (1972b), in denen er die standardnahe und standardferne Realisierung sprachlicher Variablen in Abhängigkeit zum sozialen Milieu untersuchte. Die durch die erste Welle initiierte Frage nach der (sozialen) Funktion von Sprache greift die zweite Welle der Soziolinguistik auf. Es stehen nun weniger die Zuordnung von Sprecherinnen und Sprechern zu sozialen Gruppen im Vordergrund als vielmehr die sozialen und kulturellen Determinanten sprachlicher Variation (unter Berücksichtigung ethnographischer Methoden). Die dritte Welle war gekennzeichnet von einem Perspektivenwechsel: So wurde angenommen, dass sprachliche Varietät nicht mehr durch externe Faktoren bestimmt wird und soziale Identität widerspiegelt, sondern dass Sprecherinnen und Sprecher sprachliche Mittel bewusst einsetzen und ihre soziale Position und Bedeutung (in Gruppen) herstellen.

Das komplexe Verhältnis von Sprache und Identität wird mit dem Aufkommen der soziolinguistisch orientierten Mehrsprachigkeitsforschung vor allem im Hinblick auf das Entstehen **hybrider Identität** im Kontext von Migration untersucht. Den dafür verwendeten, postmodernen Entwurf von Identität zeichnete der Sozialpsychologe Heiner Keupp (vgl. Keupp et al. 2008). Er geht davon aus, dass sich Identität aus vielen Teilidentitäten zusammensetzt und in einem lebenslangen Aushandlungsprozess immer wieder neu konstruiert wird (vgl. ebd.: 60). Dieses ‚Patchwork der Identitäten' (vgl. ebd.) bedeutet, so die linguistische Schlussfolgerung, dass auch ein gleichzeitiges Patchwork von Sprachformen mit hybridem Charakter entsteht.

Die Konzepte von sprachlicher Hybridität und polykulturellem Selbstverständnis werden entweder in Zusammenhang mit migrationsbezogenen Gesellschaftsprozessen gesehen oder aus postkolonialistischer Perspektive auf Identität bezogen (vgl. Hinnenkamp 2020: 67). Das polykulturelle Selbstverständnis von Sprecherinnen und Sprechern umfasst dabei die sprachliche Performanz, die in einem engen Zusammenhang zum kommunikativen und kulturellen Handeln stehen (vgl. ebd.: 68). Hybride Sprachformen und polykulturelle Selbstverständnisse sind keine Automatismen in Zusammenhang mit Migration, sondern entwickeln sich durch die Hybridisierung sprachlicher und kultureller Codes im Rahmen von Globalisierung sowie technisch rasanter Entwicklungen und damit einhergehenden Kommunikationsmöglichkeiten (ebd.).

Kulturelle Muster können mit der Ankunft in einem Land nicht einfach übernommen werden, sondern müssen, genau wie Sprache, erworben werden. Die Verschmelzung von bereits erworbenen und neu zu lernenden Wissensbeständen führt schließlich zu einem Prozess von kultureller und sprachlicher Transformation. Sprache wird dabei als Kultur tradierendes Zeichensystem verstanden. Kultur als Prozess bedeutet, dass sich in sozialen Interaktionen kulturelle Muster verändern, anpassen und sowohl auf individueller als auch auf gesellschaftlicher Ebene hybride Formen entwickeln, deren Effekte sich auch in dynamischen Sprachprozessen widerspiegeln (vgl. Natarajan 2019: 127). Die sprecherindividuelle Perspektive auf diese dynamischen

Spracherwerbsprozesse in der Migration wird zu einem bestimmenden Forschungsgegenstand in der Sprachbiographieforschung.

11.2 Sprachbiographien

Sprachbiographien im ursprünglichen Sinne sind sprachliche Autobiographien, die in narrativen Interviews nach Schütze (1976) bzw. der *Oral Language History* (vgl. Fix 2010: 11) durchgeführt werden. Es handelt sich um eine wissenschaftliche Darstellung der Sprachentwicklungs- und Sprachverwendungsbedingungen einer bestimmten Person (vgl. Meng 2004: 98). Die in diesem Zusammenhang spontan getätigten Aussagen, mit Bezug auf sprachbezogene Aspekte wie Spracherwerb, Sprachentwicklung oder Sprachgebrauch, werden als sprachbiographische Äußerungen bezeichnet (vgl. ebd.). Im Mittelpunkt von sprachbiographischen Interviews steht der „Erwerb und Umgang mit den eigenen Sprachen" (Franceschini 2004: 123). Der Begriff ‚Sprachbiographie' bezieht sich dabei entweder auf die Sprachbiographie als Forschungsgegenstand und/oder auf das sprachbiographische Interview als Methode, um Sprachbiographien zu erheben (vgl. König 2014: 100).

11.2.1 Sprachbiographien als Forschungsgegenstand

Das primäre Ziel der Sprachbiographieforschung ist es, nicht nur individuelle und soziale Aspekte inhaltlich, sondern auch durch sprachwissenschaftliche Analysen aufzugreifen. Folgende, allgemein formulierte Kategorien können in Interviews mit einem spracherwerbstheoretischen Interesse vorkommen (vgl. Dannerer 2014: 297):

- die individuelle Sicht auf Sprachen (Sprachgebrauch, Sprachdominanz etc.)
- die emotionale Haltung gegenüber Sprachen/Mehrsprachigkeit
- Verlauf des Spracherwerbs
- Hypothesen über Einflussfaktoren
- Ziele im Hinblick auf die eigenen sprachlichen Kompetenzen

Spracherwerb, die konkrete, ggf. mehrsprachige Anwendung sowie die situativ geforderte, sprachliche Fähigkeit müssen sowohl in einem soziokulturellen als auch historischen Kontext betrachtet werden (vgl. Franceschini 2010: 9). Affektive, soziale und kognitive (außersprachliche) sowie sprachliche Einflussfaktoren determinieren den Verlauf von Spracherwerbsprozessen. In sprachbiographischen Interviews sprechen die Interviewten über diese Einflussfaktoren, mit jeweils unterschiedlichen Schwerpunktsetzungen (vgl. Dannerer 2014: 299). Sprachbiographische Interviews zeigen folglich die Rekonstruktion von sprachbiographischen Themen und gleichzeitig das sprachliche Verhalten in einer spezifischen Kommunikationssituation zu einem bestimmten Zeitpunkt (vgl. ebd.: 297). Es wird also in der Sprachbiographieforschung auch die Art und Weise berücksichtigt, wie in dem Interview erzählt und gesprochen wird.

Darüber hinaus können im Rahmen von sprachbiographischen Interviews auch die sprachlichen Kompetenzen in der Sprache, in der das Interview geführt wird, analysiert werden (vgl. ebd.). Somit dienen Sprachbiographien einerseits als kommunikatives Konstrukt und andererseits die darin enthaltenen, sprachlichen Äußerungen als Quelle für die Zweit- und Fremdsprachenerwerbsforschung. Durch den im sprachbiographischen Gespräch konstruierten Rückblick wird auf der einen Seite Bezug auf die erinnerte Wahrnehmung der sprachlichen Autobiographie genommen (vgl. Tophinke 2002), auf der anderen Seite wird in den gesprächs- und konversationsanalytischen Zugängen sprachbiographischer Erhebungen Sprache selbst in den Fokus der Untersuchungen gerückt. Die dynamische und hybride Entwicklung von (migrationsbedingter) Mehrsprachigkeit wurde im Zentrum-Peripherie-Modell (⟶ Kap. 11.2.3) festgehalten, das im Zuge der Fluchtmigration junger Geflüchteter in den Jahren 2015/2016 wieder an Aktualität gewonnen hat (vgl. Franceschini 2001; ⟶ Kap. 11.2.3).

11.2.2 Migrationsbedingte Sprachbiographien

Bestimmte lebensgeschichtliche Erfahrungen besitzen eine besondere Relevanz in Biographien wie auch in Sprachbiographien, die jedem Menschen inhärent sind (vgl. Tophinke 2002). Dazu gehört auch das Erlebnis der Migration, das Heraustreten aus der gewohnten Umgebung, das Ankommen in einem neuen Lebensumfeld und die zu erwerbende Sprache (vgl. Graßmann 2011: 133). Die Migrationssituation kann als eine Form der Krise in der Biographie betrachtet werden (vgl. Lüdi 2003: 53). Sprache und Identität müssen neu konstruiert und in Zusammenhang gebracht werden, oftmals verbunden mit einschneidenden Veränderungen in der Lebensgeschichte (vgl. Franceschini 2001; Lüdi 2003). Besondere Relevanz erhält die Sprachbiographie im Bereich migrationsbedingter und damit verbundener gelebter Mehrsprachigkeit:

> Sprachbiografien von Migranten zeigen am individuellen Beispiel, wie Sprache und Kultur im Kontakt und Konkurrenz zueinander stehen und inwiefern Lebensphasen, in denen Neuorientierungen anstehen, nur unter erheblichem, persönlichen Einsatz gemeistert werden können. Deshalb eignet sich die sprachbiografische Methode als Forschungsinstrument, das auf dem Hintergrund der Lebensgeschichte von Migranten das Miteinander von Sprachen in einer Person sowohl als Zerrissenheit als auch als Leben von Teilidentitäten an die Oberfläche holt und bisher unbekannte Zusammenhänge zwischen Erwerbsphasen und Erleben der Migration erkennen lässt. (Graßmann 2011: 136)

Die hier beschriebene Zerissenheit in Teilidentitäten zeigt sich auch bei P1, einer jungen Afghanin, die mit 16 Jahren als unbegleitete Minderjährige nach Deutschland geflohen ist und zum Zeitpunkt des Interviews 20 Jahre alt ist.[38]

38 Die nachfolgenden Beispiele junger Geflüchteter stammen aus dem Dissertationsprojekt „Sprachbiographische Erzählfiguren junger Geflüchteter. Eine explorative Studie“ (vgl. Holzer demn.).

1. Interview mit P1 (zweite Datenerhebung)[39]

P1: also ich denke wenn ich mir von meine/(.) mit meine
heimat vergleiche (.) ähm mit der
>>schmunzelnd<vorige< (Name von P1_20_Afghanistan) und
jetzt (Name von P1_20_Afghanistan) ich finde/also ich
nehme aufgaben von mein dad vielleicht/
ich hab die aufgaben was mein dad gemacht hat
>>schmunzelnd<< selber mach ich
naja ich mach mein aufgaben von mein mama
>>schmunzelnd<immer< auch paar davon meine
also ich bin four/(.) vier oder funf personen

P1 schildert, dass sie verschiedene Rollenbilder, mit denen sie in Afghanistan sozialisiert wurde (Z. 1292–1295), nun in Deutschland vereinen muss (Z. 1297). Sie stellt diesen Vergleich in einer Vorher-Nachher-Opposition zwischen Deutschland und Afghanistan an (Z. 1290–1291). Ein weiterer Ausschnitt aus dem Interview mit P1 bezieht sich auf ihr Spracherleben im Zuge des späten Zweitspracherwerbs des Deutschen:

2. Interview mit P1 (zweite Datenerhebung)

P1: ich war enttäuscht (-) ich konnte nicht das auf
persisch sagen (.) ich hab versucht das auf persisch
zu beschreiben so (.) keine ahnung ich war überrascht
aber nicht überrascht so (.) überrascht irgendwie (.)
so glücklich überrascht aber nebenbei (-) ich war
auch traurig (.) aber nicht richtig traurig das ist/
(.) das zusammengemischte gefühl dass man enttäuscht
ist ja (--)
I: **hast du dieses gefühl erst hier in deutschland**
gelernt (.) also enttäuscht sein oder=
P1: **=ja eigentlich schon (lacht)**
I: ist das (.) könntest du dir vorstellen dass das damit
zusammenhängt oder woran glaubst du liegt das (.)/äh
also ich meine vielleicht gibts das wort im dari/ich
weiß es nicht (.)
P1: **nee ich weiß es nicht ob das gibt (.) ich hab hier**
gelernt (.) ja

Ihr Spracherleben im Zusammenhang mit lexikalischen Ausdrucksschwierigkeiten in ihrer L1 einerseits und ihre Beobachtung, bestimmte Wörter nach ihrer Fluchtmigra-

39 Die Transkriptionskonventionen wurden in Anlehnung an das ‚Gesprächsanalytische Transkriptionssystem 2 (GAT2)' (vgl. Selting et. al. 2009) gewählt.

tion in Deutschland erlernt zu haben, kann P1 sehr genau beschreiben (Z. 661–662). Die sprachliche Neuorientierung äußert sich in der Weise, dass der Zugriff auf lexikalisches Wissen in ihrer Erstsprache nach ihrem vierjährigen Aufenthalt in Deutschland und der Sprachdominanz durch das Deutsche eingeschränkt ist (Z. 646–648). Dabei ist ihr bewusst, dass sie den Ausdruck *enttäuscht sein* und die entsprechende semantische Verknüpfung, die sie eingangs beschreibt, in Deutschland erlernt hat (Z. 655–656). Ob es ein entsprechendes Wort in Dari als L1 dafür gibt, kann sie nicht eindeutig sagen (Z. 661). Diese sprecherindividuelle Perspektive auf den Spracherwerbsprozess verdeutlicht, wie Alter, Spracherwerb und Sprachdominanz zusammenhängen. So hat der ‚biographische Bruch' (⟶ Kap. 11.2.3) durch die Fluchtmigration auch Auswirkungen auf das Erleben des migrationsbedingten Sprachgebrauchs.

11.2.3 Der sprachbiographische Bruch in der Migration

Im Laufe eines Lebens entwickelt und erweitert sich das Sprachrepertoire (⟶ Kap. 2.2). Die Entwicklungen der verschiedenen Sprachen, Varietäten und Codes stehen in einem engen Zusammenhang zur Person bzw. ihren individuellen Erfahrungen. Im Zentrum des Sprachsystems liegen diejenigen Varietäten, die in einem bestimmten Moment des Lebens verwendet werden und mit denen sich Sprecherinnen und Sprecher zu diesem Zeitpunkt identifizieren (vgl. Franceschini 2001: 114). Die Dominanz verschiedener Sprachen wechselt im Laufe des Lebens und tritt damit, je nach Aufmerksamkeit und Gebrauch, in das Zentrum bzw. die Peripherie des Sprachgebrauchs. Je nach Situation und der damit verbundenen Funktionalität erhalten die jeweiligen Sprachen mehr (= Zentrum) oder weniger (= Peripherie) Aufmerksamkeit. Dies kann in Form bestimmter, sich verändernder Lebensumstände, beispielsweise durch Flucht und Migration, passieren oder aber auch als kurzzeitiges Ergebnis, z. B. in Gesprächssituationen, auftreten.

Der mit Migration verbundene Neuanfang in meist allen Bereichen umfasst oftmals auch den Erwerb einer neuen Sprache. Die Resultate können nachfolgende Generationen prägen und werden in der Forschung als „biographischer Bruch" (Ritter/Hochholzer 2019: 34) oder als „sprachbiographischer Einschnitt" (ebd.) bezeichnet. Letzteres beschreibt die mit der Migration verbundenen Konsequenzen des Sprachabbruchs und des Sprachübergangs (vgl. ebd.).

Der durch die Migration verursachte Bruch in der (Sprachen-)Biographie zeigt sich auch in der lebensweltlichen Mehrsprachigkeit von Migrantinnen und Migranten, z. B. in der komplexen Positionierung zwischen Herkunfts- und Aufnahmeland und der damit verbundenen, ständigen Neuausrichtung von Zentrum- und Peripherie-Sprachen. So stehen Migrantinnen und Migranten nach der Ankunft vor der Herausforderung, sich in die Sprachgemeinschaft des Aufnahmelandes einzufügen. In der heutigen Ausrichtung der Migrations- und Mehrsprachigkeitsforschung wird gleichzeitig die Bedeutung von Herkunftssprachen für den gesellschaftlichen Inklusionsprozess von Migrantinnen und Migranten betont (vgl. Riehl 2014b: 19).

11.2.4 Sprachbiographische Merkmale in der Migration

Wie zuvor erläutert, führt Migration als wichtiges Lebensereignis zu einem Bruch sowohl in der Biographie als auch in der Sprachbiographie. In einer Studie zu Sprachbiographien neu zugewanderter Jugendlicher zeigt sich, dass die damit verbundene ‚migrationsbedingte Mehrsprachigkeit' komplexe Sprach(erwerbs)situationen umfasst (vgl. Ritter/Hochholzer 2019: 48). Dazu zählt auch eine neue medial-orientierte Mehrsprachigkeit junger Migrantinnen und Migranten (ebd.). Durch soziale Netzwerke können kommunikative Kontakte in die Herkunftsländer und damit zur Erstsprache aufrechterhalten werden.

Auch ‚Mehrfachmigrationen' bestimmen migrationsbedingte Mehrsprachigkeit junger Migrantinnen und Migranten. Die in der Studie befragten sieben Jugendlichen, die aus unterschiedlichen Herkunftsländern kommen und die zum Zeitpunkt der Erhebung zwischen zwei und drei Jahren in Deutschland leben, gaben an, dass Deutsch nicht Zweitsprache ist, sondern bereits als Dritt- bzw. Viertsprache gezählt werden muss.

Die Untersuchung zur Zwei- und Mehrsprachigkeit bei Intergrationskursteilnehmerinnen und -teilnehmern zeigt außerdem, dass **sprachbiographische (Lern-)Profile** zeit- und kontextgebunden sind (vgl. Graßmann 2011). Es konnte in diesem Bereich unter anderem festgestellt werden, dass Lernerinnen und Lerner mit geringen Fremd- oder Zweitsprachkenntnissen die lernstrategische Kompetenz entwickelten, Sprache bei jeder Kommunikationsmöglichkeit zu erlernen, sowohl im Alltag als auch im Unterricht (vgl. ebd.: 239). So kann davon ausgegangen werden, dass biographische Wandlungsprozesse eng an den Erwerb einer neuen Sprache gebunden sind. Darüber hinaus demonstrieren die sprachbiographischen Interviews der Integrationskursteilnehmerinnen und -teilnehmer, dass die

> Komponente Identität sowohl variabel ist als auch eine Funktion der Zeit im Laufe der Migrationsbiografie darstellt. Die Profile der Probanden sind demnach zeitgebunden, sie ändern ihre Konturen mit dem Wechsel in eine neue Lebenswelt oder durch die Aneignung einer neuen Sprache. (Graßmann 2011: 239)

Im Rahmen der Untersuchung wurden inhaltsanalytische, sprachbiographische Aspekte der Interviews mit der quantitativen Erhebung der Selbsteinschätzung zum Spracherwerb des Deutschen kombiniert. Die von den befragten Integrationskursteilnehmerinnen und -teilnehmern in den Interviews indirekt erwähnte Distanz zur Zielsprachengruppe äußert sich vor allem durch die schwache Selbsteinschätzung der kommunikativen Kompetenz (vgl. ebd.: 239).

Die Darstellung ausgewählter sprachbiographischer Untersuchungen und die dazugehörigen Ergebnisse im Kontext von Migration veranschaulichen, dass sich – je nach Migrationssituation der Befragten – die Lage ihrer Mehrsprachigkeit als sehr heterogen und sprecherindividuell gestaltet. Dennoch können aktuelle Merkmale migrationsbedingter Mehrsprachigkeit ermittelt werden:

- die neue, mediale Mehrsprachigkeit unterstützt den Spracherhalt der L1
- Mehrfachmigrationen führen zu einem komplexen Sprachrepertoire junger Migrantinnen und Migranten
- Sprachbiographische (Lern-)Profile in der Migration sind zeit- und kontextgebunden

Es zeigt sich, dass sprachbigraphische Erhebungen zu einer bewährten Methode in der Migrationslinguistik und Mehrsprachigkeitsforschung geworden sind, die nicht nur sprecherindividuelle Perspektiven abbildet und analysiert, sondern auch sprechergruppenübergreifende Rückschlüsse in Bezug zu Mehrsprachigkeitssituationen und Spracherwerbskontexten von Migrantinnen und Migranten im Aufnahmeland ermöglichen.

11.3 Sprachbiographische Identitätskonstruktion in der Migration

In migrationsbedingten Sprachbiographien wird der Sprachkontakt als situativ-kommunikativer Moment betrachtet, der auf das sich im Laufe des Lebens entwickelnde Sprachrepertoire einen nachhaltigen Einfluss ausübt. Sprachkontakt bezieht sich neben Sprachmischungsprozesse auch auf das Aufeinandertreffen von Kommunikationsräumen. Dabei werden drei Dimensionen unterschieden:

- die geographische Territorialität von Sprache
- die (mobile) Räumlichkeit der Sprecherin bzw. des Sprechers
- die Räumlichkeit des Sprechens (vgl. Krefeld 2004: 21)

Im Migrationskontext bedeutet dies, dass diese drei Kommunikationsdimensionen verlassen und wiederhergestellt werden müssen. Damit verbunden ist auch die (sprachliche) Neupositionierung, die sowohl Herkunfts- als auch Fremdsprachen miteinbezieht. Die damit zusammenhängende Untersuchung von transnationaler Sprachidentität im Zuge von Migration wird damit zum Untersuchungsgegenstand der migrationslinguistisch ausgerichteten Sprachbiographieforschung. Anhand der Untersuchung von durch die Migration verschobenen Sprachräumen (und entsprechender zeit- und ortdeiktischer Bezüge) sowie durch die Analyse von sprachlichen Positionierungen werden die Identitätskonstruktionen von Migrantinnen und Migranten in sprachbiographischen Interviews rekonstruiert.

11.3.1 Sprachräume

Ein Ergebnisschwerpunkt linguistischer Studien zu Sprachbiographien ist die von den Sprecherinnen und Sprechern individuell gestaltete (Re-)Konstruktion verschiedener transnationaler, sprachlicher Räume (vgl. Busch 2011; König 2014). Durch das Verlassen des Herkunftslandes verschiebt sich nicht nur der geographische Lebensmittelpunkt, sondern auch der sprachliche Raum. Migrantinnen und Migranten stehen vor der Herausforderung, ihre jeweiligen Sprachen verschiedenen Sprachräumen, z. B. Herkunfts- und Aufnahmeland oder Privatheit und Öffentlichkeit, zuzuordnen. Dabei kann die Verwendung der L1 im Aufnahmeland als Fortführung des ursprünglichen Sprachraums verstanden werden. Je nach Kontaktsituation zum Herkunftsland, beispielsweise durch soziale Netzwerke, ist dieser Austausch der Sprachräume als wechselseitige Beziehung zu verstehen.

Die Zuordnung transnationaler Sprachräume kann auch zu Veränderungen und dynamischen Sprachgebrauchsprozessen im Aufnahmeland führen, wie das nachfolgende Beispiel veranschaulicht. Darin beschreibt eine 26-jährige Afghanin (P2), die mit ihrem 14-jährigen Sohn von Kabul nach Deutschland geflohen ist, den Sprachgebrauch mit ihrem Sohn im privaten Umfeld. Zu diesem Erhebungszeitpunkt ist sie der Überzeugung, dass ihr Sohn Persisch als Erstsprache nicht verlernen wird.

3. Interview mit P2 (erste Datenerhebung)

I: das heißt ähm (.)°hh
aber mit deinem sohn (.)
wie sprichst du dann mit dem
P2: **=also wir versuchen dass er (.)**
deutsch zu sprechen
I: =deutsch okay (-)
P2: **(.) schon h° also manche wort wenn ich das auf/(.)**
°h also wenn ich das auf deutsch (.)nicht kenne °hh
dann reden wir schon persisch (.)also dari (-)
I: ihr mischt dann so bisschen deutsch und da [nn]
P2 **[ja] genau**
(.)
wir haben eine neue sprache

P2 gibt an, dass sie versucht, mit ihrem Sohn überwiegend Deutsch zu sprechen (Z. 324–325). Sie bezeichnet ihre gemeinsame, durch Code-Switching geprägte Sprache (Z. 327–329) als ‚neue Sprache' (Z. 333). Nach einem Jahr wurde die afghanische Frau erneut nach dem Sprachgebrauch im privaten Umfeld mit besonderem Fokus auf ihren Sohn befragt. Die Geflüchtete gibt darin an, dass die Bedenken überwiegen, dass ihr Sohn nun die Erstsprache Persisch verlernen könnte.

4. Interview mit P2 (zweite Datenerhebung)

P2: jetzt lernen wir nicht zusammen (.)
also schon deutsch (.) ähm °hh wir/(.)
jetzt wir reden fast (.) deutsch zuhause
I: =das hast du auch letztes jahr gemeint
dass ihr das/(.)
dass ihr versucht °h nur deutsch zu sprechen

P2:genau jetzt auch (-)
aber jetzt ähm (.) ähm: (.) versuche ich (.)
jetzt (.) der kann schon deutsch äh °h
(.) versuche ich dass der die muttersprache nicht
vergisst (-)
deswegen (.) rede ich mit ihm <<lacht>auf
persisch>> (.) ja

Der Vergleich der longitudinalen Daten von P2 hinsichtlich ihres Sprachgebrauchs zeigt, dass das Bemühen um die Verwendung des Deutschen im privaten Kontext zum ersten Erhebungszeitpunkt den Bedenken gewichen ist, dass ihr Sohn die gemeinsame L1 Persisch verlernen könnte (Z. 203–206). Die zuvor scheinbar durch Sprachmischungsprozesse geprägte, ‚neue Sprache' (s. Beispiel 3, Z. 333) wird mit erfolgreichem Erlernen des Deutschen als Migrationssprache wieder verstärkt in den Fokus des privaten Umfeldes gerückt. In Abhängigkeit von der Sprachkompetenz in Deutschland ändern sich folglich auch der Sprachgebrauch und die Spracheinstellung dahingehend, dass der Gebrauch des Persischen als L1 im Aufnahmeland wieder in den Mittelpunkt des Sprachgebrauchs rückt. Dieses Beispiel zeigt, dass die geographische Neupositionierung von Migrantinnen und Migranten auch eine entsprechende Zuordnung ihres Sprachrepertoires an Sprachräume impliziert. Diese Zuordnungen sind besonders zu einem nahen Zeitpunkt der Migration dynamisch.

11.3.2 Sprachliche Positionierung

Mit dem Aufkommen sprachwissenschaftlicher Untersuchungen von Sprache und Identität stellt sich immer wieder die Frage nach einem empirischen Konzept für die Erforschung ‚narrativer Identität' – ein Begriff, mit dem die Sprachwissenschaft an Bereiche der interpretativen Sozialforschung, Philosophie und Soziologie angrenzt. Durch das (sprachbiographische) Erzählen als identitätsstiftender Kommunikationsakt können sprach- und spracherwerbsbezogene Erkenntnisse über die erzählenden Sprecherinnen und Sprecher und ihre Formulierungsarbeit gewonnen werden.

Für die empirische Erforschung von Identität in autobiographischen Erzählungen wurde das Konzept der Positionierung vorgeschlagen, das aus drei zu untersuchenden Grundstrukturen besteht (vgl. Lucius-Hoene/Deppermann 2004):

- Selbst- und Fremdpositionierung
- Positionierungen dargestellter Figuren innerhalb der Erzählzeit und in der erzählten Zeit
- Relation zwischen dem erzählenden und erzählten Ich

Mit der Erhebung von Gesprächsdaten wird ein Zugang zu Prozessen der Identitätsbildung in mündlichen Stegreiferzählungen ermöglicht, da darstellerische und performative Handlungen der Erzählerinnen und Erzähler, die große Relevanz für die

Identitätskonstitution besitzen, rekonstruiert werden können (vgl. ebd: 166). Dies soll im Folgenden an Beispielen illustriert werden.

11.3.2.1 Positionierungsaktivität

Erzählungen von individuellem Erleben, welche die Verbindung von vergangener und gegenwärtiger Ich-Identität zum Zeitpunkt der Erzählung herstellen, bilden die Grundlage für die konversations- und erzählanalytische Rekonstruierung von narrativer ‚Selbstdarstellung' und ‚Selbstherstellung'. Ausgangspunkt dafür ist das Erzählen von Selbsterlebtem, durch das sich der Erzähler als vergangener und gegenwärtiger Akteur positioniert und eine entsprechende, situationsbezogene Kohärenz für den Zuhörer herstellen muss (vgl. ebd.: 168). Dies zeigt sich auch anhand der nachfolgenden Interviewsequenz. Darin wird beschrieben, in welchem Spannungsfeld mehrsprachige Sprecherinnen und Sprecher hinsichtlich ihrer Gruppenzugehörigkeiten stehen.

5. Interview mit P1 (erste Datenerhebung)

P1: **arabisch auch in der schule da ist ein islamische land**
da lernen wir halt/(.) ja das hab ich auch zwei jahre
gelernt aber nicht/also da nur müssen wir so/(.) so
viel arabisch können dass nur wir lesen können (.)
und äh vom bedeutung auch ein bisschen aber mehr
konzentration ist darauf dass wir lesen können
halt koran (-)

Die Selbstreparatur (Z. 205) zu Beginn dieser Erzählsequenz zeigt, dass die interviewte Frau den Kontext ihrer Erzählung hörerbezogen (‚Kohärenz') gestaltet. Einerseits zählt sie sich zur Gruppe der zum erzählten Zeitpunkt unterrichteten Schülerinnen und Schüler in Afghanistan (*wir*), andererseits erzählt sie individuelle Aspekte ihrer Sprachlernbiographie, sodass sie ihr Selbst in den Vordergrund der Erzählung rückt (*ich*).

Je nach sprachlich-diskursiver ‚Positionierungsaktivität' bestimmt die erzählende Person den Eindruck, den sie ihrem Interaktionspartner vermitteln möchte (Selbstpositionierung). Durch die adressierte Selbstpositionierung seines Gegenübers nimmt der Interaktionspartner ebenfalls eine soziale Position ein und schreibt dieser bestimmten Person Positionen und daran orientierte Handlungen zu (Fremdpositionierung). Diese sprachlichen Positionierungsaktivitäten können implizit/indirekt oder explizit/direkt geäußert werden, sodass Positionierungskontexte in Interaktionen folgende Identitätsaspekte einer Sprecherin umfassen (vgl. ebd.: 171): persönliche Merkmale, soziale Identitäten, rollenbedingte Rechte/Pflichten und moralische Attribute.

11.3.2.2 Fremdpositionierung

Im Zusammenhang mit der narrativen Identitätskonstruktion in sprachlichen Autobiographien zeigt sich, dass zwei sich wechselseitig beeinflussende Perspektiven im Zusammenhang mit dem Komplex Sprache und Identität eingenommen werden können. Dazu zählt einerseits der ‚propositionale Gehalt' der sprachlichen Positionierungsaktivität (Welcher inhaltliche Zusammenhang wird durch den erzählenden Sprecher hergestellt?), andererseits der ‚sprachlich-diskursive Aspekt' der Formulierungsarbeit (Wie stellt der erzählende Sprecher diesen Zusammenhang sprachlich her?).

Wie sich die durch die Erzählerin oder den Erzähler selbst konstruierte Fremdpositionierung aus dem propositionalen Gehalt der Interviewsequenz konstituiert, zeigt das anschließende Beispiel. Der Zusammenhang von Sprache und Identität wird dadurch verstärkt, dass es sich um eine durch einen Kulturmittler gedolmetschte Interviewsequenz handelt (Wechsel der Erzähsperspektive in Z. 398–399). Diskursive Rückschlüsse auf die direkte Erzählung des jungen Afghanen können in der Übersetzung nicht gezogen werden.

6. Interview mit P20, Pashtu-Sprecher aus Afghanistan[40]

P20: ok also generell erfahr ich fast in jeder sprache in der ich spreche diskriminierung sei es deutsch da erfahr ich jeden tag hier diskriminierung weil es wird immer irgendwie wie was dazu gesagt oder das wird falsch aufgefasst und **auch innerhalb des eigenen kreises wenn ich paschtu spreche gefällt es bei uns nicht weil eben dieser ethnischen konflikte in afghanistan und gleichzeitig wenn er dari spricht gefällts den paschtu jungs nicht weil sie sagen der entfremdet sich und auch wenn er deutsch spricht in diesem afghanischen kontext sag ich mal wird das als ne art entfremdung oder überheblichkeit wahrgenommen**

Der afghanische Sprecher berichtet von seinen Erfahrungen, die er im Zusammenhang mit seinem multilingualen Sprachgebrauch gemacht hat. Er beschreibt die Konfliktsituationen, denen er durch unterschiedliche Peer-Groups (Dari-Sprecherinnen und -Sprecher, Paschtu-Sprecherinnen und -Sprecher) ausgesetzt ist, sobald er von einer seiner beherrschten Sprachen Gebrauch macht (Z. 400–402). Seiner Erzählung nach wird der jeweilige Sprachgebrauch auch an bestimmten Positionierungsaktivitäten festgemacht, die eine Zugehörigkeit zu der einen Sprachgemeinschaft und gleichzeitig eine Nicht-Zugehörigkeit zu anderen Sprachgemeinschaften symbolisieren.

40 Es handelt sich um einen von einem Laiendolmetscher übersetzten Interviewausschnitt (aus diesem Grund ist das Transkript in der Schriftart Linux Libertine gesetzt), sodass sprachliche Aspekte und damit verbundene Transkriptionskonventionen in Anlehnung an GAT2 (vgl. Selting et. al. 2009) nicht in die Verschriftlichung einbezogen wurden.

11.3.2.3 Selbstpositionierung

Ein aus der gleichen Datenerhebung stammendes Beispiel zeigt, welche sprachlich-diskursiven Markierungen den Zusammenhang von Selbstpositionierungen und narrativ-konstruierter Identität im Rahmen sprachlicher Autobiographien kontextualisieren:

7. Interview mit P1, Dari-Sprecherin aus Afghanistan

P1:ja: (.) als ich so/(.)bis ich nicht in der deutschen
schule gegangen war **hab ich selber so filme**
angeschaut (.) und hab immer so wörter/was ich
immer gehört habe in der ubahn oder so (.)
ich hatte extra eine kleine/(.) so heft gehabt
und dann mit ein stift immer in der hand in ubahn
gesessen und dann die leute was die gesagt haben
nicht verstanden ich hab egal wie das man schreibt/
°hh also ich hab nicht auf rechtschreibung so
geachtet ich hab nur so geschrieben und dann bin
ich zu hause gekommen und dann meine betreuerinnen
und so hab ich gefragt was bedeutet/°hh
also ich hab nicht das gezeigt einfach so:
gesagt wie ich das geschrieben habe naja was
bedeutet wasser halt dann die haben mir gesagt (-)

Die junge afghanische Frau (*erzählendes Ich*) erzählt von dem Beginn ihrer Sprachlernbiographie in Deutschland. Anfänglich war ein Schulbesuch auf Grund asylpolitischer Entscheidungen noch nicht möglich. Sie begegnete dieser Herausforderung durch ein autodidaktisches Selbststudium in Form ungesteuerten Lernens, das überwiegend aus Beobachtungen im Alltag besteht (Z. 652–657). Mit dem umgangssprachlich formulierten Demonstrativpronomen *selber* betont sie den Moment hoher intrinsischer Lernmotivation (Z. 652). Diese sprachliche Positionierungsaktivität ihres Selbst in Bezug zu ersten Sprachlernkontakten in Deutschland markiert den Beginn ihrer migrationsbedingten Mehrsprachigkeit. Durch die Beschreibung ihrer Erfahrungen zu Beginn ihrer Lernerfahrung in Deutschland (*erzähltes Ich*) positioniert sich P1 als motivierte Lernerin des Deutschen. Das zuletzt gezeigte Beispiel verdeutlicht die in der Migrationslinguistik immerwährende Frage nach den sprachlich-diskursiven Ausdrücken, die als Identitätsmarkierungen verstanden werden können. So erlangen Wörter in bestimmten Positionierungskontexten eine wortinhärente Identitätsfunktion, wie es beispielsweise bei der Verwendung des Demonstrativpronomens *selber* der Fall ist.

11.4 Zusammenfassung

Im vorliegenden Kapitel wurde der Zusammenhang von Sprache und Identität aus der Perspektive der Migrationslinguistik betrachtet. Sprache als identitätsstiftender Faktor für hybride Identitäten erhält durch sprachbiographische Ansätze eine neue Bedeutung in der Sprachwissenschaft. Das postmoderne Verständnis von Sprachidentität wurde am Beispiel narrativer Konstruktionen in migrationsbedingten Sprachbiographien veranschaulicht. Es wurde dabei zwischen (sprachlichen) Positionierungsaktivitäten mittels Selbstdarstellung und Selbstherstellung der erzählenden Sprecherin bzw. des Sprechers unterschieden. Selbst- und Fremdpositionierungen in Interaktion befinden sich dabei zwischen dem propositionalen Gehalt und den diskursiv-sprachlichen Markierungen. Gleichzeitig ermöglichen migrationslinguistische Perspektiven, wie auch sprachbiographische oder interaktional-diskursive Ansätze, Zugang zur sprachlichen Rekonstruktion von Identität im Kontext von Migration und Mehrsprachigkeit.

Aufgaben zu diesem Kapitel und Lösungen unter https://www.narr.de/Migrationslinguistik-18517-1

12 Repräsentation von Herkunftssprachen in der Aufnahmegesellschaft

zusammen mit Johanna Holzer

Unter der sprachlichen Repräsentation von Migration werden im Folgenden die gesellschaftlich konzeptualisierten Denk- und Ordnungsmuster in Bezug zu Migrantinnen- und Migrantensprachen verstanden. Diese werden durch diskursive Kommunikationsakte, die im Kontext der Sprachmanagementtheorie näher untersucht werden, oder durch sprachlich-visuelle Zeichen, die Gegenstand der sog. *Linguistic Landscape* sind, zum Ausdruck gebracht. Mit diesen beiden Bereichen und ihrem Bezug zur gesellschaftlichen Öffentlichkeit beschäftigt sich die Soziolinguistik. Dabei werden die sprachliche Repräsentation von Migration sowie auch die Zugänglichkeit von Herkunftssprachen im öffentlichen Leben durch das Verhältnis von Gesellschaft und Sprachgebrauch, sowie der gleichzeitigen Gegenüberstellung von Sprach(en)politik und alltäglicher Lebenswelt, veranschaulicht. Dies soll im Folgenden genauer erläutert werden.

12.1 Sprach(en)politik und Sprachplanung

Das Begriffspaar ‚Sprachenpolitik' und ‚Sprachplanung' bezeichnet ein Gesamtkonzept (*language policy and planning*), das alle Formen von Bemühungen erfasst, die natürliche Sprachpraxis innerhalb einer bestimmten Gruppe zu beeinflussen. Insbesondere die Sprachenpolitik gilt dabei als ein wesentlicher Faktor, der sich auf den Spracherhalt oder auch den Sprachwechsel von Sprachminderheiten in einem Land auswirkt. Hierbei kann es sich um einfache Formen der Intervention handeln wie etwa das individuelle, direkte Eingreifen in eine spezifische Sprachsituation, oder auch um politische Prozesse, die in Sprachgesetzgebungen münden (vgl. Spolsky 2004). Das bedeutet, dass die Beeinflussung des Sprachgebrauchs sowohl in der individuellen Interaktion stattfinden kann, aber auch auf der gesellschaftlichen Ebene. Des Weiteren kann auch innerhalb einer Firma oder einer Institution eine bestimmte Sprachwahl für die gemeinsame Interaktion festgelegt werden, die dann für die mündliche wie auch schriftliche Modalität gilt. Somit müssen (internationale) Firmen und Institutionen, aber auch Behörden und andere Einrichtungen festlegen, welche Sprache(n) als Arbeitssprache(n) zulässig ist bzw. sind und auch mithilfe welcher Sprache(n) sie Informationen beispielsweise auf Homepages zugänglich machen.

12.1.1 Berücksichtigung von Mehrsprachigkeit im Webauftritt ausgewählter Institutionen

Im Hinblick auf den Zusammenhang von Sprache und Migration stellt sich u.a. die Frage, inwiefern typische Migrantensprachen in Deutschland in gesellschaftlich relevanten Bereichen wie Politik, Bildung und Gesundheit Berücksichtigung finden. Hierzu haben wir die mögliche Sprachauswahl auf folgenden Homepages untersucht: Ministerien auf Bundes- und Landesebene (Freistaat Bayern), die kommunale Verwaltung der Stadt München, Universitäten und Universitätsklinika in Deutschland sowie städtische Kliniken in München.

Bundesministerium	Englisch	Französisch	Gebärdensprache	Leichte Sprache
Wirtschaft und Klimaschutz	✓	✓	✓	✓
Finanzen	✓		✓	✓
Inneres und Heimat	✓		✓	✓
Auswärtiges Amt	✓		✓	✓
Justiz	✓		✓	✓
Arbeit und Soziales*	✓		✓	✓
Verteidigung	✓		✓	✓
Ernährung und Landwirtschaft	✓		✓	✓
Familie, Senioren, Frauen, Jugend	✓		✓	✓
Gesundheit	✓		✓	✓
Digitales und Verkehr	✓		✓	✓
Umwelt, Naturschutz, nukleare Sicherheit und Verbraucherschutz	✓		✓	✓
Bildung und Forschung*	✓		✓	✓
Wirtschaftliche Zusammenarbeit und Entwicklung	✓		✓	✓
Wohnen, Stadtentwicklung, Bauwesen			✓	✓

Tab. 5: Sprachauswahl auf den Homepages der Bundesministerien (vgl. https://www.bundesregierung.de/breg-de/bundesregierung/bundesministerien, letzter Zugriff 19.07.2022); * =Wichtige Informationen werden auch auf Ukrainisch bereitgestellt.

Für die Bundesministerien konnte festgestellt werden, dass für alle mit Ausnahme des Bundesministeriums für Wohnen, Stadtentwicklung und Bauwesen zusätzlich

Englisch als Sprache gewählt werden kann. Alle Ministerien ermöglichten zudem eine Einstellung für Gebärdensprache und leichte Sprache. Das Bundesministerium für Wirtschaft und Klimaschutz sowie der Internetauftritt der Bundesregierung ermöglichen zusätzlich noch die Wahl des Französischen. Außerdem boten die Ministerien für Bildung und Forschung sowie für Arbeit und Soziales zum Zeitpunkt der Recherche (05. Mai 2022) wichtige Informationen auch auf Ukrainisch an (s. Tab. 5).

Blickt man auf die Landesebene der Staatsministerien in Bayern, so zeigt sich ein etwas anderes Bild. Auffällig ist hier, dass Englisch lediglich bei einem Drittel der Homepages der Ministerien verfügbar ist. Allerdings stechen hier zwei Ministerien heraus, die eine Vielzahl von Sprachen anbieten, wie etwa das Ministerium für Unterricht und Kultus mit Englisch, Französisch, Italienisch, Spanisch, Russisch, Türkisch, Arabisch und Ukrainisch (neben der bei fast allen verfügbaren Auswahl von Gebärdensprache und leichter Sprache). Das Stadtportal der Landeshauptstadt München kann in den folgenden Sprachen aufgerufen werden: Englisch, Französisch, Italienisch, Russisch, Chinesisch, Arabisch und in leichter Sprache (die einzelnen Referate wie auch das Finanzamt können in keiner anderen Sprache aufgerufen werden).

Der sprachliche Zugang zu **Bildungsinstitutionen** wurde exemplarisch an den Homepages der sechzehn größten Universitäten im Land untersucht. Bei dreizehn der sechzehn Universitäten war lediglich die Wahl des Englischen als zusätzliche Sprache möglich. Die Homepage der Universität Gießen ließ zudem noch das Chinesische als Auswahl zu, die Universität Münster leichte Sprache und die Universität Hamburg Gebärdensprache und leichte Sprache (s. Tab. 6).

Universitäten	**Englisch**	**Chinesisch**	**Gebärdensprache**	**Leichte Sprache**
Friedrich-Alexander-Universität Erlangen-Nürnberg	✓			
Universität Duisburg-Essen	✓			
Westfälische Wilhelms-Universität Münster	✓			✓
RWTH Aachen	✓			
Universität Hamburg	✓		✓	✓
Ruhr-Universität Bochum	✓			
Johann Wolfgang Goethe-Universität Frankfurt	✓			
Universität zu Köln	✓			
Ludwig-Maximilians-Universität München	✓			
Technische Universität München	✓			

Universitäten	Englisch	Chinesisch	Gebärdensprache	Leichte Sprache
Freie Universität Berlin	✓			
Humboldt-Universität zu Berlin	✓			
Universität Heidelberg	✓			
Universität Regensburg	✓			
Universität Potsdam	✓			
Justus-Liebig-Universität Gießen	✓	✓		

Tab. 6: Sprachauswahl auf den Homepages der größten Universitäten in Deutschland.

Für den Bereich der **Gesundheit** haben wir die Homepages der Universitätskliniken in Deutschland sowie der Kliniken in München hinsichtlich der möglichen Sprachauswahl analysiert. Hier ist auffällig, dass neben der Einstellung der englischen Sprache, was bei dem Großteil der Homepages auf nationaler Ebene möglich war und bei ca. der Hälfte der Seiten auf städtischer Ebene, eine Auswahl des Russischen, sowohl auf nationaler als auch auf städtischer Ebene, am zweithäufigsten möglich war.

Die exemplarische Analyse hat gezeigt, dass in allen drei betrachteten Bereichen (Politik, Bildung und Gesundheit) ein relativ begrenzter Zugang zu Informationen in typischen Herkunftssprachen besteht. Überraschend ist dies insbesondere für die Universitäten in Deutschland, die Englisch als alleinige internationale Wissenschafts- und damit Bildungssprache voraussetzen. Wenn Herkunftssprachen als Sprachauswahl angeboten werden, wie etwa im Bereich Gesundheit (Russisch, Arabisch), kann vermutet werden, dass hier auch ökonomische Gesichtspunkte eine Rolle spielen. Somit zeigt sich, dass Mehrsprachigkeit stark zielgruppen- und bereichsspezifisch ist, da hier eine Klientel aus dem Ausland angesprochen werden soll.

12.1.2 Sprachstatusplanung

Sprachpolitische Entscheidungen können dazu führen, dass einer oder mehreren Sprachen durch Gesetze oder Verordnungen ein gewisser Status oder eine besondere Stellung innerhalb von Sprachgemeinschaften verliehen wird. Dies wird auch als Sprachstatusplanung bezeichnet. So kann etwa in einer in Deutschland ansässigen Firma Englisch oder Spanisch die offizielle Arbeitssprache innerhalb des Unternehmens sein und somit einen besonderen Status genießen. Das Deutsche hat in der Bundesrepublik den Status als Amtssprache, in der etwa Verwaltungsakte und Normen verfasst werden, Gerichtsverhandlungen geführt sowie Schriftsätze vor Gericht und Anträge eingereicht, aber auch Auskünfte an Bürgerinnen und Bürger erteilt werden. Gleichzeitig gibt es in Deutschland noch weitere regionale Amtssprachen wie Friesisch oder Sorbisch (→ Kap. 3.2.3). Typische Migrantensprachen wie Türkisch oder Russisch haben diesen Status in Deutschland nicht, obwohl sie von einer Vielzahl von Menschen gesprochen werden. Die Anzahl der Sprecherinnen und Sprecher alleine wirkt sich also nicht automatisch auf den Status einer Sprache aus. Daneben gibt es weitere Faktoren, die den Status beeinflussen, wie etwa die Verwendung einer Sprache in der Wissenschaft sowie der ökonomische, kulturelle und politische Einfluss der Sprachgemeinschaft. Schließlich wird der Status auch durch die Funktion als Unterrichtssprache maßgeblich geprägt (vgl. Dovalil/Šichová 2017: 15f.).

Neben der Verleihung eines gewissen Status kann sich auch die sog. ‚**Sprachkorpusplanung**‘ auf das Sprachsystem und die Strukturen von Sprache auswirken. Hierbei steht vor allem das Bemühen um eine Standardisierung von Sprache und somit die Sprachnormierung im Fokus. Damit beziehen sich die Eingriffe der Sprachplanung, die sowohl von einzelnen Sprachbenutzerinnen und -benutzern als auch von Institutionen vorgenommen werden, vor allem auf die Bereiche Wortschatz, Orthographie, Grammatik sowie Aussprache. Konkrete Beispiele hierfür sind etwa Bemühungen um eine gendergerechte Sprache oder die Rechtschreibreform (vgl. ebd.: 12–14).

Für die Umsetzung und Implementierung sprachplanerischer und sprachpolitischer Entscheidungen sind neben den Medien, die neue Sprachregelungen umsetzen (wie etwa die Rechtschreibreform), aber auch metasprachliche Diskurse über einen korrekten Sprachgebrauch verbreiten (vgl. Busch 2021: 110–113), vor allem die Bildungsinstitutionen zentral (⟶ Kap. 2.2.3.1 zur Differenzierung von lebensweltlicher und bildungsbezogener Mehrsprachigkeit). Die schulischen Curricula sowie die Schulgesetze im Allgemeinen legen fest, in welcher Klassenstufe eine Fremdsprache gelernt wird. Darüber hinaus wird auch vorgegeben, welche Sprachen das sein können. So ist es in Deutschland in den allermeisten Fällen obligatorisch, dass Englisch als erste Fremdsprache gelernt wird. Die Entscheidungsgewalt liegt hier vor allem bei den Bundesländern, die aufgrund der föderalen Bildungsorganisation weitreichende Befugnisse genießen. So ist es etwa in einigen Schulen Nordrhein-Westfalens möglich, Türkisch als Abiturfach zu wählen, während dies in Bayern nicht der Fall ist. Dies wird auch mit dem Begriff der ‚**Spracherwerbsplanung**‘ bezeichnet. Auch das Angebot eines muttersprachlichen Ergänzungsunterrichts (⟶ Kap. 14.2.2) und dessen Verzahnung mit der Regelschule, sowie etwa das Angebot von Deutschkursen im Ausland durch Einrichtungen wie das Goethe-Institut fallen in diesen Bereich. Des Weiteren können neben institutionellen Kontexten auch soziale Gemeinschaften wie die Familie Gegenstand von Spracherwerbsplanungen sein (⟶ Kap. 6.1).

Schließlich hat auch das **Sprachprestige** einen maßgeblichen Einfluss darauf, ob und inwiefern Sprachen in der Gesellschaft vertreten und zugänglich sind. Dabei geht es um die Frage, welche Akzeptanz einer Sprache entgegengebracht wird (vgl. Ammon 2015: 494; der auch von Akzeptanzplanung spricht). Im Gegensatz zu den anderen zuvor skizzierten Bereichen lässt sich das Prestige von Sprachen allerdings nicht in derselben Weise durch politische und rechtliche Regelungen beeinflussen, sondern hängt von der subjektiven Wahrnehmung der Menschen ab. So kann das Ansehen der Sprache etwa durch die Verwendung prestigereicher Sprecherinnen und Sprecher (z.B. Personen aus

Politik, Kultur und Medien) gestärkt werden und so zu einer höheren Akzeptanz in der Gesellschaft führen. Somit stehen hier weniger die Sprache selbst, ihre Verwendung und Funktion sowie ihr Erwerb im Vordergrund, sondern vielmehr die Wirkung auf deren Rezipientinnen und Rezipienten (vgl. Dovalil/Šichová 2017: 17).

Die Darstellung der Schwerpunkte von Sprachenpolitik und Sprachplanung soll keinesfalls den Eindruck vermitteln, dass die Prozesse in voneinander unabhängigen Bereichen erfolgen (vgl. Kaplan/Baldauf 1997: 28). Betrachtet man etwa familiäre Sprachplanungen wird klar, dass diese immer auch mit Fragen des Sprachprestiges zusammenhängen können.

Damit kann festgehalten werden, dass die Beeinflussung des Sprachgebrauchs sowohl auf individueller als auch auf gesellschaftlicher Ebene stattfinden kann. Diese Ebenen sind eng miteinander verknüpft und beeinflussen sich gegenseitig. Jernudd und Neustupný (1987) haben hierfür den Terminus ‚*Language Management*' (Sprachmanagement) eingeführt, der die Wechselbeziehung der beiden Ebenen betont. Hierauf soll im Folgenden genauer eingegangen werden.

12.2 Sprachmanagement

Neben dem Begriff der ‚Sprachenplanung' hat sich innerhalb der neueren Forschung mehr und mehr der Begriff des ‚Sprachmanagement' etabliert. Die Grundzüge der Sprachmanagementtheorie wurden in den 1980er Jahren gelegt (vgl. Jernudd/Neustupný 1987). Aufgrund dieser langen Tradition ist es nicht verwunderlich, dass es verschiedene Schwerpunktsetzungen sowie Unterschiede in den theoretischen Annahmen gibt. Hier sollen zentrale Gemeinsamtkeiten der Sprachmanagementtheorie dargestellt werden (vgl. Dovalil 2022; Marriott/Nekvapil 2012; Nekvapil 2009, 2012; siehe auch http://languagemanagement.ff.cuni.cz/de/node/390 [Zugriff am 25. Mai 2023]).

Gegenstand der Sprachmanagementtheorie ist die Untersuchung der metasprachlichen Aktivität beim Sprachgebrauch, das heißt, wie sprachliche Äußerungen gemanagt werden (vgl. Dovalil/Šichová 2017: 19 f.). Hierbei werden sowohl die Kommunikation zwischen Individuen als auch gesellschaftliche Interaktionen in den Blick genommen (vgl. Nekvapil 2006). So kann die Aktivität des Sprachmanagements sowohl von einer Institution wie dem Bildungsministerium initiiert werden, das Entscheidungen über obligatorische Fremdsprachen in einem bestimmten Land trifft, als auch von Einzelpersonen. Diese können etwa in Interaktionen Einfluss auf die Sprache nehmen, indem sie zu einer anderen Sprachvarietät wechseln, weil sie feststellen, dass die Interaktionspartnerin bzw. der Interaktionspartner sie nicht gut versteht. Sprachmanagement ist somit nicht nur eine Frage von Institutionen, sondern schließt auch das alltägliche Sprachverhalten ein. Verdienst der Sprachmanagementtheorie ist es also, dass Sprachplanungsprozesse auf der Mikroebene mit solchen auf der Makroebene verbunden werden. Dies wird im nächsten Abschnitt genauer erläutert.

12.2.1 Mikroebene

Einfache und diskursbasierte Sprachmanagementprozesse des Individuums finden auf der Mikroebene statt. Diese werden auch als alltägliches Management (auch *online-Management* genannt) bezeichnet, dem ein *bottom-up*-Prozess zugrunde liegt. Dieser lässt sich in die folgenden vier Stufen untergliedern (vgl. Nekvapil 2006, 2009):

1. Feststellen der Normabweichung
2. Bewertung der Normabweichung (positiv oder negativ)
3. Planung der Korrektur
4. Umsetzung der Korrektur

In der Anfangsphase kann das Individuum eine Normabweichung in seiner eigenen Sprechweise oder der einer Gesprächspartnerin bemerken. Je nach Gesprächskonstellation kann dies im Migrationskontext sowohl die Ziel- als auch die Herkunftssprache betreffen. Daraufhin kann eine Bewertung dieses sprachlichen Phänomens erfolgen. Ist diese negativ, kann die Sprecherin oder der Sprecher beginnen, einen Anpassungsentwurf zu entwickeln, beispielsweise wie ein Wort oder eine Form durch eine andere ersetzt werden kann. Schließlich kann der Entwurf umgesetzt werden, indem eine Korrektur vorgenommen wird. Anschließend wird das Gespräch weiter fortgesetzt, ohne dass der eigenen Korrektur bzw. der des Gesprächspartners weitere Beachtung geschenkt wird. Es ist jedoch auch möglich, dass die vorgenommene Korrektur aktiv zur Kenntnis genommen und wiederum bewertet wird. Somit kann das einfache Sprachmanagement zyklisch verlaufen (vgl. Nekvapil/Sherman 2015: 7; s. Nekvapil 2009 für weitere Details). Allerdings kann der beschriebene Prozess auch nach jeder Phase enden: Der Sprecherin kann etwa ein bestimmtes Phänomen auffallen, ohne dass sie dieses negativ bewertet. Eine negative Bewertung wiederum muss nicht zwangsläufig zur Planung einer Korrektur führen und eine geplante Korrektur auch nicht umgesetzt werden.

Der zuvor skizzierte Prozess läuft allerdings nur ab, wenn auch eine Abweichung bemerkt und als negativ bewertet wird. In vielen Migrantengruppen ist dies jedoch insbesondere für Transferphänomene nicht der Fall. Dann kommt es auch nicht zur Korrektur (vgl. Riehl 2014a: 198). Damit wird deutlich, dass Sprachmanagement immer an die sprachlichen Erwartungen der Akteurinnen und Akteure geknüpft ist. Wenn sich deren Erwartungen erfüllen, entsteht auch keinerlei Bedarf, den Sprachgebrauch zu managen (vgl. Dovalil/Šichová 2017: 20).

Sprachmanagementprozesse auf der Mikroebene können sich auf einzelne Formulierungen beziehen, aber auch die Sprachwahl generell betreffen, also festlegen, welche Sprache in der Interaktion gewählt wird. Im Migrationskontext kann dies etwa die Wahl der Sprache innerhalb der Familie betreffen. Wichtige Einflussgrößen sind vor allem ideologische Faktoren wie das Sprachprestige, Identität oder Aufstiegsorientiertheit. Dies lässt sich anhand von Beispiel (1) einer Sprecherin aus Australien verdeutlichen, die ihre Erfahrungen innerhalb der Familie beschreibt:

(1) Da kam man von der Schule nach Hause [...] und dann, ja, spricht man mit den Geschwistern auf Englisch [...] Aber oft war das dann so, dass einer von uns dreien – hat er gesagt: „oh wir müssen Deutsch sprechen." [...] Ja, wir haben uns gegenseitig genervt, weil wir tief innen wussten, dass es gut war. (Sprecherin MH, 25 Jahre, unveröff. Aufnahme 2009)

Das Beispiel zeigt, wie das Sprachmanagement innerhalb des Netzwerks Familie den Sprachgebrauch unter den Geschwistern beeinflusst. Maßgeblich verantwortlich sind hierfür die Eltern. Die positive Einstellung gegenüber dem Deutschen (*wir wussten, dass es gut war*) hat somit Auswirkung auf das Sprachverhalten, was wiederum zum Spracherhalt des Deutschen innerhalb des Netzwerks der Familie geführt hat.

12.2.2 Makroebene

Die Betrachtung der gesellschaftlichen Ebene wird als Makroebene bezeichnet, auf der ein organisiertes oder institutionelles Sprachmanagement erfolgt. Dies wird häufig auch als ein *top-down*-Prozess angesehen, da er von Institutionen in unterschiedlicher Komplexität initiiert wird. Das organisierte Sprachmanagement (auch *offline-Management* genannt) teilt dabei einige strukturelle Merkmale mit dem einfachen Management. So wird etwa auch hier eine Normabweichung festgestellt, allerdings erfolgt diese nicht individuell, sondern mithilfe von Expertenberichten. Grundlage hierzu sollte allerdings immer das einfache Sprachmanagement sein, wodurch ein konkretes sprachliches Phänomen in den Fokus gerückt wird, das Probleme in der Kommunikation verursacht und dann systematisch untersucht wird (vgl. Nekvapil 2010: 66). Ein Beispiel hierfür kann etwa das **organisierte Sprachmanagement** in Firmen oder Institutionen sein, um Kommunikationsprobleme bzw. Sprachbarrieren zu identifizieren, die wiederholt auftreten und von Mitarbeiterinnen und Mitarbeitern in Interaktionen negativ bewertet werden. Allerdings rücken verstärkt Normabweichungen oder Abweichungen der Erwartung von Sprecherinnen und Sprechern in den Fokus der organisierten Sprachmanagementtheorie, die positiv bewertet und als sog. „Gratifikationen" bezeichnet werden (Neustupný 2003: 127). Auch hieraus können Prozesse des Sprachmanagements entstehen, wie etwa, dass eine (weitere) Sprache in die interne oder externe Firmenkommunikation aufgenommen wird.

Oftmals werden jedoch Maßnahmen ergriffen, ohne dabei die tatsächlichen Probleme von Sprachbenutzerinnen und -benutzern zu berücksichtigen (vgl. Dovalil/Šichová 2017: 22). Vom einfachen Sprachmanagement unterscheidet sich das organisierte Sprachmanagement grundlegend darin, dass es nicht in einer einzigen konkreten Kommunikationssituation stattfindet, sondern aus einer Vielzahl von Interaktionen besteht. Somit kann es auch als trans-interaktional bezeichnet werden (vgl. Nekvapil/Sherman 2015: 7). Die folgenden fünf Merkmale sind charakteristisch für das organisierte Management (vgl. Lanstyák 2014; Nekvapil 2012: 167):

- organisierte Sprachmanagementhandlungen sind trans-interaktional
- an organisierten Sprachmanagementhandlungen sind Institutionen, Organisationen oder Netzwerke beteiligt, die über politischen oder gesellschaftlichen Einfluss verfügen
- es findet eine Kommunikation über das Sprachmanagement statt
- Sprachmanagementprozesse sind stärker von Ideologien und Theorien bestimmt
- Gegenstand von Sprachmanagementprozessen ist hier vor allem das Sprachsystem

Ein Beispiel für organisiertes Sprachmanagement, das auch die Verknüpfung von Sprachmanagement der Makroebene mit Aushandlungsprozessen der individuellen Ebene verdeutlicht, ist das von Heller (2001: 225) stammende Beispiel:

(2) Lehrer:	*pourquoi lit-on?* (‚warum lesen wir'?)
Schüler:	*pour relaxer* (‚um zu entspannen.')
Lehrer:	*pour se détendre, relaxer c`est anglais* (‚um sich zu entspannen (frz. *se détendre* sich entspannen) relax ist Englisch.')

Das Beispiel aus einer französischsprachigen Minderheitenschule in Ontario zeigt, wie staatliche Normierungsvorgaben – im Unterricht wird Französisch gesprochen – das sprachliche Verhalten des Lehrers in Form der Korrektur beeinflusst. Gleichzeitig ist diese Situation auch durch ein sog. ‚**soziokulturelles Management**' geprägt, da der Lehrer sich an der von Politik und Ökonomie getragenen Sprachentrennung orientiert. Diese ideologische Maxime, wie „gute" Franco-Ontarianer zu erziehen sind, beeinflusst sein Sprachmanagement (vgl. ebd.). Lehrerinnen und Lehrer erfüllen damit die Rolle von Normautoritäten, die darauf bedacht sind, Einsprachigkeit durchzusetzen, auch wenn diese nicht der gesellschaftlichen Realität entspricht (vgl. Harr et al. 2018: 33). Das Sprachmanagement ist demnach im dargelegten Bespiel erfolgreich, wenn die Schülerinnen und Schüler die vorgegebenen Normen erfüllen (vgl. Dovalil 2013: 170).

Die Entscheidung über die Sprachwahl innerhalb eines Diskurses kann also von einzelnen Netzwerken wie etwa der Familie, Firmen, Geschäften, Krankenhäusern, Bibliotheken und Banken ausgehen oder beispielsweise durch staatliche Organe, wie es in Schulen der Fall ist, vorgegeben werden. In einigen dieser Domänen genießen bestimmte Personen eine besondere Autorität, sprachliche Normierungen vorzunehmen, etwa Eltern innerhalb der Familie oder Erzieher sowie Lehrerinnen im Bildungskontext (vgl. Spolsky 2009: 250). Mit dem alltäglichen, individuellen Sprachmanagement beschäftigt sich auch das Forschungfeld der *Linguistic Landscapes*, das im nachfolgenden Abschnitt näher beleuchtet wird.

Damit lässt sich festhalten, dass eine Makroplanung von einer Mikroplanung unterschieden werden kann, wobei beide Planungstypen typische Akteure haben, die mit unterschiedlichen Machtbefugnissen ausgestattet sind (vgl. Nekvapil/Sherman 2015: 2). Das Verhältnis zwischen diesen beiden beschriebenen Ebenen, die durch die Begriffspaare *bottom-up* und *top-down*, Makro- und Mikroebene, einfaches und organisiertes Sprachmanagement erfasst werden, gehört zu den zentralen Fragestellungen der Sprachmanagementtheorie (zu den Methoden der Sprachmanagementtheorie s. Kasten).

Methoden der Sprachmanagementtheorie
Der Grundsatz der Sprachmanagementtheorie besteht darin, dass sich organisierte und einfache Sprachmanagementprozesse aufeinander beziehen bzw. sich im besten Fall bedingen. Maßnahmen des organisierten Sprachmanagements sollten somit auf der Analyse des einfachen Managements beruhen. Demnach liegt die zentrale Aufgabe der Methodik vor allem darin, individuelle Interaktionen zu analysieren (vgl. Nekvapil 2006: 98). Aus diesem Grund ist die Konversationsanalyse ein Ansatzpunkt für die Untersuchungen von Sprachmanagementprozessen. Hierbei werden Transkripte analysiert, die aus natürlichen Interaktionssituationen stammen. Dabei werden oft nicht nur die auditiven Aspekte berücksichtigt, sondern auch multimodale. Allerdings lässt sich auf Grundlage von Konversationsanalysen „nur“ ein Aspekt von Sprachmanagementprozessen erfassen, und zwar deren tatsächliche Umsetzung (vgl. ebd.: 99). Will man allerdings auch Aufschluss über die möglichen Phasen des Bemerkens, Bewertens oder der Planung von Korrekturen erlangen, muss man weitere, ergänzende Methoden heranziehen. Ein Beispiel hierfür ist das *follow-up*-Interview, das in den Bereich der qualitativen Sozialforschung einzuordnen ist.

12.3 *Linguistic Landscape*

Die Forschung der *Linguistic Landscape(s)* (LL) (dt.: sprachliche Landschaft, Sprachlandschaft) ist eine in jüngerer Zeit entstandene Disziplin der Soziolinguistik, welche die Sichtbarkeit von Sprachen im öffentlichen Raum erforscht. Vor allem im Migrationskontext kommt dem Ansatz der Räumlichkeit eine besondere Bedeutung zu, da sprachliche und kulturelle Konzepte von einem Ort zu einem anderen transportiert, verglichen oder in Opposition gestellt werden. Sprachen übernehmen in der Migration eine wichtige Funktion als *sociolinguistic spaces* (vgl. König 2014: 41), einerseits in Bezug auf die Objektsprache selbst, andererseits auch im öffentlichen Kontext von sozial hergestellten Räumen. So wird die LL auch als „Text-im-öffentlichen-Raum-Forschung“ (Gilles/Ziegler 2019: 386) bezeichnet bzw. als „study of writing on display in the public sphere“ (Coulmas 2009: 14).

Zu aktuelleren Untersuchungsgebieten von visueller Mehrsprachigkeit in Deutschland im Kontext der Migrationslinguistik gehören beispielsweise die Ruhr-Metropole (vgl. Mühlan-Meyer et al. 2017), die Dortmunder Stadtteile Nordstadt und Hörde (vgl. Eickmanns/Ziegler 2018) oder die diachrone Untersuchung zur visuell-sprachlichen Internationalisierung des Münchner Stadtbezirks Altstadt-Lehel (vgl. Schulze 2018).

Die Konfiguration der in der Sprachlandschaft vorhandenen Sprachen stellt wichtige Informationen über eine bestimmte zwei- oder mehrsprachige Umgebung bereit (vgl. Landry/Bourhis 1997: 26). So liefert die (Foto-)Dokumentation von Dialekten, Minderheitensprachen, Herkunftssprachen und Fremdsprachen nicht nur Hinweise auf das Prestige und die Funktionalität der Sprachen mit kommunikativer oder symbolischer Funktion, sondern auch auf die sprachliche und kulturelle Pluralität der jeweiligen Gesellschaft (vgl. Pustka 2020: 57). Die visuelle Repräsentation von Sprache ist eng verbunden mit der text- und funktionsspezifischen Kommunikation in Form von informativen, werbewirksamen, apellativen, künstlerischen oder transgressiven Texten (vgl. Gilles/Ziegler 2019). Die dafür herangezogenen Untersuchungsgegenstände umfassen Straßen- und Ladenschilder, Plakate, Graffitis oder Leuchtreklamen, aber auch bewegliche Aufschriften, beispielsweise auf Fahrzeugen, und werden als Symbol des Zusammenlebens, aber auch der Spannungsverhältnisse von sprachlichen Mehr- und Minderheiten verstanden.

Die Betrachtung dieser öffentlichen Sprachenlandschaften hat zum Ziel, gesellschaftliche Mehrsprachigkeit unter dem Blickwinkel der Sprachwahl, Sprachhierarchien, Sprachkontaktphänomene sowie Regulationsprozesse, auch im Hinblick auf die Schriftlichkeit, zu betrachten (vgl. Gorter 2013: 191). Die Analyse von Sprachenlandschaften zeigt die unterschiedliche Präsenz von Sprachgruppen in der Öffentlichkeit auf. Insbesondere Sprachminderheiten kämpfen häufig um ihre sprachliche Sichtbarkeit (vgl. Riehl 2014b: 77). Das Aufstellen eines zweisprachigen Ortsschildes geschieht nicht nur aus Gründen der Verständlichkeit, da die Namen in den verschiedenen Sprachen ohnehin oft bekannt sind, sondern als **symbolischer Akt der Anerkennung** (vgl. ebd.). So haben zwei oder mehrsprachige Aufschriften, aber auch die Reihenfolge der Sprachen in diesen Aufschriften, eine wichtige symbolische Funktion für die Sprecherinnen und Sprecher (vgl. ebd.). In Deutschland betrifft dies oftmals die Prestigesprache Englisch als ‚Lingua Franca' (s. Abb. 9). Bis heute ist die traditionelle Lingua Franca bei der Bahn Französisch.

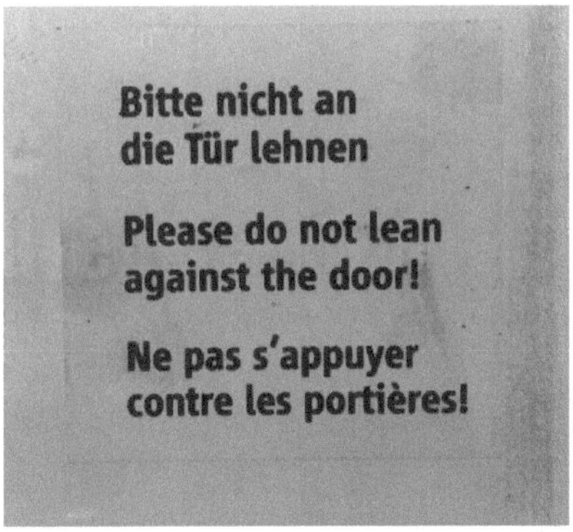

Abb. 9: Hinweisschild, Hauptbahnhof München.

Gleiches gilt auch für Bereiche des halböffentlichen Raums wie Bibliotheken, Museen, Krankenhäuser, Verwaltungsgebäude oder auch Schulen (vgl. Gorter 2013: 203). Die

Sichtbarkeit von Herkunftssprachen hat besonders in Bildungseinrichtungen eine wichtige identitätsbildende Funktion.

Die LL-Forschung umfasst mittlerweile zahlreiche, unterschiedliche Konzepte wie das der Ortsgebundenheit von visueller Kommunikation (vgl. Auer 2010b; Domke 2014; s. Kasten zum Ursprung der LL-Forschung), der Geosemantik und des *Emplacements* (vgl. Scollon/Scollon 2003). Trotz einer beobachtbaren Ausdifferenzierung der LL-Forschung liegt der Fokus nach wie vor auf der lesbaren Mehrsprachigkeit in der Stadt, sodass im Zusammenhang mit Sprachlandschaften auch von *multilingual cityscape* gesprochen wird (vgl. Gorter 2013; Shohamy/Ben-Rafael 2015). Der Großteil der LL-Studien fokussiert die visuell präsente Mehrsprachigkeit in bestimmten gesellschaftlichen Bereichen, zu denen vor allem der Tourismus sowie sprachpolitische Effekte im Kontext des Sprachmanagements (→ Kap. 12.2) zählen (vgl. Schulze 2018: 228).

Ursprung der *Linguistic-Landscape*-Forschung
Erste Ansätze der LL entwickelten sich bereits in den 1970er Jahren, in der mehrsprachigen Stadt Jerusalem, genauer in der Keren Kayemet Street (vgl. Rosenbaum et al. 1977). Die Etikettierung der geographischen Verbreitung von Sprachen und Mehrsprachigkeit als *Linguistic Landscape* geht jedoch auf Landry und Bourhis (1997) zurück, welche am Beispiel der Studie „Linguistic Landscape and Ethnolinguistic Vitality“ zu frankophonen Kanadiern die Grundannahme vertreten, dass die Sprachlandschaft einer Region ein Indikator für den Status einer Sprache und ihrer Sprachgemeinschaft sowie ihrer Beteiligung an den individuellen Sprachkontaktnetzwerken in einer Gesellschaft ist.

12.4 *Linguistic-Landscape*-Forschung in der Migrationslinguistik

Die genaue Ausgestaltung einer Sprachlandschaft erfüllt zwei Funktionen, die informativen und symbolischen Charakter haben (vgl. Landry/Bourhis 1997: 26). Die informative Funktion bezeichnet den Nutzen der Sprachlandschaft für die Bevölkerung innerhalb des öffentlichen Raums. Die sprachliche Territorialmarkierung gibt dabei an, in welchem mehrsprachigen Stadtteil oder Bezirk einer Großstadt wir uns befinden (vgl. Androutsopoulos 2008). Durch die informative Funktion der LL kann außerdem visualisiert werden, in welcher Sprache in den öffentlichen Einrichtungen kommuniziert wird. Die symbolische Funktion bezieht sich auf die sprachliche und kulturelle Präsenz von Gruppen. So symbolisiert eine stark visuell-präsente Sprache die demographische wie auch institutionelle Vitalität der entsprechenden Sprachgemeinschaft. Die Oberbegriffe der LL-Forschung werden, je nach gesellschaftlichem Bezug von Öffentlichkeit und Privatheit, genauer klassifiziert: Die Einteilung der unterschiedlichen Bezugsrahmen von Zeichen orientiert sich überwiegend an der Idee, Zeichen in *private signs* und *gouvernement signs* zu unterscheiden (vgl. Landry/Bourhis 1997). ***Private signs*** umfassen Werbeschilder an Ladenfronten und Geschäftseinrichtungen sowie kommerzielle Schilder auf Reklametafeln und in öffentlichen Verkehrsmitteln, wie es das unten gezeigte Beispiel verdeutlicht (s. Abb. 10): Die Präsenz des Arabischen konstituiert sich in diesem Fall durch die Schriftgröße. Das in den Vordergrund gerückte Wort أسواق (‚Asuak') wird durch die klein geschriebene, deutsche Entsprechung „orientalischer Supermarkt" kommentiert. Die Aufmerksamkeit der Leserin bzw. des Lesers wird damit auf Arabisch als visuell betonte Sprache gelenkt.

Abb. 10: Orientalischer Supermarkt, Schwanthalerstraße München, 11.08.2021.[41]

Government signs beziehen sich auf öffentliche Schilder, die von der nationalen, regionalen oder kommunalen Regierung angebracht worden sind. Dazu gehören beispielsweise Straßenschilder, Ortsschilder oder Verbotsschilder (s. Abb. 11). Daneben existieren weitere Bezeichnungen für die Einteilung der semiotischen Text-Bild-Gestaltung im öffentlichen Raum. Die sog. Zeichen in *top-down* sind das Ergebnis amtlicher Sprachenpolitik (vgl. Ben-Rafael et al. 2006: 14). Zeichen, die im Rahmen von privater oder unternehmerischer Tätigkeit und Dienstleistung entstanden sind, werden als Zeichen in *bottom-up* benannt (vgl. ebd.) (⟶ Kap. 12.1). Interessanterweise zeigt sich nun, dass Herkunftssprachen in der Regel als Zeichen in *bottom-up* verwendet werden (s. Abb. 10), während in *top-down*-Zeichen überwiegend Prestigesprachen eine Rolle spielen (s. Abb. 11).

41 Unveröffentlichte Projektarbeit von Hind Lobah, Studentin des Instituts für Deutsch als Fremdsprache der LMU.

Abb. 11: Hinweisschild, U-Bahnstation *Laimer Platz* München, 01.05.2022.[42]

Untersuchungen von sichtbaren Zeichen im öffentlichen Raum gehören weder zu den Traditionslinien der Linguistik noch der Medienlinguistik (vgl. Schmitz 2018: 14). Doch gerade die Medienlinguistik, deren methodische und mediale Gegenstände oftmals Grundlage der LL ist, wird meist auf analog fixierte, sprachliche Zeichen begrenzt. Massenmediale Analysen (z. B. basierend auf Facebook, Instagram oder Twitter), die in den Bereich der Internetlinguistik fallen, weisen jedoch zahlreiche Parallelen mit der LL-Forschung auf, sodass in jüngster Zeit die Erweiterung der LL in eine *Media Linguistic Landscape*, die mit geolinguistischen Ansätzen der LL im weitesten Sinne etwas zu tun hat, vorgeschlagen wird (vgl. ebd.).

So beschäftigt sich unter anderem König (2021) mit Mehrsprachigkeit in **transmodaler Kommunikation**, womit der durch postingbasierte Kommunikation hergestellte Dialog in Form von Text- und Sprachnachrichten gemeint ist (vgl. ebd.: 2). Anhand einer ethnographisch eingebetteten Untersuchung eines transmodalen mehrsprachigen Gruppenchats von deutsch-libanesischen Sprecherinnen und Sprechern wird gezeigt, mit welchen unterschiedlichen Potenzialen Sprachalternation in Text- und in Sprachnachrichten assoziiert werden kann. Dafür wird u. a. auf die Besonderheiten des Arabischen als Ressource in der digitalen Kommunikation eingegangen, die Rückschlüsse auf ein komplexes Gefüge von Identitätspositionen (⟶ Kap. 11.3.2) zulassen, die die Nutzerinnen und Nutzer durch das Repertoire von Praktiken der Sprachalternation einnehmen.

42 Unveröffentlichte Aufnahme, erstellt von Christine Rott, Studentin am Institut für Deutsch als Fremdsprache der LMU.

Abb. 12: Libanesisch-Arabisches Twitter-Posting (König 2021: 5).

Das in der Abbildung 12 gezeigte Schreibregister entwickelte sich aus der anfänglichen, ausschließlich über ASCII-Zeichen erfolgenden, digitalen Kommunikation und ist durch das Ersetzen von Phonemen durch Ziffern gekennzeichnet (vgl. ebd.: 5). Die Ziffern werden nicht nach Belieben, sondern nach der Ähnlichkeitsbeziehung ausgewählt. Wie das vorangehende Beispiel verdeutlicht, wird der isoliert stehende Frikativ, der mit dem Zeichen <ع> verschriftlicht wird, durch eine gespiegelte <3> ersetzt (vgl. ebd.).

Aufgrund der nach wie vor noch ausstehenden Standardisierung des methodischen Vorgehens in der LL-Forschung, liegt es im Ermessen der Forscherin bzw. des Forschers zu entscheiden, inwieweit Forschungsgegenstände wie Plakate gezählt und quantifiziert werden und welche Erhebungsräume ausgewählt werden (vgl. Schulze 2018: 230). Die geringe Systematisierung in der Erfassung von Sprachlandschaften führt deshalb auch zu kritischen Anmerkungen zu der bisher stark urbanen Konzeption der LL sowie zu ihrer zentralistischen Ausrichtung an Regionen, die durch die Analyse bestimmter Signtypen (Restaurant- oder Geschäftsnamen) charakterisiert sind. Dadurch kann von einer gewissen Verzerrung ausgegangen werden (vgl. ebd.). Die bisherige quantitative, geolinguistische Forschungsrichtung weicht immer mehr inhaltlichen Analysen der einzelnen Text-Bild-Konfiguration im öffentlichen Raum.

Neben der Erhebung der semiotischen Visualisierung von Mehrsprachigkeit verdichten soziologische Perspektiven in Form von offiziellen Statistiken oder Interviews die LL-Analyse, da sie die vielen Faktoren, wie z. B. Gesetzgebungen, einbeziehen. Diese stehen zwar außerhalb der Präsenz von Mehrsprachigkeit, sind aber ausschlaggebend für die Existenz mehrsprachiger Sprachlandschaften (vgl. ebd.).

Die Untersuchung von Sprachlandschaften aus soziolinguistischer Perspektive ist ein Forschungsfeld, das sehr dynamisch ist – nicht zuletzt durch die technischen Möglichkeiten im Zuge der Digitalisierung. Die Erforschung von visueller Sprache im öffentlichen Raum sowie die damit verbundenen, diskursiven Modalitäten unterliegen vielfachen Erweiterungen, die auch sprachdidaktische Gesichtspunkte einbeziehen.

12.5 Didaktische Handlungsfelder

Eine Grundannahme der LL-Forschung besteht darin, dass Sprachlandschaften nicht nur der informative und symbolische Ausdruck eines Nebeneinanders von sprachlichen und kulturellen Gemeinschaften in einer Gesellschaft darstellen, sondern gleichzeitig auch positive Auswirkungen auf die Verwendung dieser Sprache(n) haben: Die visuelle Präsenz einer (Minderheiten-)Sprache im öffentlichen Raum soll positive Anreize zur Verwendung dieser Sprache – auch im Mündlichen – setzen (vgl. Schulze 2018: 228).

Aus diesem Grund birgt die LL auch Potenzial für den Schulkontext und führt mittlerweile zu einer neuen Ausrichtung innerhalb des Forschungsfelds, beispielsweise als pädagogisches Werkzeug beim Erlernen von Sprachen (vgl. Brown 2005). Dabei kann der Fokus auf das sprachlich-kontextuelle Wissen zu entsprechenden Text-Bild-Gestaltungen gelegt werden, durch welche die Schülerinnen und Schüler als Forschende die Sprache und die soziale sowie gesellschaftliche Bedeutung hinter dem Zeichen ermitteln und bewerten (vgl. Krompák 2018: 258). Liegt der didaktische Schwerpunkt auf der Interaktion zwischen den Rezipienten und den Zeichen, sollen Schülerinnen und Schüler als Expertinnen und Experten aus ihrem jeweiligen Lebensraum die Zeichen analysieren und bewerten (ebd.). Der Ansatz der LL kann darüber hinaus ein Instrument sein, um die **Spracheinstellungen** und die damit zusammenhängende *Language Awareness* (dt. Sprachbewusstheit) von Schülerinnen und Schülern im schulischen Umfeld zu ermitteln (vgl. Gorter 2018). So können Sprachlandschaften im Kontext von *Schoolscaping* als schulisch-kontextualisierte Räume dienen, in denen mündlich oder schriftlich Sprachideologien konstituiert, reproduziert und transformiert werden können (vgl. Brown 2012: 282).[43]

Mithilfe von LL als pädagogisches Tool können multimodale, literale Fähigkeiten gefördert und auch pragmatische Kompetenzen verbessert werden (vgl. Rowland 2013: 496–498). Dies gelingt nicht zuletzt dadurch, dass durch die Vermittlung von

43 Die *Schoolscape*-Forschung ist im erziehungswissenschaftlichen Diskurs und in der pädagogischen Praxis bisher kaum thematisiert worden (vgl. Krompák 2018).

authentischen Sprachsituationen am Beispiel der LL Multikompetenzen und die Sensibilisierung für die Sprachkonnotationen gefördert werden können (vgl. ebd.: 496). Auf übergeordneter Ebene werden die Wahrnehmung von Mehrsprachigkeit, das Bewusstsein für sprachliche Diversität, die kritische Sprachbewusstheit und kommunikative Kompetenz gestärkt (vgl. Gorter 2018).

Der Einsatz von LL als didaktisches Tool im Unterricht ermöglicht eine vielfältige Auseinandersetzung mit dem Lebensraum von Schülerinnen und Schülern und gegebenenfalls ihrer Mehrsprachigkeit. Der Gebrauch, die Funktionen und die Bewertung von Sprachen im öffentlichen Raum wie auch die individuelle Wahrnehmung von eigenen wie auch anderen Sprachgebrauchskonzepten können mittels der didaktischen Ansätze der LL reflektiert werden. Durch die bewusst gesteuerte Aufmerksamkeit auf Zeichen nehmen die Schülerinnen und Schüler die sprachliche Vielfalt der Umgebung wahr und stellen einen Bezug zu ihrer **lebensweltlichen Mehrsprachigkeit** her (vgl. Krompák 2018: 255). Ein Beispiel hierfür ist ein kanadisches Forschungsprojekt, bei dem sich zehn- bis elfjährige Kinder mithilfe der Fotodokumentation mit ihrer Sprachbewusstheit beschäftigten (vgl. Dagenais et al. 2009). Im Rahmen der Studie fotografierten die Kinder Plakate, Bilder und Schilder in ihrer nächsten Umgebung. Anschließend wurden die verschiedenen Sprachen gemeinsam hinsichtlich ihrer Wertschätzung durch die Umwelt eingeordnet. Ihr Bewusstsein für die soziale Funktion von Sprache wurde damit erhöht und ihre eigene sprachliche Identität gestärkt (ebd.). Die LL-Forschung erfasst folglich nicht nur die sprachliche und kulturelle Diversität im öffentlichen Raum, sondern dokumentiert individuelle und gesellschaftliche Prozesse des Sprachmanagements von (mehrsprachigen) Sprechern (→ Kap. 12.2).

12.6 Zusammenfassung

Der Sprachgebrauch sowie der Zugang zu Sprachen in der Einwanderungsgesellschaft sind auf unterschiedlichste Weise Gegenstand migrationslinguistischer Forschung. Ein primäres Ziel ist die Erfassung von Sprach- und Kommunikationsgewohnheiten bestimmter sprachlicher und kultureller Gemeinschaften sowie die damit verbundene Interaktion mit der Umwelt. In dieser Betrachtung stehen sich individuelle und gesellschaftsübergreifende Mechanismen, wie etwa im Rahmen von Sprachenpolitik und Sprachplanung, sowie alltägliche, gruppenspezifische Entwicklungen des Sprachgebrauchs gegenüber. Mit Letzterem beschäftigt sich der noch junge Forschungsbereich der *Linguistic Landscape*, der anhand von alltagsbasierten, öffentlich zugänglichen Kommunikaten wie Plakaten und Schildern sprach- und gesellschaftsrelevante Interaktionen festhält und analysiert. Dabei können die von der *Linguistic-Landscape*-Forschung beobachtbaren Gegenstände auch als Resultate von Sprachenplanung und Sprachpolitik und dem damit zusammenhängenden, alltäglichen Sprachmanagement verschiedener Sprachgemeinschaften verstanden werden. Der Begriff ‚Sprachmanagement' bezieht sich auf das Sprachverhalten in individuellen und gesellschaftlichen Interaktionen, je nachdem, ob es sich um individuelle oder institutionalisierte Akteure, wie z. B. Firmen oder auch Ministerien oder Kliniken, handelt. Unterschieden wird folglich zwischen dem einfachen Sprachmanagement, das beispielsweise durch Registerwechsel sowie die situations- und akteuradequate Normeinhaltung in der Kommunikation geprägt ist, und dem organisierten Sprachmanagement, das sich auf sprachliche Interventionen von Organisationen oder Institutionen bis hin zu politischen Vorgaben bezieht. Beiden sprachwissenschaftlichen Ansätzen gemein ist die Auseinandersetzung mit Migration und Sprache anhand des beobachtbaren, gesellschaftlichen und diskursbasierten Umgangs mit migrationsbedingter Mehrsprachigkeit.

Aufgaben zu diesem Kapitel und Lösungen unter https://www.narr.de/Migrationslinguistik-18517-1

13 Migration und Bildungsgerechtigkeit

Nicole Weidinger

Die pandemiebedingten Schulschließungen und die damit einhergehende Verlagerung auf Distanzunterricht haben zuletzt noch einmal in aller Deutlichkeit bestehende Ungleichheiten im deutschen Bildungswesen offengelegt und verschärft (vgl. Bendel et al. 2021; Maaz/Daniel 2021). Denn bei weitem nicht jede Schülerin und jeder Schüler verfügt über einen eigenen digital ausgestatteten Arbeitsplatz zum Lernen zu Hause, sowie ausreichende Unterstützung durch die Eltern im Homeschooling und bei der Kommunikation mit den Lehrkräften. Dabei ist das Thema der Bildungsungleichheit nicht neu. So belegen etwa die groß angelegten internationalen Schulleistungsstudien des *Programme for International Student Assessment* (PISA) bereits seit dem Jahr 2000 gravierende soziale und migrationsbedingte Disparitäten in Deutschland. Gerade Kinder und Jugendliche aus Zuwanderungsfamilien betrifft die Chancenungleichheit aufgrund des engen Zusammenhangs von sozialer Herkunft und Migrationshintergrund in besonderem Maße (vgl. u. a. Lokhande 2016). Hier Ungerechtigkeiten zu reduzieren und abzubauen, bleibt Daueraufgabe und Herausforderung des Bildungssystems (vgl. Köller/Zimmer 2019: 229).

Unstrittig ist, dass für die Herstellung von Chancengleichheit und Prävention von Bildungsmisserfolg eine früh einsetzende Sprachbildung und -förderung zentrale Stellgrößen bilden (vgl. u. a. Titz/Hasselhorn 2017). Aufgrund der Schlüsselfunktion sprachlicher Kompetenzen für gelingende Lern- und Bildungsprozesse sowie gesellschaftliche Teilhabe rückt daher auch das Thema Bildungsgerechtigkeit in den Fokus der Migrationslinguistik. Ihr Interesse richtet sich auf die Rolle der Sprache für zuwanderungsbezogene Disparitäten im Bildungserfolg, wie eventuell auftretende Erwerbsschwierigkeiten bei mehrsprachigen Kindern frühzeitig erkannt und durch die Anwendung sprachförderlicher Maßnahmen abgebaut werden können, ohne dabei die Mehrsprachigkeit zu stigmatisieren. Denn „nicht jedes mehrsprachige Kind hat per se einen Sprachförderbedarf“ (Becker-Mrotzek et al. 2013a: 8). Zur Beantwortung dieser Frage greift die Migrationslinguistik in einer interdisziplinären Herangehensweise auf Methoden und Erkenntnisse der empirischen Bildungs- und Spracherwerbsforschung, sowie der Erziehungswissenschaften, Psychologie und Soziologie zurück.

13.1 Zentrale Befunde zu Disparitäten nach Migrationshintergrund

Im folgenden Abschnitt wird ein Überblick über zentrale Befunde der Bildungs- und Sozialstrukturforschung zu zuwanderungsbezogenen Disparitäten über die verschiedenen Bildungsetappen im Kindes- und Jugendalter gegeben (vgl. u. a. Böhme et al. 2017; s. Maaz/Dumont 2019 für einen Überblick). Als **Indikatoren des Bildungserwerbs** werden die erworbenen Kompetenzen (Grammatikverständnis, Lesen etc.) sowie die Bildungsbeteiligung (d. h. Partizipation an institutionalisierten Bildungsangeboten, Bildungsabschlüsse) herangezogen (vgl. Maaz/Dumont 2019: 301).

Ungleichheiten im Kompetenzerwerb werden im Rahmen der großen internationalen Leistungsvergleichsstudien erforscht (s. Kasten zu den internationalen Schulleistungsstudien). Daneben existieren nationale Schulleistungsstudien, die vom Institut zur Qualitätsentwicklung im Bildungswesen (IQB; https://www.iqb.hu-berlin.de/) durchgeführt werden, und verschiedene Fächer (Deutsch, Fremdsprachen, Mathematik, Naturwissenschaften) sowie innerhalb dieser Fächer mehrere Kompetenzbereiche (u. a. Lesen, Zuhören, Orthographie im Fach Deutsch) in den Blick nehmen. Ferner liefert der Nationale Bildungsbericht (https://www.bildungsbericht.de), der von der frühkindlichen Bildung, Betreuung und Erziehung bis zur Weiterbildung im Erwachsenenalter reicht, eine umfassende empirische Bestandsaufnahme des gesamten deutschen Bildungssystems. Eine wichtige Datengrundlage bildet hierbei das Nationale Bildungspanel (*National Educational Panel Study* NEPS; https://www.neps-data.de/), das darauf abzielt, Längsschnittdaten zu Kompetenzentwicklungen, Bildungsprozessen, -entscheidungen und -renditen über die gesamte Lebensspanne zu erheben. Alle genannten Arbeiten sind wichtige **Elemente des Bildungsmonitorings** in Deutschland und tragen dazu bei, durch kontinuierliche und systematische Beobachtungen und Analysen potenzielle Problembereiche zu identifizieren und für politisches Handeln aufzubereiten.

Internationale Schulleistungsstudien

- IGLU – Internationale Grundschul-Lese-Untersuchung (engl. PIRLS; *Progress in International Reading Literacy Study*). Hierbei werden alle fünf Jahre die Lesekompetenzen von Viertklässlern und Viertklässlerinnen ermittelt.
- PISA – *Programme for International Student Assessment*. In dreijährigem Turnus werden die Kompetenzen von 15-jährigen Schülerinnen und Schülern in den Bereichen Lesen, Mathematik und Naturwissenschaften erfasst.
- TIMSS – *International Trends in Mathematics and Science Study*. TIMSS untersucht das mathematische und naturwissenschaftliche Grundverständnis von Schülerinnen und Schülern am Ende der 4. Jahrgangsstufe in einem vierjährigen Rhythmus.

13.1.1 Frühkindlicher und vorschulischer Bereich

Disparitäten nach Zuwanderungshintergrund sind bereits im frühkindlichen und vorschulischen Bereich feststellbar, d. h. zu einem Zeitpunkt, an dem die Weichen für eine erfolgreiche Bildungskarriere gestellt werden (⟶ Kap. 13.3). Diese Ungleichheiten betreffen zum einen die Inanspruchnahme von Angeboten der Kita-Betreuung. Zwar ist diese in den letzten zehn Jahren bei Kindern mit Migrationshintergrund gestiegen, dennoch bleibt ihre **Bildungsbeteiligungsquote** weiterhin sowohl in der Altersgruppe der unter Dreijährigen als auch der Drei- bis Sechsjährigen deutlich hinter der von Kindern ohne Migrationshintergrund (vgl. Autorengruppe Bildungsberichterstattung 2020: 87, s. Abb. 13). Diese Unterschiede lassen sich jedoch nicht auf einen niedrigeren Bedarf der Zuwanderungsfamilien zurückführen, sondern vielmehr auf den Mangel an U3-Plätzen, der den Zugang zu Betreuungsplätzen gerade für diese Gruppen erschwert (vgl. ebd.: 87).

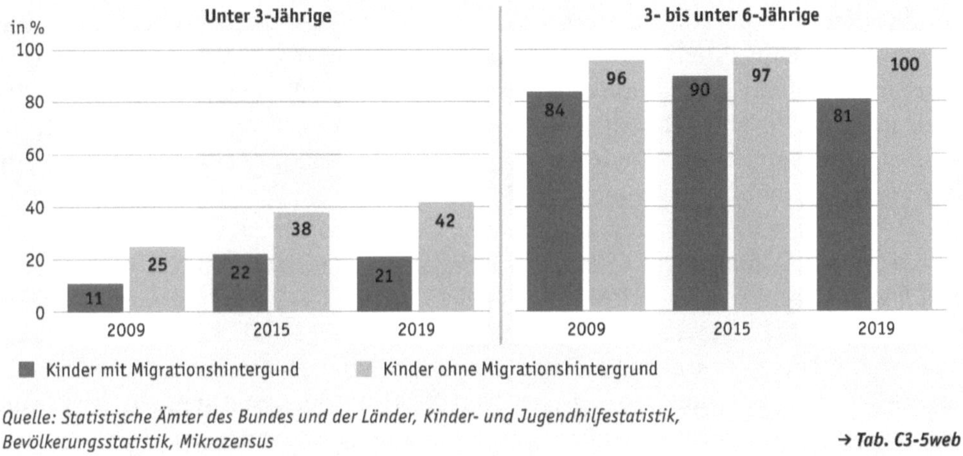

Abb. 13: Bildungsbeteiligungsquote von unter Dreijährigen und Drei- bis unter Sechsjährigen in Kita-Betreuung 2009, 2015, 2019 nach Migrationshintergrund (in %) (entnommen aus Autorengruppe Bildungsberichterstattung 2020: Abb. C3-2).

Zum anderen werden bereits früh in den Bildungskarrieren Differenzen im **Kompetenzerwerb** deutlich. So zeigen Umfragen, dass bei Vorschulkindern mit Migrationshintergrund häufiger ein Sprachförderbedarf diagnostiziert wird als bei Gleichaltrigen ohne Migrationshintergrund (vgl. ebd.: 99; → Kap. 13.3.1). Zudem konnten Relikowski et al. (2015) anhand der NEPS-Daten feststellen, dass Fünfjährige mit Zuwanderungshintergrund geringere Leistungen im rezeptiven Wortschatz und Grammatikverständnis im Deutschen erzielen als diejenigen ohne Migrationshintergrund. Eine weitere wichtige Erkenntnis dieser Studie ist, dass ein später Eintritt in die Kita insbesondere bei Kindern aus Zuwanderungsfamilien mit geringen Sprachleistungen einhergeht. Für die Entwicklung dieser Kinder sind demzufolge ein frühzeitiger Einbezug in die professionelle Kita-Betreuung und der damit verbundene sprachliche Input in der Zweitsprache Deutsch förderlich, wodurch Nachteile im rezeptiven Sprachstand bis zum Schuleintritt teilweise kompensiert werden können. Ein Ziel der Bildungspolitik muss es daher sein, gerade denjenigen Kindern einen Platz in frühpädagogischen Einrichtungen anzubieten, die sich immer noch Zugangshürden gegenübersehen, aber zugleich von einem Kita-Besuch vor allem auf der sprachlichen Ebene am meisten profitieren würden (vgl. Autorengruppe Bildungsberichterstattung 2020: 104; Becker/Biedinger 2006).

13.1.2 Primarbereich

Ein starker Zusammenhang zwischen den erzielten Kompetenzen und dem Migrationshintergrund ist über den frühkindlichen Bereich hinaus auch im Primarbereich nachweisbar. Die Resultate aus IGLU 2016 bekräftigen, dass Viertklässlerinnen und Viertklässler mit Migrationshintergrund im Vergleich zu ihren Mitschülerinnen und Mitschülern, deren Eltern beide in Deutschland geboren wurden, **Leseleistungen** erzielen, die mit 24 (ein Elternteil im Ausland geboren) beziehungsweise 49 (beide Elternteile im Ausland geboren) Leistungspunkten geringer ausfallen und damit im Rahmen dessen liegen, was Kinder in einem halben beziehungsweise ganzen Schuljahr dazulernen (vgl. Wendt/Schwippert 2017: 226).

Wissenschaftliche Erkenntnisse zum Stand der Lesekompetenzen von Viertklässlerinnen und Viertklässlern 2021 – und damit nach mehr als einem Jahr pandemiebedingter Einschränkungen – im Vergleich zu Gleichaltrigen 2016, also vor der **COVID-19 Pandemie**, stellte erstmalig die IFS-Schulpanelstudie 2016–2021 bereit (vgl. Ludewig et al. 2022). Hierzu wurden die Daten von 4.290 Kindern ausgewertet, die in den Jahren 2016 und 2021 mit dem Lesetest von IGLU 2016 getestet wurden. Insgesamt zeigt sich bei der aktuellen Schülergeneration eine substanziell niedrigere mittlere Lesekompetenz als im Jahr 2016. Die Differenz beträgt 20 Punkte und entspricht dem durchschnittlichen Leistungszuwachs eines halben Lernjahrs. Zudem gibt es im Vergleich zu 2016 im Jahr 2021 anteilig weniger (sehr) starke und mehr schwache Leserinnen und Leser. Für Gruppen mit Migrationshintergrund, für die bereits vor der COVID-19 Pandemie bedeutsame Differenzen in der Lesekompetenz bekannt waren (vgl. Wendt/Schwippert 2017), bestehen auch weiterhin deutliche Unterschiede. Im Vergleich zu präpandemischen Zeiten deuten die Ergebnisse für Viertklässlerinnen und Viertklässler mit Migrationshintergrund und ungünstigen häuslichen Lernbedingungen numerisch auf eine Vergrößerung der Unterschiede im Vergleich zu Gleichaltrigen ohne Migrationshintergrund und günstigeren Lernbedingungen hin.

Die jüngst erschienenen Ergebnisse der IGLU-Studie 2021 bekräftigen die Resultate der IFS-Schulpanelstudie und damit die weitreichenden Auswirkungen der COVID-19-Pandemie auf die Kompetenzentwicklungen von Grundschulkindern (vgl. McElvany et al. 2023). So zeichnet sich auch im internationalen Vergleich im Trend betrachtet ein Rückgang der mittleren Lesekompetenzen von Viertklässlerinnen und Viertklässlern während der Pandemie im Vergleich zu Kohorten vor der Pandemie ab (vgl. ebd.: 24). Zugleich ergeben die Trendanalysen für Deutschland, dass die Kompetenzrückstände von Schülerinnen und Schülern mit zwei im Ausland geborenen Elternteilen und Schülerinnen und Schülern mit einem im Ausland geborenen Elternteil gegenüber Gleichaltrigen ohne Migrationshintergrund ähnlich stark ausgeprägt sind wie schon im Jahr 2001 (vgl. Stubbe et al. 2023: 173). Der 20-Jahre-Trend offenbart dabei insgesamt, dass familiäre Merkmale in Deutschland systematisch mit der Lesekompetenz der Kinder in der vierten Jahrgangsstufe korrelieren und substanzielle Unterschiede seit 2001 nicht reduziert werden konnten – sich aber auch nicht verstärkt haben.

Neben Ungleichheiten im Schriftspracherwerb lassen sich auch Nachteile in anderen Leistungsbereichen nachweisen. So verdeutlichen Befunde aus TIMSS 2019 etwa, dass Schülerinnen und Schüler mit Zuwanderungshintergrund am Ende der Grundschulzeit niedrigere mathematische und naturwissenschaftliche Kompetenzen zeigen als ihre Mitschülerinnen und Mitschüler, deren Eltern beide in Deutschland geboren wurden (vgl. Wendt et al. 2020).

13.1.3 Sekundarstufe I

Über das Grundschulalter hinaus stellt auch die regelmäßig in der Sekundarstufe I durchgeführte PISA-Studie erhebliche Differenzen in den erreichten Leistungsständen fest. 2018 erzielen die 15-Jährigen mit Zuwanderungshintergrund im Durchschnitt geringere Lesekompetenzen als Gleichaltrige ohne Zuwanderungshintergrund (vgl. Weis et al. 2019: 149f.). Im internationalen Vergleich ist dabei der Unterschied in Deutschland mit 52 Punkten zwischen Jugendlichen ohne Zuwanderungshintergrund (524 Punkte) und Jugendlichen mit Zuwanderungshintergrund (472 Punkte) relativ groß. Die Kompetenzen variieren allerdings je nach **Generationenstatus**. Jugendliche der ersten Generation[44] erreichen die geringsten Werte (405 Punkte), gefolgt von Jugendlichen der zweiten Generation (477 Punkte) und Jugendlichen mit einem im Ausland geborenen Elternteil (497 Punkte). Zudem ist der Anteil der besonders leseschwachen Schülerinnen und Schüler der ersten Generation 2018 sehr hoch und seit 2009 deutlich angestiegen. Demnach verfügt über die Hälfte der Jugendlichen der ersten Generation über nur eingeschränkte Lesekompetenzen im Deutschen und ist damit nicht hinreichend für eine weitere Ausbildung vorbereitet. Inwieweit sich die Gruppe „kompetenzarmer" Jugendlicher im Zuge der COVID-19-Pandemie noch vergrößert hat, bleibt noch abzuwarten (vgl. Maaz/Daniel 2021: 14).

Signifikante Nachteile zuungunsten von Neuntklässlern und Neuntklässlerinnen mit Zuwanderungshintergrund bestehen laut IQB-Bildungstrend 2018 zudem in den Fächern Mathematik, Biologie, Chemie sowie Physik sowohl bundesweit als auch in nahezu allen Bundesländern (vgl. Henschel et al. 2019). Die beobachteten Unterschiede sind in Abhängigkeit von der Generationenzugehörigkeit und Herkunftsgruppe zu betrachten. Demnach sind Jugendliche mit zwei im Ausland geborenen Elternteilen aus arabischen Ländern besonders benachteiligt, bei denen die Leistungen teilweise

44 Die in Bildungsstudien wie etwa in PISA vorgenommene Definition der Generationen unterscheidet sich von der in Kapitel 6 erläuterten Generationeneinteilung im Kontext der Drei-Generationen-Regel. Die in diesem Kapitel als erste Generation erfassten Sprecherinnen und Sprecher, werden dort als Generation 1.5 bezeichnet.

mehrere Schuljahre hinter denen von Jugendlichen ohne Zuwanderungshintergrund zurückbleiben.

13.1.4 Übergang von Primar- in die Sekundarstufe I

Jenseits der Disparitäten im Kompetenzerwerb sind Unterschiede in der Bildungsbeteiligung feststellbar. Hierbei gilt der Übergang von der Grundschule in die Sekundarstufe I als eine bedeutsame **Weichenstellung für die Bildungsbiographien** von Kindern in Deutschland. Nach wie vor ist in vielen Fällen mit dem besuchten Sekundarschultyp der spätere Bildungsabschluss und damit auch die zukünftige sozioökonomische Stellung (etwa Beruf, Einkommen) als Erwachsener in der Gesellschaft verbunden (vgl. Maaz/Dumont 2019: 309). Die Daten von PISA 2018 offenbaren, dass der Anteil Fünfzehnjähriger ohne Zuwanderungshintergrund an Gymnasien um rund 13 Prozentpunkte höher ist als der Anteil der Gleichaltrigen mit Zuwanderungshintergrund (vgl. Weis et al. 2019: 153 f.; s. Tab. 7). Gleichzeitig befinden sich an nicht-gymnasialen Schulen deutlich mehr Jugendliche mit Zuwanderungshintergrund als Jugendliche ohne Zuwanderungshintergrund. Besonders gravierend sind die Unterschiede für Schülerinnen und Schüler der ersten Generation. Für die zweite Generation zeigt PISA 2018 hingegen die Tendenz, dass sich ihre gymnasiale Beteiligung seit 2009 verbessert hat (s. Tab. 7). Der Datenreport 2021 (vgl. Statistisches Bundesamt et al. 2021) ermittelt zugleich Unterschiede nach **Herkunftsregion**. Besonders selten besuchen demnach Kinder mit Wurzeln im Nahen Osten das Gymnasium (27,1 %), wohingegen Kinder mit asiatischen Wurzeln jenseits des Nahen und Mittleren Ostens (46 %, z. B. China, Vietnam) sowie aus Mittel- und Südamerika (43,4 %) ähnlich häufig diesen Schulzweig besuchen wie Kinder ohne Migrationshintergrund (45,5 %). Spitzenreiter mit einer Quote von 58,8 % sind Kinder mit einem nordamerikanischen Hintergrund (vgl. ebd.: 41 f.).

Empirische Befunde zur **Erklärung der nachteiligen Schulbesuchsquoten** in der Sekundarschule verdeutlichen, dass sich die Unterschiede im Übergangsverhalten zu einem beträchtlichen Teil oder sogar vollständig auf Leistungsdisparitäten, insbesondere in den relevanten Fachbereichen Deutsch und Mathematik, zurückführen lassen, die sich bis zum Ende der Grundschulzeit kumuliert haben (vgl. Dollmann 2016). Bei vergleichbaren schulischen Leistungen und ähnlicher sozialer Herkunft kann kein negativer Migrationseffekt mehr gefunden werden – vielmehr treten deutliche Vorteile für Migranten und Migrantinnen bei der Wahl eines höher qualifizierenden Bildungsgangs zum Vorschein (vgl. Gresch/Becker 2010; s. Becker/Gresch 2016 für einen Überblick zur Bildungsaspirationen in Familien mit Migrationshintergrund). Demzufolge realisieren Kinder aus Zuwanderungsfamilien im Gegensatz zu nicht zugewanderten Kindern mit gleichen Leistungen und einem vergleichbaren Familienumfeld deutlich häufiger den Übergang auf eine der anspruchsvolleren Schularten.

	Gymnasium	nicht gymnasiale Schularten[1]
	%	%
Ohne Zuwanderungshintergrund	43,0	52,8
Mit Zuwanderungshintergrund	29,8	66,4
Ein Elternteil im Ausland geboren	35,7	61,7
Zweite Generation	**30,3**	65,8
Erste Generation	16,1	77,9
Nicht zuzuordnen	19,7	71,9

Tab. 7: Prozentuale Anteile an 15-Jährigen mit Zuwanderungshintergrund an Gymnasien und nicht gymnasialen Schularten (adaptierte Tab. 6.9 aus Weis et al. 2019);
[1] = Nicht gymnasiale Schularten umfassen Hauptschule, Integrierte Gesamtschule, Realschule und Schulen mit mehreren Bildungsgängen, **fett** = signifikante Unterschiede zwischen PISA 2009 und PISA 2018 ($p < .05$)

Insgesamt zeigt diese empirische Bestandsaufnahme, dass in allen betrachteten Indikatoren des Bildungserfolgs und über die verschiedenen Bildungsetappen Unterschiede zuungunsten von Heranwachsenden mit Migrationshintergrund im Vergleich zu jenen ohne Migrationshintergrund bestehen. „Migration ist ein multidimensionales Merkmal, sodass es *den* Migrationseffekt nicht gibt“ (Maaz/Dumont 2019: 320, Hervorhebung im Original). So legen die hier präsentierten Befunde eine differenziertere Betrachtung unter anderem nach Generationsstatus und Herkunftsgruppe nahe, was nicht zuletzt damit zusammenhängt, dass die in Deutschland lebenden Migrantinnen und Migranten keine homogene Gruppe bilden (vgl. Diehl et al. 2016b: 4). Zwar zeigen die großen Vergleichsstudien dem deutschen Bildungswesen Herausforderungen auf, jedoch verharren sie durch die Leistungsmessung in der Schulsprache Deutsch in gewisser Weise – ebenso wie die Schule – in einem „monolingualen Habitus“ (vgl. Geist 2021: 84; Gogolin 1994, 2008). Unter **Berücksichtigung der Mehrsprachigkeit** der Schülerschaft stellen sich etwa folgende Fragen (vgl. Geist 2021: 84):

- Welche Leseleistungen erzielen die Kinder und Jugendlichen in ihrer Erstsprache bzw. in allen weiteren Sprachen?
- Inwiefern würden Textaufgaben in Mathematik sprachlich gelöst werden, wenn die Kinder das komplette Sprachenrepertoire nutzen dürften?

Die Ergebnisse lassen die Schlussfolgerung zu, dass für eine Reduktion von Bildungsungleichheit die Aufmerksamkeit auf (frühe) Prozesse des Kompetenzerwerbs gerichtet werden sollte, um Leistungsdisparitäten möglichst frühzeitig aufzufangen und eine Annäherung in den schulischen Leistungen der Gruppen mit und ohne Migrationshintergrund bereits in der Vor- und Grundschulzeit anzustreben (vgl. Dollmann 2016: 537; Gresch/Becker 2010: 196; → Kap. 13.3). Denn die Unterschiede vom frühkindlichen Bereich bis zur Sekundarstufe I setzen sich im weiteren Bildungsverlauf fort. Auch bei Übergängen in die berufliche oder hochschulische Ausbildung kommen zuwanderungsbezogene Disparitäten zum Tragen (vgl. Autorengruppe Bildungsberichterstattung 2020). Frühe Ungleichheiten haben damit massive Folgen für den Bildungserfolg von Heranwachsenden mit Migrationshintergrund und führen langfristig zu ungleichen Chancen in der gesellschaftlichen Teilhabe bis ins Erwachsenenalter. Denn mit einem niedrigeren Bildungsabschluss sinken auch Erwerbsbeteiligung und Stundenlohn (vgl. ebd.).

13.2 Entstehung und Aufrechterhaltung von Bildungsungleichheit

Die Ursachen für zuwanderungsbezogene Disparitäten im Kompetenzerwerb und in der Bildungsbeteiligung werden in der Literatur kontrovers diskutiert (s. Diehl et al. 2016b: 8–14 für einen Überblick). Ungünstige Bildungsergebnisse sind als ein Resultat eines komplexen Zusammenspiels multipler Faktoren – definiert als „Risikofaktoren“ – zu betrachten (vgl. Hasselhorn et al. 2015, 2017; s. Abb. 14). Diese umfassen sowohl **individuelle Merkmale** (z. B. Sprachkompetenzen, Literalität, Motivation, Arbeitsgedächtnis etc.) als auch **kontextuelle Merkmale** (z. B. Familie, Wohnumfeld und Gleichaltrige, Bildungsinstitutionen, Gesellschaft, bildungspolitische Rahmenbedingungen). Jede dieser beiden Dimensionen enthält verschiedene Elemente und Faktoren, die den Bildungserfolg simultan beeinflussen. In der kontextuellen Dimension wird ferner zwischen strukturellen Merkmalen und vermittelnden Faktoren unterschieden (s. Abb. 14). So werden zwar häufig strukturelle Kontextmerkmale mit Bildungsergebnissen assoziiert, jedoch werden diese Assoziationen für gewöhnlich durch andere, proximalere Faktoren vermittelt (vgl. Hasselhorn et al. 2015: 228). Offenkundig ist auch, dass sich diverse und komplexe Wechselbeziehungen zwischen den Faktoren, sowohl zwischen als auch innerhalb der kontextbezogenen und individuellen Ebene, auf den Bildungserwerb auswirken (vgl. Hasselhorn et al. 2017: 29).

Der Faktor **Migrationshintergrund** wird in diesem transdisziplinären Rahmen der strukturellen Ebene der Familie zugeordnet. Als frühester Bildungsort und zentraler Sozialisationskontext übernimmt diese eine tragende Funktion bei der Entwicklung und Bildung von Kindern und Jugendlichen (vgl. u. a. Hasselhorn et al. 2017: 26 f.; Walper/Grgic 2019). So werden Bildungserfahrungen, aber auch Leistungsmöglichkeiten und -ergebnisse maßgeblich durch Merkmale der Familie bestimmt. Welche Rolle der familiäre Hintergrund bei der Aufklärung zuwanderungsbezogener Disparitäten spielt, wird in den großen Schulleistungsstudien überprüft (→ Kap. 13.1). Ihre Befunde weisen auf die besondere Bedeutung des sozioökonomischen Hintergrunds und des familiären Sprachgebrauchs hin (vgl. Böhme et al. 2017: 195), weshalb diese Aspekte[45] nachfolgend detaillierter betrachtet werden.

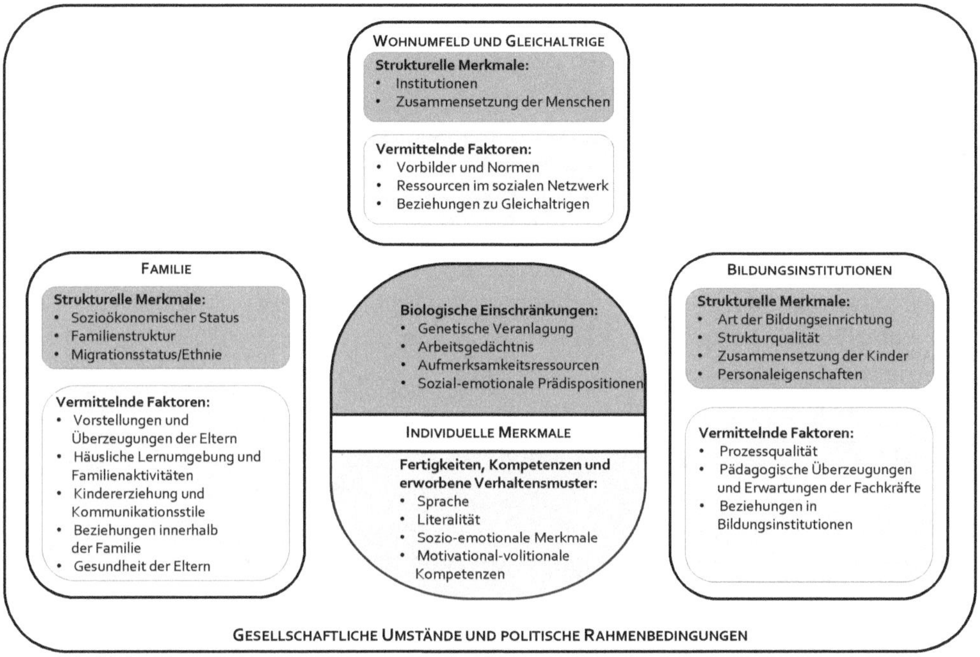

Abb. 14: Transdisziplinärer Rahmen zur Beschreibung individueller und kontextueller Merkmale für ungünstige Bildungsergebnisse (basierend auf Fig. 1 aus Hasselhorn et al. 2015).

13.2.1 Zuwanderungsbezogene Disparitäten und soziale Herkunft

In Deutschland haben Personen mit Zuwanderungshintergrund häufiger keinen allgemeinbildenden oder berufsqualifizierenden Abschluss, sind eher erwerbslos und häufiger armutsgefährdet als die Mehrheitsbevölkerung ohne Migrationshintergrund (vgl. Statistisches Bundesamt et al. 2021). Diese sozialen Nachteile bleiben nicht ohne Konsequenz für die Entwicklungschancen der Kinder. Der Blick auf die sozioökonomische Ausstattung der Familien legt offen, dass jedes dritte Kind mit Migrationshintergrund armutsgefährdet ist; ausländische Kinder sind sogar mehrheitlich (53 %) einem Armutsrisiko ausgesetzt (vgl. ebd.: 41). Der Bildungsstand der Eltern bestimmt darüber hinaus, welche Schulart ein Kind nach der Primarstufe besucht (vgl. ebd.: 107). Nicht zuletzt ist empirisch gut belegt, dass Heranwachsende aus Zuwanderungsfamilien

45 Allerdings wird diese Fokussierung der Schulleistungsstudien auch als „Defizitorientierung" kritisiert, welche die wahren Gründe für die Benachteiligung von Kindern und Jugendlichen mit Migrationshintergrund verschleiert und die Ursachen ausschließlich in deren eigenen Familien verortet (vgl. Flam/Kleres 2007: 64; s. Diehl et al. 2016b für einen Überblick).

in Deutschland häufig aus Haushalten stammen, die im Mittel einen niedrigeren sozialökonomischen Status aufweisen als diejenigen ohne Migrationshintergrund (vgl. u. a. Weis et al. 2019).

Diese enge Koppelung zwischen den Faktoren Migrationshintergrund und soziale Herkunft muss folglich bei der Betrachtung zuwanderungsbezogener Ungleichheiten im Bildungserwerb berücksichtigt werden (vgl. Lokhande 2016: 6). Denn je günstiger die soziale Lage der Familie und je mehr bildungsrelevante Ressourcen (z. B. in Form von Bildungstiteln, kulturellen Gütern wie Bücher etc.) den Eltern zur Verfügung stehen, umso eher ist es ihnen möglich, den Kompetenzerwerb und die Schullaufbahn ihrer Kinder zu unterstützen (vgl. Böhme et al. 2017: 196; Maaz/Dumont 2019). Bei Kindern, die bildungsbezogen schlechter gestellt sind, nimmt z. B. auch die Vermittlung von Kompetenzen über familiäre Bildungsaktivitäten wie etwa dem Vorlesen einen geringeren Stellenwert ein (vgl. Autorengruppe Bildungsbericht 2020: 79). Bei Familien mit Migrationshintergrund ist darüber hinaus zu beachten, dass durch die Migration Ressourcen verloren gehen (vgl. Lokhande 2016: 11 f.) – weil häufig:

1. Bildungsabschlüsse aus dem Ausland nicht anerkannt werden
2. Eltern ihre eigene Bildungserfahrung aufgrund unterschiedlich gestalteter Schulsysteme und Lehrpläne nicht einfach übertragen können
3. unzureichende Deutschkenntnisse vorliegen, um den eigenen Kindern in schulischen Belangen (z. B. Hausaufgaben, Gespräche mit den Lehrkräften) helfen zu können

Um die Forschungsfrage zu klären, inwieweit die beobachteten Unterschiede im Bildungserwerb (⟶ Kap. 13.1) dadurch bedingt sind, dass Kinder und Jugendliche mit Migrationshintergrund oft eine geringere soziale Herkunft aufweisen, muss auch der Einfluss des **sozioökonomischen Status** untersucht werden – d. h. inwieweit es sich bei zuwanderungsbezogenen Disparitäten also eigentlich um **soziale Disparitäten** handelt (vgl. Böhme et al. 2017: 188). In den Bildungsmonitoring-Studien hat sich dazu wiederholt bestätigt, dass soziale Hintergrundmerkmale der Familie für die Entstehung von zuwanderungsbezogenen Disparitäten eine entscheidende Rolle spielen (vgl. u. a. Henschel et al. 2019; Weis et al. 2019). Dies bedeutet, dass bei Berücksichtigung der sozial bedingten Nachteile die zuwanderungsbezogenen Bildungsungleichheiten deutlich zurückgehen. Auch Lokhande (2016) kommt in einer Metaanalyse von insgesamt 53 Studien zu diesem Themenkomplex zu dem Schluss, dass Unterschiede im Kompetenzerwerb und in der Bildungsentscheidung von der Kita bis zum Schulabschluss überwiegend, wenn auch nicht vollständig, mit der sozialen Herkunft erklärt werden können. Demzufolge sind Kinder und Jugendliche aus Zuwanderungsfamilien über ihre gesamte Bildungskarriere hinweg doppelt benachteiligt: durch ihren Migrationshintergrund, aber vor allem durch ihre soziale Herkunft (vgl. ebd.: 3).

13.2.2 Zuwanderungsbezogene Disparitäten und sprachliche Lernvoraussetzungen

Die Beherrschung der Unterrichtssprache Deutsch übernimmt im Bildungserwerb von Personen mit Zuwanderungshintergrund eine herausragende Funktion (vgl. Kempert et al. 2016: 158). Sie bildet im Unterricht eine wesentliche Voraussetzung dafür, die schulischen Lerngelegenheiten im Fach Deutsch, aber auch in Mathematik und anderen naturwissenschaftlichen Fächern, nutzen zu können (vgl. Böhme et al. 2017: 197). Inwieweit sich die aufgezeigten zuwanderungsbezogenen Disparitäten im schulischen Kompetenzerwerb von Heranwachsenden mit Migrationshintergrund (→ Kap. 13.1) auf die mangelnde Beherrschung der L2 zurückführen lassen, stellt eine grundlegende Frage der Migrationslinguistik dar. Hierbei müssen die Ergebnisse der Bildungsforschung über den Zusammenhang von Zuwanderungsstatus und sozialer Herkunft beachtet werden (→ Kap. 13.2.1). Demnach liegen sprachliche Disparitäten nur dann vor, wenn nach Kontrolle der sozialen Bedingungen des Bildungserwerbs Effekte des Sprachhintergrunds zu verzeichnen sind (vgl. Kempert et al. 2016: 158).

Zu beachten ist, dass im Rahmen der großen Leistungsvergleichsstudien die sprachlichen Lernvoraussetzungen der Schülerinnen und Schüler nicht direkt erfasst werden. Stattdessen behilft man sich mit Indikatoren für außerschulische Lerngelegenheiten zum Erwerb des Deutschen, bei denen man implizit davon ausgeht, dass sie den sprachlichen Kompetenzerwerb beeinflussen (vgl. Böhme et al. 2017: 197). Dabei werden insbesondere Informationen zum **Sprachgebrauch in der Familie** erhoben (z.B. *Welche Sprache wird am häufigsten zu Hause gesprochen*? *Wie häufig wird zu Hause Deutsch gesprochen*?). Die Befunde bestätigen insgesamt, dass die in der Familie gesprochene Sprache zur Aufklärung der Kompetenzstände beiträgt, selbst wenn Zusammenhänge zum Migrationshintergrund und zur sozialen Herkunft einbezogen werden. Dies zeigt sich für die Lesekompetenzen sowohl am Ende der Grundschulzeit (vgl. IGLU 2016, s. Wendt/Schwippert 2017) als auch der Sekundarstufe I (vgl. PISA 2018, s. Weis et al. 2019). Und auch in Mathematik und den naturwissenschaftlichen Fächern erzielten Schülerinnen und Schüler, die in der Familie „manchmal Deutsch“ oder „nie Deutsch“ sprechen, geringere Kompetenzen als ihre Mitschülerinnen und Mitschüler mit ausschließlich deutscher Familiensprache (vgl. IQB-Bildungstrend, s. Henschel et al. 2019). Die Resultate zum Einfluss des familiären Sprachgebrauchs sind allerdings kritisch zu betrachten. So wurde bislang keiner dieser Indikatoren systematisch auf seine Gültigkeit überprüft (vgl. Böhme et al. 2017: 197). Auch lässt sich bei Haberzettl (2021a: 54) die folgende Kritik zu den Erkenntnissen der Schulvergleichsstudien finden:

> Aus linguistischer Sicht ist nicht nachvollziehbar, [...] warum die Mehrsprachigkeit als solche einen negativen Effekt haben sollte. Die konzeptionell mündliche familiäre Kommunikation ist weit von der Sprache der Schule entfernt, weder sollte sie auf Deutsch besonders nützlich sein, noch auf Türkisch, Arabisch etc. besonders schädlich.

Neben den Schulleistungsstudien existieren weitere Forschungsarbeiten, die die Auswirkungen der Kenntnisse in der Instruktionssprache Deutsch auf die erzielten Bildungsergebnisse illustrieren (vgl. Kempert et al. 2016: 167–180). Diese liefern zum einen Evidenzen dafür, dass ein Zusammenhang zwischen L2-Kompetenzen und dem Zeitpunkt der Einschulung besteht. So zeigen Becker und Biedinger (2006), dass Kinder mit Zuwanderungshintergrund im Rahmen der Schuleingangsdiagnostik etwa aufgrund ihrer als zu schwach beurteilten Kenntnisse im Deutschen von der Einschulung häufiger zurückgestellt wurden als Kinder ohne Migrationshintergrund. Zum anderen können Korrelationen zwischen L2-Kompetenzen und der Lernentwicklung in Fächern wie Mathematik nachgewiesen werden (vgl. Prediger et al. 2015). Für bildungsbenachteiligte Schülerinnen und Schüler gilt hierbei die **Bildungssprache** als eine besondere Hürde, die ein zentrales Medium für die Aneignung schulischen Wissens darstellt und sich durch ein spezifisches Inventar auf lexikalischer, morphosyntaktischer und textlicher Ebene auszeichnet (vgl. Becker-Mrotzek/Roth 2017: 22; ⟶ Kap. 14.1.1). Nicht zuletzt lassen sich Hinweise darauf finden, dass L2-Kompetenzen – gemessen an der Note im Fach Deutsch sowie Lesekompetenzen – am Übergang von der Grundschule in die Sekundarstufe I eine Rolle spielen (vgl. Kempert et al. 2016: 174; ⟶ Kap. 13.1). Angesichts des nachweislichen Zusammenhangs von Sprache und Bildungserfolg sind demnach eine möglichst frühzeitig einsetzende Sprachförderung und Sprachbildung zur Kompensation zuwanderungsbezogener Disparitäten im Bildungserwerb unerlässlich.

13.3 Früherkennung und Prävention von Bildungsmisserfolg

Bildungsbiographien beginnen nicht erst mit der Einschulung (vgl. Hasselhorn/Spieß 2019: 405). Der Erwerb wesentlicher Schlüsselkompetenzen, die den Grundstein für eine erfolgreiche Bildungslaufbahn legen, vollzieht sich bereits in den sechs Jahren vor dem Erreichen der gesetzlichen Schulpflicht. Beim Abbau von Ungleichheiten und Benachteiligungen – und damit der Schaffung von Chancengleichheit – muss daher dem Elementarbereich als erste Stufe des Bildungssystems eine bedeutende gesellschaftliche und bildungspolitische Verantwortung zugesprochen werden. So umfasst der Aufgabenbereich von Kitas neben der Erziehung und Betreuung von Kindern auch die frühkindliche Bildung und deren Förderung. Bei der Früherkennung und Prävention sprachlicher Schwierigkeiten setzen die Bundesländer vor allem auf sprachdiagnostische und -förderliche Maßnahmen, auf die in diesem Unterkapitel mit Blick auf die Bedarfe von Vorschulkindern mit Migrationshintergrund näher eingegangen wird. Die Befunde des Bildungsmonitorings in Deutschland haben hierbei Wirkung gezeigt (⟶ Kap. 13.1) und zu einem gesteigerten Interesse an der frühzeitigen Identifikation von Kindern mit Sprachförderbedarf im Deutschen geführt, um bei Rückständen und Erwerbsschwierigkeiten fördernd eingreifen zu können. Auf diese Weise soll sichergestellt werden, dass alle Kinder bis zum Eintritt in die Schule – und damit zu Beginn des für die weitere Schullaufbahn zentralen Schriftspracherwerbs – gleiche Chancen auf Bildungserfolg besitzen (vgl. Becker-Mrotzek/Roth 2017: 24).

13.3.1 Sprachstandserhebungen

Um Kinder mit Unterstützungsbedarf rechtzeitig zu identifizieren, werden in fast allen Bundesländern vor der Einschulung Sprachstandsermittlungen durchgeführt (vgl. Autor:innengruppe Bildungsberichterstattung 2022: 109; s. Tab. C4-4web für einen Überblick). Der Ländervergleich verdeutlicht eine bundesweite Vielfalt beim Einsatz verschiedener Verfahren und Verfahrensarten (Beobachtung, Screening, Test). Auch handhaben es die Länder unterschiedlich, ob landesweit alle Kinder verpflichtend oder nur bestimmte Gruppen (z. B. Kinder mit Zuwanderungshintergrund) getestet werden. Dabei liegt derzeit der Anteil der als sprachförderbedürftig diagnostizierten Kinder etwa zwischen 14 % in Mecklenburg-Vorpommern und 48 % in Bremen. Jedoch ist eine direkte Vergleichbarkeit der Werte oder gar die Ausweisung eines bundesweiten Durchschnittswertes aufgrund der stark divergierenden Vorgehensweise nicht möglich (vgl. ebd.: 109). Leichte Hinweise auf einen Anstieg der Sprachförderquoten während der Pandemie in Folge der pandemiebedingten Kita-Schließungen zeigen die aktuellen Zahlen des Bildungsberichts (vgl. ebd.: 110): So erhöhte sich die Quote z. B. in Rheinland-Pfalz von 39 % (2019) auf 46 % (2020).

Neben den Erhebungen der Länder existieren allerdings noch deutschlandweite Elternbefragungen, die zeigen, dass im Jahr 2017 bei etwa jedem fünften Kind in der Altersgruppe der Fünfjährigen ein Sprachförderbedarf diagnostiziert wurde (vgl. Autorengruppe Bildungsberichterstattung 2020: 99; s. Tab. C5-6web für einen Überblick). Hierbei werden Unterschiede nach Schulabschluss der Eltern, Geschlecht, Migrationshintergrund und Familiensprache deutlich. Demnach scheint der Unterstützungsbedarf bei Kindern mit Migrationshintergrund erster und zweiter Generation (24 %) höher zu sein als bei Gleichaltrigen dritter Generation (17 %) und ohne Migrationshintergrund (22 %). Bei Familien, die zu Hause überwiegend eine andere Sprache als Deutsch sprechen, betrug die Quote 26 %. Aber auch bei 22 %, die zu Hause überwiegend Deutsch sprechen, wurde eine verzögerte Sprachentwicklung festgestellt. Wie im Verlauf dieses Abschnitts noch diskutiert wird, sind derartige Ergebnisse durchaus kritisch zu hinterfragen, was vor allem auf die Qualität der verwendeten Instrumente zur Sprachstandsermittlung und deren Anwendbarkeit bei Mehrsprachigen zurückzuführen ist.

13.3.1.1 Qualitätsmerkmale und Evaluationsergebnisse

Die Durchführung landesweiter Sprachstandserhebungen dient in erster Linie bildungspolitischen Zwecken, wie der Zuweisung und/oder Selektion von einzelnen Kindern mit Förderbedarf in (separaten) Fördergruppen sowie der Legitimation von Entscheidungen über die Zuweisung und Verteilung von Mitteln, Ressourcen (etwa Arbeitsstunden etc.) und Förderangeboten (vgl. Lengyel 2012: 11). Mit ihrer Anwendung sind folglich Entscheidungen am Übergang von der Kita in den Primarbereich verbunden, die für die weitere Bildungskarriere von zentraler Bedeutung sind, weshalb sich hohe Anforderungen an die Verlässlichkeit und Wirksamkeit der Sprachstandsfeststellung stellen.

Wissenschaftlich fundierte Qualitätsmerkmale für Verfahren im Elementarbereich wurden auf Initiative des Mercator-Instituts für Sprachförderung und Deutsch als Zweitsprache von einer interdisziplinären Expertenkommission entwickelt (vgl. Becker-Mrotzek et al. 2013a). Darüber hinaus wurden diese Kriterien im Rahmen einer umfangreichen Evaluationsstudie auf die in den Bundesländern verwendeten Sprachstandsverfahren angewendet (vgl. Neugebauer/Becker-Mrotzek 2013). Den Studienresultaten ist zu entnehmen, dass immer mehr Instrumente diagnostischen Standards entsprechen, wie sie in der Psychologie zugrunde gelegt werden. Trotz positiver Entwicklungen besteht allerdings großer Handlungsbedarf bei der Erfüllung der Testgütekriterien Objektivität und Validität, sowie der Berücksichtigung der zentralen Bereiche des Spracherwerbs und der besonderen Bedürfnisse mehrsprachig aufwachsender Kinder. Letzteres Ergebnis zum **Qualitätsmerkmal Mehrsprachigkeit** (vgl. Becker-Mrotzek et al. 2013a: 33 f. für eine Kriterienbeschreibung) lässt die Schlussfolgerung zu, dass die speziellen Rahmenbedingungen von Kindern mit DaZ bei der Einschätzung ihrer sprachlichen Kompetenzen und damit auch bei Zuweisungsentscheidungen zu Sprachfördermaßnahmen bislang nicht angemessen einbezogen werden. Im Folgenden werden ausgewählte Verfahren der landesweiten Sprachstandsermittlung[46] mit Blick auf ihre Möglichkeiten und Grenzen für die Erhebung mehrsprachiger Kinder präsentiert. In der Darstellung wird u. a. auf die Expertise des Mercator-Instituts (vgl. Neugebauer/Becker-Mrotzek 2013) sowie die Kategorisierung sprachdiagnostischer Grundverfahren (Beobachtungen, Tests, Screenings) zurückgegriffen.

13.3.1.2 Beobachtungen

Beobachtungen wählen zumeist einen breitgefächerten Zugang zu Spracherwerbsprozessen, die komplexes sprachliches Verhalten in alltäglichen bzw. natürlichen Handlungszusammenhängen aus pädagogischer Sicht erfassen (vgl. u. a. Gültekin-Karakoç 2019: 106; Reich/Jeuk 2020: 552). Im Vorschulbereich werden sie von Bezugspersonen eingesetzt, die die Kinder aus dem Kita-Alltag gut kennen. Für die Zielgruppe der Mehrsprachigen ist das wohl einflussreichste Verfahren dieser Art der **Beobachtungsbogen** „Sprachverhalten und Interesse an Sprache bei Migrantenkindern in Kindertageseinrichtungen“ (Sismik; Ulich/Mayr 2004). Dieser umfasst vier Teilbereiche:

46 Daneben existieren noch eine Reihe weiterer Verfahren zur Sprachdiagnostik bei mehrsprachig aufwachsenden Kindern am Übergang vom Elementar- in den Primarbereich (vgl. u. a. Decker-Ernst 2019; Weidinger 2021 für eine Gesamtübersicht).

1. Sprachliches Handeln und Sprachlernmotivation (z. B.: Inwiefern beteiligt sich das Kind aktiv an Gesprächsrunden, Bilderbuchbetrachtungen?)
2. Sprachliche Kompetenz im Deutschen (Verstehen von Handlungsaufträgen und Aufforderungen, Artikulation, Sprechweise und Wortschatz, Satzbau und Grammatik)
3. Familiensprache des Kindes (Umgang des Kindes mit der Familiensprache in der Einrichtung, Sicht der Eltern und anderer Erwachsener mit derselben Familiensprache)
4. Familie des Kindes (Lebenssituation und Sprachpraxis in der Herkunftsfamilie, die Familie und ihre Beziehung zur Einrichtung)

Sismik erlaubt demnach Einblicke in verschiedene Aspekte sprachlichen Handels, sowie die Sprachbiographie und den familiären Hintergrund (vgl. Begleitheft Ulich/Mayr 2004: 8).

Jedoch wird an Beobachtungsverfahren die grundlegende Kritik geübt, dass eine Beurteilung vorgenommen werden muss, ob die Sprache altersgemäß ausreichend entwickelt ist (vgl. Neugebauer/Becker-Mrotzek 2013: 41). Dies verlangt eine **subjektive Referenz**, was etwa die folgende Frage aus Sismik Teil 2 verdeutlicht: Dabei wird die pädagogische Fachkraft gebeten, den Wortschatz des Kindes im Deutschen im Vergleich mit deutschen Kindern seines Alters auf einer vierstufigen Skala (sehr eingeschränkt – eingeschränkt – ausreichend – reichhaltig) zu bewerten (vgl. Ulich/Mayr 2004: 7). Im Gutachten des Mercator-Institut wird deshalb bei Beobachtungsbögen eine Ergänzung von Normen dringend gefordert. Diese müssen klar benennen, was unter „altersgemäß ausreichend" verstanden wird und welche Leistungen damit verbunden sind (vgl. Neugebauer/Becker-Mrotzek 2013: 41).

13.3.1.3 Tests

Um den Sprachstand objektiv (Unabhängigkeit von der untersuchenden Fachkraft), reliabel (Zuverlässigkeit der Sprachstandsmessung) und valide (Gültigkeit der Ergebnisse) zu ermitteln, eignen sich vielmehr Tests, die **psychometrischen Gütekriterien** genügen (vgl. u. a. Paetsch 2019: 525 f.). Sie sind standardisiert, d. h. es liegen detaillierte Hinweise zur Durchführung, Auswertung und Interpretation vor, wodurch die Voraussetzungen für eine hohe Objektivität gewährleistet sind. Ihr Einsatz ermöglicht aber nicht nur eine präzise Bewertung des individuellen Entwicklungsstandes eines Kindes in verschiedenen Bereichen der Sprachrezeption (z. B. passiver Wortschatz, Verstehen abstrakter Begriffe, Lautunterscheidung etc.) und -produktion (z. B. aktiver Wortschatz, Satzbildung etc.), sondern ermöglicht auch einen Vergleich der Kompetenzen des Kindes mit den Ergebnissen einer repräsentativen Bezugsgruppe (‚Normstichprobe').

Eine angemessene und faire Diagnose, ob und wie weit ein mehrsprachiges Kind von einer optimalen Förderung bzw. Sprachentwicklung entfernt ist, setzt nicht nur einen Altersvergleich, sondern auch eigene **Normwerte** für Lernerinnen und Lerner mit vergleichbaren Sprachaneignungsbedingungen voraus (vgl. u. a. Becker-Mrotzek et al. 2013a: 34). Andernfalls besteht lediglich die Möglichkeit festzustellen, ob die Kompetenz von Kindern mit DaZ der von Kindern mit Deutsch als Erstsprache entspricht, was z. B. beim „Sprachentwicklungstest für drei- bis fünfjährige Kinder" (SETK 3–5; Grimm 2015) der Fall ist. In diesem Punkt sticht der Individualtest „Linguistische Sprachstandserhebung – Deutsch als Zweitsprache" (LiSe-DaZ; Schulz/Tracy 2011) hervor, da er eine Eichstichprobe für Kinder mit DaZ unter Berücksichtigung der Anzahl der Kontaktmonate mit dem Deutschen aufweist. Seine Ergebnisse geben Auskunft darüber, ob ein Kind sowohl in Bezug auf sein chronologisches Alter als auch seine Kontaktdauer erwartungsgemäße Leistungen in der L2 Deutsch zeigt. Deuten seine Resultate hingegen auf unterdurchschnittliche Leistungen hin und lassen sich weitere Gründe für die ermittelten Erwerbsprobleme ausschließen (z. B. unzureichendes Sprachangebot; ausgedehnte Fehlzeiten in der Kita; Hemmung, sich in der L2 zu äußern), liefert das Verfahren zudem erste Hinweise auf das Vorliegen einer **Umschriebenen Sprachentwicklungsstörung** (USES; vgl. Chilla 2022; Hricová 2021 für eine Vorgangsbeschreibung bei Verdacht auf USES). Trifft dies zu, sollte im Anschluss eine differenzierte sprachtherapeutische und/oder sonderpädagogische Diagnostik unter Einbezug der L1-Kompetenzen durchgeführt werden.

Allerdings sollte zu LiSe-DaZ die Einschränkung formuliert werden, dass semantische und morphosyntaktische Bereiche der deutschen Sprache unter ausschließlicher Beachtung regelbasierten Wissens überprüft werden (u. a. Verwendung der Verbklammer, Kasusmarkierung). Eine umfassende Betrachtung sprachlicher Schlüsselkompetenzen (phonische, diskursive, pragmatische, präliterale etc.; s. Ehlich 2007), die allesamt für einen erfolgreichen Start in die Schullaufbahn von zentraler Bedeutung sind, liegt bei diesem Instrument nicht vor (vgl. Neugebauer/Becker-Mrotzek 2013: 12–15). Als ein weiterer Kritikpunkt ist zu nennen, dass zwar die zeitliche Dauer des Kontakts berücksichtigt wird, jedoch bei der Beurteilung des Spracherwerberfolgs weitere relevante Faktoren, wie etwa Eigenschaften individueller Lernsituationen (z. B. Art bzw. Qualität des zugänglichen Sprachangebots in der L2 etc.) sowie individueller Lernerinnen und Lerner (z. B. Wunsch nach sozialer Integration, kommunikative Bedürfnisse etc.) nicht herangezogen werden (vgl. Dimroth 2019). Die Komplexität und Variabilität der Faktorenkonstellationen im Zweitspracherwerb (im Vergleich zum monolingualen Erwerb) und die Frage nach einem geeigneten Vergleichsmaßstab, an dem die Sprachentwicklung gemessen werden kann, stellen die zentrale Herausforderung der Sprachdiagnostik bei Mehrsprachigkeit dar (vgl. Dimroth 2019: 22). Settinieri und Jeuk (2019: 10) betonen in diesem Kontext, dass sich trotz vielfältiger Bemühungen bei der Normierung nie alle potentiell relevanten Gruppen in separaten Skalen abbilden lassen. Zur Lösung des diagnostischen Dilemmas bedarf es demnach weiterführender intensiver Forschungs- und Entwicklungsarbeit.

Andere Wissenschaftlerinnen und Wissenschaftler, wie etwa die Autoren des „Hamburger Verfahren zur Analyse des Sprachstands Fünfjähriger" (HAVAS 5; Reich/Roth 2004: 73 f.), distanzieren sich hingegen explizit von einer psychometrischen Normierung bei der Gruppe der zweisprachigen Kinder. Neben der deutschen Version liegt das Instrument auch für die Sprachen Italienisch, Polnisch, Portugiesisch, Russisch, Spanisch und Türkisch vor. Eine Durchführung ist jedoch nur möglich, wenn die pädagogische Fachkraft Kompetenzen in den jeweiligen Herkunftssprachen mitbringt und über die notwendigen Grammatikkenntnisse für die anspruchsvollen linguistischen Analysen verfügt (vgl. Lengyel 2012: 33).

13.3.1.4 Screenings

Im Zuge der landesweiten Sprachstandserhebung greifen zehn Bundesländer auf Screenings zurück (vgl. Autor:innengruppe Bildungsberichterstattung 2022: Tab. C4-4web). Screenings konzentrieren sich in der Regel auf die Messung sprachlicher Teilleistungen, die eine hohe Vorhersagekraft für Teilbereiche der weiteren Sprachaneignung aufweisen (vgl. Lengyel 2012: 18). In Bezug auf Standardisierung und Normierung ist diese Art des Verfahrens vergleichbar mit Tests (vgl. Gültekin-Karakoç 2019: 105). Gegenüber Testinstrumenten zielen sie dabei aber nicht auf einen Vergleich der Resultate eines einzelnen Kindes mit seiner Vergleichsgruppe, sondern auf das Erreichen (oder Nicht-Erreichen) eines kritischen Wertes bzw. einer Leistungsgrenze (Förderbedarf/kein Förderbedarf). Unterschreitet das Kind den im Verfahren definierten Schwellenwert, wird es als sog. ‚Risikokind' mit einem nicht altersgerechten Sprachstand ausgewiesen (vgl. Lengyel 2012: 18). Die daraufhin getroffene selektionsdiagnostische Entscheidung bildet schließlich die Grundlage für die Einleitung weiterer, umfangreicherer Untersuchungen im Zusammenhang mit der Zuweisung zu einer Fördermaßnahme (vgl. Gültekin-Karakoç 2019: 105). In Baden-Württemberg (vgl. Autor:innengruppe Bildungsberichterstattung 2022: Tab. C4-4web) wird z.B. bei allen Kindern das zeitökonomische Verfahren „Heidelberger Auditives Screening in der Einschulungsuntersuchung" (HASE; Schöler/Brunner 2008) durchgeführt. Bei einem auffälligen Ergebnis kommt im zweiten Schritt der breit gefächerte SETK 3–5 zum Einsatz, um zu ermitteln, in welchen Kompetenzbereichen (Sprachverständnis, -produktion, -gedächtnis) sprachlicher Unterstützungsbedarf besteht.

13.3.1.5 Alltagsnähe und Chancen digitaler Medien

An Testverfahren und Screenings wird die Grundkritik geübt, dass sie – im Gegensatz zu Beobachtungen – Sprachmerkmale isoliert erfassen und in künstlichen, stark gesteuerten Kommunikationskontexten erheben (vgl. Gültekin-Karakoç 2019: 110). Dadurch lassen sich zwar bestimmte sprachliche Phänomene beim Kind evozieren (z.B. Pluralkonstruktionen, Nebensätze etc.), jedoch wirkt sich diese Herangehensweise nachteilig auf die Alltagsnähe der Erhebungssituation und Authentizität der Aufgaben aus (vgl. u.a. Roche et al. 2019a: 328–331). Diesbezüglich attestiert auch das Mercator-Gutachten den vorhandenen Sprachstandsverfahren gravierende Mängel bei der Gestaltung von Aufgaben bzw. der Beobachtungssituation. Laut Neugebauer und Becker-Mrotzek (2013: 16) scheint die Schwierigkeit vor allem darin zu bestehen, eine Situation herbeizuführen, in der die Vorschulkinder angstfrei ihre vorhandenen Sprachkompetenzen auch wirklich einbringen (s. Kasten zum Untertest des SETK 3–5).

SETK 3–5: Untertest Morphologische Regelbildung
Die Fachkraft sitzt dem Kind über Eck am Tisch und legt ihm verschiedene Bildkarten vor. Auf der linken Seite der Karte befindet sich ein Objekt (z. B. ein Fisch), auf der rechten Seite mehrere Objekte (z. B. mehrere Fische). Das Kind wird nun nach Vorgabe der Singularform aufgefordert, die Pluralform zu produzieren.

> Ich habe hier ein paar Bilder. Die möchte ich dir gerne zeigen. Es sind Bilder von Tieren und von anderen Sachen. Ich werde dir jetzt immer sagen wie <u>eines</u> davon heißt und du sollst mir sagen, wie <u>viele</u> davon heißen, d. h. wie <u>mehr</u> <u>davon</u> heißen. Schau mal, hier ist <u>ein</u> Auto. (…) Hier kommen noch <u>mehr</u> dazu. Hier sind drei …? (Grimm 2015: 45, Hervorh. im Original)

Der Erhebungskontext wirkt inszeniert, wodurch die Authentizität der Kommunikationssituation zweifelhaft ist. Das Kind wird sich sicherlich darüber im Klaren sein, dass dem „Zuhörer“ die Information auf der rechten Seite der Bilder bekannt ist, nicht zuletzt deshalb, weil die Karten auch im Blickfeld der durchführenden Fachkraft platziert sind.

Um Defizite existierender Sprachstandsermittlungsverfahren im Bereich der Alltagsnähe zu überwinden, könnten beispielsweise selbst erlebte Ereignisse als Erzählanlass die Natürlichkeit der Beobachtungssituation verbessern. Dies wird etwa im „Dortmunder Beobachtungsinstrument zur Interaktions- und Narrationsentwicklung“ (DO-BINE; Quasthoff et al. 2011) durch zwei erzählenswerte Vorfälle im Stuhlkreis erreicht, von denen die Kinder anschließend einer zuvor instruierten Fachkraft erzählen.

Nicht zuletzt schaffen digitale Medien neue Chancen, um die Sprachstandsermittlung auf neue Wege zu bringen. So wird seit einigen Jahren im Rahmen eines von der Daimler und Benz Stiftung unterstützten Ladenburger Kollegs intensiv an Konzeption und Umsetzung eines **app-basierten Verfahrens** zur Einschätzung der Sprachkompetenzen (im Deutschen) gearbeitet (vgl. Roche et al. 2019b). Alleinstellungsmerkmal bildet seine Orientierung am natürlichen Interaktionsverhalten von Vorschulkindern sowie an der Funktionsweise von Computerspielen, sog. *Serious Games.* Hervorzuheben ist, dass alle Aufgaben in eine kinderfreundliche Rahmenhandlung und kommunikativ relevante Kontexte eingebettet sind. Um Spielerfolge zu erzielen, sprechen die Kinder mit der schusseligen Spielfigur „Kommissar Wuschel“ im Tablet, indem sie ihn z. B. anweisen, wie er eine geheime Zauberkugel zusammenbauen muss, die zuvor in alle ihre Einzelteile zerfallen ist (s. Abb. 15). Herbeigeführt werden Situationen, in denen die Kinder eine authentische Aufgabe erkennen und angstfrei sprechen.

Dadurch erleben sie diese Art der Erhebung als Spiel und nicht als (Leistungs-)Prüfung. Eine klassische Prüfer-Prüfling-Situation wird zudem vermieden, indem sich die pädagogische Fachkraft zwar in der Nähe aufhält, allerdings nur aus dem Hintergrund das Spiel der Kinder steuert. Die in Tabelle 6 verschriftete Kommunikation zwischen einem bilingualen Vorschulkind und seinem Spielkumpanen soll einen Eindruck davon geben, mit welcher hohen intrinsischen Motivation die Kinder diese sprachlich anspruchsvolle Aufgabe lösen und welches große Potential sich hinter *Serious Games* für die Sprachstandserhebung verbirgt.

Protagonist: Wuschel	**Bilingual aufwachsendes Kind, 2L1: Deutsch und Türkisch, Alter: 5;6**
Ach herrje, so ein Pech. Hilf mir doch bitte. Sag mir, wie ich aus diesen Teilen die Zauberkugel zusammenbauen muss? Was muss ich alles machen?	(1) warte. (2) der der Lollipop in Schlanges Mund. (3) und das Kugel bei Schlange. (4) und dann die Spinne rein. (5) und dann die Blitz.

Abb. 15: Szene aus der Spielumgebung der Domäne Diskurs (Ladenburger Kolleg „Sprachstandsermittlung bei Kindern mit Migrationshintergrund", https://www.sprachstandsermittlung.daf.uni-muenchen.de/index.html).

13.3.1.6 Fehlende Berücksichtigung des Gesamtsprachrepertoires

Grundsätzlich ist bei allen Sprachstandserhebungen kritisch anzumerken, dass sie weitgehend das Gesamtsprachrepertoire der Kinder vernachlässigen und im Grunde von völlig getrennten Sprachsystemen ausgehen (Deutsch auf der einen Seite, die Herkunftssprache(n) auf der anderen Seite). Es wird nicht darauf eingegangen, ob das Kind generell in der Lage ist, komplexe Sätze zu bilden oder nicht darauf, wie groß sein gesamter Wortschatz ist. In Kapitel 8.3.3 wurde beispielsweise gezeigt, dass bestimmte *frame-and-slot pattern* mehrsprachig aufwachsender Kinder aus gemischtsprachigen Einheiten bestehen. Außerdem waren die sprachgemischten Äußerungen in der Regel auch komplexer. Das zeigt, dass mehrsprachig aufwachsende Kinder durchaus in der Lage sind, komplexe Einheiten zu produzieren, aber eben nicht in nur einer Sprache.

13.3.2 Sprachförderliche Maßnahmen

Wenngleich die Notwendigkeit sprachförderlicher Maßnahmen sowohl bei Kindern mit als auch ohne Migrationshintergrund gegeben sein kann, stehen Fachkräfte bei Kindern mit nicht-deutscher Herkunftssprache (entspricht mehr als 21 % der 3- bis unter 6-jährigen Kita-Kinder) in besonderem Maße vor Herausforderungen (vgl. Autor:innengruppe Bildungsberichterstattung 2022: 107). Diese kommen häufig erst mit Eintritt in die frühkindlichen Bildungsinstitutionen in Kontakt mit der L2 Deutsch und weisen eine hohe Variabilität im Spracherwerb auf (z. B. infolge unterschiedlicher Lernbedingungen). Aufgrund der Diversität in den sprachlichen Voraussetzungen kann es demzufolge laut Titz und Hasselhorn (2017: 287) den einen Königsweg der Prävention nicht geben, um ungünstigen Bildungsergebnissen vorzubeugen. Abhängig von der jeweiligen sprachlichen Ausgangslage kommen drei Ebenen der Prävention zum Tragen, die als universelle (primäre), selektive (sekundäre) und indizierte (tertiäre) Präventionen bezeichnet werden (vgl. u. a. Hasselhorn/Sallat 2014; s. Titz/Hasselhorn 2017 für einen Überblick). Diese sollen nachfolgend kurz skizziert und in Bezug auf das präventive Potential sprachförderlicher Maßnahmen in der frühen Bildung mehrsprachiger Kinder reflektiert werden.

13.3.2.1 Universelle Prävention: Sprachliche Bildung

Universelle Präventionsmaßnahmen beziehen sich auf Angebote, die allen Kindern bzw. Familien in elementarpädagogischen Bildungseinrichtungen zur Verfügung stehen, und daher häufig nicht als Sprachfördermaßnahmen verstanden werden, sondern als **alltagsintegrierte sprachliche Bildung** (vgl. Hasselhorn/Sallat 2014: 31). Sprachliche Bildung stellt dabei eine zentrale Aufgabe der Erziehung und Bildung in der Kita dar, die auch in den Bildungsplänen aller Bundesländer für die frühe Bildung verankert ist (vgl. Harr et al. 2018: 148). „Sie erfolgt alltagsintegriert, aber nicht beiläufig, sondern gezielt“ (Becker-Mrotzek/Roth 2017: 17). Damit einher gehen hohe Ansprüche an die **Professionalisierung von Fachkräften**: Diese sollen allen Kindern gleichermaßen ein qualitativ hochwertiges und systematisch anregendes Sprachangebot unterbreiten, um auf diese Weise Entwicklungsrisiken im Bereich Sprache gar nicht erst entstehen zu lassen (vgl. Titz/Hasselhorn 2017: 288; s. Harr et al. 2018: 164–167 zur Rolle pädagogischer Fachkräfte). Lernförderliche Situationen werden in alltäglichen Abläufen, wie etwa beim Spielen, Basteln, Turnen, Erzählen, Vorlesen/dialogischen Bilderbuchbetrachten identifiziert und gewinnbringend eingesetzt (vgl. Nauwerck 2021: 7). Zum professionellen Interaktionsverhalten gehört auch die Anwendung von Modellierungstechniken, indem kindliche Äußerungen aufgegriffen, erweitert und mit korrektivem Feedback versehen werden. Darüber hinaus nimmt die Präsentation und

Verfestigung neuer Wörter im Kita-Alltag eine wichtige Rolle ein, wobei die Fachkraft nicht nur der sprachlichen Ebene, sondern auch der Funktion der Zeigegeste im Worterwerb Beachtung schenken soll (vgl. Weidinger 2011). Nicht zuletzt soll bereits im Vorschulalter das Interesse an der Schriftsprache (*Literacy*) geweckt werden, da dieses als eine wichtige Vorläuferfähigkeit für den Schriftspracherwerb angesehen wird und dessen Förderung häufig Ziel von Präventionsprogrammen darstellt.

13.3.2.2 Sekundäre Prävention: Sprachförderung

Sprachförderung im engeren Sinne bezieht sich auf sekundäre Präventionsangebote, die selektiv für bestimmte Gruppen (u. a. Kinder mit Migrationshintergrund) – sog. ‚Risikogruppen' – konzipiert sind und durch die Schulleistungsprobleme oder ein ungünstiger Entwicklungsverlauf (z. B. Lese-Rechtschreibschwierigkeiten) im Einzelfall verhindert werden soll (vgl. Hasselhorn/Sallat 2014: 31). Sie erfolgt oftmals in Kleingruppen, basiert auf spezifischen sprachdidaktischen Konzepten und verfolgt kompensatorische Ziele (vgl. Becker-Mrotzek/Roth 2017: 17 f.). Dabei werden mit den Kindern bestimmte Sprachebenen systematisch erarbeitet (etwa phonologische Bewusstheit, Wortschatz, Grammatik, *Literacy*), die als sprachliche Schlüsselkompetenzen für den Start in eine erfolgreiche Bildungskarriere gelten.

Der Blick auf die Sprachförderlandschaft in Deutschland macht deutlich, dass es die einzelnen Bundesländer höchst unterschiedlich regeln, welche Zusatzmaßnahmen im Anschluss an die Sprachstandsermittlung bzw. bei der Diagnose „Sprachförderbedarf" (→ Kap. 13.3.1) zum Einsatz kommen (vgl. Autor:innengruppe Bildungsberichterstattung 2022: 109). Diese umfassen sowohl eine alltagsintegrierte Sprachentwicklungsbegleitung (z. B. mittels Sismik, HAVAS 5) als auch eine entsprechende sprachliche Unterstützung (vgl. ebd.: Tab C4-5web für eine Länderübersicht). Darüber hinaus bieten viele Länder freiwillige Zusatzfördermaßnahmen an, während andere Länder wie z. B. Hamburg auf verpflichtende Maßnahmen (etwa Besuch einer Vorschulklasse im Jahr vor der Einschulung) setzen. Aber nicht nur die Teilnahmepflicht, sondern auch die Dauer der kompensatorischen Fördermaßnahme (von „min. 3 Monate" bis „so lange wie erforderlich") sowie die Anzahl der Förderstunden pro Kind unterscheidet sich deutlich von Land zu Land.

13.3.2.3 Tertiäre Prävention: Sprachtherapie

Die tertiäre Prävention ist dem Kompetenzbereich der Sprachheilpädagogik bzw. Sprachtherapie zuzuordnen und setzt schließlich ein, wenn bereits diagnostizierte (Sprachentwicklungs-)Störungen und Behinderungen vorliegen. Im Gegensatz zur sekundären Prävention zielt diese auf indizierte medizinisch-therapeutische, heil- und sonderpädagogische Interventionen, mit deren Hilfe die Auswirkungen der Beeinträchtigungen verhindert oder zumindest reduziert werden sollen (vgl. Hasselhorn/Sallat 2014: 31). Der Umgang mit mehrsprachigen Kindern stellt grundsätzlich eine besondere

Herausforderung für die **Sprachheilpädagogik** dar (vgl. u. a. Chilla 2022). So ist eine adäquate Antwort auf die Frage nach einer Therapieindikation aufgrund einer vorliegenden USES oftmals mit großem Aufwand verbunden (⟶ Kap. 13.3.1).

13.3.2.4 Sprachförderung bei mehrsprachigen Kindern

Obwohl in den letzten Jahren eine Vielzahl von bildungspolitischen Maßnahmen, Programmen und Ansätzen der Sprachförderung entstanden sind, können erschreckend wenige Studien Effekte bei Kindern mit und ohne Migrationshintergrund wirksam nachweisen (vgl. u. a. Egert/Hopf 2018; s. Egert et al. 2020 für einen Überblick). Folglich gibt es aktuell keine ausreichenden Evidenzen, aus denen sich klar ableiten lässt, welche sprachanregende Maßnahme bei welchem Kind zu welchem Kompetenzzuwachs führt. Zur Erklärung der ausbleibenden Fördererfolge auf die sprachlichen Leistungen in der Zweitsprache Deutsch (zur Förderung der Herkunftssprache ⟶ Kap. 14.2) werden eine Reihe möglicher Gründe kontrovers diskutiert, wobei vor allem die Faktoren Gruppengröße (maximal zwei bis drei Kinder), Dauer, Intensität und Regelmäßigkeit sowie die Qualität der sprachlichen Anregung entscheidende Erfolgsmechanismen zu bilden scheinen (vgl. Egert/Hopf 2018: 32).

Eine vielversprechende Maßnahme, für die empirische Wirksamkeitsnachweise bei mehrsprachig aufwachsenden Kindern vorliegen und die im Rahmen der vorschulischen Zweitsprachförderung potenziell einsetzbar ist, stellt das **Dialogische Lesen** dar (vgl. Ennemoser et al. 2013; Schuler et al. 2015). Bei diesem Ansatz steht nicht das Vorlesen, sondern vielmehr das Gespräch im Fokus, welches von der pädagogischen Fachkraft ausgehend von den Buchinhalten gestaltet wird (vgl. Harr et al. 2018: 163 für eine Definition). Die wesentliche Aufgabe der Fachkraft umfasst dabei die konsequente Anwendung sprachförderlicher Interaktionsprinzipien in der jeweiligen Vorlesesituation (vgl. Ennemoser et al. 2013: 231 f.; s. Tab. 8). Dieses Vorgehen ermöglicht es den Kindern, an der dialogischen Bilderbuchbetrachtung sowohl in der Rolle der „Zuhörerin" als auch „Erzählerin" teilzunehmen. Bei der Auswahl der Bücher gilt ferner die Vorgabe, dass diese sich an den Interessen und Bedürfnissen der Lernerinnen und Lerner orientiert. Dieser Ansatz entspricht demzufolge einem pädagogischen Verständnis, bei dem Kinder als aktive Akteure pädagogische Handlungs- und Interaktionsprozesse im Kita-Alltag ko-konstruktivistisch mitgestalten können (vgl. Egert/Hopf 2018: 34).

Funktion	Maßnahme/Technik
Anregungen der Sprachproduktion	Anlässe zur Vervollständigung von Sätzen, Nachfragen zu Äußerungen des Kindes, W-Fragen, offene Fragen
Modellierung	Korrektive Wiederholung der Äußerungen des Kindes/Wiederholung eigener Äußerungen, Erweiterungen und Umformulierungen, Unterstützung
Verstärkung/Motivation	Lob und Verstärkung, Orientierung an Interesse und Erfahrungen des Kindes, Spaß haben

Tab. 8: Sprachförderliche Interaktionsmerkmale im Sinne des Dialogischen Lesens (adaptierte Tab. 1 aus Ennemoser et al. 2013).

Die Wirkung des Dialogischen Lesens bei mehrsprachigen Kindern wurde zum einen von Schuler et al. (2015) überprüft, die Fördereffekte des „Heidelberger Interaktionstrainings“ (HIT) auf sprachproduktive Leistungen (u. a. Wortschatz, Bildbeschreibung, Äußerungslänge, Redeanteil) ermitteln konnten. Das HIT Training beinhaltet dabei eine intensive Schulung pädagogischer Fachkräfte zur Optimierung ihres Interaktionsverhaltens und des Einsatzes sprachförderlicher Strategien in gemeinsamen Bilderbuchbetrachtungen. Das Förderpotential des Dialogischen Lesens bekräftigen ebenfalls die Studienergebnisse von Ennemoser et al. (2013). Das Training fand hierbei in Kleingruppen (drei bis fünf Kinder pro Kurs) statt und umfasste insgesamt acht Sitzungen mit einer Dauer von jeweils 30 Minuten. Zur Überprüfung der Fördereffekte wurden mit den Kindern fünf Untertests des SETK 3–5 (→ Kap. 13.3.1) vor und nach der Intervention durchgeführt. Die statistischen Analysen zeigten insgesamt, dass die nach den Prinzipien des Dialogischen Lesens (s. Tab. 8) geförderte Experimentalgruppe im Verlauf des Förderzeitraums signifikant größere Kompetenzzuwächse als die Kontrollgruppe aufwies. Positive Trainingseffekte waren vor allem auf Ebene der Sprachproduktion für die Untertests „Enkodieren semantischer Relationen“ und „Morphologische Regelbildung“ zu beobachten. Ferner wurde ein kleiner bis mittlerer Effekt auf das „Phonologische Arbeitsgedächtnis für Nichtwörter“ festgestellt, wohingegen sich in der „Gedächtnisspanne für Wortfolgen“ und beim „Verstehen von Sätzen“ keine abgesicherten Hinweise auf einen Effekt finden ließen.

Die Befunde liefern somit stützende Evidenzen für die Wirksamkeit des Dialogischen Lesens zur Förderung von Kindern mit Migrationshintergrund. Zukünftige Studien sollten jedoch ein breiteres Spektrum an Sprachfähigkeiten (sowohl unter Einbezug weiterer Sprachstandsverfahren und -arten als auch qualitativer Erhebungsmethoden) und relevante Drittvariablen (z. B. der sozioökonomische Status; → Kap. 13.2.1) erheben. So können einerseits differenziertere Erkenntnisse über das Wirkungsspektrum dieses Ansatzes erlangt werden und andererseits überprüft werden, inwiefern die Wirksamkeit der Fördermaßnahmen von Drittvariablen moderiert wird (vgl. Ennemoser et al. 2013: 237). Sprachfördermaßnahmen verfolgen das übergreifende Ziel, den Schulstart von Kindern mit Sprachförderbedarf zu erleichtern und ihre Bildungschancen zu erhöhen.

Um darüber Aussagen treffen zu können, ist es allerdings notwendig, dass Studien nicht nur die kurzfristige Wirksamkeit nach Ende der Intervention evaluieren, sondern vielmehr **Längsschnittuntersuchungen** über unterschiedliche Bildungsorte und einen Zeitraum von mehreren Jahren durchgeführt werden (vgl. Egert et al. 2020: 20).

13.4 Zusammenfassung

Dieses Kapitel betrachtet zuwanderungsbezogene Disparitäten im Bildungserwerb von Kindern und Jugendlichen in Deutschland und die damit verbundenen bildungspolitischen Anstrengungen der frühen Bildung zur Herstellung gerechter Startchancen bei Schuleintritt aus einer migrationslinguistischen Perspektive. Insgesamt verdeutlichen die Resultate der einschlägigen Bildungsmonitoring-Studien, dass über die unterschiedlichen Etappen des deutschen Bildungswesens hinweg Ungleichheiten sowohl im Kompetenzerwerb als auch in der Bildungsbeteiligung zuungunsten von Schülerinnen und Schülern aus zugewanderten Familien im Vergleich zu Gleichaltrigen ohne Migrationshintergrund bestehen. Als mögliche Ursachen werden hierbei die soziale Benachteiligung von Heranwachsenden mit Migrationshintergrund sowie geringe Kompetenzen in der Unterrichtssprache Deutsch diskutiert.

Um ungünstigen Bildungsergebnissen frühzeitig entgegenzuwirken, bauen die Bundesländer im Elementarbereich auf die Früherkennung sprachlicher Schwierigkeiten durch landesweite Sprachstandserhebungen sowie die Anwendung präventiver Maßnahmen der Sprachbildung, -förderung und -therapie. Für Kinder mit Migrationshintergrund zeigt sich jedoch, dass die Besonderheiten ihrer Sprachaneignungsbedingungen bei der Einschätzung ihrer sprachlichen Leistungen derzeit nur unzureichend berücksichtigt werden und nur wenige Studien existieren, die einen sprachlichen Kompetenzzuwachs durch Sprachfördermaßnahmen empirisch nachweisen können. Vor dem Hintergrund der steigenden Anzahl an Kindern, die in Deutschland mehrsprachig aufwachsen, muss folglich der Entwicklung geeigneter Verfahren der Sprachstandsermittlung und der Wirksamkeit von Sprachfördermaßnahmen weiterhin höchste Priorität eingeräumt werden.

Aufgaben zu diesem Kapitel und Lösungen unter https://www.narr.de/Migrationslinguistik-18517-1

14 Migration als Herausforderung für das deutsche Bildungssystem

Kapitel 13 hat aufgezeigt, dass es im Kontext von Migration zu Bildungsbenachteiligung kommen kann. Allerdings ist auch deutlich geworden, dass Migration nicht per se zu einem schlechteren Abschneiden von Schülerinnen und Schülern in den Bildungsinstitutionen führt. Eine Vielzahl weiterer Gründe, insbesondere der sozioökonomische Hintergrund sowie die Bildungseinstellung der Eltern scheinen wichtige Einflussfaktoren zu sein. Für das Bildungssystem ergeben sich hieraus zahlreiche Herausforderungen, vor allem für die Förderung der Zielsprache Deutsch. Daneben sollten allerdings auch verstärkt die Herkunftssprachen in den Blick genommen werden und im Sinne eines gesamtsprachlichen Curriculums eine koordinierte Förderung von Ziel- und Herkunftssprache stattfinden. Neben dem Bildungsort Schule werden sprachliche Kompetenzen im Kontext von Migration auch in Integrationskursen vermittelt. Vor welchen Herausforderungen diese stehen, ist ebenfalls Gegenstand des vorliegenden Kapitels.

14.1 Förderung der Zielsprache Deutsch

14.1.1 Definition und Funktion von Bildungssprache

Die Diversität der Schülerschaft an deutschen Schulen hat nicht zuletzt durch Migration stark zugenommen. So führen Arbeitsmigration und – aktuell für die Schulen weitaus bedeutsamer – Fluchtmigration, zu tiefgreifenden Veränderungen in den sprachlichen Voraussetzungen, die Kinder und Jugendliche mit in die Schulen bringen. Wie bereits mehrfach in diesem Buch betont, wachsen ca. ein Drittel der Schülerinnen und Schüler mehrsprachig auf, d. h. dass die Kinder und Jugendlichen in ihrem Alltag mehr als nur eine Sprache verwenden (⟶ Kap. 2.1.2). Ein großer Teil von ihnen kommt demnach bereits vor der Einschulung mit mehr als einer Sprache in Kontakt (vgl. Chlosta et al. 2003; Decker/Schnitzer 2012). Für das Selbstverständnis von Schule, aber auch für fach- und insbesondere sprachbezogene Unterrichtsziele hat dies Konsequenzen (vgl. Bredel/Feilke 2021: 29). Sprache ist in der Schule das zentrale Medium des Lehrens und Lernens. Darüber hinaus ist Sprache immer auch Gegenstand des Lernens. Die Ausführungen in Kapitel 13 haben deutlich gemacht, dass insbesondere mehrsprachige Kinder und Jugendliche mit eigener oder familiärer Migrationserfahrung in unserem Bildungssystem benachteiligt sind. So erreichen Lernende aus Migrantenfamilien, in denen weitere Sprachen gesprochen werden, häufig schlechtere Leistungen als Gleichaltrige, die aus Familien stammen, in denen ausschließlich Deutsch verwendet wird (⟶ Kap. 13.2.2).

Wie wir in Kapitel 4 gesehen haben, können Kinder in sehr verschiedenen Spracherwerbskonstellationen aufwachsen, was zu unterschiedlichen sprachlichen Voraussetzungen führt. Dabei ist ebenfalls deutlich geworden, dass kindliche Zweitsprachlernerinnen und -lerner im Anschluss an die Kita oder aber spätestens nach der Grundschule das Deutsche in alltäglichen Kommunikationssituationen kompetent beherrschen (vgl. Haberzettl 2014: 13). Dieses alltagssprachliche Register, das wir für gewöhnlich in der privaten, informellen Kommunikation verwenden, wird auch als **konzeptionelle Mündlichkeit** (vgl. Koch/Oesterreicher 1985) oder BICS (*basic interpersonal communicative skills*; vgl. Cummins 2004) bezeichnet. Als Register bezeichnet man dabei die Art und Weise des Sprachgebrauchs, die innerhalb eines bestimmten Kontextes charakteristisch ist. Der Großteil der Kinder und Jugendlichen ist im (Schul-)Alltag also problemlos dazu in der Lage, in ihrer Muttersprache oder auch in ihrer Zweitsprache Deutsch, flüssig zu sprechen. Zu Schwierigkeiten im weiteren Bildungsverlauf führt häufig der Erwerb der sog. Bildungssprache (s. u. a. Gogolin et al. 2013). Mit diesem Begriff wird ein besonderes Sprachregister erfasst, das in der Schule und auch in anderen formalen Kontexten für die Vermittlung und Aneignung von Kompetenzen und Wissen genutzt wird. Der Begriff ‚Bildungssprache' hat sich dabei in den letzten Jahren fest im deutschsprachigen Bildungskontext etabliert und eine breite Rezeption erfahren (vgl. Lange 2020). Bei Bildungssprache handelt es sich um ein formelleres Sprachregister, das viele Elemente der Schriftlichkeit besitzt, auch wenn sie mündlich verwendet wird. Aus diesem Grund spricht man häufig von der sog. **Konzeptionellen Schriftlichkeit** (vgl. Koch/Oesterreicher 1985) oder CALP (*cognitive academic language proficiency*; vgl. Cummins 2004). Das Sprachregister zeichnet sich durch spezifische Merkmale im Bereich der Lexik, Morpho-Syntax (Grammatik) und Textorganisation aus (s. Kasten zum Kontinuum von Mündlichkeit/Schriftlichkeit). Die Vermittlung der Bildungssprache verläuft dabei meist implizit, deren Verwendung und das Verstehen werden allerdings bei Schülerinnen und Schülern vorausgesetzt. Aus diesem Grund wird Bildungssprache häufig auch als Teil eines „heimlichen Lehrplans" (Vollmer/Thürmann 2010: 109) angesehen. Dies stellt insbesondere Lernerinnen und Lerner, die aufgrund ihrer Herkunft und/oder einer anderen Erstsprache in ihrem Lebensumfeld keinen Zugang zu diesem Register haben, vor große Herausforderungen.

Das Kontinuum von Mündlichkeit und Schriftlichkeit

Eine Besonderheit des Lernorts Schule ist das Sprachregister der Bildungssprache oder Konzeptionellen Schriftlichkeit. Dieses soll im Laufe der Schulkarriere schrittweise ausgebaut werden. Bildungssprache und Alltagssprache oder konzeptionelle Mündlichkeit und Schriftlichkeit bilden dabei ein sprachliches Kontinuum, das sich mithilfe des folgenden Beispiels verdeutlichen lässt (Beispiel adaptiert von Gibbons 2002: 3 f.):

1. Ein Kind sagt beim Experiment in der Kleingruppe und zeigt dabei auf die Stecknadeln: „Guck, der bewegt sich! Die da sind nicht hängen geblieben."

2. Dasselbe Kind berichtet der Lehrerin: „Wir haben herausgefunden, die Stecknadeln bleiben an dem Magneten hängen."
3. In einem Schülervortrag formuliert das Kind: „Unser Experiment hat gezeigt, dass die Stecknadel am Magneten hängen bleibt, da sich einige Metalle anziehen."
4. In einem Podcast-Projekt fasst das Kind das Ergebnis wie folgt zusammen: „Aufgrund der magnetischen Anziehung zwischen eisenhaltigen Metallen bleibt die Stecknadel hängen."

Ausgangspunkt der Schüleräußerung ist die konzeptionell mündliche Sprache (1). Dies wird etwa anhand der deiktischen Elemente (*der, die da*) deutlich. Hiermit zeigt sich ein zentrales Verwendungskriterium konzeptioneller Mündlichkeit: Der unmittelbare Kontext (im vorliegenden Beispiel ein Schülerexperiment) ist für alle Schülerinnen und Schüler gegeben. Weiterhin veranschaulichen die zwei aneinandergereihten Hauptsätze (aggregative Satzmuster) sowie die verwendete Lexik (*hängen geblieben*) typische alltagssprachliche Formulierungen (2). Allerdings steigt mit der Veränderung des Kontextes die sprachliche Komplexität. So werden etwa auf Ebene der Syntax sprachliche Informationen hierarchisch integriert, indem anstatt aggregativer Muster integrative, hypotaktische Strukturen realisiert werden. Dies zeigt sich etwa in (3) in Form des durch *dass* eingeleiteten Nebensatzes. In (4) nimmt die Informationsdichte und damit Komplexität noch einmal durch die Verwendung einer Präpositionalgruppe (*aufgrund der magnetischen Anziehung zwischen eisenhaltigen Metallen*) zu. Auf der Ebene der Lexik wird beispielsweise auf die Nominalisierungsstrategie zurückgegriffen (*Anziehung*). Damit kann festgehalten werden, dass die Verwendung von Bildungssprache insbesondere für kontextreduzierte Situationen charakteristisch ist, in denen kognitiv anspruchsvolle, hoch verdichtete Informationen vermittelt werden sollen.

Wie zuvor dargestellt wurde, haben Schulleistungsvergleichsstudien gezeigt, dass eine schlechte Beherrschung der Schul- und Unterrichtssprache Deutsch zu den wesentlichen Gründen der Leistungsunterschiede gehört (→ Kap. 13.2.2). So wirkt sich etwa mangelnde Lesekompetenz auch negativ auf Leistungen in naturwissenschaftlichen Fächern aus (vgl. Gogolin/Lange 2011: 108). Um Handlungsmöglichkeiten zu identifizieren, mithilfe derer den Leistungsunterschieden begegnet werden kann, spielt ein Verständnis der **Funktion von Sprache im Bildungsprozess** und somit der Rolle von Bildungssprache eine zentrale Rolle.

Bildungssprache hat zwei Funktionen, die sich in einem Spannungsfeld diametral gegenüberstehen: Zum einen dient sie dazu, Wissen und Bildungsinhalte zu vermitteln und ist damit das zentrale Lehrmedium – sowohl medial schriftlich, in Schulbüchern, auf Aufgabenblättern und in Formulierungen von Klassenarbeiten und Klausuren, als auch medial mündlich in der Sprache der Lehrenden (vgl. Bryant et al. 2017;

Kleinschmidt-Schinke 2018). Zum anderen stellt Bildungssprache immer auch den Lerngegenstand dar. Ziel von Schule ist es also, dieses hochkomplexe Sprachregister zu vermitteln, um gleichzeitig hiermit Bildungsinhalte zu transportieren. Somit kann ein unzureichender Erwerb zu einer „Barriere für den Bildungserfolg" (Feilke 2020: 35) führen. Dabei weist Haberzettl (2014: 13) darauf hin, dass der Erwerb von Bildungssprache nicht nur für Kinder mit Deutsch als Zweitsprache eine Herausforderung ist, sondern dass dieses Register auch für viele Kinder mit Deutsch als Herkunftssprache eine „fremde Sprache" darstellt. Kinder aus bildungsnahen Familien, die häufig einen hohen sozioökonomischen Hintergrund haben, haben dabei den großen Vorteil, bereits in der frühen Kindheit mit diesem komplexen Sprachregister in Berührung zu kommen (→ Kap. 13.2.1). Demnach werden vor allem die Lernerinnen und Lerner, die eine andere Erstsprache als Deutsch haben und/oder aus Familien mit niedrigem sozioökonomischem Hintergrund stammen, vom Schulsystem benachteiligt. Stattdessen profitieren vor allem Kinder und Jugendliche, die außerhalb des Schulkontextes, insbesondere innerhalb der Familien, einen frühen Zugang zur Schriftlichkeit haben.

Die Gesellschaft und die Bildungsinstitutionen im Besonderen haben deshalb die Aufgabe, das sprachliche Potential von (mehrsprachigen) Schülerinnen und Schülern zu fördern. Dazu gehört, das Erreichen der Kompetenzerwartungen in der Zielsprache Deutsch zu ermöglichen. Dies gilt insbesondere für das herausfordernde Register der Bildungssprache. Daneben ist die Wertschätzung der Herkunftssprachen eine zentrale Aufgabe von Schule. Allerdings darf es nicht bei einer bloßen Wertschätzung bleiben, will man diese Ressource für den Bildungsprozess nutzbar machen (→ Kap. 14.2). Herkunftssprachen sollten aktiv genutzt werden, um die Bildungsziele zu erreichen. Wie die Förderung und der Zugang zur Bildungssprache gewährleistet und dabei gleichzeitig auch die Herkunftssprache genutzt werden kann, soll in den folgenden beiden Kapiteln anhand des Konzepts einer durchgängigen Sprachbildung sowie des Ansatzes des *Translanguaging* genauer betrachtet werden.

14.1.2 Durchgängige Sprachbildung im Kontext eines sprachsensiblen (Fach-)Unterrichts

Wie zuvor dargestellt wurde, ist die Bedeutung sprachlicher Kompetenzen für das Erreichen fachlicher Inhalte insbesondere durch die internationale Bildungsstudie PISA in den Fokus gerückt (→ Kap. 13.1). Betroffen von fehlender sprachlicher Kompetenz sind häufig neben Kindern und Jugendlichen, die im familiären Umfeld keinen oder kaum Zugang zur Bildung haben, auch Kinder und Jugendliche, die erst mit Beginn der Schulpflicht Deutsch als Zweitsprache erwerben. Allein der Deutschunterricht sowie zusätzliche Fördermaßnahmen wie DaZ-Stunden sind dabei nicht ausreichend, um sprachliche Defizite auszugleichen. Bildungssprachliche Kompetenzen werden vor allem fach- und damit inhaltsbezogen aufgebaut (vgl. Woerfel/Giesau 2018: 2). Diesem Umstand wird in Unterrichtskonzepten Rechnung getragen, die mit dem Begriff des ‚Sprachsensiblen (Fach-)Unterrichts' zusammengefasst werden können. Ausgangspunkt solcher Konzepte ist das Verständnis von Sprache(n) als Denk- und Kommunikationsmittel, mithilfe dessen gleichzeitig fachliches wie auch sprachliches Lernen stattfindet. Lernerinnen und Lerner sollen entsprechend ihren Voraussetzungen sprachlich unterstützt werden, um fachliche Lernziele zu erreichen und gleichzeitig ihr bildungssprachliches Register fächerübergreifend aufzubauen (vgl. Becker-Mrotzek et al. 2013b). Der Erwerb dieses Register erfolgt sachbezogen, also mithilfe der jeweiligen Inhalte des Fachs. An die Bildungsinstitution im Allgemeinen, und für die Schule im Besonderen, wird damit die Forderung einer durchgängigen Sprachbildung gestellt. Das bedeutet, dass Sprachbildung immer als Querschnittsthema aller Schulfächer, Schulformen und auch Jahrgangsstufen verstanden werden muss (→ Kap. 13.3 für die Bedeutung der frühen Bildung).

Der Begriff der ‚Durchgängigen Sprachbildung' wurde durch das Modelprogramm FörMig (Förderung von Kindern und Jugendlichen mit Migrationshintergrund) der Universität Hamburg geprägt. Ausgangspunkt des Programms waren Förderungsansätze des angelsächsischen Raums wie *Language across the curriculum, Content and Language Integrated Learning* oder *Language Awareness* (vgl. Gogolin/Lange 2011: 117 f.). Das grundlegende Ziel war es, die Förderung bildungssprachlicher Fähigkeiten als kontinuierlichen Prozess zu verstehen, der koordiniert und systematisch im Verlauf der gesamten Bildungsbiographie erfolgen muss. Somit gilt es zu beachten, dass für das Gelingen einer durchgängigen Sprachbildung die Kooperation mehrerer Beteiligter erforderlich ist. Beispielsweise müssen sich nicht nur Lehrende unterschiedlicher Fächer einbringen, sondern auch weitere Partnerinnen und Partner, wie etwa die Eltern oder auch Vertreterinnen und Vertreter externer Bildungsinstitutionen wie beispielsweise Lehrkräfte der Herkunftssprachen. Dem liegt das Verständnis zugrunde, dass es nicht ausreicht, die Sprachentwicklung nur innerhalb eines bestimmten Zeitraums wie beispielsweise im Elementarbereich zu fördern, da sich mit neuen inhaltlichen Anforderungen auch die sprachlichen Herausforderungen ändern. Für Menschen, die das Deutsche als Zweitsprache lernen, stellt dies somit, egal in welchem Lebensabschnitt sie sich befinden, eine zusätzliche Herausforderung dar: Zum einen gilt es, die inhaltlichen Anforderungen des jeweiligen Bildungskontextes zu erfüllen, zum anderen werden diese in ihrer Zweitsprache (oder weiteren Sprache) Deutsch vermittelt. Das bedeutet, sie müssen bestimmte Inhalte erlernen und sich zusätzlich die Sprache für die jeweiligen Inhalte aneignen. Im Kontext von Schule ergibt sich hieraus, dass nicht nur im Deutschunterricht sprachsensibel gehandelt werden muss, sondern auch in allen anderen Fächern. Unterricht sollte demnach generell sprachsensibel gestaltet werden.

Lernende mit einer anderen Herkunftssprache, die Deutsch als Zweitsprache erwerben, gilt es sprachlich besonders zu unterstützen. Zusätzlich zum Erwerb der Alltagssprache (BICS oder konzeptionelle Mündlichkeit) stehen sie vor der Herausforderung, dem Fachunterricht und dessen spezifischen sprachlichen Anforderungen zu folgen. Dabei besteht häufig eine deutliche Diskrepanz zwischen sprachlicher und kognitiver Kompetenz, insofern, als dass die sprachlichen Anforderungen zu hoch sind, um die jeweiligen Fachinhalte erwerben zu können. Dies verhindert oft ein altersgemäßes Lernen innerhalb des Klassenverbandes. Ziel eines sprachsensiblen Fachunterrichts ist es, diesem Umstand entgegenzuwirken. Dass dies zwingend erforderlich ist, zeigt exemplarisch das Forschungsprojekts SchriFT (Schreiben im Fachunterricht unter Einbeziehung des Türkischen). In einer Teilstudie wurde der Zusammenhang sprachlicher und fachsprachlicher **Schreibfähigkeiten** im Unterrichtsfach Geschichte untersucht (Wickner 2019). Dabei konnte der Zusammenhang zwischen fachlichem (historischem) Wissen und den sprachlichen Fähigkeiten der Schülerinnen und Schüler bestätigt werden. Lernerinnen und Lerner verfügen demnach über mehr historische Fachinhalte, wenn sie ausgebaute (fach)sprachliche Schreibfähigkeiten besitzen und umgekehrt (vgl. ebd.: 142). Die Studie macht darüber hinaus deutlich, dass es um mehr geht als nur eine bloße Berücksichtigung von Fachbegriffen. Vielmehr liegen einem kompetenten fachsprachlichen Handeln komplexe Sprachhandlungsmuster zugrunde. Diese können nur aufgebaut werden, wenn Schülerinnen und Schüler sich in ihren Texten beispielsweise beschreibend, erklärend oder auch schildernd mit einem historischen Gegenstand auseinandersetzen (vgl. ebd.). In dieselbe Richtung argumentieren weitere Studien des Projekts, die andere Unterrichtsfächer in den Blick genommen haben (s. u. a. Manzel/Nagel 2019 für den Politikunterricht).

Dass eine explizite Vermittlung funktionaler sprachlicher Fähigkeiten im jeweiligen Fachunterricht von hoher Relevanz ist, zeigt die Studie von Enzenbach et al. (2019). Ein Vergleich von Schreibprodukten derselben Lernenden zum Aufgabentyp des Beschreibens in Bauanleitungen (Deutschunterricht) und Versuchsprotokollen (Physikunterricht) offenbart, dass die Übertragung der im Deutschunterricht erworbenen Mittel auf die Textsorte des Physikunterrichts nur bedingt gelingt (vgl. ebd.: 190). Während die Lernenden die sprachlichen Mittel des Beschreibens in der Bauanleitung größtenteils kompetent umsetzen konnten (72 %), gelang ihnen dies im Versuchsprotokoll weniger erfolgreich (10 %) (vgl. ebd.). Für die Fachdidaktik Physik bestätigt sich damit dieselbe Beobachtung, die bereits für den inhaltlichen Transfer von Wissen aus dem Mathematikunterricht bekannt ist: Funktionale Sprachkenntnisse sind stark kontextgebunden und müssen deshalb fachspezifisch und sprachsensibel angebahnt werden.

In diesem Kontext lässt sich auch eine deutliche Parallele des sprachsensiblen Unterrichts zum **Modell der integrierten Sprachendidaktik** erkennen (für eine Übersicht s. Le Pape Racine 2007). Dieses fordert ebenfalls eine Zusammenarbeit zwischen Lehrenden, zum einen in den einzelnen Sprachfächern, zum anderen aber auch zwischen Sprach- und Fachkräften. Für den Bereich Deutsch als Zweitsprache wurde hierfür das Konzept des Gesamtsprachencurriculums (vgl. Hufeisen 2011) oder Mehrsprachigkeitscurriculums (vgl. Reich/Krumm 2013) entwickelt. Ein Fokus liegt hierbei auf dem kontrastiven Vergleich von Sprachen, der Wahrnehmung vielsprachiger Situationen sowie der Vermittlung und dem Erwerb spezifischer Sprachlernstrategien.

14.1.3 *Translanguaging*

Wie bereits mehrfach in diesem Buch hervorgehoben, werden die unterschiedlichen Sprachen von Menschen als Teil eines gesamtsprachlichen Repertoires angesehen (→ Kap. 2.2.2; vgl. u.a. Busch 2012, 2021; Matras 2020). Eine Folgerung dieser Vernetzung von Sprachen ist, dass Lernerinnen und Lerner dazu motiviert werden sollen, ihr gesamtes schon vorhandenes Sprachenrepertoire zu nutzen, um neues Sprach- und Fachwissen aufzubauen. Im Migrationskontext zählen hierzu die jeweiligen Herkunftssprachen. Wie die Daten der aktuellen PISA-Studie zeigen, haben zurzeit 36,6% der fünfzehnjährigen Schülerinnen und Schüler in Deutschland einen Migrationshintergrund (vgl. Reiss et al. 2019). Hiervon nutzen 46,5% innerhalb der Familie größtenteils eine andere Sprache als das Deutsche. Nicht erfasst sind hierbei Kinder und Jugendliche, die neben dem Deutschen auch eine weitere Sprache in der Familie verwenden. Die angeführten Zahlen verdeutlichen, dass bei einem wachsenden Teil der Schülerschaft in Deutschland keine Einsprachigkeit vorliegt. Wie zuvor erläutert wurde, spielt Sprache für den Erwerb schulischer Inhalte eine zentrale Rolle. Das deutsche Schulsystem ist allerdings auf Einsprachigkeit ausgerichtet (vgl. Gogolin 1994, 2008 ‚Monolingualer Habitus').

Wie in Kapitel 7.4 dargelegt wurde, ist unter dem Begriff des *Translanguaging* in den vergangenen zehn Jahren ein Ansatz vorgeschlagen worden, der die Konzeptualisierung verschiedener Sprachsysteme gänzlich ablehnt (vgl. García 2009: 46f.). Vor allem aus der Perspektive der Sprachkontaktforschung ist dies kritisch zu bewerten (→ Kap. 7.4 und insbesondere Auer 2022). Allerdings umfasst der Ansatz des *Translanguaging* auch ein pädagogisches Konzept, das versucht, dem Missverhältnis aus sprachlichen Ressourcen von Lernerinnen und Lernern einerseits und einem einsprachigen Unterrichtsdogma andererseits zu begegnen. Hierauf soll im weiteren Verlauf eingegangen werden.

Die Grundidee des *Translanguaging* in der angewandten Bildungsforschung und Sprachdidaktik ist, dass Lernerinnen und Lerner im Unterricht auf ihr gesamtsprachliches Repertoire zurückgreifen können (vgl. García/Wei 2014; Kirsch 2018; Kirsch/Duarte 2020). Diese Vorstellung steht im Einklang mit neueren Ansätzen der Mehrsprachigkeitsforschung, die von einer sprachlichen Multikompetenz ausgehen (vgl. Cook 2016). Demnach sind Sprecherinnen und Sprecher dazu in der Lage, flexibel zwischen unterschiedlichen Sprachen, Dialekten und auch Stilebenen zu wechseln.

Erste empirische Ergebnisse zeigen positive Effekte der Berücksichtigung des gesamtsprachlichen Repertoires im Unterrichtskontext. In einer soziokulturellen Diskursanalyse der Peer-to-Peer-Interaktion fünfzehnjähriger Lernerinnen und Lerner diente der Einsatz unterschiedlicher Sprachen im Unterrichtsdiskurs als kommunikative Strategie in kollaborativen Gesprächen (vgl. Duarte 2019: 150). Dem *Translanguaging* fiel hierbei eine Art *Scaffolding*-Funktion (s. Kasten zum *Scaffolding*) in der gemeinsamen Konstruktion von Wissen zu. Auch erste Studien bei Neuzugewanderten weisen auf das vielversprechende Potential des Ansatzes für die erfolgreiche Teilhabe an Bildungsprozessen hin. So konnten Degano und Kirsch (2020) für das dreisprachige

Bildungssystem in Luxemburg mithilfe videographischer Aufzeichnungen und Feldnotizen aus dem Unterricht aufzeigen, wie ein elfjähriger portugiesischstämmiger Junge sein gesamtsprachliches Repertoire auf vielfältige Weise im Unterricht in der vierten Klasse nutzt. So mobilisierte er Merkmale von fünf Sprachen, koordinierte linguistische, paralinguistische und außersprachliche Ressourcen und glich seine Ressourcen mit denen seiner Mitschüler ab (vgl. ebd.: 181).

Scaffolding

In der erziehungswissenschaftlichen Literatur wird mit dem Begriff des ‚Scaffolding' (engl. ‚Baugerüst') eine Art Unterstützungssystem im sprachsensiblen (Fach-)Unterricht bezeichnet (vgl. Gibbons 2002). Schülerinnen und Schüler, deren Herkunftssprache eine andere ist als die Unterrichtssprache, sollen mit geeigneten *Scaffolding*-Maßnahmen darin unterstützt werden, sich neue fachliche und sprachliche Inhalte zu erarbeiten. So soll durch die bedarfsgerechte Bereitstellung von geeigneten Hilfsmitteln wie Anleitungen oder Denkanstößen die Bearbeitung und Lösung anspruchsvollerer Aufgaben ermöglicht werden, die alleine (noch) nicht zu bewältigen sind. Allerdings können hiervon auch Schülerinnen und Schüler profitieren, deren Erstsprache das Deutsche ist, für die allerdings die Bildungssprache ebenfalls ein fremdsprachliches Register darstellt (→ Kap. 14.1.1).

Jüngste Forschungsarbeiten im Fachunterricht belegen die Wirksamkeit eines solchen Ansatzes ebenfalls (vgl. Schüler-Meyer et al. 2019). In einer Videoanalyse von 13 fach- und sprachintegrierten Fördergruppen im Mathematikunterricht der Jahrgangsstufe 7 von Gesamt-, Haupt- und Realschulen wurden der Anteil der Teilnahme am Unterrichtsgeschehen sowie die Verwendung der jeweiligen Sprache (Deutsch, Türkisch, gemischt) untersucht. Mittels umfangreicher statistischer Analysen, in denen die Sprachkompetenz in Deutsch und Türkisch mit der Lernwirksamkeit in Beziehung gesetzt wurde, konnte gezeigt werden, dass ein Zusammenhang zwischen Lernerfolg und dem Anteil der Nutzung des Türkischen, auch im unmittelbaren Wechsel mit dem Deutschen, besteht. Schüler-Meyer et al. (ebd.: 161) schlussfolgern daraus, dass sich „ein mehrsprachiges mathematisches Handeln" positiv auf die Verarbeitung von Wissen auswirkt.

Darüber hinaus weisen erste empirische Befunde auch für den **Deutschunterricht**, in dem zweifelsohne die stärkste einzelsprachliche Ausrichtung vorherrscht, auf die Wirksamkeit der Nutzung mehrsprachiger Ressourcen hin (vgl. Gantefort et al. 2021). So konnte in einer Fallstudie gezeigt werden, wie das gesamtsprachliche Repertoire einer sechzehnjährigen Schülerin an den mentalen Prozessen beim Verfassen einer Argumentation beteiligt ist. Die Verfasserin erstellte zunächst den Schreibplan als Vorbereitung und Entlastung der Verschriftlichung in der Herkunftssprache, während die anschließende Argumentation auf Deutsch erfolgte. Diese und weitere Ergebnisse zeigen, dass es sinnvoll sein kann, in spezifischen Unterrichtssequenzen den Rückgriff auf das gesamtsprachliche Potential von Lernerinnen und Lernern zu ermöglichen. Allerdings sind hier weitere Studien mit einer größeren Fallzahl von Probandinnen und Probanden nötig, um die Ergebnisse zu verifizieren.

Die Strategie des *Translanguaging* lässt sich auch mit dem Zukunftsfeld der **Digitalisierung** verknüpfen. Das KMK-Strategiepapier „Bildung in der digitalen Welt" sowie der „DigitalPakt Schule" weisen auf die zentrale Bedeutung digitaler Medien in unserer Bildungslandschaft hin – dies dürfte durch die Covid-19-Pandemie noch einmal verstärkt worden sein. Somit stehen die Bildungsinstitutionen in der Verantwortung, entsprechende digitalisierungsbezogene Kompetenzen zu vermitteln, da digitale sprachliche Kompetenzen unerlässlich für die gesellschaftliche Teilhabe sind. Allerdings weist etwa die Vergleichsstudie ICILS auf einen eher zögerlichen Einsatz digitaler Schreibwerkzeuge im Unterricht hin, obwohl bereits eine Reihe vielversprechender Ansätze, sprachbildende Maßnahmen digital in Unterrichtsprozesse zu implementieren, existieren. Dies gilt beispielsweise für den Bereich der Textkompetenz. Hier ist der Einsatz digitaler Schreibtools wie die Nutzung von (Synonym)Wörterbüchern, Rechtschreib- und Grammatikprüfung, digitaler kollaborativer Schreibarrangements, aber auch die Nutzung von Vorlesefunktionen für Phasen der Textüberarbeitung zu nennen.

Im Kontext eines *Translanguaging*-Ansatzes ließe sich hierbei auch immer die Herkunftssprache „mitdenken", indem etwa auf das Vokabular der Herkunftssprache zurückgegriffen werden könnte. Auch die Nutzung digitaler Apps scheint vielversprechend zu sein. So verwendete Kirsch (2018) in einer Studie mit mehrsprachigen Schülerinnen und Schülern sowie Lehrerinnen und Lehrern im dreisprachigen Luxemburg (Luxemburgisch, Deutsch, Französisch) unter anderem die App „iTEO", um *Translanguaging*-Prozesse zu unterstützen. Das digitale Sprachlernwerkzeug ermöglicht es, dass gesprochene Sprache aufgenommen, wiedergeben und bearbeitet werden kann, sowie geschriebener Text und Bilder hinzugefügt werden können. Auf diese Weise lässt sich auch untersuchen, welche Sprachen wann, mit wem und zu welchen Zwecken benutzt werden, um so die Rolle des Tools für das Sprachenlernen weiter zu optimieren.

Der *Translanguaging*-Ansatz zeigt, wie Lernprozesse durch die Berücksichtigung von Herkunftssprachen profitieren können. Allerdings sollten diese auch selbst Gegenstand von Förderung sein, um die gesamtsprachlichen Kompetenzen eines Individuums auszubauen. Welche Ansätze, Voraussetzungen und unterschiedlichen Umsetzungen es hierzu gibt, wird im Folgenden betrachtet.

14.2 Förderung der Herkunftssprachen

14.2.1 Bilingualer Schriftspracherwerb und Mehrschriftlichkeit

In Deutschland erwerben Kinder mit einer anderen Herkunftssprache für gewöhnlich das Deutsche als erste Schriftsprache. Ihre Erstsprache wird hinsichtlich eines schriftsprachlichen Registers oftmals nicht weiter ausgebaut. Somit bleiben viele Sprecherinnen und Sprecher, die im Bereich der mündlichen Modalität mehrsprachig sind, im Schriftlichen einsprachig. Dies gilt allerdings nicht nur in Deutschland, sondern kann weltweit beobachtet werden. Die Alphabetisierung erfolgt häufig ausschließlich in der Sprache des Ziellandes, die dann auch die Unterrichtssprache darstellt (vgl. Riehl 2014a: 77). Doch auch in zahlreichen mehrsprachigen Gesellschaften ist die Unterrichtssprache oft nicht die Erstsprache der Lernenden. Als Beispiele kann hier auf einen Großteil der afrikanischen Staaten verwiesen werden, ebenso wie auf Sprachminderheiten, denen das Recht auf Unterricht in der Erstsprache verwehrt bleibt (vgl. ebd.).

Der Erwerb von Schriftlichkeit in der Herkunftssprache bleibt laut Ehlich (2010: 59) „Voraussetzung und Herausforderung für eine entwickelte Mehrsprachigkeit". Unter dem Begriff ‚Mehrschriftlichkeit' wird dabei in Anlehnung an den englischen Terminus *multiliteracy* zum einen die Alphabetisierung in zwei oder auch mehreren Sprachen verstanden. Dies meint die Beherrschung unterschiedlicher Schriftsysteme sowie Orthographieregeln. Zum anderen schließt der Begriff auch die schriftliche Ausdrucksfähigkeit in mehr als einer Sprache ein. Hiermit ist das sprachliche Register der konzeptionellen Schriftlichkeit gemeint (→ Kap. 14.1.1), das sich u.a. durch komplexe syntaktische Strukturen und einen elaborierten Wortschatz auszeichnet (vgl. Riehl 2014b: 121).

Der Erwerb des Schreibens und Lesens findet im Schulkontext statt, wenngleich eine Heranführung an die Schriftlichkeit bereits häufig im Kindergartenalter erfolgt. Dies geschieht durch bestimmte literale Praktiken wie etwa das Vorlesen und gemeinsame Anschauen von Büchern oder Lernen von Liedern (→ Kap. 13.3.2). Bereits hier sollten Herkunftssprachen ebenfalls Berücksichtigung finden, um erste literale Kompetenzen aufzubauen. Mit Beginn der Primarstufe erfolgt dann die **institutionalisierte Alphabetisierung**. Findet diese in zwei Sprachen gleichzeitig statt, spricht man vom sog. ‚Biliteralismus' (zu Konsequenzen einer fehlenden Alphabetisierung in der L1 vgl. Riehl 2014b: 122–125, zur sukzessiven Alphabetisierung vgl. Harr et al. 2018: 214f.). Dieser kann sich je nach beteiligten Sprachen einfach und komplexer gestalten. Greifen die Sprachen auf dasselbe Schriftsystem zurück, z.B. die lateinische Schrift, müssen Lernerinnen und Lerner „nur" noch die Phonem-Graphem-Korrespondenzregeln der jeweiligen Sprachen erwerben. Das bedeutet, dass sie die unterschiedlichen Laute den unterschiedlichen Buchstaben zuordnen müssen. Darüber hinaus müssen auch die Groß- und Kleinschreibung sowie die Prinzipien der Textsegmentierung, also die Regeln der Getrennt- und Zusammenschreibung erworben werden (vgl. Harr et al. 2018: 210). Ein Ansatz, der das Ziel eines simultanen Erwerbs der Schriftsysteme verfolgt, ist die sog. ‚Koordinierte Alphabetisierung' (KOALA). Allerdings können Sprachen auch auf unterschiedliche Alphabete zurückgreifen wie etwa auf das kyrillische, arabische oder lateinische Alphabet. Neben anderen Buchstaben und den lautlichen Zuordnungen muss hier gegebenenfalls auch eine andere Schreibrichtung gelernt werden (vgl. ebd.).

Neben dem Erwerb des Schriftsystems in der Herkunftssprache sollte auch ein **Erwerb konzeptioneller Schriftlichkeit** erfolgen. Dies schließt die Beherrschung lexikalischer, grammatischer sowie textgrammatischer Besonderheiten ein, die Teil einer übergeordneten Kompetenz, der sog. ‚Textkompetenz' bzw. literalen (Handlungs-)Kompetenz, ist. Hierunter fallen eine Vielzahl von Fertigkeiten, die für die Produktion von kohärenten und leseradäquaten Texten notwendig sind (s. Becker-Mrotzek/Schindler 2007; Schmölzer-Eibinger 2011). Neben eher globalen Kompetenzen (wie etwa Problemlösestrategien, Kontextualisierungsfähigkeiten) gehören hierzu auch für das Schreiben spezifische Fertigkeiten wie Textmusterwissen oder Formulierungsroutinen. Wird die Textkompetenz nur in einer Sprache erworben, können in der anderen Sprache nur bestenfalls konzeptionell mündliche Texte verfasst werden (ausführlich hierzu Riehl 2014b: 127–137; Riehl 2020).

Der Erwerb von Schriftlichkeit ist für die soziale Teilhabe in literalen Gesellschaften essenziell. Menschen, die mit zwei (oder mehreren) Sprachen aufwachsen, haben die besten Voraussetzungen, auch in der Schriftlichkeit mehrsprachig zu werden. Insbesondere vor dem Hintergrund unserer Arbeitswelt, in der schriftsprachliche Kompetenzen für beruflichen Erfolg eine bedeutende Rolle spielen, sollte diese Ressource genutzt werden – sowohl aus gesellschaftlicher als auch aus individueller Perspektive (vgl. Harr et al. 2018: 209 f.). Aus diesem Grund sollte dringend eine (schriftsprachliche) Förderung in der Herkunftssprache erfolgen. Welche Ansätze es hierzu gibt, wird in den beiden folgenden Kapiteln erläutert.

14.2.2 Unterricht in der Herkunftssprache

Die bildungswissenschaftliche Forschung ist sich einig, dass „der familial angelegte Sprachschatz, den zweisprachig Aufwachsende in die Bildungseinrichtungen mitbringen, sich nur dann in allen seinen Teilen – also im Deutschen und der Familiensprache – glücklich weiter entfalten kann, wenn eine Förderung beider Sprachen erfolgt" (Gogolin 2004: 58 f.). Eine frühe, institutionelle Sprachförderung von Kindern mit Migrationshintergrund wird allerdings in der Regel als eine Förderung der Zielsprache Deutsch verstanden (vgl. Gogolin 2008). Hierin spiegelt sich eine grundsätzliche sprachpolitische Einstellung wider, die Mehrsprachigkeit in den Migrantensprachen im Gegensatz zur Mehrsprachigkeit in prestigereichen Sprachen nicht dieselbe Bedeutung zumisst. In der Folge wird das sprachlich-kulturelle Kapital, das ein Großteil der Kinder mit Migrationshintergrund mitbringt, nicht genutzt.

Ein Ansatz, der diesem Umstand versucht entgegenzuwirken, ist die Kooperation des Regelunterrichts mit dem Unterricht in der Herkunftssprache. Generell bezeichnet der Begriff des ‚Herkunftssprachenunterrichts' einen Unterricht, der sich an Schülerinnen und Schüler richtet, die zweisprachig mit einer allochthonen Minderheitensprache (→ Kap. 3.3) aufwachsen. Eingerichtet wurde diese Form des Unterrichts für die Kinder der ursprünglichen Gastarbeitergeneration, um ihnen eine Rückkehr in den Regelunterricht ihres jeweiligen Herkunftslandes zu ermöglichen (vgl. Löser/Woerfel

2017). Neben konzeptionellen Schwächen (s. unten) muss vor allem auch die Begrifflichkeit kritisiert werden. Die allermeisten Kinder und Jugendlichen, die einen Herkunftssprachenunterricht besuchen, haben heute selbst keine Migrationserfahrung. Im Gegenteil, ihre Heimat und somit ihr Herkunftsland ist Deutschland, da sie hier geboren wurden. Das Deutsche gilt somit meist neben einer weiteren Sprache als Teil des gesamtsprachlichen Repertoires, und es wird somit nicht zwischen einer Herkunftssprache und Zweit- oder Fremdsprache unterschieden.

Die konzeptionellen Schwächen hängen vor allem mit der **Organisation des Herkunftssprachenunterrichts** zusammen, die je nach Bundesland sehr unterschiedlich erfolgt (für Details s. ebd.: 580–584). So sind etwa teilweise die Behörden und Ministerien der jeweiligen Länder verantwortlich, teilweise die jeweiligen ausländischen Vertretungen oder aber private Organisationen (vgl. ebd.). Dies führt zu sehr heterogenen Rahmenbedingungen hinsichtlich der Organisation des Unterrichts, aber auch den Arbeitsbedingungen der Lehrkräfte sowie deren Ausbildung (vgl. Endesfelder 2017). Im Idealfall sollten Lerngegenstände des Regelunterrichts, wie etwa spezifische Textsorten, Arbeitsweisen oder Inhaltsfelder Gegenstand des Herkunftssprachenunterrichts sein. Ungeachtet der Forderung einzelner Ministerien nach dieser engen Kooperation zwischen den Lehrkräften des Regelunterrichts und hier insbesondere den DaZ-Klassen und denen des Herkunftssprachenunterrichts, erfolgen in der Regel kaum Absprachen (vgl. Harr et al. 2018: 194). So findet der Herkunftssprachenunterricht meist ohne Verknüpfung zum Regelunterricht statt, egal in welche Verantwortung dessen Organisation fällt. Des Weiteren wird auch auf fehlende didaktische Konzepte und Lehrpläne hingewiesen, durch die eine bessere Verzahnung aus Regel- und Herkunftssprachenunterricht erfolgen könnte (vgl. ebd.: 194f.). Diese ungünstigen Rahmenbedingungen werden von Reich (2000: 354) sogar als Abwehrmechanismen beschrieben, um schulisch „illegitime[s] Wissen“ nicht zu fördern.

In Bezug auf den tatsächlichen Nutzen dieses kooperativen Ansatzes lässt sich bisher wenig Belastbares feststellen, da kaum Evaluationsstudien existieren. Die Ergebnisse, die vorliegen, sind allerdings ernüchternd. So zeigt die Untersuchung verschiedener Förderkonzepte in Kölner Grundschulen kaum eine Verbesserung der Leistungen von zweisprachigen deutsch-türkischen Kindern in ihrer L1, die an einem kooperativen Konzept von Herkunftssprachenunterricht und Regelunterricht teilnahmen, gegenüber solchen Kindern, die keinerlei Förderung in ihrer L1 erhielten (vgl. Reich 2016). Nahmen die Kinder allerdings an einem bilingualen Unterrichtskonzept einer koordinierten Alphabetisierung (KOALA) teil, zeigte sich eine deutliche Verbesserung in ihrer L1 in den Bereichen Wortschatz, Lesefähigkeit und Textverstehen.

Aus diesem Grund fordert Riehl (2014b: 145), statt auf ein kooperatives Modell aus Regel- und Herkunftssprachenunterricht zu setzen, bilinguale Programme auszubauen, die für alle Schülerinnen und Schüler, auch der autochthonen Minderheiten sowie monolingual deutsch aufwachsenden Kindern, zugänglich sind. Dies stünde auch im Einklang mit der bereits 1995 formulierten Empfehlung des Sprachenrats der Europäischen Union, nach der jede EU-Bürgerin und jeder EU-Bürger befähigt werden soll, über die Erstsprache hinaus zwei weitere Sprachen zu erwerben. Wie genau dies aussehen kann, wird im Folgenden beschrieben.

14.2.3 Durchgängige mehrsprachige Bildung

Trotz der immensen Herausforderungen, vor denen unser Bildungssystem steht, existieren auch einige vielversprechende Modelle, die eine durchgängige mehrsprachige Bildung ins Zentrum der pädagogischen Arbeit rücken (für eine Übersicht s. Fürstenau/Gomolla 2011; Siebert-Ott/Decker 2017). Exemplarisch wird im Folgenden das Schulmodell der Staatlichen Europa-Schule Berlin (SESB) genauer vorgestellt, das an bereits bestehenden Grundschulen und weiterführenden Schulen in Berlin eingerichtet wurde.

Primäres Ziel der SESB ist es, die Mehrsprachigkeit der Schülerinnen und Schüler durch einen durchgängigen zweisprachigen Unterricht zu fördern. Dazu wird vom Beginn der ersten Klasse an das Konzept der sog. ‚dualen Immersion' umgesetzt. Das bedeutet, dass neben einer Erstsprache eine Zweitsprache gleichberechtigt genutzt wird, indem manche Schulfächer nicht in der Erstsprache unterrichtet werden. Auf diese Weise sollen sprachliche Kompetenzen in zwei Partnersprachen, von denen eine obligatorisch das Deutsche ist, vermittelt werden. Neben dem Deutschen stehen mit Englisch, Französisch, Russisch, Italienisch, Spanisch, Neugriechisch, Türkisch, Polnisch und Portugiesisch neun weitere Sprachen zur Auswahl. Abgesehen von den kanonischen Schulfremdsprachen Englisch, Französisch und Spanisch finden somit auch europäische Einwanderersprachen Berücksichtigung. Aus diesem Ansatz resultieren für die Schülerinnen und Schüler zwei mögliche Lernbedingungen: Zum einen wird für Kinder, die das Deutsche als L1 gelernt haben, eine Zweitsprache zur Unterrichtssprache in einigen Schulfächern. Diese Sprache ist gleichzeitig die Erstsprache ihrer Mitschülerinnen und Mitschüler sowie auch eines Teils der Lehrkräfte. Zum anderen kann die Herkunftssprache von Kindern, auch wenn diese nicht das Deutsche ist, zum Unterrichtsfach werden. Darüber hinaus dient sie auch in einigen Fächern als Unterrichtssprache und somit als Mittel zum Erwerb von Sach- und Fachwissen (vgl. Möller et al. 2017: 11). Damit sind das Deutsche und die jeweilige Partnersprache gleichberechtigte Teile des Schullebens. Bis zur neunten Klasse findet lediglich der Sprachunterricht getrennt statt, alle anderen Fächer werden nach dem Prinzip der dualen Immersion unterrichtet. Ab der neunten Klasse besuchen die Schülerinnen und Schüler dann in allen Fächern denselben Unterricht. Obwohl beide Sprachen auch jeweils als erste Fremdsprache angesehen werden, tritt dennoch ab der fünften Klasse für alle Kinder gemeinsam eine weitere Fremdsprache hinzu. Hierbei handelt es sich in den meisten Fällen um das Englische.

Die ideale Umsetzung des Konzepts der Partnersprachen sieht dabei vor, dass die Klassen jeweils zu einem Drittel von Schülerinnen und Schülern besucht werden, die einsprachig mit Deutsch (Gruppe 1), der jeweiligen Partnersprache (Gruppe 2) oder bilingual (Gruppe 3) aufwachsen (vgl. Ebertowski 2011: 204). Um dies zu gewährleisten, wurden auch die Einzugsbereiche für die jeweiligen Grundschulen, die am Modell teilnehmen, aufgehoben. Somit stehen die SESB-Züge allen Schülerinnen und Schülern aus sämtlichen Berliner Bezirken offen (eine Übersicht einzelner Sprachkombinationen an Schulen, den Bezirken und Schülerzahlen findet sich bei Möller et al. 2017: 16). Auch wenn derzeit 34 Standorte der SESB existieren (vgl. Senatsverwaltung für Bildung, Jungend und Familie Berlin 2021: 3), ist eine paritätische Besetzung der Klassen nicht immer realisierbar. Weiterhin ist die SESB als ein durchgängiger Bildungsgang konzipiert (→ Kap. 14.1.2), der von der Primarstufe bis zum Erwerb schulischer Abschlüsse, bis hin zum Abitur, reicht (vgl. Senatsverwaltung für Bildung, Jungend und Familie Berlin 2021: 3).

In einer umfassenden **Evaluationsstudie** des Max-Planck-Instituts für Bildungsforschung in Berlin sowie der Universität Kiel (vgl. Möller et al. 2017) konnte gezeigt werden, dass das Prinzip der dualen Immersion zur kompetenten Beherrschung zweier Sprachen, von denen eine das Deutsche ist, bis zum Niveau C2 im Abitur führt. Darüber hinaus deuten die Daten darauf hin, dass sich die Leseleistungen von Schülerinnen und Schülern in der vierten und neunten Klasse im Deutschen sowie die Leistungen in Mathematik und Naturwissenschaften nicht von Schülerinnen und Schülern unterscheiden, die eine Regelschule ohne bilinguales Programm besuchten (vgl. Baumert et al. 2017; Fleckenstein et al. 2017). Somit zeigen sich einerseits keine negativen Auswirkungen auf die Entwicklung der Lesekompetenz in der Zielsprache Deutsch sowie auch nicht für weiteres fachliches Lernen. Andererseits waren die Schülerinnen und Schüler in der Lage, ihre Leseleistungen in den jeweiligen Partnersprachen erheblich auszubauen. Dies wurde etwa in der Fremdsprache Englisch deutlich, in der das Leseverstehen über dem Niveau von Schülerinnen und Schülern lag, die eine Regelschule besuchten (vgl. Fleckenstein et al. 2018).

Neben der Förderung der Mehrsprachigkeit von Kindern und Jugendlichen, und zwar nicht nur solcher, die bereits eine natürliche Mehrsprachigkeit mitbringen, ist es außerdem das Ziel des Modells, auf Grundlage einer interkulturellen Pädagogik ein europäisches und internationales Bewusstsein anzubahnen (vgl. Senatsverwaltung für Bildung, Jungend und Familie Berlin 2021: 3). Dies wird durch die Zusammensetzung der Schülerschaft möglich. Durch die Begegnung mit Sprecherinnen und Sprechern anderer Sprachen wird nicht nur sprachliche Kompetenz gefördert, sondern auch interkulturelle Kompetenz erworben und ausgebaut. Gleichzeitig wird hierdurch auch das Prestige von Herkunftssprachen gestärkt, denen sonst häufig im Schulkontext keine bildungsrelevante Rolle zugestanden wird.

14.3 Sprachliche Integration von Erwachsenen

Sprachliche Teilhabe gilt als ein Schlüssel für gesellschaftliche Teilhabe. Während für Kinder und Jugendliche das Bildungssystem zur Verfügung steht, und hier, wie gezeigt wurde die Ziel- und Herkunftssprachen gefördert werden (in unterschiedlichem Umfang), stellt die sprachliche Bildung und der Erwerb der Zweitsprache Deutsch bei erwachsenen Migrantinnen und Migranten ein großes Problem dar. Aus diesem Grund wurde mit Inkrafttreten des Zuwanderungsgesetzes (ZuwandG) im Jahr 2005 ein Recht, aber auch die Verpflichtung zur Teilnahme an den sog. Integrationskursen festgeschrieben. Dies gilt für Ausländerinnen und Ausländer, die dauerhaft in Deutschland leben sowie für Spätaussiedlerinnen und -aussiedler. Darüber hinaus können auch EU-Bürgerinnen und -Bürger sowie deutsche Staatsangehörige an den Kursen teilnehmen, wenn sie nicht über ausreichende Sprachkenntnisse verfügen (§ 44 AufenthG). Problematisch ist hier, dass vor allem Asylbewerberinnen und -bewerber, deren Verfahren oft mehrere Jahre dauern, häufig nicht teilnahmeberechtigt sind (für Details vgl. Harr et al. 2018: 96–98). Zuständig für die Koordination und Evaluation der Integrationskurse ist das Bundesamt für Migration und Flüchtlinge (BAMF).

Ziel der Kurse ist es, zum einen grundlegende Sprachkenntnisse an Migrantinnen und Migranten zu vermitteln und zum anderen ein gesellschaftsbezogenes Orientierungswissen, mit Kenntnissen der Rechtsordnung, Kultur sowie Geschichte Deutschlands, den geltenden Werten und Prinzipien wie Rechtsstaatlichkeit, Toleranz, Gleichberechtigung und Religionsfreiheit (§ 3 Abs. 1 Nr. 2 IntV). Grob lassen sich die Integrationskurse somit in einen sprachlichen und einen landeskundlichen Teil gliedern. Zusätzlich werden auch noch Alphabetisierungskurse angeboten, für diejenigen, die nicht über die notwendigen schriftsprachlichen Kenntnisse verfügen, um erfolgreich am Integrationskurs teilnehmen zu können (vgl. Harr et al. 2018: 109 f.).

Anhand der Geschäftsstatistiken der Integrationskurse der vergangenen Jahre zeigt sich, dass mehr als zwei Drittel der Teilnehmerinnen und Teilnehmer den Kurs freiwillig besuchten (vgl. Decker 2017: 356). Demnach bestehen ein großes Interesse sowie die Bereitschaft zum Erwerb und Ausbau von Sprachfähigkeiten sowie dem Kennenlernen gesellschaftlicher Werte und Normen.

14.3.1 Aufbau und Inhalte von Integrationskursen

Die inhaltliche Grundlage der Integrationskurse bildet das „Rahmencurriculum für Integrationskurse Deutsch als Zweitsprache" (Goethe-Institut 2007). Für die erfolgreiche Absolvierung des Integrationskurses sind ca. 700 Unterrichtsstunden vorgesehen (vgl. BAMF 2015). Hierzu wird zunächst ein Sprachkurs besucht, für den 600 Unterrichtsstunden veranschlagt sind, der aber je nach Vorwissen und Lernstand der Teilnehmerinnen und Teilnehmer zwischen 430 und 900 Unterrichtsstunden ausmachen kann (vgl. Harr et al. 2018: 99). Ziel des Kurses ist, dass sich die Teilnehmerinnen und Teilnehmer „im alltäglichen Leben in [ihrer] Umgebung selbständig sprachlich zurechtfinden und entsprechend [ihres] Alters[s] und Bildungsstand[s] ein Gespräch führen und sich schriftlich ausdrücken [können]" (IntV § 3, Abs. 2, 2004). Für die Überprüfung der erfolgreichen Teilnahme des Kurses dient der Sprachtest „Deutsch-Test für Zuwanderer A2–B1 (DTZ)". Hiermit wird der Kompetenzerwerb auf den Stufen A2 und B1 des GER (Gemeinsamer Europäischer Referenzrahmen) in den Fertigkeitsbereichen Hören, Lesen, Sprechen und Schreiben nachgewiesen. Inhaltlich orientiert sich der Sprachkurs an der InDaZ-Studie (vgl. Ehlich et al. 2007), in der alltägliche Sprachbedarfe von Migrantinnen und Migranten erhoben wurden. Die hier herausgearbeiteten Handlungsfelder wie Arbeitsplatz und Arbeitssuche, Behörde, Leben mit Kindern usw. sind Teil des Rahmencurriculums der Sprachkurse (für weitere Details s. Decker 2017: 359f.; Harr et al. 2018: 100–103).

Im Anschluss daran erfolgt die Teilnahme am Orientierungskurs, in dem u.a. grundlegende Kenntnisse zur Geschichte und Gesellschaft Deutschlands sowie zur Staatsform, Rechtsordnung und Kultur vermittelt werden. Hierbei soll immer auch die Lebens- und Erfahrungswelt der Zuwanderinnen und Zuwanderer in den Blick genommen werden (vgl. Decker 2017: 360). Auch dieser Kursteil wird mit einem Test abgeschlossen. Für einen erfolgreichen Abschluss des Integrationskurses müssen sowohl Sprach- als auch Orientierungskurs erfolgreich beendet werden. Dies ist die Voraussetzung, um einen Einbürgerungsantrag zu stellen.

14.3.2 Herausforderungen

Die größte Herausforderung, vor der die Integrationskurse stehen, ist die extreme Heterogenität der Teilnehmerinnen und Teilnehmer. Diese bezieht sich sowohl auf sprachliche als auch nicht-sprachliche Voraussetzungen. In Kapitel 2 ist auf die unterschiedlichen Formen von Migration sowie Gründe hingewiesen worden, die Menschen dazu bewegen, ihr Heimatland zu verlassen. Hieraus ergeben sich individuelle Migrationsbiographien, die sich in einer Vielzahl von Faktoren wie Vorkenntnissen im Deutschen, Dauer des Aufenthaltes in Deutschland und (Sprach-)Lernerfahrungen unterscheiden. Darüber hinaus gehen die Migrationsgründe häufig mit unterschiedlichen Zukunftswünschen und -plänen einher, die sich auf die Lernmotivation auswirken. Schließlich zeichnen sich die Teilnehmerinnen und Teilnehmer auch durch Unterschiede im Alter, ihrer kulturellen Herkunft und Sprache sowie ihrem Zugang zu Bildung aus, woraus sich aus lerntheoretischer Sicht individuelle Bedarfe ableiten (vgl. Decker 2017: 357). Hieraus ergeben sich hohe Anforderungen an die fachlichen, didaktischen sowie methodischen Kompetenzen der Lehrkräfte.

Um dieser Heterogenität zu begegnen, fand die Einrichtung einiger Sonderformen von Kursen statt (Eltern-, Frauen- und Jugendintegrationskurse, Intensivkurs, Alphabetisierungskurs, Förderkurs), deren Angebot aber aufgrund personeller und räumlicher Voraussetzungen regional stark variiert (vgl. ebd.: 358). Darüber hinaus ist auch die maximale Personenanzahl der Kurse reduziert worden. Wenngleich dies ein richtiger Ansatz ist, geht er nicht weit genug, um den individuellen Lernbedürfnissen adäquat begegnen zu können (vgl. Kaufmann 2010). Dies gilt insbesondere für den festgesetzten Stundenumfang zum Spracherwerb innerhalb des Sprachkurses. Es hat sich in der Praxis gezeigt, dass die vorgesehene Stundenzahl oftmals nicht ausreicht, um das verlangte Sprachniveau zu erreichen (vgl. Harr et al. 2018: 100). Einige Lernerinnen und Lerner verfügen über keinerlei Schulerfahrung, andere haben hingegen ein abgeschlossenes Hochschulstudium. Damit besitzen sie sehr unterschiedliche Lernerfahrungen und bisweilen Lernstrategien, die ihnen beim Spracherwerb helfen. Zwar findet eine Differenzierung nach erfolgter Alphabetisierung statt, allerdings nicht etwa nach Sprachfamilien. Die typologische Nähe oder Ferne der jeweiligen Herkunftssprache zum Deutschen wird somit nicht berücksichtigt.

Ein weiterer Aspekt, der etwa von Gewerkschaften und Interessensverbänden, insbesondere auch im Zuge der Flüchtlingswelle 2015/2016, verstärkt angemahnt wird, ist die unzureichende Bezahlung der Lehrkräfte. Trotz ihrer zentralen gesellschaftlichen Aufgabe, für deren Bewältigung neben ausgeprägten fachlichen, didaktischen sowie methodischen Kompetenzen auch ein hohes Engagement nötig ist, sehen sie sich häufig mit prekären Einkommens- und Beschäftigungsverhältnissen konfrontiert. Decker (2017: 362) bringt diesen Umstand treffend auf den Punkt: „Ihre Bezahlung ist niedrig, es existiert keine verbindliche Honorierung, keine Sicherheit des Arbeitsplatzes und keine geregelte Altersvorsorge."

Wie zu Beginn des Kapitels 14.3 festgehalten wurde, sind die meisten Teilnehmerinnen und Teilnehmer intrinsisch motiviert, die deutsche Sprache sowie die gesellschaftlichen Konventionen und Werte zu erlernen. Um diese Motivation in erfolgreiches Lernen umzusetzen, sind allerdings positive Integrationsanreize sowie geeignete Sprachlernbedingungen notwendig. Die Umsetzung dieser Bedingungen fordert Krumm (2004: 25) als Voraussetzungen für die Verpflichtung der Teilnahme an Integrationskursen.

14.4 Zusammenfassung

Die vorangegangenen Ausführungen haben gezeigt, welche Herausforderungen Migration für unser Bildungssystem mit sich bringt. Hinsichtlich der Institution Schule zeigen sich vor allem Bestrebungen, die Zielsprache Deutsch zu fördern. Hierbei muss gezielt das Register der Bildungssprache in den Blick genommen werden, die als Hürde für den Bildungserfolg von Kindern gesehen wird. Allerdings gilt dies nicht nur für Kinder im Migrationskontext. Auch für monolinguale deutsche Kinder stellt Bildungssprache oft eine fremde Sprache dar. Jedoch reicht es nicht aus, die Förderung auf den Deutschunterricht zu begrenzen. Stattdessen muss in allen Fächern sprachsensibel unterrichtet werden, damit der Zugang zu fachlichem Wissen ermöglicht wird. Ein wichtiges Konzept ist das der durchgängigen Sprachbildung. Diese sollte nicht einsprachig auf die Zielsprache Deutsch ausgerichtet sein, sondern die Herkunftssprachen miteinschließen. Exemplarisch ist hierzu auf das Schulmodell der Staatlichen Europa-Schule Berlin verwiesen worden. Auf diese Weise lässt sich Mehrsprachigkeit auch in der schriftsprachlichen Modalität fördern, die zentral für unsere literale Gesellschaft ist. Neben Schulen haben auch Integrationskurse das Ziel, eine Teilhabe am gesellschaftlichen Leben zu ermöglichen. Vor allem die große Heterogenität der Teilnehmerinnen und Teilnehmer, aber auch die häufig fehlende Wertschätzung und zum Teil prekären Arbeitsbedingungen der Lehrkräfte erschweren deren Gelingen.

Aufgaben zu diesem Kapitel und Lösungen unter https://www.narr.de/Migrationslinguistik-18517-1

Korpora

Albanisch-Korpus (AlbiK-Korpus): Authentische Aufnahmen gesprochener Sprache dreier Generationen deutsch-albanisch bilingualer Sprecherinnen und Sprecher aus dem DFG-Projekt „Albanisch im Kontakt. Horizontaler Transfer und Identitätsstiftung in der Mehrsprachigkeitspraxis“. Informationen zum Projekt unter: https://www.albanisch-im-kontakt.daf.uni-muenchen.de/index.html

Australien-Korpus: Aufnahmen Oktober 2008 – März 2009 in Melbourne. Unveröff. Korpus.

Koch-Korpus: Spracherwerbsdaten von drei monolingaulen deutschsprachigen Kindern und einem bilingualen Kind im Alter von 2;0 bis 2;9 Jahren. Zugänglich unter: https://childes.talkbank.org/access/German/Password/Koch.html

MULT_S-Korpus: Schriftliche Daten bilingualer Schülerinnen und Schüler aus dem BMBF-Projekt „Mehrschriftlichkeit: Zur Wechselwirkung von Sprachkompetenzen in Erst- und Zweitsprache und außersprachlichen Faktoren“. Informationen zum Projekt unter: https://www.mehrschriftlichkeit.daf.uni-muenchen.de/index.html

MULT_G-Korpus: Daten aus Interviews mit bilingualen Schülerinnen und Schülern aus dem BMBF-Projekt „Mehrschriftlichkeit: Zur Wechselwirkung von Sprachkompetenzen in Erst- und Zweitsprache und außersprachlichen Faktoren“.

Literatur

Abbot-Smith, Kirsten/Behrens, Heike (2006). How known constructions influence the acquisition of other constructions: The German passive and future constructions. Cognitive Science 30 (6), 995–1026.

Abels, Heinz (2017). Identität. Wiesbaden: VS Verlag.

Abutalebi, Jubin/Clahsen, Harald (2018). Critical periods for language acquisition: New insights with particular reference to bilingualism research. Bilingualism: Language and Cognition 21 (5), 883–885.

Adger, David (2019). Language unlimited: the science behind our most creative power. Oxford: Oxford University Press.

Ahrenholz, Bernt (2017a). Erstsprache – Zweitsprache – Fremdsprache – Mehrsprachigkeit. In: Ahrenholz, Bernt/Oomen-Welke, Ingelore (Hrsg.). Deutsch als Zweitsprache. 4. vollst. überarb. u. erw. Aufl. Baltmannsweiler: Schneider Hohengehren, 3–20.

Ahrenholz, Bernt (2017b). Zweitspracherwerbsforschung. In: Ahrenholz, Bernt/Oomen-Welke, Ingelore (Hrsg.). Deutsch als Zweitsprache. 4. vollst. überarb. u. erw. Aufl. Baltmannsweiler: Schneider Hohengehren, 102–120.

Ambridge, Ben/Lieven, Elena (2011). Child language acquisition: contrasting theoretical approaches. Cambridge: CUP.

Ammon, Ulrich (1995). Die deutsche Sprache in Deutschland, Österreich und der Schweiz: Das Problem der nationalen Varietäten. Berlin et al.: de Gruyter.

Ammon, Ulrich (2007). Deutschsprachige Minderheiten in Europa im Vergleich zum Elsass. In: Darquennes, Jeroen (Hrsg.). Kontaktlinguistik und Sprachminderheiten. St. Augustin: Asgard, 103–116.

Ammon, Ulrich (2015). Die Stellung der deutschen Sprache in der Welt. Berlin: de Gruyter.

Andringa, Sible/Dąbrowska, Ewa (2019). Individual differences in first and second language ultimate attainment and their causes. Language Learning 69, 5–12.

Androutsopoulos, Jannis (2002). Ultra korregd Alder! Zur medialen Stilisierung und Aneignung von „Türkendeutsch". Deutsche Sprache 4, 321–339.

Androutsopoulos, Jannis (2007). Ethnolekte in der Mediengesellschaft. Stilisierung und Sprachideologie in Performance, Fiktion und Metasprachdiskurs. In: Fandrych, Christian/Salverda, Reinier (Hrsg.). Standard, Variation und Sprachwandel in germanischen Sprachen. Tübingen: Narr, 113–155.

Androutsopoulos, Jannis (2008). Linguistic landscapes: Visuelle Mehrsprachigkeitsforschung als Impuls an die Sprachpolitik. Unveröff. Vortrag. Abrufbar unter: https://jannisandroutsopoulos.files.wordpress.com/2011/05/j-a-2008-linguistic-landscapes.pdf (letzter Zugriff: 11.05.2023).

Anstatt, Tanja (2006). Leksičeskie i grammatičeskie osobennosti v russkoj reči detej-bilingvov v Germanii (na primere rasskazov v kartinkach). In: Naumovna, S.N. (Hrsg.). Ontolingvistika. Nekotorye itogi i perspektivy. K pjatnadcatiletiju kafedry reči RGPU, 19–25.

Anstatt, Tanja (2017). Entwicklung des Russischen in Deutschland. Der Verbalaspekt im Russischen als Herkunftssprache. In: Witzlack-Makarevich, Kai/Wulff, Nadja (Hrsg.). Handbuch des Russischen in Deutschland. Migration – Mehrsprachigkeit – Spracherwerb. Berlin: Frank & Timme, 303–321.

Anstatt, Tanja/Dieser, Elena (2007). Sprachmischung und Sprachtrennung bei zweisprachigen Kindern (am Beispiel des russisch-deutschen Spracherwerbs). In: Anstatt, Tanja (Hrsg.). Mehrsprachigkeit bei Kindern und Erwachsenen. Erwerb. Formen. Förderung. Tübingen: Attempto, 139–162.

Appel, René/Muysken, Pieter (1987). Language Contact and Bilingualism. London et al.: Arnold [reprint Amsterdam: Amsterdam University Press 2006].

Apeltauer, Ernst (2010). Lernersprache (n). In: Krumm, Hans-Jürgen/Fandrych, Christian/Hufeisen, Britta/Riemer, Claudia (Hrsg.). Deutsch als Zweit- und Fremdsprache, Ein internationales Handbuch. Berlin: de Gruyter, 832–841.

Auer, Peter (1995). The pragmatics of code-switching: a sequential approach. In: Milroy, Lesley/Muysken, Pieter (Hrsg.). One Speaker, Two Languages. Cross-Disciplinary Perspectives on Code-Switching. Cambridge: CUP, 115–135.

Auer, Peter (2003). ‚Türkenslang' – ein jugendsprachlicher Ethnolekt des Deutschen und seine Transformationen. In: Häcki Buhofer, Annelies (Hrsg.). Spracherwerb und Lebensalter. Tübingen: Francke, 255–264.

Auer, Peter (2010a). Code-switching/mixing. In: Wodak, Ruth/Johnstone, Barbara/ Kerswill, Paul E. (Hrsg.). The Sage Handbook of Sociolinguistics. London: SAGE Publications, 460–478.

Auer, Peter (2010b). Sprachliche Landschaften. Die Strukturierung des öffentlichen Raums durch die geschriebene Sprache. In: Deppermann, Arnulf/Angelika Linke (Hrsg.). Sprache intermedial – Stimme und Schrift, Bild und Ton. Berlin: de Gruyter, 271–300.

Auer, Peter (2013). Ethnische Marker im Deutschen zwischen Varietät und Stil. In: Deppermann, Arnulf (Hrsg.). Das Deutsch der Migranten. Berlin/Boston: de Gruyter, 9–40.

Auer, Peter (2022). ‚Translanguaging' or ‚Doing Languages'? Multilingual Practices and the Notion of ‚Codes'. In: MacSwan, Jeff (Hrsg.). Multilingual Perspectives on Translanguaging. Bristol: Blue Ridge Summit: Multilingual Matters, 126–153.

Auer, Peter/Muhamedova, Raihan (2005). „Embedded Language" and „Matrix Language" in Insertional Language Mixing: Some Problematic Cases. Rivista di Linguistica 17 (1), 35–54.

Auswärtiges Amt (2022). Kosovo. Abrufbar unter: https://www.auswaertiges-amt.de/de/service/laender/kosovo-node/bilateral/207462 (letzter Zugriff: 17.05.2023).

Autorengruppe Bildungsberichterstattung (2020). Bildung in Deutschland 2020. Ein indikatorengestützter Bericht mit einer Analyse zu Bildung in einer digitalisierten Welt. Bielefeld: wbv Publikation.

Autor:innengruppe Bildungsberichterstattung (2022). Bildung in Deutschland 2022. Ein indikatorengestützter Bericht mit einer Analyse zum Bildungspersonal. Bielefeld: wbv Publikation.

Avenir Suisse/Müller-Jentsch, Daniel (Hrsg.) (2008). Die neue Zuwanderung. Die Schweiz zwischen Brain-Gain und Überfremdungsangst. Zürich: Verlag Neue Zürcher Zeitung.

Aytemiz, Aydin (1990). Zur Sprachkompetenz türkischer Schüler in Deutsch und Türkisch. Frankfurt a. M.: Lang.

Backus, Ad (2001). The role of semantic specificity in insertional codeswitching: Evidence from Dutch Turkish. In: Jacobson, Rodolfo (Hrsg.). Codeswitching worldwide II. Berlin: de Gruyter, 125–154.

Backus, Ad (2003). Units in code switching: Evidence for multimorphemic elements in the lexicon. Linguistics 41 (1), 83–132.

Backus, Ad (2014). Towards a Usage-Based account of language change: Implications of contact linguistics for linguistic theory. In: Nicolaï, Robert (Hrsg.). Questioning language contact: limits of contact, contact at its limits (= Brill Studies in Language Contact and Dynamics of Language 1). Leiden/Boston: Brill, 91–118.

Backus, Ad/Boeschoten, Hendrik (1998). Language change in immigrant Turkish. Journal of Multilingual and Multicultural Development 20 (1), 121–137.

Bade, Klaus (2017). Migration – Flucht – Integration. Kritische Politikbegleitung von der Gastarbeiterfrage bis zur Flüchtlingskrise: Erinnerungen und Beiträge. Karlsruhe: von Loeper Literaturverlag.

Bahlo, Nils/Becker, Tabea/Kalkavan-Aydın, Zeynep/Lotze, Netaya/Marx, Konstanze/Schwarz, Christian/Şimšek, Yazgül (Hrsg.) (2019). Jugendsprache. Eine Einführung. Stuttgart: J.B. Metzler.

Balcı, Yasemin (2004). Zur Semantik deutscher Elemente in türkischen Sätzen. Die Mischsprache türkischer Jugendlicher in Mannheim. Deutsche Sprache 32 (3), 227–239.

BAMF – Bundesamt für Migration und Flüchtlinge (2015). Konzepte für einen bundesweiten Integrationskurs. Nürnberg: BAMF.

BAMF – Bundesamt für Migration und Flüchtlinge (2018). Unbegleitete Minderjährige in Deutschland. Herausforderungen und Maßnahmen nach der Klärung des aufenthaltsrechtlichen Status. Fokusstudie der deutschen nationalen Kontaktstelle für das Europäische Migrationsnetzwerk (EMN). Nürnberg: BAMF. Abrufbar unter: https://www.bamf.de/SharedDocs/Anlagen/DE/EMN/Studien/wp80-unbegleitete-minderjaehrige.pdf?__blob=publicationFile&v=19 (letzter Zugriff: 17.08.2023).

Barberio, Teresa (2021). Schreiben in zwei Sprachen: argumentative und narrative Texte bilingualer italienisch-deutscher Schülerinnen und Schüler. München: Universitätsbibliothek Ludwig-Maximilians-Universität.

Bates, Elizabeth/MacWhinney, Brian (1989). Functionalism and the competition model. In: Bates, Elizabeth/MacWhinney, Brian (Hrsg.). The crosslinguistic study of sentence processing. Cambridge: CUP, 3–73.

Baumert, Jürgen/Lehmann, Rainer/Lehrke, Manfred/Schmitz, Bernd/Clausen, Marten/Hosenfeld, Ingmar/Köller, Olaf/Neubrand, Johanna (Hrsg.) (1997). TIMSS – Mathematisch-naturwissenschaftlicher Unterricht im internationalen Vergleich: Deskriptive Befunde. Opladen: Leske + Budrich.

Baumert, Jürgen/Bos, Wilfried/Lehmann, Rainer (Hrsg.) (2000). TIMSS/III – Dritte Internationale Mathematik und Naturwissenschaftsstudie – Mathematische und naturwissenschaftliche Bildung am Ende der Schullaufbahn. Opladen: Leske + Budrich.

Baumert, Jürgen/Hohenstein, Friederike/Fleckenstein, Johanna/Preusler, Sandra/Paulick, Isabell/Möller, Jens (2017). Die schulischen Leistungen an der SESB – 4. Jahrgangsstufe.

In: Möller, Jens/Hohenstein, Friederike/Fleckenstein Johanna/Köller, Olaf/Baumert, Jürgen (Hrsg.). Erfolgreich integrieren – die Staatliche Europa-Schule Berlin. Münster: Waxmann, 95–188.

Baur, Rupprecht S./Chlosta, Christoph/Ostermann, Torsten/Schroeder, Christoph (2004). „Was sprecht ihr vornehmlich zu Hause?". Zur Erhebung sprachbezogener Daten. Essener Unikate: Berichte aus Forschung und Lehre 24, 96–105.

Becker, Birgit/Biedinger, Nicole (2006). Ethnische Bildungsungleichheit zu Schulbeginn. Kölner Zeitschrift für Soziologie und Sozialpsychologie 58 (4), 660–684.

Becker, Birgit/Gresch, Cornelia (2016). Bildungsaspirationen in Familien mit Migrationshintergrund. In: Diehl, Claudia/Hunkler, Christian/Kristen, Cornelia (Hrsg.). Ethnische Ungleichheiten im Bildungsverlauf: Mechanismen, Befunde, Debatten. Wiesbaden: Springer VS, 73–115.

Becker-Mrotzek, Michael/Schindler, Kirsten (Hrsg.) (2007). Texte schreiben. Duisburg: Gilles & Francke.

Becker-Mrotzek, Michael/Ehlich, Konrad/Füssenich, Iris/Günther, Hartmut/Hasselhorn, Marcus/Hopf, Michael/Jeuk, Stefan/Lengyel, Drorit/Neugebauer, Uwe/Panagiotopoulou, Argyro/Stanat, Petra/Wilbert, Jürgen (2013a). Qualitätsmerkmale für Sprachstandsverfahren im Elementarbereich. Ein Bewertungsrahmen für fundierte Sprachdiagnostik in der Kita. Köln: Mercator-Institut für Sprachförderung und Deutsch als Zweitsprache.

Becker-Mrotzek, Michael/Schramm, Karen/Thürmann, Eike/Vollmer, Helmut Johannes (Hrsg.) (2013b). Sprache im Fach. Sprachlichkeit und fachliches Lernen. Münster: Waxmann.

Becker-Mrotzek, Michael/Roth, Hans-Joachim (2017). Sprachliche Bildung. Grundlegende Begriffe und Konzepte. In: Becker-Mrotzek, Michael/Roth, Hans-Joachim (Hrsg.). Sprachliche Bildung. Grundlagen und Handlungsfelder (= Sprachliche Bildung 1). Münster: Waxmann, 11–36.

Bendel, Petra/Bekyol, Yasemin/Leisenheimer, Marlene (2021). Auswirkungen und Szenarien für Migration und Integration während und nach der COVID-19 Pandemie. MFI Erlangen.

Ben-Rafael, Eliezer/Shohamy, Elana/Amara, Muhammad/Trumper-Hecht, Nira (2006). Linguistic Landscape as Symbolic Construction of the Public Space: The Case of Israel. International Journal of Multilingualism 3 (1), 7–30.

Bentz, Christian/Winter, Bodo (2013). Languages with More Second Language Learners Tend to Lose Nominal Case. Language Dynamics and Change 3 (1), 1–27.

Berend, Nina (2009). Vom Sprachinseldialekt zur Migrantensprache. Anmerkungen zum Sprachwandel der Einwanderungsgeneration. In: Liebert, Wolf-Andreas/Schwinn, Horst (Hrsg.). Mit Bezug auf Sprache. Festschrift für Rainer Wimmer. Tübingen: Narr, 361–380.

Berend, Nina (2014). Russlanddeutsche Aussiedler in Deutschland: Ein Überblick. Deutsche Sprache 42 (3), 193–206.

Besters-Dilger, Juliane/Dąbrowska, Anna/Krajewski, Grzegorz/Libura, Agnieszka/Majewska, Agnieszka/Müller, Anna-Marta/Northeast, Katarzyna/Pustoła, Agnieszka/Żurek, Anna (2015). Linguistische und sprachdidaktische Aspekte der Herkunftssprache Polnisch. Zeitschrift für Fremdsprachenforschung 26 (1), 53–84.

Beyer, Rahel/Plewnia, Albrecht (2020). Handbuch der Sprachminderheiten in Deutschland. Tübingen: Narr.

Beyer, Rahel/Plewnia, Albrecht (2021). Über Grenzen. Deutschsprachige Minderheiten in Europa. In: Lobin, Henning/Witt, Andreas/Wöllstein, Angelika (Hrsg.). Deutsch in Europa: sprachpolitisch – grammatisch – methodisch. Berlin/Boston: de Gruyter, 35–54.

Bialystok, Ellen (2001). Bilingualism in development: Language, literacy, and cognition. New York, NY: CUP.

Bialystok, Ellen (2017). The Bilingual Adaptation: How Minds Accommodate Experience. Psychological Bulletin 143 (3), 233–262.

Bialystok, Ellen (2021). Cognitive Implications of Bilingualism. Oxford Research Encyclopedias, Psychology. Abrufbar unter: https://doi.org/10.1093/acrefore/9780190236557.013.763 (letzter Zugriff: 11.05.2023).

Bialystok, Ellen/Hakuta, Kenji (1999). Confounded age: Linguistic and cognitive factors in age differences for second language acquisition. In: Birdsong, David (Hrsg.). Second language acquisition and the critical period hypothesis. Mahwah et al.: Erlbaum, 161–181.

Bialystok, Ellen/Kroll, Judith F. (2018). Can the critical period be saved? A bilingual perspective. Bilingualism: Language and Cognition 21 (5), 908–910.

Bierbach, Christine/Birken-Silverman, Gabriele (2004). Sprache italienischer Migranten in der Bundesrepublik Deutschland. In: Moraldo, Sandro M. (Hrsg.). Deutsch aktuell: Einführung in die Tendenzen der deutschen Gegenwartssprache. Rom: Carocci, 60–80.

Bilmez, Bülent/Çağatay, İrfan/Arslan, Serhat (2022). Öğretmenlerin, Aktivistlerin ve Medyanın Gözünden Yaşayan Diller ve Lehçeler Seçmeli Dersi. Istanbul: KITA. Abrufbar unter: https://etkiniz.eu/wp-content/uploads/2022/02/RaporKITAMasterK.pdf (letzter Zugriff: 16.07.2023).

Birdsong, David (Hrsg.) (1999). Second language acquisition and the Critical Period Hypothesis. Mahwah, N.J.: Lawrence Erlbaum.

Birdsong, David (2016). Dominance in bilingualism: Foundations of measurement, with insights from the study of handedness. In: Silva-Corvalán, Carmen/Treffers-Daller Jeanine (Hrsg.). Language Dominance in Bilinguals: Issues of measurement and operationalization. Cambridge: CUP, 85–105.

Bley-Vroman, Robert (2009). The evolving context of the Fundamental Difference Hypothesis. Studies in Second Language Acquisition 31 (2), 175–198. Abrufbar unter: doi:10.1017/S0272263109090275 (letzter Zugriff: 11.05.2023).

Blom, Jan-Petter/Gumperz, John J. (1972). Social meaning in linguistic structures. Code switching in Northern Norway. In: Gumperz, John J./Hymes, Dell H. (Hrsg.). Directions in Sociolinguistics: The Ethnography of Communication. New York: Holt, Rinehart and Winston, 407–434.

Blom, Jan-Petter/Gumperz, John J. (2000). Social Meaning in Linguistic Structures: Code Switching in Northern Norway. In: Wei, Li (Hrsg.). The bilingualism reader. London/New York: Routledge, 111–136.

Bloomfield, Leonard (1933). Language. New York: Holt.

Blume, María/Lust, Barbara C. (2017). Research methods in language acquisition: Principles, procedures, and practices. Washington: de Gruyter, American Psychological Association.

Blumenthal-Dramé, Alice (2012). Entrenchment in Usage-Based Theories: What Corpus Data Do and Do Not Reveal About the Mind. Berlin/Boston: de Gruyter.

BMI – Bundesministerium des Inneren, für Bau und Heimat (2020). Nationale Minderheiten, Minderheitensprachen und die Regionalsprache Niederdeutsch in Deutschland. 4. Aufl. Abrufbar unter: https://www.bmi.bund.de/SharedDocs/downloads/DE/publikationen/themen/heimat-integration/nationale-minderheiten/minderheiten-und-regionalsprachen-vierte-auflage.pdf;jsessionid=5E47D907B908A34FB9C81B62174ACEFB.1_cid295?__blob=publicationFile&v=10 (letzter Zugriff: 25.08.2023).

BMI/BAMF – Bundesministerium des Innern und für Heimat/Bundesamt für Migration und Flüchtlinge (2020). Migrationsbericht der Bundesregierung. Migrationsbericht 2019. Berlin/Nürnberg: BMI/BAMF. Abrufbar unter: https://www.bamf.de/SharedDocs/Anlagen/DE/Forschung/Migrationsberichte/migrationsbericht-2019.pdf;jsessionid=7FB79400C5D52A2514ADAABF8D016876.intranet262?__blob=publicationFile&v=18 (letzter Zugriff: 11.05.2023).

BMI/BAMF – Bundesministerium des Innern und für Heimat/Bundesamt für Migration und Flüchtlinge (2023). Migrationsbericht der Bundesregierung. Migrationsbericht 2021. Berlin/Nürnberg: BMI/BAMF. Abrufbar unter: https://www.bamf.de/SharedDocs/Anlagen/DE/Forschung/Migrationsberichte/migrationsbericht-2021.pdf?__blob=publicationFile&;v=10 (letzter Zugriff: 18.07.2023).

Boeschoten, Hendrik (1994). Modalität. Eine vernachlässigte Kategorie. In: Fittschen, Maren (Hrsg.). Türkisch als Fremdsprache unter sprachwissenschaftlichen Gesichtspunkten. Materialien und Referate der internationalen Fachtagung, 11.–14. Juni 1992 in Hamburg. Wiesbaden: Harrassowitz, 63–68.

Boeschoten, Hendrik (2000). Convergence and Divergence in Migrant Turkish. In: Mattheier, Klaus J. (Hrsg.). Dialect and Migration in a Changing Europe. Frankfurt a. M.: Lang, 145–154.

Boumans, Louis (1998). The Syntax of Codeswitching: Analysing Moroccan Arabic/Dutch Conversation. (= Studies in Multilingualism 12.) Tilburg: Tilburg University Press.

Böhme, Katrin/Hepp, Birgit/Stanat, Petra (2017). Zentrale Befunde des Bildungsmonitorings zu zuwanderungsbezogenen Disparitäten und Ansatzpunkte für sprachliche Fördermaßnahmen. In: Becker-Mrotzek, Michael/Roth, Hans-Joachim (Hrsg.). Sprachliche Bildung. Grundlagen und Handlungsfelder (= Sprachliche Bildung 1). Münster: Waxmann, 187–210.

Bordag, Denisa/Opitz, Andreas (2021). Zweitspracherwerbsforschung. In: Altmayer, Claus/Biebighäuser, Katrin/Haberzettl, Stefanie/Heine, Antje (Hrsg.). Handbuch Deutsch als Fremd- und Zweitsprache. Kontexte – Themen – Methoden. Stuttgart: J.B. Metzler, 192–212.

Bradlaw, Constanze/Hufeisen, Britta/Nölle-Becker, Stefanie (2022). Das Konzept der funktionalen Mehrsprachigkeit im Kontext der Internationalisierung deutscher Hochschulen. Fremdsprachen lehren und lernen 51 (2), 38–52.

Bredel, Ursula/Feilke, Helmuth (2021). Die Lage der deutschen Sprache in den Schulen – Zur Einleitung. In: Deutsche Akademie für Sprache und Dichtung und Union der deutschen Akademien der Wissenschaften (Hrsg.). Die Sprache in den Schulen – Eine Sprache im Werden. Dritter Bericht zur Lage der deutschen Sprache. Berlin: Erich Schmidt Verlag, 11–33.

Brehmer, Bernhard (2007). Sprechen Sie Qwelja? Formen und Folgen russisch-deutscher Zweisprachigkeit in Deutschland. In: Anstatt, Tanja (Hrsg.). Mehrsprachigkeit bei Kindern und Erwachsenen. Erwerb, Formen, Förderung. Tübingen: Attempto, 163-185.

Brehmer, Bernhard/Usanova, Irina (2015). Let's fix it? Cross-linguistic influence in word order patterns of Russian heritage speakers in Germany. In: Peukert, Hagen (Hrsg.). Transfer Effects in Multilingual Language Development. Amsterdam: John Benjamins, 159–186.

Brehmer, Bernhard/Kurbangulova, Tatjana (2017). Lost in transmission? Family language input and its role for the development of Russian as a heritage language in Germany. In: Isurin, Ludmila/Riehl, Claudia M. (Hrsg.). Integration, Identity and Language Maintenance in Young Immigrants. Russian Germans or German Russians. Amsterdam/Philadelphia: John Benjamins, 225–268.

Brehmer, Bernhard/Mehlhorn, Grit (Hrsg.) (2018). Potenziale von Herkunftssprachen. Sprachliche und außersprachliche Einflussfaktoren. Tübingen: Narr

Brehmer, Bernhard/Mehlhorn, Grit (2020). Die polnischsprachige Minderheit. In: Beyer, Rahel/Plewnia, Albrecht (Hrsg). Handbuch der Sprachminderheiten in Deutschland. Tübingen: Narr, 391–428.

Bresnan, Joan/Asudeh, Ash/Toivonen, Ida/Wechsler, Stephen (2016). Lexical-Functional Syntax. Oxford: Wiley-Blackwell.

Brizić, Katharina (2006). Das geheime Leben der Sprachen. Eine unentdeckte migrantische Bildungsressource. Kurswechsel 21 (2), 32–43.

Brizić, Katharina (2007). Das geheime Leben der Sprachen. Gesprochene und verschwiegene Sprachen und ihr Einfluss auf den Spracherwerb in der Migration. Münster: Waxmann.

Brizić, Katharina/Hufnagl, Claudia (2011). »Multilingual Cities«. Wien: Bericht zur Sprachenerhebung in den 3. und 4. Volksschulklassen. Wien: Österreichische Akademie der Wissenschaften.

Brown, Joshua R./Bousquette, Joshua (2018). Heritage Languages in North America: Sociolinguistic Approaches. Journal of Language Contact 11 (2), 201–207.

Brown, Kara (2005). Estonian schoolscapes and the marginalization of regional identity in education. European Education 37 (3), 78–89.

Brown, Kara (2012). The linguistic landscape of educational spaces: Language revitalization and schools in Southeastern Estonia. In: Gorter, Durk/Marten, Heiko F./Mensel, Luk (Hrsg.). Minority languages in the linguistic landscape. New York: Palgrave Macmillan, 281–298.

Brücker, Herbert/Burkert, Carola (2017). Westbalkanregelung: Arbeit statt Asyl? In: IAB-Forum.

Bryant, Doreen/Berendes, Karin/Meurers, Detmar/Weiß, Zarah (2017). Schulbuchtexte der Sekundarstufe auf dem linguistischen Prüfstand. Analyse der bildungssprachlichen Komplexität in Abhängigkeit von Schultyp und Jahrgangsstufe. In: Hennig, Mathilde (Hrsg.). Linguistische Komplexität – ein Phantom? Tübingen: Stauffenburg, 281–309.

Bullock, Barbara/Guzmán, Wally/Serigos, Jacqueline/Sharath, Vivek/Toribio, Almeida Jacqueline (2018). Predicting the presence of a Matrix Language in code-switching. Proceedings of the Third Workshop on Computational Approaches to Linguistic Code-Switching. Melbourne: Association for Computational Linguistics, 68–75.

Busch, Brigitta (2011). Biographisches Erzählen und Visualisieren in der sprachwissenschaftlichen Forschung. ÖdaF-Mitteilungen 2, 1–10.

Busch, Brigitta (2012). The Linguistic Repertoire Revisited. Applied Linguistics 33 (5), 503–523.

Busch, Brigitta (2021). Mehrsprachigkeit. 3. vollst. überarb. Aufl. Wien: Facultas.

Bücker, Tanja (2007). Ethnolektale Varietäten des Deutschen im Sprachgebrauch Jugendlicher. Studentische Arbeitspapiere zu Sprache und Interaktion 9. Abrufbar unter: https://arbeitspapiere.sprache-interaktion.de/stud/9-tanja-buecker-2007/ (letzter Zugriff: 11.05.2023).

Bybee, Joan (2010). Language, usage and cognition. Cambridge: CUP.

Cabadağ, Tuncer (2001). Zur Genese einer Diasporavarietät des Türkeitürkischen. Studie zum Gebrauch der Flexionsendungen zur Tempus- und Modus-Markierung bei Jugendlichen türkischer Herkunft. Bielefeld: Universität Bielefeld.

Cabo, Diego Pascual Y./Rothman, Jason (2012). The (Il)Logical Problem of Heritage Speaker Bilingualism and Incomplete Acquisition. Applied linguistics 33 (4), 450–455.

Cantone, Katja F. (2007). Code-switching in Bilingual Children. Dordrecht: Springer VS.

Cantone, Katja F./Müller, Natascha (2005). Code-switching at the interface of language-specific lexicons and the computational system. International Journal of Bilingualism 9 (2), 205–225.

Cantone, Katja F./Kupisch Tanja/Müller, Natascha/Schmitz, Katrin (2008). Rethinking language dominance in bilingual children. Linguistische Berichte 215, 307–343.

Cárdenas-Claros, Mónica S./Isharyanti, Neny (2009). Code switching and code mixing in Internet chatting: between ‚yes', ‚ya', and ‚si' a case study. JALT CALL Journal 5, 67–78.

Chamorro, Gloria/Sorace, Antonella/Sturt, Patrick (2016). What is the source of L1 attrition? The effect of recent L1 re-exposure on Spanish speakers under L1 attrition. Bilingualism: Language and Cognition, 19(3), 520–532. Abrufbar unter: https://doi.org/10.1017/S1366728915000152

Chilla, Solveig (2008). Erstsprache, Zweitsprache, Spezifische Sprachentwicklungsstörung? Eine Untersuchung des Erwerbs der deutschen Hauptsatzstruktur durch sukzessiv-bilinguale Kinder mit türkischer Erstsprache. Hamburg: Dr. Kovač.

Chilla, Solveig (2022). Kindliche Mehrsprachigkeit. Grundlagen – Störungen – Diagnostik. 3. Aufl. München: Ernst Reinhardt Verlag.

Chlosta, Christoph/Ostermann, Torsten/Schroeder, Christoph (2003). Die Durchschnittsschule und ihre Sprachen. Ergebnisse des Projekts „Sprachenerhebung Essener Grundschulen" (SPREEG). ELiSe: Essener Linguistische Skripte 3 (1), 43–139.

Chomsky, Noam (1981). Lectures on government and binding. Dordrecht/Cinnaminson: Foris Publications.

Chomsky, Noam (1995). The minimalist program. Cambridge, MA: MIT Press.

Cindark, Ibrahim/Aslan, Sema (2004). Deutschland Türkisch? Abrufbar unter: https://www.ids-mannheim.de/fileadmin/prag/soziostilistik/Deutschlandtuerkisch.pdf (letzter Zugriff: 17.05.2023).

Cindark, Ibrahim/Devran, Serap (2020). Türkisch in Deutschland. In: Beyer, Rahel/Plewnia, Albrecht (Hrsg). Handbuch der Sprachminderheiten in Deutschland. Tübingen: Narr, 351–390.

Clahsen, Harald/Meisel, Jürgen M./Pienemann, Manfred (1983). Deutsch als Zweitsprache: der Spracherwerb ausländischer Arbeiter. Tübingen: Narr.
Clyne, Michael (1967). Transference and Triggering. The Hague: Nijhoff.
Clyne, Michael (1968). Zum Pidgin-Deutsch der Gastarbeiter. In: Zeitschrift für Mundartforschung 35, 130–139.
Clyne, Michael (1981). Deutsch als Muttersprache in Australien. Zur Ökologie einer Einwanderersprache. Wiesbaden: Steiner.
Clyne, Michael (1991). Community Languages: The Australian Experience. Cambridge: CUP.
Clyne, Michael (1994). What can we learn from Sprachinseln? Some observations on ‚Australian German'. In: Berend, Nina/Mattheier, Klaus (Hrsg.). Sprachinselforschung. Eine Gedenkschrift für Hugo Jedig. Frankfurt a. M. et al.: Lang, 105–121.
Clyne, Michael (2000). Lingua franca and ethnolects in Europe and beyond. Sociolinguistica 14, 83–89.
Clyne, Michael (2003). Dynamics of Language Contact. English and Immigrant Languages. Cambridge: CUP.
Clyne, Michael/Cassia, Paola (1999). Trilingualism, immigration and relatedness of languages. I.T.L. Review of Applied Linguistics 123 (24), 57–77.
Cook, Vivian (2016). Premises of multi-competence. In: Cook, Vivian/Wei, Li (Hrsg.). The Cambridge handbook of linguistic multi-competence. Cambridge: CUP, 1–25.
Corder, Stephen P. (1971). Idiosyncratic dialects and error analysis. International Review of Applied Linguistics 9, 147–159.
Coulmas, Florian (2009). Linguistic Landscaping and the seed of the public sphere. In: Shohamy, Elana/Gorter, Durk (Hrsg.). Linguistic Landscape: Expanding the Scenery. New York & London: Routledge, 13–24.
Coyle, Do/Hood, Philip/Marsh, David (2010). Content and language integrated learning. Cambridge et al.: CUP.
Crystal, David (2003). English as a global language. 2. Aufl. New York: CUP.
Cummins, Jim (2004). BICS and CALP. In: Byram, Michael (Hrsg.). Routledge Encyclopedia of Language Teaching and Learning. London: Routledge, 76–79.
Curtiss, Susan (1989). The independence and task-specificity of language. In: Bornstein, Marc H./Bruner Jerome S. (Hrsg.). Interaction in human development. New York: Psychology Press.
Czinglar, Christine (2014). Grammatikerwerb vor und nach der Pubertät. Eine Fallstudie zur Verbstellung im Deutschen als Zweitsprache. Berlin: de Gruyter.
Dąbrowska, Ewa (2012). Different speakers, different grammars: Individual differences in native language attainment. Linguistic Approaches to Bilingualism 2 (3), 219–253.
Dąbrowska, Ewa (2019). Experience, aptitude and individual differences in language attainment: A comparison of L1 and L2 speakers. Language Learning 69, 72–100.
Dąbrowska, Ewa/Street, James (2006). Individual Differences in Language Attainment: Comprehension of Passive Sentences by Native and Non-Native English Speakers. Language Sciences 28, 604–615.

Dagenais, Diane/Moore, Danièle/Sabatier, Cecile/Lamarre, Patricia/Armand, Françoise (2009). Linguistic landscape and language awareness. In: Shohamy, Elana/Gorter, Durk (Hrsg.). Linguistic landscape. Expanding the scenery. New York: Routledge, 253–269.
Dahinden, Janine/Moret, Jöelle (2008). Transnationale Aktivitäten serbischer und kosovarischer Migrantenorganisationen in der Schweiz. Schweizerisches Jahrbuch für Entwicklungspolitik 27 (2), 235–247.
Dannerer, Monika (2014). Sprachbiographische Äußerungen und Erzählerwerb im Längsschnitt als Zugangswege zur Beschreibung von Zweitspracherwerb. In: Ahrenholz, Bernt/Grommes, Patrick (Hrsg.). Zweitspracherwerb im Jugendalter (= Reihe DaZ-Forschung 4). Berlin/Boston: de Gruyter.
Decker, Yvonne (2017). Integrationskurse in Deutschland. In: Oomen-Welke, Ingelore/Ahrenholz, Bernt (Hrsg.). Deutsch als Fremdsprache (= Deutschunterricht in Theorie und Praxis 10). 2. unveränd. Aufl. Baltmannsweiler: Schneider Hohengehren, 354–365.
Decker-Ernst, Yvonne (2019). Sprachdiagnostik im Elementarbereich. In: Jeuk, Stefan/Settinieri, Julia (Hrsg.). Sprachdiagnostik Deutsch als Zweitsprache. Ein Handbuch (= Deutsch als Zweitsprache, Mehrsprachigkeit und Migration 2). Berlin: de Gruyter, 139–161.
Decker, Yvonne/Schnitzer, Katja (2012). FreiSprachen – Eine flächendeckende Erhebung der Sprachenvielfalt an Freiburger Grundschulen. In: Ahrenholz, Bernt/Knapp, Werner (Hrsg.). Sprachstand erheben – Spracherwerb erforschen. Beiträge aus dem 6. Workshop Kinder und Jugendliche mit Migrationshintergrund. Stuttgart: Fillibach bei Klett, 95–112.
Degano, Sarah/Kirsch, Claudine (2020). Moving beyond language(s): a case study on a newcomer's translanguaging practices. European Journal of Applied Linguistics 8 (2), 181–201.
De Houwer, Annick (2009). Bilingual First Language Acquisition. Bristol: Multilingual Matters.
De Houwer, Annick (2015). Harmonious bilingual development: young families' well-being in language contact situations. International Journal of Bilingualism 19 (2), 169–184.
De Houwer, Annick (2020). Why do so many children who hear two languages speak just a single language? Zeitschrift für Interkulturellen Fremdsprachenunterricht 25 (1), 7–26.
Deppermann, Arnulf (2013). Einleitung. Das Deutsch der Migranten. In: Deppermann, Arnulf (Hrsg.). Das Deutsch der Migranten. (= Jahrbuch des Instituts für Deutsche Sprache 2012). Berlin/Boston: de Gruyter, 1–6.
Diehl, Erika/Christen, Helen/Leuenberger, Sandra/Pelvat, Isabelle/Studer, Thérèse (2000). Grammatikunterricht: Alles für der Katz ?: Untersuchungen zum Zweitsprachenerwerb Deutsch. Tübingen: Niemeyer.
Diehl, Claudia/Hunkler, Christian/Kristen, Cornelia (Hrsg.) (2016a). Ethnische Ungleichheiten im Bildungsverlauf. Mechanismen, Befunde, Debatten. Wiesbaden: Springer Fachmedien.
Diehl, Claudia/Hunkler, Christian/Kristen, Cornelia (2016b). Ungleichheiten im Bildungsverlauf: Eine Einführung. In: Diehl, Claudia/Hunkler, Christian/Kristen, Cornelia (Hrsg.). Ethnische Ungleichheiten im Bildungsverlauf. Mechanismen, Befunde, Debatten. Wiesbaden: Springer Fachmedien, 3–31.
Dietz, Barbara/Roll, Heike (2019). Die Einwanderung aus der Sowjetunion und ihren Nachfolgestaaten. In: Witzlack-Makarevich, Kai/Wulff, Nadja (Hrsg.). Handbuch des Russischen

in Deutschland. Migration – Mehrsprachigkeit – Spracherwerb. Berlin: Frank & Timme, 101–113.

Dimroth, Christine (2019). Lernersprachen. In: Jeuk, Stefan/Settinieri, Julia (Hrsg.). Sprachdiagnostik Deutsch als Zweitsprache. Ein Handbuch. Berlin: de Gruyter, 21–46.

Dirim, Inci/Auer, Peter (2004). Türkisch sprechen nicht nur die Türken. Über die Unschärfebeziehung zwischen Sprache und Ethnie in Deutschland. Berlin/New York: de Gruyter.

Dirim, İnci/Heinemann, Alisha (2016). Migrationsbedingte Mehrsprachigkeit und der Erwerb sprachlich gebundenen Wissens und Könnens. In: Kilian, Jörg/Brouër, Birgit/Lüttenberg, Dina (Hrsg.). Handbuch Sprache in der Bildung. Berlin/Boston: de Gruyter, 99–121.

Di Sciullo, Anne-Marie/Muysken, Pieter/Singh, Rajendra (1986). Government and code-mixing. Journal of Linguistics 22 (1), 1–24.

Dollmann, Jörg (2016). Der Übergang von der Primar- in die Sekundarstufe. In: Diehl, Claudia/Hunkler, Christian/Kristen, Cornelia (Hrsg.). Ethnische Ungleichheiten im Bildungsverlauf. Mechanismen, Befunde, Debatten. Wiesbaden: Springer Fachmedien, 517–542.

Domke, Christine (2014). Die Betextung des öffentlichen Raumes. Eine Studie zur Spezifik von Meso-Kommunikation am Beispiel von Bahnhöfen, Innenstädten und Flughäfen. Heidelberg: Winter.

Dovalil, Vít (2013). Zur Auffassung der Standardvarietät als Prozess und Produkt von Sprachmanagement. In: Hagemann, Jörg/Klein, Wolf Peter/Staffeldt Sven (Hrsg.). Pragmatischer Standard (= Reihe Linguistik, Bd. 73). Tübingen: Stauffenburg 163–176.

Dovalil, Vít (2022). Metalinguistic activities as a focus of sociolinguistic research: Language Management Theory, its potential, and fields of application. Sociolinguistica 36, 35–53.

Dovalil, Vít/Šichová, Kateřina (2017). Sprach(en)politik, Sprachplanung und Sprachmanagement. Heidelberg: Winter.

Döpke, Susanne (2000). Generation of and retraction from cross-linguistically motivated structures in bilingual first language acquisition. Bilingualism: Language and Cognition 3 (3), 209–226.

Duarte, Joana (2019). Translanguaging in mainstream education: a sociocultural approach. International Journal of Bilingual Education and Bilingualism 22 (2), 150–164.

Dück, Katharina (2020). Russisch. In: Beyer, Rahel/Plewnia, Albrecht (Hrsg). Handbuch der Sprachminderheiten in Deutschland. Tübingen: Narr, 303–350.

Ebertowski, Monika (2011). Das Modell der Staatlichen Europa-Schule Berlin in der weiterführenden Schule. In: Graf, Peter/Fernández Castillo, Antonio (Hrsg.). Schüler auf dem Weg nach Europa. Interkulturelle Bildung und Mehrsprachigkeit in der Schule. Bad Heilbrunn: Klinkhardt, 204–219.

Ecke, Peter (2004). Language attrition and theories of forgetting: A cross-disciplinary review. International Journal of Bilingualism 8 (3), 321–354.

Eckert, Penelope (2008). Variation and the indexical field. Journal of Sociolinguistics 12 (4), 453–476.

Egert, Franziska/Hopf, Michaela (2018). Wirksame Sprachförderung für mehrsprachige Kinder in Kindertageseinrichtungen. TPS – Theorie und Praxis der Sozialpädagogik 3, 30–34.

Egert, Franziska/Galuschka, Katharina/Groth, Katarina/Hasselhorn, Marcus/Sachse, Steffi (2020). Evidenzbasierung vorschulischer sprachlicher Bildung und Förderung. Was man darunter versteht und bisher darüber weiß. In: Blatter, Kristine/Groth, Katarina/Hasselhorn, Marcus (Hrsg.). Evidenzbasierte Überprüfung von Sprachförderkonzepten im Elementarbereich (= Edition ZfE 6). Wiesbaden: Springer VS., 3–27.

Egger, Kurt (1985). Zweisprachige Familien in Südtirol. Sprachgebrauch und Spracherziehung. Innsbruck: Institut für Germanistik, Universität Innsbruck.

Ehlich, Konrad (2007). Sprachaneignung und deren Feststellung bei Kindern mit und ohne Migrationshintergrund – Was man weiß, was man braucht, was man erwarten kann. In: Ehlich, Konrad (Hrsg.). Anforderungen an Verfahren der regelmäßigen Sprachstandsfeststellung als Grundlage für die frühe und individuelle Förderung von Kindern mit und ohne Migrationshintergrund. Berlin: Bundesministerium für Bildung und Forschung, 11–75.

Ehlich, Konrad (2010). Textraum als Lernraum. Konzeptionelle Bedingungen und Faktoren des Schreibens und Schreibenlernens. In: Pohl, Thorsten/Steinhoff, Torsten (Hrsg.). Textformen als Lernformen. Duisburg: Gilles & Francke, 47–62.

Ehlich, Konrad/Montanari, Elke/Hila, Anna (2007). Recherche und Dokumentation der Sprachbedarfe hinsichtlich der Sprachbedarfe von Teilnehmenden an Integrationskursen (InDaZ). München: Goethe Institut.

Eickmans, Heinz/Ziegler, Evelyn (2018). Mehrsprachigkeit in Dortmund – ein Vergleich der Linguistic Landscapes in den Stadtteilen Nordstadt und Hörde. In: Denkler, Markus/Hartmann, Dietrich, Menge, Heinz H. (Hrsg.). Dortmund – sprachliche Vielfalt in der Stadt. Köln/Wien: Böhlau, 313–339.

Eichinger. Ludwig M./Gärtig, Anne-Kathrin/Plewnia, Albrecht/Roessel, Janin/Rothe, Astrid/Rudert, Selma/Schoel, Christiane/Stahlberg, Dagmar/Stickel, Gerhard (2009). Aktuelle Spracheinstellungen in Deutschland. Erste Ergebnisse einer bundesweiten Repräsentativumfrage. Mannheim: Institut für Deutsche Sprache.

Ellis, Nick C./Wulff, Stefanie (2020). Usage-Based Approaches to L2 Acquisition. In: VanPatten, Bill/Keating, Gregory D./Wulff Stefanie (Hrsg.). Theories in Second Language Acquisition. An Introduction. New York: Routledge, 63–82.

Endesfelder, Janina (2017). Herkunftssprachlicher Unterricht in München – Chancen und Herausforderungen der Förderung migrationsbedingter Mehrsprachigkeit. Unveröffentlichte Masterarbeit. München.

Ennemoser, Marco/Kuhl, Jan/Pepouna, Soulemanou (2013). Evaluation des Dialogischen Lesens zur Sprachförderung bei Kindern mit Migrationshintergrund. Zeitschrift für Pädagogische Psychologie 27 (4), 229–239.

Enzenbach, Christine/Fischer, Hans E./Krabbe, Heiko (2019). Textsortenfähigkeiten und fachliches Verständnis beim Schreiben im Physikunterricht. In: Bernhardt, Markus/ Enzenbach, Christine/Fischer, Hans E./Gürsoy, Erkan/Krabbe, Heiko/Lang, Martin/Manzel, Sabine/Roll, Heike/Uluçam-Wegmann, Işıl (Hrsg.). Schreiben im Fachunterricht der Sekundarstufe I unter Einbeziehung des Türkischen. Empirische Befunde aus den Fächern Geschichte, Physik, Technik, Politik, Deutsch und Türkisch. Münster: Waxmann, 173–193.

Erfurt, Jürgen/Amelina, Maria (Hrsg.) (2008). Elitenmigration und Mehrsprachigkeit. Duisburg et al.: Red. OBST.

Europarat (2022). Europäische Charta der Regional- oder Minderheitensprachen. Abrufbar unter: https://www.coe.int/de/web/european-charter-regional-or-minority-languages (letzter Zugriff: 11.05.2023).

Extra, Guus (2015). Mapping Urban Multilingualism in Europe: In Search of Untapped Resources in Primary Schools. In: Boix Fuster, Emili (Hrsg.). Urban diversities and language policies in medium-sized linguistic communities. Bristol et al.: Multilingual Matters, 1–24.

Extra, Guus/Yağmur, Kutlay (2004). Urban Multilingualism in Europe. Immigrant Minority Languages at Home and School. Language problems & language planning 29 (3), 302–304.

Extra, Guus/Gorter, Durk (2007). Regional and immigrant minority languages in Europe. In: Hellinger, Marlis/Pauwels, Anne (Hrsg.). Handbook of Language and Communication: Diversity and Change. Berlin: de Gruyter, 15–52.

Feilke, Helmuth (2020). Begriff und Bedingungen literaler Kompetenz. In: Feilke, Helmuth/Pohl, Thorsten (Hrsg.). Schriftlicher Sprachgebrauch. Texte verfassen (= Deutschunterricht in Theorie und Praxis 4). Baltmannsweiler: Schneider Hohengehren, 33–53.

Fishman, Joshua A. (2001). 300-plus years of heritage language education in the United States. In: McGinnis, Scott/Ranard, Donald A./Kreeft Peyton, Joy (Hrsg.). Heritage Languages in America: Preserving a national resource. Washington, DC: Center for Applied Linguistics, 81–98.

Fix, Ulla (2010). Sprachbiographien als Zeugnisse von Sprachgebrauch und Sprachgebrauchsgeschichte. Rückblick und Versuch einer Standortbestimmung. In: Franceschini, Rita/Bethge, Katrin (Hrsg.). Sprache und Biographie. Stuttgart: J.B. Metzler, 10–28.

Flam, Helena/Kleres, Jochen (2007). Gesetze, institutionelle Rahmenbedingungen und Orientierungen. In: Flam, Helena (Hrsg.). Migranten in Deutschland. Statistiken – Fakten – Diskurse. Konstanz: UVK, 64–86.

Fleckenstein, Johanna/Möller, Jens/Hohenstein, Friederike/Radmann, Susanne/Becker, Michael/Baumert, Jürgen (2017). Die schulischen Leistungen an der SESB – 9. Jahrgangsstufe und 15-Jährige. In: Möller, Jens/Hohenstein, Friederike/Fleckenstein Johanna/Köller, Olaf/Baumert, Jürgen (Hrsg.). Erfolgreich integrieren – die Staatliche Europa-Schule Berlin. Münster: Waxmann, 189–252.

Fleckenstein, Johanna/Möller, Jens/Baumert, Jürgen (2018). Mehrsprachigkeit als Ressource. In: Zeitschrift für Erziehungswissenschaft 21 (1), 97–120.

Foroutan, Naika/Ikiz, Dilek (2016). Migrationsgesellschaft. In: Mecheril, Paul (Hrsg.). Handbuch Migrationspädagogik. Weinheim: Beltz, 138–151.

Föderalistische Union Europäischer Nationalitäten (o. J.). Autochthone Minderheiten in Europa. Abrufbar unter: https://www.fuen.org/de/article/Autochthone-Minderheiten-in-Europa (letzter Zugriff: 11.05.2023).

Földes, Csaba (2005). Kontaktdeutsch. Zur Theorie eines Varietätentyps unter transkulturellen Bedingungen von Mehrsprachigkeit. Tübingen: Narr.

Franceschini, Rita (2001). Sprachbiographien randständiger Sprecher. In: Franceschini, Rita (Hrsg.). Biographie und Interkulturalität. Diskurs und Lebenspraxis. Tübingen: Stauffenburg, 11–125.

Franceschini, Rita (2004). Sprachbiographien: das Basel-Prag-Projekt (BPP) und einige mögliche Generalisierungen bezüglich Emotion und Spracherwerb. In: Franceschini, Rita/Miecznikowski, Johanna (Hrsg.). Leben mit mehreren Sprachen/Vivre avec plusieurs langues. Sprachbiographien/Biographies langagièrs. Frankfurt a. M.: Lang, 121–146.

Franceschini, Rita (Hrsg.) (2010). Sprache und Biographie. Stuttgart: J.B. Metzler.

Franceschini, Rita (2011). Multilingualism and multicompetence. A conceptual view. Modern Language Journal 95 (3), 344–355.

Freywald, Ulrike/Mayr, Katharina/Özcelik, Tiner/Wiese, Heike (2011). Kiezdeutsch as a multiethnolect. In: Kern, Friederike/Selting, Margret (Hrsg.). Ethnic Styles of Speaking in European Metropolitan Areas. Amsterdam/Philadelphia: John Benjamins, 45–73.

Freywald, Ulrike/Cornips, Leonie/Ganuza, Natalia/Nistov, Ingvild/Opsahl, Toril (2015). Beyond verb second – a matter of novel information-structural effects? Evidence from Norwegian, Swedish, German and Dutch. In: Nortier, Jacomine/Svendsen, Bente A. (Hrsg.). Language, Youth and Identity in the 21st Century. Cambridge: CUP, 73–92.

Fritzenschaft, Agnes/Gawlitzek-Maiwald, Ira/Tracy, Rosemarie/Winkler, Susanne (1990). Wege zur komplexen Syntax. Zeitschrift für Sprachwissenschaft, 9, 52–134.

Fürstenau, Sara/Gomolla, Mechthild (2011). Migration und schulischer Wandel. Mehrsprachigkeit. Wiesbaden: VS Verlag für Sozialwissenschaften.

Gampe, Anja/Quick, Antje Endesfelder/Daum, Moritz M. (2021). Does Linguistic Similarity Affect Early Simultaneous Bilingual Language Acquisition? Journal of Language Contact 13 (3), 482–500.

Gantefort, Christoph/Stehr, Charlotte/Goltsev, Evghenia (2021). Mehrsprachig planen – einsprachig formulieren: Translanguaging als Ressource für das Schreiben im Deutschunterricht nutzen. Der Deutschunterricht 5/21, 37–46.

García, Ofelia (2009). Bilingual education in the 21st century: a global perspective. Malden, MA et al.: Wiley-Blackwell.

García, Ofelia/Wei, Li (2014). Translanguaging: Language, Bilingualism and Education. Basingstoke.

Gardner-Chloros, Penelope (1987). Code-Switching in relation to language contact and convergence. In: Lüdi, Georges (Hrsg.). Devenir bilingue – parler bilingue. Tübingen: Niemeyer, 99–111.

Gaskins, Dorota/Frick, Maria/Palola, Elina/Quick, Antje Endesfelder (2021). Towards a usage-based model of early code-switching: Evidence from three language pairs. Applied Linguistics Review 12 (2), 179–206.

Gass, Susan M./Selinker, Larry (2008). Second Language Acquisition. An Introductory Course. 3. Aufl. New York/London: Routledge.

Gass, Susan M./Behney, Jennifer/Plonsky, Luke (2020). Second Language Acquisition. An Introductory Course. 5. Aufl. New York/London: Routledge.

Gawlitzek-Maiwald, Ira/Tracy, Rosemarie (1996). Bilingual bootstrapping. In: Müller, Natascha (Hrsg.). Two languages: Studies in bilingual first and second language development. Sonderheft Linguistics 34 (5), 901–926.

Gärtig, Anne-Kathrin/Plewnia, Albrecht/Rothe, Astrid (2010). Wie Menschen in Deutschland über Sprache denken. Ergebnisse einer bundesweiten Repräsentativerhebung zu aktuellen Spracheinstellungen. Mannheim: IDS.

Geist, Barbara (2021). Migrationsbedingte Mehrsprachigkeit. In: Altmayer, Claus/Biebighäuser, Katrin/Haberzettl, Stefanie/Heine, Antje (Hrsg.). Handbuch Deutsch als Fremd- und Zweitsprache. Kontexte – Themen – Methoden. Berlin: J.B. Metzler, 77–87.

Geißler, Rainer (2005). Vom Gastarbeiterland zum Einwanderungsland. Herausforderungen an das Mediensystem. In: Geißler, Rainer/Pöttker, Horst (Hrsg.). Massenmedien und die Integration ethnischer Minderheiten in Deutschland. Problemaufriss – Forschungsstand – Bibliographie. Bielefeld: Transcript, 15–24.

Genesee, Fred/Nicoladis, Elena (2007). Bilingual first language acquisition. In: Hoff, Erika/Shatz, Marilyn (Hrsg.). Blackwell Handbook of Language Development. Oxford: Blackwell, 324–342.

Gibbons, Pauline (2002). Scaffolding Language, Scaffolding Learning. Teaching Second Language Learners in the Mainstream Classroom. Portsmouth, NH: Heinemann.

Gilles, Peter/Ziegler, Evelyn (2019). Linguistic Landscape-Forschung in sprachhistorischer Perspektive: Zur Entwicklung visueller Kommunikate im öffentlichen Raum der Stadt Luxemburg im langen 19. Jahrhundert. Zeitschrift für Germanistische Linguistik 47 (2), 385–407.

Glovinskaja, Marina (2001). Obščie i specifičeskie processy v jazyke metropolii i ėmigracii. In: Zemskaja, Elena A. (Hrsg.). Jazyk russkogo zarubež'ja: Obščie processyi rečevye portrety. Moskva/Vena: Jazyki slavjanskoj kul'tury/Wiener Slawistischer Almanach. Sonderband 53, 341–492.

Goethe-Institut (2007). Rahmencurriculum für Integrationskurse Deutsch als Zweitsprache. München: Goethe Institut.

Gogolin, Ingrid (1988). Erziehungsziel Zweisprachigkeit. Konturen eines sprachpädagogischen Konzepts für die multikulturelle Schule. Hamburg: Bergmann + Helbig-Verlag.

Gogolin, Ingrid (1994). Der monolinguale Habitus der multilingualen Schule. Münster: Waxmann.

Gogolin, Ingrid (2004). Einsprachige Schule – Mehrsprachige Kinder. In: Verband Binationaler Familien und Partnerschaften, IAF (Hrsg.). Vielfalt ist unser Reichtum. Warum Heterogenität eine Chance für die Bildung unserer Kinder ist. Frankfurt a.M.: Brandes & Apsel, 47–61.

Gogolin, Ingrid (2008). Der monolinguale Habitus der multilingualen Schule (= Internationale Hochschulschriften 101). 2. Aufl. Münster: Waxmann.

Gogolin, Ingrid/Lange, Imke (2011). Bildungssprache und Durchgängige Sprachbildung. In: Fürstenau, Sara/Gomolla, Mechtild (Hrsg.). Migration und schulischer Wandel: Mehrsprachigkeit. Wiesbaden: Springer VS, 107–127.

Gogolin, Ingrid/Lange, Imke/Michel, Ute/Reich, Hans H. (Hrsg.) (2013). Herausforderung Bildungssprache – und wie man sie meistert. Münster et al.: Waxmann.

Goldberg, Adele (2019). Explain me this: creativity, competition, and the partial productivity of constructions. Princeton: Princeton University Press.
Goldbach, Alexandra (2005). Deutsch-russischer Sprachkontakt. Deutsche Transferenzen und Code-Switching in der Rede Russischsprachiger in Berlin. Frankfurt a. M.: Lang.
Goria, Eugenio (2021). Complex items and units in extra-sentential code switching: Spanish and English in Gibraltar. Journal of Language Contact 13 (3), 540–574.
Gorter, Durk (2013). Linguistic landscapes in a multilingual world. Annual Review of Applied Linguistics 33, 190–212.
Gorter, Durk (2018). Linguistic landscapes and trends in the study of schoolscapes. Linguistics and Education 44, 80–85.
Graßmann, Regina (2011). Zwei- und Mehrsprachigkeit bei Integrationskursteilnehmern: Eine sprachbiografische Analyse. Berlin: Peter Lang.
Gresch, Cornelia/Becker, Michael (2010). Sozial- und leistungsbedingte Disparitäten im Übergangsverhalten bei türkischstämmigen Kindern und Kindern aus (Spät-)Aussiedlerfamilien. In: Maaz, Kai/Baumert, Jürgen/Gresch, Cornelia/McElvany, Nele (Hrsg.). Der Übergang von der Grundschule in die weiterführende Schule: Leistungsgerechtigkeit und regionale, soziale und ethnisch-kulturelle Disparitäten. Bonn: Bundesministerium für Bildung und Forschung, 181–200.
Grimm, Hannelore (2015). Sprachentwicklungstest für drei- bis fünfjährige Kinder (SETK 3–5). Diagnose von Sprachverarbeitungsfähigkeiten und auditiver Gedächtnisleistung. 3. Aufl. Göttingen: Hogrefe.
Grosjean, François (1982). Life with Two Languages. An Introduction to Bilingualism. Cambridge, MA/London: Harvard University Press.
Grosjean, François (1995). A psycholinguistic approach to code-switching: The recognition of guest words by bilinguals. In: Milroy, Lesley/Muysken, Pieter (Hrsg.). One Speaker, Two Languages. Cross-disciplinary Perspectives on Code-switching. Cambridge: CUP, 259–275.
Grosjean, François (2008). Studying Bilinguals. Oxford: Oxford University Press.
Grosjean, François (2013). Bilingualism. A short introduction. In: Grosjean, François/Li, Ping (Hrsg.). The Psycholinguistics of Bilingualism. Chichester: Wiley-Blackwell, 5–25.
Goffman, Erving (1974). Frame analysis. An Essay on the Organisation of Experience, New York: Harper & Row.
Gumperz, John J. (1982). Discourse Strategies. Cambridge: CUP.
Gumperz, John J./Hymes, Dell H. (1972). Directions in sociolinguistics: the ethnography of communication. New York: Holt, Rinehart and Winston.
Gültekin-Karakoç, Nazan (2019). Sprachdiagnostische Grundverfahren. In: Jeuk, Stefan/Settinieri, Julia (Hrsg.). Sprachdiagnostik Deutsch als Zweitsprache. Ein Handbuch (= Deutsch als Zweitsprache, Mehrsprachigkeit und Migration 2). Berlin: de Gruyter, 97–115.
Gürel, Ayşe (2019). Null and overt pronouns in language attrition. In: Schmid, Monika S./Köpke, Barbara (Hrsg.). The Oxford Handbook on Language Attrition. Oxford: Oxford University Press, 251–263.

Gürel, Ayşe/Yılmaz, Gülsen (2013). Restructuring in the L1 Turkish grammar. Effects of L2 English and L2 Dutch. In: Schmid, Monika S./Köpke, Barbara (Hrsg.). First Language Attrition. Amsterdam: John Benjamins, 37–66.

Haarmann, Harald (1993). Die Sprachenwelt Europas. Geschichte und Zukunft der Sprachnationen zwischen Atlantik und Ural. Frankfurt a. M.: Campus.

Haberzettl, Stefanie (2005). Der Erwerb der Verbstellungsregeln in der Zweitsprache Deutsch durch Kinder mit russischer und türkischer Muttersprache. Berlin: de Gruyter.

Haberzettl, Stefanie (2014). Zweitspracherwerb und Mehrsprachigkeit bei Kindern und Jugendlichen in der Migrationsgesellschaft. In: Chilla, Solveig/Haberzettl, Stefanie (Hrsg.). Handbuch Sprachentwicklung und Sprachentwicklungsstörung: Mehrsprachigkeit, Bd. 4. München: Elsevier, 3–17.

Haberzettl, Stefanie (2021a). Spracherwerb bei Kindern mit Deutsch als Zweitsprache (DaZ). Der Deutschunterricht 5/21, 47–57.

Haberzettl, Stefanie (2021b). Kontrastive Linguistik. In: Altmayer, Claus/Biebighäuser, Katrin/Haberzettl, Stefanie/Heine, Antje (Hrsg.). Handbuch Deutsch als Fremd- und Zweitsprache. Kontexte – Themen – Methoden. Stuttgart: J.B. Metzler, 148–162.

Hakimov, Nikolay (2017). Ein gebrauchsbasierter Ansatz zur Analyse bilingualer Rede. Zeitschrift für Dialektologie und Linguistik (ZDL) 84 (2–3), 308–335.

Hakimov, Nikolay (2021a). Explaining Russian-German code-mixing: A usage-based approach. Contact and Multilingualism. Berlin: Language Science Press.

Hakimov, Nikolay (2021b). Lexical frequency and frequency of co-occurrence predict the use of embedded-language islands in bilingual speech: Adjective-modified nominal constituents in Russian-German code-mixing. Journal of Language Contact 13, 501–539.

Haller, William/Portes, Alejandro/Lynch, Scott M. (2011). Dreams fulfilled and shattered. Determinants of segmented assimilation in the second generation. Social Forces: A Scientific Medium of Social Study and Interpretation 89 (3), 733–762.

Halwachs, Dieter W. (2020). Romanes, die Sprache der Sinti und Roma. In: Beyer, Rahel/Plewnia, Albrecht (Hrsg.). Handbuch der Sprachminderheiten in Deutschland. Tübingen: Narr, 271–302.

Han, Petrus (2016). Soziologie der Migration. Stuttgart: Lucius & Lucius.

Harr, Anne-Katharina/Liedke, Martina/Riehl, Claudia M. (2018). Deutsch als Zweitsprache. Migration – Spracherwerb – Unterricht. Stuttgart: J.B. Metzler.

Hartmann, Stefan/Quick, Antje Endesfelder (2021). … und das da go to school. Bilingualer Spracherwerb und Phänomene mehrsprachigen Sprechens. Der Deutschunterricht 5/21, 27–36.

Hartshorne, Joshua K./Tenenbaum, Joshua B./Pinker, Steven (2018). A critical period for second language acquisition: Evidence from 2/3 million English speakers. Cognition 177, 263–277.

Hasselhorn, Marcus/Sallat, Stephan (2014). Sprachförderung zur Prävention von Bildungsmisserfolg. In: Sallat, Stephan/Spreer, Markus/Glück, Christian W. (Hrsg.). Sprache professionell fördern. Kompetent – vernetzt – innovativ (= Sprachheilpädagogik aktuell. Beiträge für Schule, Kindergarten, therapeutische Praxis 1). Idstein: Schulz-Kirchner, 28–39.

Hasselhorn, Marcus/Andresen, Sabine/Becker, Birgit/Betz, Tanja/Leuzinger-Bohleber, Marianne/Schmid, Johanna (2015). Children at risk of poor educational outcomes: In search of a transdisciplinary theoretical framework. Child Indicators Research 8 (2), 425–438.

Hasselhorn, Marcus/Andresen, Sabine/Becker, Birgit/Betz, Tanja/Leuzinger-Bohleber, Marianne/Schmid, Johanna (2017). Bildungsrelevante Risiken. Einführung. In: Hartmann, Ulrike/Hasselhorn, Marcus/Gold, Andreas (Hrsg.). Entwicklungsverläufe verstehen – Kinder mit Bildungsrisiken wirksam fördern. Forschungsergebnisse des Frankfurter IDeA-Zentrums. Stuttgart: Kohlhammer, 23–31.

Hasselhorn, Marcus/Spieß, C. Katharina (2019). Einführung zu III. Frühe Bildung – Kindertageseinrichtungen und Grundschule. In: Köller, Olaf/Hasselhorn, Marcus/Hesse, Friedrich W./Maaz, Kai/Schrader, Josef/Solga, Heike/Spieß, C. Katharina/Zimmer, Karin (Hrsg.). Das Bildungswesen in Deutschland. Bestand und Potenziale. Bad Heilbrunn: Julius Klinkhardt, 405–407.

Heine, Bernd (2012). On polysemy copying and grammaticalization in language contact. In: Chamoreau, Claudine/Léglise, Isabelle (Hrsg.). Dynamics of Contact-Induced Language Change. Berlin/Boston: de Gruyter Mouton, 125–166.

Heine, Bernd/Kuteva, Tania (2005). Language Contact and Grammatical Change. Cambridge: CUP.

Heller, Monica (2001). Undoing the macro/micro dichotomy: ideology and categorization in a linguistic minority school. In: Coupland, Nikolas/Sarangi, Srikant/Candlin, Christopher N. (Hrsg.). Sociolinguistics and Social Theory. Harlow: Longman, 212–234.

Heller, Monica (2010). Strategic ambiguity: codeswitching in the management of conflict. In: Heller, Monica (Hrsg.). Codeswitching: Anthropological and Sociolinguistic Perspectives. Berlin/New York: de Gruyter, 77–96.

Henschel, Sofie/Heppt, Birgit/Weirich, Sebastian/Edele, Aileen/Schipolowski, Stefan/Stanat, Petra (2019). Zuwanderungsbezogene Disparitäten. In: Stanat, Petra/Schipolowski, Stefan/Mahler, Nicole/Weirich, Sebastian/Henschel, Sofie (Hrsg.). IQB-Bildungstrend 2018. Mathematische und naturwissenschaftliche Kompetenzen am Ende der Sekundarstufe I im zweiten Ländervergleich. Münster: Waxmann, 296–336.

Herbert, Ulrich (2001). Geschichte der Ausländerpolitik in Deutschland: Saisonarbeiter, Zwangsarbeiter, Gastarbeiter, Flüchtlinge. München: C.H. Beck.

Hess-Gabriel, Barbara (1979). Zur Didaktik des Deutschunterrichts für Kinder türkischer Muttersprache. Eine kontrastivlinguistische Studie. Tübingen: Narr.

Hickey, Raymond (2010). Contact and language shift. In: Hickey, Raymond (Hrsg.). The Handbook of Language Contact. Chichester, West Sussex/Malden, MA: Wiley-Blackwell, 151–169.

Hinnenkamp, Volker (2005). Zwei zu bir miydi? Mischsprachliche Varietäten von Migrantenjugendlichen im Hybriditätsdiskurs. In: Hinnenkamp, Volker/Meng, Katharina (Hrsg.). Sprachgrenzen überspringen. Sprachliche Hybridität und polykulturelles Selbstverständnis. Tübingen: Narr, 51–104.

Hinnenkamp, Volker (2020). Sprachliche Hybridität und polykulturelles Selbstverständnis. Eine soziolinguistische Perspektive. In: Gogolin, Ingrid/Hansen, Antje/McMonagle, Sarah/Rauch,

Dominique P. (Hrsg.). Handbuch Mehrsprachigkeit und Bildung. Wiesbaden: Springer VS, 67–73.
Hoffmann, Charlotte (1991). An Introduction to Bilingualism. New York: Longman.
Holzer, Johanna (demn.). Sprachbiographische Erzählfiguren junger Geflüchteter. Eine explorative Studie. Dissertation an der LMU München.
Hornberger, Nancy H. (2010). Language shift and language revitalization. In: Kaplan, Robert B. (Hrsg.). The Oxford Handbook of Applied Linguistics. New York: Oxford University Press, 365–373.
Hricová, Marianna (2021). Sprachförderung bei Mehrsprachigkeit. Ein Ratgeber für Eltern, Pädagogen und Therapeuten. Idstein: Schulz-Kirchner.
Hufeisen, Britta (2011). Gesamtsprachencurriculum: Überlegungen zu einem prototypischen Modell. In: Baur, Rupprecht/Hufeisen, Britta (Hrsg.). Vieles ist sehr ähnlich. Individuelle und gesellschaftliche Mehrsprachigkeit als bildungspolitische Aufgabe. Baltmannsweiler: Schneider Hohengehren, 265–282.
Hundt, Markus (2010). New norms – How new grammatical constructions emerge. In: Lenz, Alexandra N./Plewina, Albrecht (Hrsg.). Grammar between Norm and Variation. Frankfurt a. M. et al.: Lang, 27–57.
Hünlich, David (2022). Von „Gastarbeiterdeutsch" zu „Kiezdeutsch". Morphosyntax im Wandel. Heidelberg: Winter.
Hünlich, David/Wolter, Sascha/Lang, Christian/Deppermann, Arnulf (2018). Wer besucht den Integrationskurs? Soziale und sprachliche Hintergründe von Geflüchteten und anderen Zugewanderten. Mannheim: Institut für Deutsche Sprache und Goethe Institut Mannheim.
Ingrosso, Sara (2021). Sprachbiographische Erzählungen junger Italiener in München: postmoderne Migrationsformen aus linguistischer Perspektive. Dissertation, LMU München: Fakultät für Sprach- und Literaturwissenschaften.
International Organization for Migration (IOM) (2021). World Migration Report 2022. Geneva. Aufrufbar unter: https://publications.iom.int/books/world-migration-report-2022 (letzter Zugriff: 11.05.2023).
Isakova, Peri (2014). Interferenzfehler deutschlernender Aserbaidschaner: Morpho-syntaktische und lexikosemantische Interferenzfehler beim gesteuerten und ungesteuerten Fremdsprachenerwerb. Frankfurt a. M.: Lang.
Isurin, Ludmila (2007). Teachers' language: L1 attrition in Russian-English bilinguals. Modern Language Journal 91 (3), 357–371.
Isurin, Ludmila (2017). From Russian motherland to German fatherland: Young Russian immigrants in Germany. In: Isurin, Ludmila/Riehl, Claudia M. (Hrsg.). Integration, Identity and Language Maintenance in Young Immigrants. Russian Germans or German Russians. Amsterdam/Philadelphia: John Benjamins, 135–157.
Isurin, Ludmila/Riehl, Claudia M. (Hrsg.) (2017). Integration, Identity and Language Maintenance in Young Immigrants. Russian Germans or German Russians? Amsterdam/Philadelphia: John Benjamins.

Ivušić, Branka (2011). „jugo moch ma so oider". Zum Präpositionalgebrauch in Multiethnolekten. In: Ganswindt, Brigitte/Purschke, Christoph (Hrsg.). Perspektiven der Variationslinguistik. Beiträge aus dem Forum Sprachvariation. Hildesheim et al.: Olms, 79–97.

Jake, Janice L./Myers-Scotton, Carol (2020). The 4-M mode. Different routes in production for different morphemes. In: Adamou, Evangelia/Matras, Yaron (Hrsg.). The Routledge Handbook of Language Contact. London: Routledge, 63–87.

Jakobson, Roman (1960). Closing Statements: Linguistics and Poetics. In: Sebeok, Thomas A. (Hrsg.). Style in Language. Cambridge, MA: MIT Press, 350–377.

Jannedy, Stefanie/Weirich, Melanie (2013). /oy/ as an identity marker of Hood German in Berlin. Proceedings on Meetings on Acoustics 19, 1–6.

Jarvis, Scott/Pavlenko, Aneta (2008). Crosslinguistic Influence in Language and Cognition. London: Routledge.

Jernudd, Björn H./Neustupný, Jiří V. (1987). Language planning: for whom? In: Laforge, Lorne (Hrsg.). Proceedings of the International Colloquium on Language Planning. Québec: Les Presses de L'Université Laval, 71–84.

Kadir, Rahmawaty (2021). Code-switching in indonesian popular songs and its potential implications for English language teaching. Journal of Applied Linguistics and Literature 6 (1), 109–132.

Kallmeyer, Werner/Keim, Inken (2003). Eigenschaften von sozialen Stilen der Kommunikation. Am Beispiel einer türkischen Migrantinnengruppe. In: Erfurt, Jürgen (Hrsg.). „Multisprech". Hybridität, Variation, Identität. Duisburg: Red. OBST, 35–56.

Kaplan, Robert B./Baldauf, Richard B. Jr. (1997). Language Planning from Practice to Theory. Toronto: Multilingual Matters.

Kaufmann, Susan (2010). Curriculumentwicklung und Lehrziele DaZ in der Erwachsenenbildung. In: Krumm, Hans J./Fandrych, Christian/Hufeisen, Britta/Riemer, Claudia (Hrsg.). Deutsch als Fremd- und Zweitsprache. Ein internationales Handbuch. Berlin: de Gruyter, 1096–1105.

Kauschke, Christina (2012). Kindlicher Spracherwerb im Deutschen. Verläufe, Forschungsmethoden, Erklärungsansätze. Berlin/New York: de Gruyter.

Keim, Inken (1978). Gastarbeiterdeutsch. Untersuchungen zum sprachlichen Verhalten türkischer Gastarbeiter. Tübingen: Narr.

Keim, Inken (2008). Die „türkischen Powergirls". Lebenswelt und kommunikativer Stil einer Migrantinnengruppe in Mannheim. 2. Aufl. Tübingen: Narr.

Keim, Inken (2011). Form und Funktion ethnolektaler Formen. Türkischstämmige Jugendliche im Gespräch. In: Eichinger, Ludwig M./Plewnia, Albrecht/Steinle, Melanie (Hrsg.). Sprache und Integration. Tübingen: Narr, 157–188.

Keim, Inken (2012). Mehrsprachige Lebenswelten: Sprechen und Schreiben der türkischstämmigen Kinder und Jugendlichen. Tübingen: Narr.

Kellerman, Eric (1995). Crosslinguistic Influence: Transfer to Nowhere? Annual Review of Applied Linguistics 15, 125–150.

Kellerman, Eric/Sharwood Smith, Michael (1986). Crosslinguistic influence in second language acquisition. An introduction. In: Kellerman, Eric/Sharwood Smith, Michael (Hrsg.). Crosslinguistic Influence in Second Language Acquisition. New York et al.: Pergamon Press, 1–9.

Kelmendi, Blerina (demn.). Sprachmischungsprozesse bei albanischsprachigen Migranten in drei Generationen. Dissertation LMU München.

Kempert, Sebastian/Edele, Aileen/Rauch, Dominique/Wolf, Katrin M./Paetsch, Jennifer/Darsow, Annkathrin/Maluch, Jessica/Stanat, Petra (2016). Die Rolle der Sprache für zuwanderungsbezogene Ungleichheiten im Bildungserfolg. In: Diehl, Claudia/Hunkler, Christian/Kristen, Cornelia (Hrsg.). Ethnische Ungleichheiten im Bildungsverlauf. Wiesbaden: Springer VS, 157–241.

Kern, Friederike (2011). Rhythm in Turkish German talk-in-interaction. In: Kern, Friederike/Selting, Magret (Hrsg.). Ethnic styles of speaking in European metropolitan cities. Amsterdam: John Benjamins, 161–190.

Kern, Friederike (2013). Rhythmus und Kontrast im Türkischdeutschen. Berlin/New York: de Gruyter.

Kern, Friederike (2015). Turkish German. Language and Linguistics Compass 9 (5), 219–233.

Keupp, Heiner/Ahbe, Thomas/Gmür, Wolfgang/Höfer, Renate/Mitzscherlich, Beate/Kraus, Wolfgang/Sraus, Florian (2008). Identitätskonstruktionen. Das Patchwork der Identitäten in der Spätmoderne. Reinbek: Rowohlt.

Kidd, Evan/Donnelly, Seamus/Christiansen, Morten H. (2018). Individual Differences in Language Acquisition and Processing. Trends in Cognitive Sciences 22 (2), 154–169.

Kirsch, Claudine (2018). Young children capitalising on their entire language repertoire for language learning at school. In: Language, Culture and Curriculum 31 (1), 39–55.

Kirsch, Claudine/Duarte, Joana (Hrsg.) (2020). Multilingual approaches for teaching and learning. From acknowledging to capitalising on multilingualism in European mainstream education. London: Routledge.

Klann-Delius, Giesela (2016). Spracherwerb. 3., aktual. und erw. Aufl. Stuttgart: J.B. Metzler.

Klaus, Tobias/Millies, Marc (2017). Recherche zur Bildungssituation von Flüchtlingen in Deutschland. Forschungsgruppe Modellprojekte e. V. (FGM) c/o Stiftungs- und Fördergemeinschaft Modellprojekte, Bundesfachverband unbegleitete minderjährige Flüchtlinge BumF e. V., Flüchtlingsrat Bremen. Abrufbar unter: https://b-umf.de/src/wp-content/uploads/2017/12/Recherche_Bildung.pdf (letzter Zugriff: 11.05.2023).

Klein, Wolfgang (2000). Prozesse des Zweitspracherwerbs. In: Grimm, Hannelore (Hrsg.). Enzyklopädie der Psychologie, Bd. 3. Sprache und Sprachentwicklung. Göttingen: Hogrefe, 537–570.

Klein, Wolfgang (2001). Typen und Konzepte des Spracherwerbs. In: Götze, Lutz/Helbig, Gerhard/Henrici, Gert/Krumm, Hans-Jürgen (Hrsg.). Deutsch als Fremdsprache (= HSK 19,1). Berlin: de Gruyter, 604–616.

Klein, Wolfgang/Dittmar, Norbert (1979). Developing Grammars. The Acquisition of German Syntax by Foreign Workers. Berlin et al.: Springer VS.

Klein, Wolfgang/Perdue, Clive (Hrsg.) (1992). Utterance structure. Developing grammars again. Amsterdam: John Benjamins.

Klein, Wolfgang/Perdue, Clive (1997). The Basic Variety (or: Couldn't natural languages be much simpler?). Second Language Research 13, 301–347.

Kleinschmidt-Schinke, Katrin (2018). Die an die Schüler/-innen gerichtete Sprache (SGS). Studien zur Veränderung der Lehrer/-innensprache von der Grundschule bis zur Oberstufe. Berlin/Boston: de Gruyter.

Kniffka, Gabriele/Siebert-Ott, Gesa (2023). Deutsch als Zweitsprache. Lehren und Lernen. 4., aktual. Aufl. Paderborn: Schöningh.

Knortz, Heike (2008). Diplomatische Tauschgeschäfte: ‚Gastarbeiter' in der westdeutschen Diplomatie und Beschäftigungspolitik 1953–1973. Köln/Weimar: Böhlau.

Koch, Nikolas (2019). Schemata im Erstspracherwerb. Eine Traceback-Studie für das Deutsche. Berlin/Boston: de Gruyter.

Koch, Nikolas (2021a). Theorien des Spracherwerbs. Der Deutschunterricht 5/21, 6–16.

Koch, Nikolas (2021b). Formen und Grundlagen des Spracherwerbs. In: Harr, Anne-Katharina/Geist, Barbara (Hrsg.). Sprachförderung in Kindertagesstätten (= Deutschunterricht in Theorie und Praxis 12). Baltmansweiler: Schneider Hohengehren, 71–88.

Koch, Nikolas/Günther, Katharina (2021). Transfer phenomena in bilingual language acquisition. The case of caused-motion constructions. Languages 6 (1), 1–19.

Koch, Peter/Oesterreicher, Wulf (1985). Sprache der Nähe – Sprache der Distanz. Mündlichkeit und Schriftlichkeit im Spannungsfeld von Sprachtheorie und Sprachgeschichte. Romanistisches Jahrbuch 36, 15–43.

Köller, Olaf/Zimmer, Karin (2019). Einführung zu II. Aufgaben und Herausforderungen im Bildungswesen. In: Köller, Olaf/Hasselhorn, Marcus/Hesse, Friedrich W./Maaz, Kai/Schrader, Josef/Solga, Heike/Spieß, C. Katharina/Zimmer, Karin (Hrsg.). Das Bildungswesen in Deutschland. Bestand und Potenziale. Bad Heilbrunn: Julius Klinkhardt, 229–230.

König, Katharina (2014). Spracheinstellungen und Identitätskonstruktion. Eine gesprächsanalytische Untersuchung sprachbiographischer Interviews mit Deutsch-Vietnamesen. Berlin: de Gruyter.

König, Katharina (2021). Mehrsprachigkeit in transmodaler Kommunikation – Praktiken der Sprachalternation in deutsch-arabischen WhatsApp-Chats. Linguistik Online 112 (7), 39–64. Abrufbar unter: https://doi.org/10.13092/lo.112.8259 (Letzter Zugriff: 11.05.2023).

Köpke, Barbara (2004). Attrition is not a unitary phenomenon: On different possible outcomes of language contact situations. In: Suárez, Lorenzo/Anxo, Manuel/Ramallo Fernández, Fernando/Rodríguez, Yáñez/Xoán Paulo (Hrsg.). Bilingual Socialization and Bilingual Language Acquisition. Vigo: Universidade de Vigo, 1331–1347.

Köpke, Barbara/Genevska-Hanke, Dobrinka (2018). First Language Attrition and Dominance: Same Same or Different? Frontiers in Psychology 9:1963. Abrufbar unter: https://doi.org/10.3389/fpsyg.2018.01963

Krefeld, Thomas (2004). Einführung in die Migrationslinguistik: Von der Germania italiana in die Romania multipla. Tübingen: Narr.

Krefeld, Thomas (2010). The consequences omigration and colonialism III: New minorities. In: Auer, Peter/Schmidt, Jürgen E. (Hrsg.). Language and Space. An International Handbook of Linguistic Variation. Vol. 1: Theories and Methods. Berlin/New York: de Gruyter, 468–478.

Krefeld, Thomas/Melchior, Luca (2008). La Germania italiana. Bollettino della Società di linguistica italiana 16 (1), 9–26.

Krompák, Edina (2018). Linguistic Landscape im Unterricht. Das didaktische Potenzial eines soziolinguistischen Forschungsfelds. Beiträge zur Lehrerinnen- und Lehrerbildung 36 (2), 246–261.

Krumm, Hans-Jürgen (2004). Integration durch Sprache – ein falsches Versprechen? Oder: Bedingungen für einen integrationsfördernden Sprachunterricht. Informationen Deutsch als Fremdsprache 30 (5), 413–427.

Kupisch, Tanja (2014). Adjective placement in simultaneous bilinguals (German–Italian) and the concept of cross-linguistic overcorrection. Bilingualism: Language and Cognition, 17 (1), 222–233.

Kupisch, Tanja/Rothman, Jason (2018). Terminology matters! Why difference is not incompleteness and how early child bilinguals are heritage speakers. International Journal of Bilingualism, 22 (5), 564–582.

Küppers, Almut/Şimşek, Yazgül/Schroeder, Christoph (2015). Turkish as a minority language in Germany: aspects of language development and language instruction. Zeitschrift für Fremdsprachenforschung (ZFF) 26 (1), 29–51.

Labov, William (1972a). The Social Motivation of a Sound Change. In: Labov, William (Hrsg.). Sociolinguistic Patterns. Philadelphia: University of Pennsylvania Press, 1–41. Abrufbar unter: https://web.stanford.edu/~eckert/PDF/LabovVineyard.pdf (letzter Zugriff: 11.05.2023).

Labov, William (1972b). The Social Stratification of (r) in New York City Department Stores. In: Labov, William (Hrsg.). Sociolinguistic Patterns. Philadelphia: University of Pennsylvania Press, 169–178 Abrufbar unter: https://web.stanford.edu/class/linguist62n/labov001.pdf (letzter Zugriff: 17.05.2023).

Lado, Robert (1957). Linguistics across cultures. Applied linguistics for language teachers. Ann Arbor: University of Michigan Press.

Landry, Rodrigue/Bourhis, Richard Y. (1997). Linguistic landscape and ethnolinguistic vitality: An empirical study. Journal of Language and Social Psychology 16 (1), 23–49.

Langacker, Ronald W. (2013). Essentials of cognitive grammar. Oxford: Oxford University Press.

Lange, Imke (2020). Bildungssprache. In: Gogolin, Ingrid/Hansen, Antje/McMonagle Sarah/Rauch, Dominique (Hrsg.). Handbuch Mehrsprachigkeit und Bildung. Wiesbaden: Springer VS, 53–58

Lanstyák, István (2014). On the process of language problem management. Slovo a slovesnost 75 (4), 325–351.

Lanza, Elizabeth (1997). Language Mixing in Infant Bilingualism: A Sociolinguistic Perspective. Oxford: Clarendon Press.

Lengyel, Drorit (2012). Sprachstandsfeststellung bei mehrsprachigen Kindern im Elementarbereich. Eine Expertise der Weiterbildungsinitiative Frühpädagogische Fachkräfte (WIFF). Frankfurt a. M.: Deutsches Jugendinstitut e.V.

Lenneberg, Eric H. (1967). Biological foundations of language. New York: Wiley.

Lenzhofer, Melanie (2018). „Und er so: Geh ma Kino!“ – Phänomene syntaktischer Kompaktheit in ruraler und urbaner Jugendkommunikation Österreichs. In: Ziegler, Arne (Hrsg.).

Jugendsprachen/Youth Languages. Aktuelle Perspektiven internationaler Forschung/Current Perspectives of International Research. Berlin/Boston: de Gruyter, 489–518.

Le Page, Robert B./Tabouret-Keller, Andrée (1985). Acts of identity. Creole-based approaches to language and identity. Cambridge: CUP.

Le Pape Racine, Christine (2007). Integrierte Sprachendidaktik. Immersion und das Paradoxe an ihrem Erfolg. Beiträge zur Lehrerbildung (BzL) 2 (2), 156–167.

Levelt, Willem J. M. (1989). Speaking: From Intention to Articulation. Cambridge, MA: MIT Press.

Lokhande, Mohini (2016). Doppelt benachteiligt? Kinder und Jugendliche mit Migrationshintergrund im deutschen Bildungssystem. Eine Expertise im Auftrag der Stiftung Mercator. Berlin: Sachverständigenrat deutscher Stiftungen für Integration und Migration.

Löser, Jessica/Woerfel, Till (2017). Herkunftssprachenunterricht in Deutschland, Österreich und der Schweiz. In: Ahrenholz, Bernt/Oomen-Welke, Ingelore (Hrsg.). Deutsch als Zweitsprache. Baltmannsweiler: Schneider Hohengehren, 577–589.

Lucius-Hoene, Gabriele/Deppermann, Arnulf (2004). Narrative Identität und Positionierung. Gesprächsforschung – Online-Zeitschrift zur verbalen Interaktion (5). 166–183. Abrufbar unter: http://www.gespraechsforschung-online.de/heft2004/ga-lucius.pdf (letzter Zugriff: 11.05.2023).

Ludewig, Ulrich/Schlitter, Theresa/Lorenz, Romana/Kleinkorres, Rube/Schaufelberger, Frey, Andreas/McElvany, Nele (2022). Die COVID-19 Pandemie und Lesekompetenz von Viertklässler*innen: Ergebnisse der IFS-Schulpanelstudie 2016–2021. Technische Universität Dortmund: Institut für Schulentwicklungsforschung.

Lüdi, Georges (2003). Mehrsprachige Repertoires und plurielle Identität von Migranten: Chancen und Probleme. In: De Florio-Hansen, Inez/Hu, Adelheid (Hrsg.). Plurilingualität und Identität. Zur Selbst- und Fremdwahrnehmung mehrsprachiger Menschen. Tübingen: Stauffenburg, 39–58.

Lüdi, Georges (2011). Neue Herausforderungen an eine Migrationslinguistik im Zeichen der Globalisierung. In: Stehl, Thomas (Hrsg.). Sprachen in mobilisierten Kulturen. Aspekte der Migrationslinguistik. Potsdam: Universitätsverlag, 15–38.

Maaz, Kai/Dumont, Hanna (2019). Bildungserwerb nach sozialer Herkunft, Migrationshintergrund und Geschlecht. In: Köller, Olaf/Hasselhorn, Marcus/Hesse, Friedrich W./Maaz, Kai/Schrader, Josef/Solga, Heike/Spieß, C. Katharina/Zimmer, Karin (Hrsg.). Das Bildungswesen in Deutschland. Bestand und Potenziale. Bad Heilbrunn: Julius Klinkhardt, 299–332.

Maaz, Kai/Daniel, Annabell (2021). Bildungsgerechtigkeit. Altbekannte Herausforderungen und neue Chancen. Die Schule für alle 4, 13–16.

MacSwan, Jeff (2000). The architecture of the bilingual language faculty: Evidence from codeswitching. Bilingualism: Language and Cognition 3 (1), 37–54.

MacSwan, Jeff (2005). Codeswitching and generative grammar. A critique of the MLF model and some remarks on „modified minimalism". Bilingualism: Language and Cognition 8 (1), 1–22.

MacSwan, Jeff (2017). A multilingual perspective on translanguaging. American Educational Research Journal 54 (1), 167–201.

MacWhinney, Brian (2005). New directions in the competition model. In: Tomasello, Michael/Slobin, Dan I. (Hrsg.). Beyond nature-nurture. Essays in honor of Elizabeth Bates. Mahwah, N.J.: Erlbaum, 81–110.

MacWhinney, Brian (2019). Language attrition and the Competition Model. In: Schmid, Moni ka S./Köpke, Barbara (Hrsg.). The Oxford Handbook of Language Attrition. Oxford: Oxford University Press, 7–17.

MacWhinney, Brian (2022). The Competition Model: Past and Future. In: Gervain, Judit/Csibra, Gergely/Kovács, Kristóf (Hrsg.). A Life in Cognition (= Language, Cognition, and Mind 11). Cham: Springer VS, 3–16.

Madsen, Lian M. (2011). Late modern youth style in interaction. In: Kern, Friederike/Selting, Margret (Hrsg.). Ethnic Styles of Speaking in European Metropolitan Cities. Amsterdam: John Benjamins, 265–290.

Makrodimitris, Christos/Schulz, Petra (2021). DaZ ab Sechs: Ein Projekt zum Erwerb temporaler Subjunktoren bei griechisch-deutschen Lernern. In: Scherger, Anna-Lena/Lütke, Beate/Montanari, Elke/Müller, Anja/Ricard Brede, Julia (Hrsg.). Deutsch als Zweitsprache – Forschungsfelder und Ergebnisse. Stuttgart: Fillibach bei Klett, 147–161.

Manzel, Sabine/Nagel, Farina (2019). Sprachliches Lernen und Wissenserwerb im Politikunterricht – empirische Hinweise für eine fachspezifische Sprach- und Schreibförderung. In: Bernhardt, Markus/Enzenbach, Christine/Fischer, Hans E./Gürsoy, Erkan/Krabbe, Heiko/Lang, Martin/Manzel, Sabine/Roll, Heike/Uluçam-Wegmann, Işıl (Hrsg.). Schreiben im Fachunterricht der Sekundarstufe I unter Einbeziehung des Türkischen. Empirische Befunde aus den Fächern Geschichte, Physik, Technik, Politik, Deutsch und Türkisch. Münster: Waxmann, 149–172.

Markovic, Ilka (2016). Spracherhalt in der dritten Generation bei kroatischen Migranten. Unveröffentlichte Masterarbeit an der LMU München.

Marriott, Helen/Nekvapil, Jiří (Hrsg.) (2012). Language Management Approach. Probing the Concept of „Noting". Special Issue of Journal of Asian Pacific Communication 22 (2).

Matras, Yaron (1998). Convergent development, grammaticalization and the problem of ‚mutual isomorphism'. In: Boeder, Winfried/Schroeder, Christoph/Wagner, Karl-Heinz (Hrsg.). Sprache in Raum und Zeit. Tübingen: Narr, 89–103.

Matras, Yaron (2020). Language Contact. 2. Aufl. Cambridge: CUP.

Mayberry, Rachel I. (1998). The critical period for language acquisition and the deaf child's language comprehension. A psycholinguistic approach. Bulletin d'Audiophonologie. Annales Scientifiques de L'Université de Franche-Comté 15, 349–358.

McElvany, Nele/Lorenz, Ramona/Frey, Andreas/Goldhammer, Frank/Schilcher, Anita/Stubbe, Tobias C. (2023). IGLU 2021: Zentrale Befunde. In: McElvany, Nele/Lorenz, Ramona/Frey, Andreas/Goldhammer, Frank/Schilcher, Anita/Stubbe, Tobias C. (Hrsg.). IGLU 2021: Lesekompetenz von Grundschulkindern im internationalen Vergleich und im Trend über 20 Jahre. Münster: Waxmann, 13–25.

Mead, George H. (1968). Geist, Identität und Gesellschaft aus Sicht des Sozialbehaviorismus. Berlin: Suhrkamp.

Mecheril, Paul (Hrsg.) (2016). Handbuch Migrationspädagogik. Weinheim/Basel: Beltz J.

Meisel, Jürgen M. (1975). Ausländerdeutsch und Deutsch ausländischer Arbeiter. Zur möglichen Entstehung eines Pidgins in der BRD. Zeitschrift für Literaturwissenschaft und Linguistik 5 (18), 9–53.

Meisel, Jürgen M. (2004). The Bilingual Child. In: Bhatia, Tej K./Ritchie, William C. (Hrsg.). The Handbook of Bilingualism. Oxford: Blackwell, 91–113.

Meisel, Jürgen M. (2007). Mehrsprachigkeit in der frühen Kindheit: Zur Rolle des Alters bei Erwerbsbeginn. In: Anstatt, Tanja (Hrsg.). Mehrsprachigkeit bei Kindern und Erwachsenen. Erwerb. Formen. Förderung. Tübingen: Attempto, 93–113.

Meißner, Franz-Joseph (2018). Rezeptive Mehrsprachigkeit – der mögliche Beitrag der Fremdsprachendidaktik zur Bildung einer gemeinsamen europäischen Öffentlichkeit. Language Education and Multilingualism 1, 34–51.

Meng, Katharina (2001). Russlanddeutsche Sprachbiographien. Untersuchungen zur sprachlichen Integration von Aussiedlerfamilien. Tübingen: Narr.

Meng, Katharina (2004). Russlanddeutsche Sprachbiographien – Rückblick auf ein Projekt. In: Franceschini, Rita/Miecznikowski, Johanna (Hrsg.). Leben mit mehreren Sprachen – Vivre avec plusieurs langues. Sprachbiographien – Biographies langagières. Frankfurt a. M.: Lang, 97–117.

Meng, Katharina/Protassova, Ekaterina (2005). „Aussiedlerisch". Deutschrussische Sprachmischungen im Verständnis ihrer Sprecher. In: Hinnenkamp, Volker/Meng, Katharina (Hrsg.). Sprachgrenzen überspringen. Sprachliche Hybridität und polykulturelles Selbstverständnis. Tübingen: Narr, 229–266.

Menzel, Thomas/Pohontsch, Anja (2020). Sorbisch. In: Beyer, Rahel/Plewnia, Albrecht (Hrsg). Handbuch der Sprachminderheiten in Deutschland. Tübingen: Narr, 227–270.

Merlan, Aurelia (2020). Migraţie şi plurilingvism: români în Bavaria. In: Ichim, Ofelia/Bursuc, Alina-Mihaela/Clim, Marius-Radu/Olariu, Veronica/Prisacaru, Ana-Maria/Repciuc, Ioana (Hrsg.). România în spaţiul euroatlantic: interferenţe culturale şi lingvistice, Bucureşti: Editura Tracus Arte, 187–210.

Meyer-Ingwersen, Johannes/Neumann, Rosemarie/Kummer, Matthias (1977a). Zur Sprachentwicklung türkischer Schüler in der Bundesrepublik. Bd. 1. Regensburg: Scriptor.

Meyer-Ingwersen, Johannes/Neumann, Rosemarie/Kummer, Matthias (1977b). Zur Sprachentwicklung türkischer Schüler in der Bundesrepublik. Bd. 2. Regensburg: Scriptor.

Mihm, Arend (2010). Mehrsprachigkeit und Sprachdynamik im Mittelalter und in der frühen Neuzeit. In: Moulin, Claudine/Ravida, Fausto/Ruge, Nikolaus (Hrsg.). Sprache in der Stadt. Heidelberg: Winter, 11–54.

Milroy, Lesley/Muysken, Pieter (Hrsg.) (1995). One Speaker, Two Languages. Cross-Disciplinary Perspectives on Code-Switching. Cambridge: CUP.

Montrul, Silvina (2008). Incomplete Acquisition in Bilingualism. Re-examining the Age Factor. Amsterdam/Philadelphia: John Benjamins.

Montrul, Silvina (2016). The Aquisition of Heritage Languages. Cambridge: CUP.

Montrul, Silvina/Polinsky, Maria (2019). Introduction to heritage language development. In: Schmid, Monika S./Köpke, Barbara (Hrsg.). The Oxford Handbook of Language Attrition. Oxford: Oxford University Press, 419–433.

Möller, Jens/Hohenstein, Friederike/Fleckenstein, Johanna/Köller, Olaf/Baumert, Jürgen (Hrsg.) (2017). Erfolgreich integrieren – die Staatliche Europa-Schule. Berlin/Münster: Waxmann.

Muysken, Pieter (2000). Bilingual Speech. A Typology of Code-Mixing. Cambridge: CUP.

Mühlan-Meyer, Tirza/Lützenkirchen, Frank (2017). Visuelle Mehrsprachigkeit in der Metropole Ruhr – eine Projektpräsentation: Aufbau und Funktionen der Bilddatenbank „Metropolenzeichen". Zeitschrift für Angewandte Linguistik 66, 79–98.

Müller, Anja/Petra, Schulz/Tracy, Rosemarie (2018). Spracherwerb. In: Titz, Cora/Geyer, Sabrina/Ropeter, Anna/Wagner, Hanna/Weber, Susanne/Hasselhorn, Marcus (Hrsg.). Konzepte zur Sprach- und Schriftsprachförderung entwickeln. Stuttgart: Kohlhammer, 53–68.

Müller, Matthias (2020). Migrationsfachdienste: Sozialarbeiterische und stärkenorientierte Hilfeprozesse gestalten. Göttingen: Vandenhoek & Rupprecht.

Müller, Natascha (2017). Code-Switching (= Narr Starter). Tübingen: Narr.

Müller, Natascha/Kupisch, Tanja/Schmitz, Katrin/Cantone-Altintas, Katja (2011). Einführung in die Mehrsprachigkeitsforschung. Deutsch – Französisch – Italienisch. 3. durchges. und aktualisierte Aufl. Tübingen: Narr.

Müller, Suanne (2003). Sprachkontakt in bilingualen Sprachgemeinschaften: Code-Switching an der Deutschen Schule. Erste Staatsarbeit. Romanisches Seminar der Universität zu Köln: ZSM Studien.

Münz, Rainer/Seifert, Wolfgang/Ulrich, Ralf (1997). Zuwanderung nach Deutschland. Strukturen, Wirkungen, Perspektiven. Frankfurt a. M./New York: Campus.

Myers-Scotton, Carol (1993). Duelling languages: grammatical structure in codeswitching. Oxford et al.: Clarendon Press.

Myers-Scotton, Carol (1995). Social motivations for codeswitching: Evidence from Africa. Oxford: Clarendon Press.

Myers-Scotton, Carol (2002). Contact Linguistics. Bilingual Encounters and Grammatical Outcomes. Oxford/New York: Oxford University Press.

Myers-Scotton, Carol (2006). Multiple Voices. An Introduction to Bilingualism. Malden, MA et al.: Blackwell.

Myers-Scotton, Carol/Jake, Janice L. (2015). Cross-language asymmetries in code-switching patterns. Implications for bilingual language production. In: Schwieter, John W. (Hrsg.). The Cambridge Handbook of Bilingual Processing. Cambridge: CUP, 416–458.

Natarajan, Radhika (2019). Prolog: Sprachenbewusst, gendersensibel und bildungsgerecht. Einleitende Anmerkungen. In: Natarajan, Radhika (Hrsg.). Sprache, Flucht, Migration: Kritische, historische und pädagogische Annäherungen. Berlin: Springer VS, 1–26.

Nauwerck, Patricia (2021). Sprachförderung, Sprachtherapie und Sprachbildung. In: Harr, Anne-Katharina/Geist, Barbara (Hrsg.). Sprachförderung in Kindertagesstätten. (= Deutschunterricht in Theorie und Praxis 12). Baltmannsweiler: Schneider Hohengehren, 3–18.

Nekvapil, Jiří (2006). From language planning to language management. Sociolinguistica 20, 92–104.

Nekvapil, Jiří (2009). The integrative potential of Language Management Theory. In: Nekvapil, Jiří/Sherman, Tamah (Hrsg.). Language Management in Contact Situations: Perspectives from Three Continents. Frankfurt a. M. et al.: Lang, 1–11.

Nekvapil, Jiří (2010). O historii, teorii a modelech jazykového plánování. Slovo a slovesnost 71, 53–73.
Nekvapil, Jiří (2012). Some thoughts on „noting“ in Language Management Theory and beyond. Journal of Asian Pacific Communication 22 (2), 160–173.
Nekvapil, Jiří/Sherman, Tamah (Hrsg.) (2015). Special Issue: The Language Management Approach: Perspectives on the Interplay of BottomUp and TopDown. International Journal of the Sociology of Language, 232, 1–12.
Neugebauer, Uwe/Becker-Mrotzek, Michael (2013). Die Qualität von Sprachstandsverfahren im Elementarbereich. Eine Analyse und Bewertung. Köln: Mercator-Institut für Sprachförderung und Deutsch als Zweitsprache.
Neustupný, Jiří V. (2003). Japanese students in Prague: Problems of communication and interaction. International Journal of the Sociology of Language 162, 125–143.
Nicoladis, Elena/Smithson, Lisa (2018). Bilingual linguistic and cognitive development. In: Altarriba, Jeanette/Heredia, Roberto R. (Hrsg.). An introduction to bilingualism: principles and processes. New York/London: Routledge, 225–241.
Ohanwe, Malcolm (2021,13. Juli). Apo don me – Wie Albaner*innen Deutschen Pop verändern. Bayern 2. Abrufbar unter: https://www.br.de/radio/bayern2/sendungen/zuendfunk/apo-don-me-wie-albanerinnen-deutschen-pop-veraendern-100.html (11.05.2023).
Oksaar, Els (2003). Zweitspracherwerb. Wege zur Mehrsprachigkeit und zur interkulturellen Verständigung. Stuttgart: Kohlhammer.
Oltmer, Jochen (2017). Migration. Geschichte und Zukunft der Gegenwart. Darmstadt: Theiss.
Oltmer, Jochen (2019). Migration: Hintergrunde, Bedingungen und Formen. Eine Skizze. In: Baader, Meike Sophia/Freytag, Tatjana/Wirth, Darijusch (Hrsg.). Flucht – Bildung – Integration? Bildungspolitische und Pädagogische Herausforderungen von Fluchtverhältnissen. Wiesbaden: Springer VS, 23–42.
Orlović-Schwarzwald, Marija (1978). Zum Gastarbeiterdeutsch jugoslawischer Arbeiter im Rhein-Main-Gebiet: empirische Untersuchungen zur Morphologie und zum ungesteuerten Erwerb des Deutschen durch Erwachsene. (= Mainzer Studien zur Sprach- und Volksforschung 2). Wiesbaden: Steiner.
Otheguy, Ricardo/García, Ofelia/Reid, Wallis (2015). Clarifying translanguaging and deconstructing named languages: Aperspective from linguistics. Applied Linguistics Review 6 (3), 281–307.
Paetsch, Jennifer (2019). Psychometrische Testverfahren. In: Jeuk, Stefan/Settinieri, Julia (Hrsg.). Sprachdiagnostik Deutsch als Zweitsprache. Ein Handbuch (= Deutsch als Zweitsprache, Mehrsprachigkeit und Migration 2). Berlin: de Gruyter, 525–545.
Pagonis, Giulio (2009). Kritische Periode oder altersspezifischer Antrieb. Was erklärt den Altersfaktor im Zweitspracherwerb? Eine empirische Fallstudie zum ungesteuerten Zweitspracherwerb des Deutschen durch russische Lernerinnen unterschiedlichen Alters. Frankfurt a. M.: Lang.
Pagonis, Giulio/Karas-Bauer, Monika (2020). Zum Erwerb des Deutschen als Zweitsprache durch zugewanderte Kinder im Grundschulalter: Entwicklungsstand im Bereich der Verbstellung nach zwölf Kontaktmonaten. Info DaF 47 (4), 359–375.

Paradis, Johanne/Nicoladis, Elena/Genesee, Fred (2000). Early emergence of structural constraints on codemixing: Evidence from French–English bilingual children. Bilingualism: Language and Cognition 3, 245–261.

Paradis, Johanne/Navarro, Samuel (2003). Subject realization and crosslinguistic interference in the bilingual acquisition of Spanish and English. What is the role of the input? Journal of Child Language 30 (2), 371–393.

Paradis, Michel (2004). A Neurolinguistic Theory of Bilingualism. Amsterdam/Philadelphia: John Benjamins.

Pascual y Cabo, Diego (2020). Examining the role of cross-generational attrition in the development of Spanish as a heritage language: Evidence from gustar-like verbs. Linguistic approaches to bilingualism 10 (1), 86–108.

Pavlenko, Aneta (2009). The bilingual mental lexicon. Interdisciplinary approaches. Bristol: Multilingual Matters.

Peal, Elizabeth/Lambert, Wallace (1962). The relation of bilingualism to intelligence. Psychological Monographs 76, 1–23.

Pedersen, Karen M./Stolberg, Doris (2020). Dänisch als Minderheitensprache in Deutschland. In: Beyer, Rahel/Plewnia, Albrecht (Hrsg). Handbuch der Sprachminderheiten in Deutschland. Tübingen: Narr, 17–64.

Petersen, William (1958). A general typology of migration. American Sociological Review 23 (3), 256–266.

Pfaff, Carol (1981). Incipient creolization in Gasterabeiterdeutsch? An experimental sociolinguistic study. Studies in Second Language Acquisition 3 (2), 165–178.

Pfaff, Carol (1991). Turkish in contact with German. Language Maintenance and loss among immigrant children in Berlin (West). International Journal for the Sociology of Language 90, 97–129.

Pfandl, Heinrich (1998). Normabweichungen und Regelverstöße bei Emigrant(inn)en mit russischer Erstsprache und Lernenden des Russischen als Fremdsprache. Unterschiede und Gemeinsamkeiten. In: Huber, Dieter/Worbs, Erika (Hrsg.). Ars transferendi. Sprache, Übersetzung, Interkulturalität; Festschrift für Nikolai Salnikow zum 65. Geburtstag. Frankfurt a. M.: Lang, 373–394.

Pienemann, Manfred (1998). Language Processing and Second Language Development: Processability Theory. Amsterdam/Philadelphia: John Benjamins.

Pienemann, Manfred (2005). An Introduction to Processability. In: Pienemann, Manfred (Hrsg.). Cross-Linguistic Aspects of Processability Theory. Amsterdam: John Benjamins, 1–60.

Pienemann, Manfred/Lenzing, Anke (2020). Processability Theory. In: VanPatten, Bill/Keating, Gregory D./Wulff, Stefanie (Hrsg.). Theories in Second Language Acquisition. An Introduction. 3. Aufl. New York: Routledge, 162–191.

Pierce, Lara J./Genesee, Fred/Klein, Denise (2019). Language loss and language learning in internationally adopted children: Evidence from behaviour and the brain. In: Schmid, Moni ka S./Köpke, Barbara (Hrsg.). The Oxford Handbook of Language Attrition. Oxford: Oxford University Press, 470–480.

Pohl, Heinz-Dieter (1989). Kleine Kärntner Mundartkunde. Mit Wörterbuch. Klagenfurt: Heyn.

Polinsky, Maria (2006). Incomplete Acquisition: American Russian. Journal of Slavic linguistics 14 (2), 191–262.
Polinsky, Maria/Kagan, Olga (2007). Heritage Languages: In the ‚Wild' and in the Class-room. Language and linguistics compass 1 (5), 368–395.
Poplack, Shana (1980). Sometimes I'll start a sentence in Spanish y termino en español. Linguistics 18 (7/8), 581–618.
Poplack, Shana/Sankoff, David/Miller, Christopher R. (1988). The social correlates and linguistic processes of lexical borrowing and assimilation. Linguistics 26, 47–104.
Prediger, Susanne/Wilhelm, Nadine/Büchter, Andreas/Gürsoy, Erkan/Benholz, Claudia (2015). Sprachkompetenz und Mathematikleistung: Empirische Untersuchung sprachlich bedingter Hürden in der Zentralen Prüfung 10. Journal für Mathematik Didaktik 36, 77–104.
Pries, Ludger (2013). Neue Dynamiken inter- und transnationaler Migration: Herausforderungen für Wissenschaft und Politik. In: Pusch, Barbara (Hrsg.). Transnationale Migration am Beispiel Deutschland und Türkei. Wiesbaden: Springer VS, 77–82.
Ptashnyk, Stefaniya (2016). Sprachkontakte gestern und heute: Forschungsfragen, methodische Zugänge und Desiderate. In: Ptashnyk, Stefaniya/Ronny Beckert/Patrick Wolf-Farré/Wolny, Matthias (Hrsg.). Gegenwärtige Sprachkontakte im Kontext der Migration. Heidelberg: Winter, 61–76.
Pustka, Elissa (2020). Wo Österreich französisch ist: eine Pilotstudie zur Linguistic Landscape der Wiener Josefstadt (8. Bezirk). In: Prof. Alpinista, München. Abrufbar unter: https://www.fsk.gwi.uni-muenchen.de/?p=8317 (letzter Zugriff: 11.05.2023).
Putnam, Michael T. (2019). The (in)stability of grammars. Studies in Second Language Acquisition 41 (2), 275–278.
Putnam, Michael T./Sánchez, Liliana (2013). What's so incomplete about incomplete acquisition? A prolegomenon to modeling heritage language grammars. Linguistic Aproaches to Bilingualism 3 (4), 478–508.
Quasthoff, Uta/Fried, Lilian/Katz-Bernstein, Nitza/Lengning, Anke/Schröder, Anja/Stude, Juliane (2011). (Vor-) Schulkinder erzählen im Gespräch. Das Dortmunder Beobachtungsinstrument (DO-BINE) und das Dortmunder Förderansatz (DO-FINE) für Interaktions- und Narrationsentwicklung. Bartmannsweiler: Schneider Hohengehren.
Quick, Antje Endesfelder/Backus, Ad/Lieven, Elena (2018a). Partially schematic constructions as engines of development: Evidence from German-English bilingual acquisition. In: Zenner, Eline/Backus, Ad/Winter-Froemel, Esme (Hrsg.). Cognitive Contact Linguistics. Berlin/Boston: de Gruyter, 279–304.
Quick, Antje Endesfelder/Lieven, Elena/Carpenter, Malinda/Tomasello, Michael (2018b). Identifying partially schematic units in the code-mixing of an English and German speaking child. Linguistic Approaches to Bilingualism 8 (4), 477–501.
Quick, Antje Endesfelder/Hartmann, Stefan (2021). The Building Blocks of Child Bilingual Code-Mixing: A Cross-Corpus Traceback Approach. Front. Psychol. 12:682838.
Quick, Antje Endesfelder/Hartmann, Stefan/Backus, Ad/Lieven Elena (2021). Entrenchment and productivity: The role of input in the code-mixing of a German-English bilingual child. Applied Linguistics Review 12 (2), 225–247.

Quick, Antje Endesfelder/Verschik, Anna (2021). Usage-based contact linguistics: An introduction to the special issue. Applied Linguistics Review 21 (2), 165–177.

Quist, Pia (2008). Sociolinguistic approaches to multiethnolect. Language variety and stylistic practice. International Journal of Bilingualism 12, 43–61.

Rampton, Ben (1995). Crossing: Language and Ethnicity among Adolescents. London: Longman.

Rampton, Ben (2015). Contemporary urban vernaculars. In: Nortier, Jacomine/Svendsen, Bente A. (Hrsg.). Language, Youth and Identity in the 21st Century. Cambridge: CUP, 24–44.

Rehbein, Jochen (2001). Turkish in european societies. Lingua e Stile XXXVI (2), 317–334.

Rehbein, Jochen/Herkenrath, Annette/Karakoç, Birsel (2009). Turkish in Germany – On contact-induced language change of an immigrant language in the multilingual landscape of Europe. STUF – Sprachtypologie und Universalienforschung/Language Typology and Universals 62 (3), 161–204.

Reich, Hans H. (2000). Machtverhältnisse und pädagogische Kultur. In: Gogolin, Ingrid/Nauck, Bernhard (Hrsg.). Migration, gesellschaftliche Differenzierung und Bildung. Resultate des Forschungsschwerpunktprogramms FABER. Opladen: Leske & Budrich, 343–363.

Reich, Hans H. (2009). Zweisprachige Kinder. Sprachenaneignung und sprachliche Fortschritte im Kindergartenalter. Münster: Waxmann.

Reich, Hans H. (2010a). Entwicklungen von Deutsch als Zweitsprache in Deutschland. In: Krumm, Hans J./Fandrych, Christian/Hufeisen, Britta/Riemer, Claudia (Hrsg.). Deutsch als Fremd- und Zweitsprache. Ein internationales Handbuch. Berlin: de Gruyter, 63–71.

Reich, Hans H. (2010b). Frühe Mehrsprachigkeit aus linguistischer Perspektive. München: DJI, 1–34. Abrufbar unter: https://www.dji.de/fileadmin/user_upload/bibs/672_Reich_Expertise_Mehrsprachigkeit.pdf (letzter Zugriff: 11.05.2023).

Reich, Hans H. (2016). Auswirkungen unterschiedlicher Sprachförderkonzepte auf die Fähigkeiten des Schreibens in zwei Sprachen. In: Rosenberg, Peter/Schroeder, Christoph (Hrsg.). Mehrsprachigkeit als Ressource in der Schriftlichkeit. Berlin: de Gruyter, 177–206.

Reich, Hans H./Roth, Hans-Joachim (2004). Hamburger Verfahren zur Analyse des Sprachstands Fünfjähriger – HAVAS 5. Hamburg: Landesinstitut für Lehrerbildung und Schulentwicklung.

Reich, Hans H./Krumm, Hans J. (2013). Sprachbildung und Mehrsprachigkeit. Ein Curriculum zur Wahrnehmung und Bewältigung sprachlicher Vielfalt im Unterricht. Münster: Waxmann.

Reich, Hans H./Jeuk, Stefan (2020). Sprachstandserhebungen, ein- und mehrsprachig. In: Ahrenholz, Bernt/Ooomen-Welke, Ingelore (Hrsg.). Deutsch als Zweitsprache (= Deutschunterricht in Theorie und Praxis 9). 5. Aufl. Bartmannsweiler: Schneider Hohengehren, 548–559.

Reichmann, Eva (2000). Narrative Konstruktionen nationaler Identitäten. Saarbrücken: Röhrig Universitätsverlag.

Reiss, Kristina/Weis, Mirjam/Klieme, Eckhard/Köller, Olaf (2019). PISA 2018. Grundbildung im internationalen Vergleich. Münster: Waxmann.

Relikowski, Ilona/Schneider, Thorsten/Linberg, Tobias (2015). Rezeptive Wortschatz und Grammatikkompetenzen von Fünfjährigen mit und ohne Migrationshintergrund. Frühe Bildung 4 (3), 135–143.

Rethage, Wilma (2012). Strukturelle Besonderheiten des Russischen in Deutschland. Kontaktlinguistische und soziolinguistische Aspekte. München: Otto Sagner.

Rickford, John R./McWhorter, John (1997). Language contact and language generation: Pidgins and creoles. In: Coulmas, Florian (Hrsg.). The Handbook of Sociolinguistics. Oxford/Malden, MA: Blackwell, 238–256.

Riehl, Claudia M. (2001). Schreiben, Text und Mehrsprachigkeit. Zur Textproduktion in mehrsprachigen Gesellschaften am Beispiel der deutschsprachigen Minderheiten in Südtirol und Ostbelgien. Tübingen: Stauffenburg.

Riehl, Claudia M. (2010). Norm and variation in language minority settings. In: Lenz, Alexandra N./Plewnia, Albrecht (Hrsg.). Grammar between Norm and Variation. Amsterdam/Philadelphia: John Benjamins, 275–289.

Riehl, Claudia M. (2013). Mehrsprachigkeit und Sprachkontakt. In: Auer, Peter (Hrsg.). Einführung in die Sprachwissenschaft. Grammatik – Interaktion – Kognition. Stuttgart/Weimar: J.B. Metzler, 377–404.

Riehl, Claudia M. (2014a). Sprachkontaktforschung. Eine Einführung. 3., überarb. Aufl. Tübingen: Narr.

Riehl, Claudia M. (2014b). Mehrsprachigkeit: Eine Einführung. Darmstadt: WBG.

Riehl, Claudia M. (2015). Language contact and language attrition. The case of Barossa German. International Journal of the Sociology of Language 236, 261–293.

Riehl, Claudia M. (2016). Mehrsprachiges Sprechen als Voraussetzung für Sprachkontakt in der Migrationsgesellschaft. In: Ptashnyk, Stefaniya/Beckert, Ronny/Wolf-Farré, Patrick/Wolny, Matthias (Hrsg.). Gegenwärtige Sprachkontakte im Kontext der Migration. Heidelberg: Winter, 23–40.

Riehl, Claudia M. (2018a). Sprachkontaktforschung (= Narr Starter). Tübingen: Narr.

Riehl, Claudia M. (2018b). Mehrsprachigkeit in der Familie und im Lebensalltag. In: Harr, Anne-Katharina/Liedke, Martina/Riehl, Claudia M. (Hrsg.). Deutsch als Zweitsprache. Migration – Spracherwerb – Unterricht. Stuttgart: J.B. Metzler, 27–60.

Riehl, Claudia M. (2019). Language contact and language attrition. In: Schmid, Monika S./Köpke, Barbara (Hrsg.). The Oxford handbook of language attrition. Oxford: Oxford University Press, 314–328.

Riehl, Claudia M. (2020). Multiliteracy in Heritage Language Speakers: The Interdependence of L1 and L2, and Extra-linguistic Factors. Heritage Language Journal 17 (3), 377–408.

Riehl, Claudia M. (forth.). German as a Heritage Language: Contact – Attrition – Maintenance. Cambridge: CUP.

Riehl, Claudia M./Beyer, Rahel (2021). Deutsch als Minderheitensprache. Lublin Studies in Modern Languages and Literature 45 (1), 7–20.

Riehl, Claudia M./Schroeder, Christoph (2022). DaF/DaZ im Kontext von Mehrsprachigkeit. Deutsch als Fremdsprache. Zeitschrift zur Theorie und Praxis des Faches Deutsch als Fremdsprache 02/22, 67–76.

Riehl, Claudia M./Ingrosso, Sara (2023). The northernmost city of Italy: Italian immigrants in Munich. In: Hajek, John/Norrby, Catrin/Kretzenbacher, Heinz L./Schuepbach, Doris (Hrsg.). Multilingualism and Pluricentricity. A Tale of Many Cities. New York: de Gruyter.

Riehl, Claudia M./Barberio, Teresa (demn.). Speaking and writing in two languages: Language contact in second generation Italian immigrants in Munich. In: Hajek, John/Goglia, Francesco

(Hrsg.). Italian(s) Abroad: Italian Language and Migration in Cities of the World. Berlin: de Gruyter.
Rindler Schjerve, Rosita (2004). Minderheit. In: Ammon, Ulrich/Dittmar, Norbert/Mattheier, Klaus J./Trudgill, Peter (Hrsg.). Sociolinguistics. An International Handbook of the Science of Language and Society. 1. Teilbd. 2. Aufl. Berlin/New York: de Gruyter, 480–486.
Ritter, Anna/Hochholzer, Rupert (2019). Sprachbiographien mehrsprachiger Jugendlicher: Eine Studie mit neu zugewanderten Schülerinnen und Schülern. Critical Multilingualism Studies 7(3), 32–54.
Roche, Jörg/Haberzettl, Stefanie/Pagonis, Giulio/Jessen, Moiken/Weidinger, Nicole (2019a). Sprachstandsermittlung bei mehrsprachig aufwachsenden Kindern. In: Roche, Jörg (Hrsg.). Propädeutikum wissenschaftliches Arbeiten (= Kompendium DaF/DaZ 3). Tübingen: Narr, 326–339.
Roche, Jörg/Haberzettl, Stefanie/Pagonis, Giulio/Jessen, Moiken/Weidinger, Nicole (2019b). Serious Games in der Sprachstandsermittlung. In: Roche, Jörg (Hrsg.). Propädeutikum wissenschaftliches Arbeiten (= Kompendium DaF/DaZ 3). Tübingen: Narr, 340–357.
Romaine, Suzanne (1995). Bilingualism. 2. Aufl. Oxford: Blackwell.
Ronjat, Jules (1913). Le développement du langage observé chez un enfant bilingue. Paris: Champion.
Rosenbaum, Yehudit/Nadel, Elisabeth/Cooper, Robert L./Fishman, Joshua A. (1977). English on Keren Kayemet Street. In: Fishman, Joshua A./Cooper, Robert L./Conrad, Andrew W. (Hrsg.). The Spread of English. Rowley, MA: Newbury House, 179–196.
Rosenberg, Peter (2003). Vergleichende Sprachinselforschung. Sprachwandel in deutschen Sprachinseln in Russland und Brasilien. Linguistik Online 13 (1), 273–324.
Rosenberg, Peter (2016). Regularität und Irregularität in der Kasusmorphologie deutscher Sprachinselvarietäten (Russland, Brasilien). In: Bittner, Andreas/Köpcke, Klaus-Michael (Hrsg.). Regularität und Irregularität in Phonologie und Morphologie. Diachron, kontrastiv, typologisch. Berlin: de Gruyter, 177–218.
Rothweiler, Monika (2007). Bilingualer Spracherwerb und Zweitspracherwerb. In: Steinberg, Markus (Hrsg.). Schnittstellen der germanistischen Linguistik. Stuttgart: J.B. Metzler, 101–135.
Rowland, Caroline F. (2014). Understanding child language acquisition. Abingdon: Routledge.
Rowland, Luke (2013). The pedagogical benefits of a linguistic landscape project in Japan. International Journal of Bilingual Education and Bilingualism 16 (4), 494–505.
Rösler, Dietmar (2012). Deutsch als Fremdsprache. Eine Einführung. Stuttgart/Weimar: J.B. Metzler.
Sauer, Martina (2016). Teilhabe und Befindlichkeit. Der Zusammenhang von Integration, Zugehörigkeit, Deprivation und Segregation türkeistämmiger Zuwanderer in Nordrhein-Westfalen. Ergebnisse der Mehrthemenbefragung 2015. Essen: Stiftung Zentrum für Türkeistudien und Integrationsforschung.
Schader, Basil (2006). Albanischsprachige Kinder und Jugendliche in der Schweiz. Hintergründe, sprach- und schulbezogene Untersuchungen. Zürich: Pestalozzianum.

Scheible, Jana A./Rother, Nina (2017). Schnell und erfolgreich Deutsch lernen – wie geht das? Erkenntnisse zu den Determinanten des Zweitspracherwerbs unter besonderer Berücksichtigung von Geflüchteten. Nürnberg: Bundesamt für Migration und Flüchtlinge (BAMF)/ Forschungszentrum Migration, Integration und Asyl (FZ). Abrufbar unter: https://nbn-resolving.org/urn:nbn:de:0168-ssoar-67668-6 (letzter Zugriff: 11.05.2023).

Scherger, Anna-Lena/Di Venanzio, Laura/Schmitz, Katrin (2016). Null and overt subjects in Italian and Spanish heritage speakers in Germany. Lingua 180, 101–123.

Scherger, Anna-Lena/Schmitz, Katrin (2020). Grammatical maintenance of heritage Italian in Germany – empirical evidence from subject and object realization, gender and number agreement. In: Kreß, Beatrix/Roeder, Katsiaryna/Schweiger, Kathrin/Vossmiller, Ksenija (Hrsg.). Mehrsprachigkeit, Interkulturelle Kommunikation, Sprachvermittlung: Internationale Perspektiven auf Deutsch als Fremdsprache und Herkunftssprachen. Berlin: Peter Lang, 157–174.

Schiesser, Alexandra (2020). Dialekte machen. Konstruktion und Gebrauch arealer Varianten im Kontext sprachraumbezogener Alltagsdiskurse. Berlin/Boston: de Gruyter.

Schmid, Hans-Jörg (2017). A framework for understanding entrenchment and its psychological foundations. In: Schmid, Hans-Jörg (Hrsg). Entrenchment and the Psychology of Language Learning. How We Reorganize and Adapt Linguistic Knowledge. Berlin/Boston: de Gruyter, 9–39.

Schmid, Hans-Jörg (2020). The dynamics of the linguistic system: usage, conventionalization, and entrenchment. Oxford: Oxford University Press.

Schmidt, Kerstin (2020). Formen und Kategorisierungen von Migration. In: Faist, Thomas (Hrsg.). Soziologie der Migration. Eine systematische Einführung. Berlin/Boston: de Gruyter, 55–72.

Schmid, Monika S. (2007). The role of L1 use for L1 attrition. In: Köpke, Barbara/Schmid, Monika S./Keijzer, Merel/Dostert, Susan (Hrsg.). Language Attrition. Theoretical Perspectives. Amsterdam/Philadelphia: John Benjamins, 135–154.

Schmid, Monika S. (2011). Language Attrition. New York: CUP.

Schmid, Monika S. (2019). The impact of frequency of use and length of residence on L1 attrition. In: Schmid, Monika S./Köpke, Barbara (Hrsg.). The Oxford Handbook of Language Attrition. Oxford: Oxford University Press, 288–303.

Schmid, Monika S./Dusseldorp, Elise (2010). Quantitative analyses in a multivariate study of language attrition: the impact of extralinguistic factors. Second Language Research 26 (1), 125–160.

Schmitz, Katrin/Scherger, Anna-Lena (2019). Effects of age and education on variable but native heritage grammars: Theoretical and empirical implications for the Null Subject Parameter. Applied Linguistics Review 10 (4), 443–467.

Schmitz, Ulrich (2018). Media Linguistic Landscape: Alle Linguistik sollte Medienlinguistik sein. Journal für Medienlinguistik 1, 1–34. Abrufbar unter: http://dp.jfml.org/2018/open-peer-review-media-linguistic-landscapes/ (letzter Zugriff: 11.05.2023).

Schmölzer-Eibinger, Sabine (2011). Lernen in der Zweitsprache. Grundlagen und Verfahren der Förderung von Textkompetenz in mehrsprachigen Klassen. Tübingen: Narr.

Schöler, Hermann/Brunner, Monika (2008). HASE Heidelberger Auditives Screening in der Einschulungsuntersuchung. 2. Aufl. Binswangen: Westra.

Schuler, Stefanie/Budde-Spengler, Nora/Sachse, Steffi (2015). Ergebnisbericht – Analysen der Auswirkung des sprachlichen Interaktionstraining im Projekt MAUS. Ulm: ZNL.

Schulz, Petra/Tracy, Rosemarie (2011). Linguistische Sprachstandserhebung – Deutsch als Zweitsprache (LiSe-DaZ). Göttingen: Hogrefe.

Schulz, Petra/Grimm, Angela/Schwarze, Rabea/Wojtecka, Magdalena (2017). Spracherwerb bei Kindern mit Deutsch als Zweitsprache: Chancen und Herausforderungen. In: Hartmann, Ulrike/Hasselhorn, Marcus/Gold, Andreas (Hrsg.). Entwicklungsverläufe verstehen – Kinder mit Bildungsrisiken wirksam fördern. Forschungsergebnisse des Frankfurter IDeA-Zentrums. Stuttgart: Kohlhammer, 190–206.

Schulze, Ilona (2018). Interpretation fremdsprachlicher und internationaler Bezüge in der diachronen Linguistic Landscape Münchens. In: Mumm, Peter-Arnold/Hölzl, Andrea (Hrsg.). Klasse Person. Festschrift für Wolfgang Schulze anlässlich seines 65. Geburtstags am 29. Januar 2018. International Journal of Diachronic Linguistics and Linguistic Reconstruction 15, 225–260.

Schumann, John H. (1978). The pidginization process: A model for second language acquisition. Rowley, MA: Newbury House.

Schüler-Meyer, Alexander/Prediger, Susanne/Wagner, Jonas/Weinert, Henrike (2019). Bedingungen für zweisprachige Lernangebote. Videobasierte Analysen zu Nutzung und Wirksamkeit einer Förderung zu Brüchen. Psychologie in Erziehung und Unterricht 66 (3), 161–175.

Schütze, Fritz (1976). Zur soziologischen und linguistischen Analyse von Erzählungen. Opladen: Westdeutscher Verlag.

Schwartz, Bonnie D./Sprouse Rex A. (2017). The Role of Universal Grammar in Nonnative Language Acquisition. In: Roberts, Ian (Hrsg.). The Oxford Handbook of Universal Grammar. Oxford: Oxford University Press, 289–304.

Scollon, Ron/Scollon, Suzie Wong (2003). Discourses in Place. Language in the Material World. London: Routledge.

Ščukanec, Aleksandra (2021). Post-WWII Croatian migrants in Austria and Croatian-German language contacts. In: Hlavac, Jim/Stolac, Diana (Hrsg.). Diaspora Language Contact. The Speech of Croatian Speakers Abroad. Boston/Berlin: de Gruyter, 251–281.

Seewald, Catherine (2021). Resources for the assessment of home language competences of migr ant pupils. Abrufbar unter: https://www.ecml.at/News3/TabId/643/ArtMID/2666/ArticleID/1672/The-place-of-home-languages-at-school-participate-in-a-European-survey.aspx (letzter Zugriff: 11.05.2023).

Seibert, Holger/Wapler, Rüdiger (2020). Einwanderung nach Deutschland. Viele Hochqualifizierte, aber auch viele Ungelernte. IAB-Kurzbericht 8/2020. Abrufbar unter: https://doku.iab.de/kurzber/2020/kb0820.pdf (letzter Zugriff: 11.05.2023).

Selinker, Larry (1972). Interlanguage. International Review of Applied Linguistics 10, 209–231.

Selting, Margret/Auer, Peter/Barth-Weingarten, Dagmar/Bergmann, Jörg/Bergmann, Pia/Birkner, Karin/Couper Kuhlen, Elisabeth/Deppermann, Arnulf/Gilles, Peter/Günthner, Susanne/Hartung, Martin/Kern, Friederike/Mertzlufft, Christine/Meyer, Christian/Morek, Miriam/Oberzaucher, Frank/Peters, Jörg/ Quasthoff, Uta/ Schütte, Wilfried/ Stukenbrock, Anja/ Uhmann, Susanne (2009). Gesprächsanalytisches Transkriptionssystem 2 (GAT 2). Gesprächs-

forschung – Online-Zeitschrift zur verbalen Interaktion 10, 353–402. Abrufbar unter: http:// www.gespraechsforschung-ozs.de/heft2009/px-gat2.pdf (letzter Zugriff: 13.07.2023).
Senatsverwaltung für Bildung, Jugend und Familie (2021). Staatliche Europa-Schule Berlin. Leitfaden für die Einrichtung eines neuen Standortes. Berlin.
Settinieri, Julia/Jeuk, Stefan (2019). Einführung in die Sprachdiagnostik. In: Jeuk, Stefan/Settinieri, Julia (Hrsg.). Sprachdiagnostik Deutsch als Zweitsprache. Ein Handbuch (= Deutsch als Zweitsprache, Mehrsprachigkeit und Migration 2). Berlin: de Gruyter, 3–20.
Shohamy, Elana/Ben-Rafael, Eliezer (2015). Introduction: Linguistic landscape, a new journal. Linguistic Landscape 1, 1–5.
Siebert-Ott, Gesa/Decker, Lena (2017). Zweisprachige und mehrsprachige Schulen. In: Ahrenholz, Bernt/Oomen-Welke, Ingelore (Hrsg.). Deutsch als Zweitsprache. 4., vollständig überarb. und erw. Aufl. Baltmannsweiler: Schneider Hohengehren, 633–643.
Siegel, Vanessa (2018). Multiethnolektale Syntax. Artikel, Präpositionen und Pronomen in der Jugendsprache. Heidelberg: Winter.
Şimşek, Yazgül (2012). Sequenzielle und prosodische Aspekte der Sprecher-Hörer-Interaktion im Türkendeutschen. Münster: Waxmann.
Şimşek, Yazgül/Schroeder, Christoph (2011). Migration und Sprache in Deutschland – am Beispiel der Migranten aus der Türkei und ihrer Kinder und Kindeskinder. In: Ozil, Şeyda/Hofmann, Michael/Dayıoğlu-Yücel, Yasemin (Hrsg.). 50 Jahre türkische Arbeitsmigration in Deutschland. Göttingen: V & R Unipress, 205–228.
Singleton, David (2006). The critical period hypothesis: Some problems. Interlingüística 17, 48–56.
Singleton, David M./Ryan, Lisa (2004). Language acquisition: the age factor. Clevedon et al.: Multilingual Matters.
Sirim, Emran (2009). Das Türkische einer deutsch-türkischen Migrantinnengruppe. Mannheim: Institut für Deutsche Sprache.
Skinner, Burrhus F. (1957). Verbal behavior. New York: Appleton-Century-Crofts.
Skuse, David H. (1994). Extreme deprivation in early childhood. In: Bishop, Dorothy/Mogford, Kay (Hrsg.). Language development in exceptional circumstances. Hillsdale, N.J.: Psychology Press, 43–72.
Slabakova, Roumyana (2016). Second Language Acquisition. Oxford: Oxford University Press.
Sodian, Beate/Thoermer, Claudia (2006). Theory of Mind. In: Schneider, Wolfgang/Sodian, Beate (Hrsg.). Enzyklopädie der Psychologie. Serie Entwicklungspsychologie. Bd. 2: Kognitive Entwicklung. Göttingen: Hogrefe, 495–608.
Sorace, Antonella/Serratrice, Ludovica (2009). Internal and external interfaces in bilingual language development. Beyond structural overlap. International Journal of Bilingualism 13 (2), 195–210.
Spolsky, Bernard (2004). Language policy. Cambridge: CUP.
Spolsky, Bernard (2009). Language Management. Cambridge: CUP.
Statista (2023). Anzahl der registrierten Flüchtlinge aus der Ukraine in den Mitgliedstaaten der Europäischen Union. Abrufbar unter: https://de.statista.com/statistik/daten/studie/1356654/umfrage/anzahl-ukrainischer-fluechtlinge-in-den-eu-staaten/ (letzter Zugriff: 17.07.2023).

Statistisches Bundesamt (2021). Bevölkerung und Erwerbstätigkeit. Ausländische Bevölkerung. Ergebnisse des Ausländerzentralregisters (AZR) 2020. Fachserie 1, Reihe 2. Wiesbaden: Statistisches Bundesamt.

Statistisches Bundesamt (2023). Bevölkerung und Erwerbstätigkeit. Bevölkerung mit Migrationshintergrund – Ergebnisse des Mikrozensus 2021. Fachserie 1, Reihe 2.2. Wiesbaden: Statistisches Bundesamt.

Statistisches Bundesamt/Wissenschaftszentrum Berlin für Sozialforschung/Bundesamt für Bevölkerungsforschung in Zusammenarbeit mit Das Sozioökonomische Panel am Deutschen Institut für Wirtschaftsforschung (Hrsg.) (2021). Datenreport 2021. Ein Sozialbericht für die Bundesrepublik Deutschland. Bonn: Bundeszentrale für politische Bildung.

Stehl, Thomas (2011). Mobilität, Sprachkontakte und Integration: Aspekte der Migrationslinguistik. In: Franz, Norbert/Kunow, Rüdiger (Hrsg.). Mobilisierte Kulturen. Themen, Theorie, Tendenzen, Potsdam: Universitätsverlag, 33–52.

Stolberg, Doris/Münch, Alexandra (2010). Die Muttersprache vergisst man nicht – or do you? A case study in L1 attrition and its (partial) reversal. Bilingualism: Language and Cognition 13(1), 19–31. Abrufbar unter: https://doi.org/10.1017/S1366728909990332

Street, James/Dąbrowska, Ewa (2010). More individual differences in language attainment: How much do adult native speakers of English know about passives and quantifiers? Lingua 120 (8), 2080–2094.

Street, James/Dąbrowska, Ewa (2014). Lexically specific knowledge and individual differences in adult native speakers' processing of the English passive. Applied Psycholinguistics 35, 97–118.

Stubbe, Tobias C./Kleinkorres, Ruben/Krieg, Maria/Schaufelberger, Rahim/Schlitter, Theresa (2023). Soziale und migrationsbedingte Disparitäten in der Lesekompetenz von Viertklässlerinnen und Viertklässlern. In: McElvany, Nele/Lorenz, Ramona/Frey, Andreas/Goldhammer, Frank/Schilcher, Anita/Stubbe, Tobias C. (Hrsg.). IGLU 2021: Lesekompetenz von Grundschulkindern im internationalen Vergleich und im Trend über 20 Jahre. Münster: Waxmann, 151–177.

Sudhoff, Julian (2011). Content and Language Integrated Learning / Bilingualer Unterricht – Verborgene Potenziale für DaZ-Kontexte Essen: proDAZ. Abrufbar unter: https://www.uni-due.de/imperia/md/content/prodaz/clil_sudhoff20110324.pdf (letzter Zugriff: 11.05.2023).

Szagun, Gisela (2019). Sprachentwicklung beim Kind. Ein Lehrbuch. 7. überarb. Aufl. Weinheim: Beltz.

Tertilt, Hermann (1996). Turkish Power Boys. Ethnographie einer Jugendbande. Frankfurt a. M.: Suhrkamp.

Thietz, Anne (2018). Identität und Sprachidentität von Hugenottennachfahren. Eine identitätstheoretische und gesprächsanalytische Untersuchung. Bielefeld: Transcript.

Thim-Mabrey, Christiane (2002). Sprachidentität – Identität Durch Sprache. Ein Problemaufriss aus sprachwissenschaftlicher Sicht. In: Janich, Nina/Thim-Mabrey, Christiane (Hrsg.). Sprachidentität – Identität Durch Sprache. Tübingen: Narr, 1–18.

Thomason, Sarah G. (2001). Language Contact. An Introduction. Washington: Georgetown University Press.

Thomason, Sarah G./Kaufman, Terrence (1988). Language Contact, Creolization, and Genetic Linguistics. Berkeley et al.: University of California Press.

Thrul, Tabea (2013). Sprachenpolitik und Deutschförderung in Familien der Elitenmigration. Unveröffentlichte Masterarbeit. LMU München: Institut für Deutsch als Fremdsprache.

Tissot, Fabienne/Schmid, Stephan/Galliker, Esther (2011). Ethnolektales Schweizerdeutsch. Soziophonetische und morphosyntaktische Merkmale sowie ihre dynamische Verwendung in ethnolektalen Sprechweisen. In: Glaser, Elvira (Hrsg.). Dynamik des Dialekts – Wandel und Variation. Akten des 3. Kongresses der Internationalen Gesellschaft für Dialektologie des Deutschen (IGDD). Stuttgart: Steiner, 319–344.

Titz, Cora/Hasselhorn, Marcus (2017). Sprachförderliche Maßnahmen im Elementarbereich. Ein erfolgsversprechender Weg zur Prävention von Bildungsmisserfolg. In: Becker-Mrotzek, Michael/Roth, Hans-Joachim (Hrsg.). Sprachliche Bildung. Grundlagen und Handlungsfelder (= Sprachliche Bildung 1). Münster: Waxmann, 288–297.

Tomasello, Michael (2003). Constructing a language. A usage-based theory of language acquisition. Cambridge: Harvard University Press.

Tomasello, Michael (2006). Acquiring linguistic constructions. In: Damon, William/Lerner, Richard M./Kuhn, Deanna/Siegler, Robert S. (Hrsg.). Handbook of child psychology. Vol. 2: Cognition, perception, and language. New York: Wiley, 255–298.

Tophinke, Doris (2002). Lebensgeschichte und Sprache. Zum Konzept der Sprachbiografie aus linguistischer Sicht. Bulletin suisse de linguistique appliquée (76), 1–14. Abrufbar unter: https://libra.unine.ch/server/api/core/bitstreams/1801acd6-ceab-48a7-b8e1-6087f436dc9e/content (letzter Zugriff: 17.05.2023).

Torregrossa, Jacopo/Bongartz, Christiane (2018). Teasing Apart the Effects of Dominance, Transfer, and Processing in Reference Production by German–Italian Bilingual Adolescents. Languages 3 (3), 36. Abrufbar unter: https://doi.org/10.3390/languages3030036

Tracy, Rosemarie (1990). Spracherwerb trotz Input. In: Rothweiler, Monika (Hrsg.). Spracherwerb und Grammatik. (= Linguistische Berichte 3). Wiesbaden: VS Verlag für Sozialwissenschaften, 22–49.

Tracy, Rosemarie (2008). Wie Kinder Sprachen lernen. Und wie wir sie dabei unterstützen können. Tübingen: Francke.

Tracy, Rosemarie/Gawlitzek-Maiwald, Ira (2000). Bilingualismus in der frühen Kindheit. In: Grimm, Hannelore (Hrsg.). Sprachentwicklung (= Enzyklopädie der Psychologie 1/Sprache 3). Göttingen et al.: Hogrefe, 495–535.

Treibel, Annette (2020). Migration und gesellschaftliche Integration – öffentlicher Diskurs und soziologische Perspektiven. In: Pickel Gert/Decker, Oliver/Kailitz, Steffen/Röder, Antje/Schulze Wessel, Julia (Hrsg.). Handbuch Integration. Wiesbaden: Springer VS, 1–20.

Trudgill, Peter (2004). New-Dialect Formation. The Inevitability of Colonial Englishes. Edinburgh: Edinburgh University Press.

Trudgill, Peter (2011). Sociolinguistic Typology. Social Determinants of Linguistic Complexity. Oxford: Oxford University Press.

Ulich, Michaela/Mayr, Toni (2004). Sismik. Sprachverhalten und Interesse an Sprache bei Migrantenkindern in Kindertageseinrichtungen. Freiburg: Herder.

Ventureyra, Valérie/Pallier, Christophe/Yoo, Hi-Yon (2004). The loss of first language phonetic perception in adopted Koreans. Journal of Neurolinguistics 17 (1), 79–91.

Vertovec, Steven (2007). Super-diversity and its implications. Ethnic and Racial Studies (30) 6, 1024–1054.

Videsott, Gerda/Della Rosa, Pasquale Anthony/Wiater, Werner/Franceschini, Rita/Abutalebi, Jubin (2012). How does linguistic competence enhance cognitive functions in children? A study in multilingual children with different linguistic competences. Bilingualism: Language and Cognition 15 (4), 884–895.

Vollmer, Helmut Johannes/Thürmann, Eike (2010). Zur Sprachlichkeit des Fachlernens: Modellierung eines Referenzrahmens für Deutsch als Zweitsprache. In: Ahrenholz, Bernt (Hrsg.). Fachunterricht und Deutsch als Zweitsprache. Tübingen: Narr, 107–132.

Walker, Alastair (2020). Die Friesen und das Friesische in Nordfriesland. In: Beyer, Rahel/Plewnia, Albrecht (Hrsg). Handbuch der Sprachminderheiten in Deutschland. Tübingen: Narr, 65–138.

Walper, Sabine/Grgic, Mariana (2019). Bildungsort Familie. In: Köller, Olaf/Hasselhorn, Marcus/Hesse, Friedrich W./Maaz, Kai/Schrader, Josef/Solga, Heike/Spieß, C. Katharina/Zimmer, Karin (Hrsg.). Das Bildungswesen in Deutschland. Bestand und Potenziale. Bad Heilbrunn: Julius Klinkhardt, 161–194.

Wandruszka, Mario (1979). Die Mehrsprachigkeit des Menschen. München/Zürich: R. Piper & Co. Verlag.

Warditz, Vladislava (2016). Slavische Migrationssprachen in Deutschland: Zur Erklärungskraft von Sprachwandelfaktoren in Kontaktsituationen. In: Ptashnyk, Stefaniya/Beckert, Ronny/Wolf-Farré, Patrick/Wolny, Matthias (Hrgs.). Gegenwärtige Sprachkontakte im Kontext der Migration. Heidelberg: Winter, 99–118.

Warditz, Vladislava (2017). Russisch als Migrationssprache in Deutschland. Zur Typologie des Mikrosprachwandels. Eine systemlinguistische Studie. In: Witzlack-Makarevich, Kai/Wulff, Nadja (Hrsg.). Handbuch des Russischen in Deutschland. Migration – Mehrsprachigkeit – Spracherwerb. Berlin: Frank & Timme, 283–301.

Wasserscheidt, Philipp (2020). Explaining code switching. Matrix-language models vs. bilingual construction grammar. Književni jezik 31, 55–85.

Wasserscheidt, Philipp (2021). A usage-based approach to „language" in language contact. Applied Linguistics Review 12 (2), 279–298.

Weidinger, Nicole (2011). Die Funktion der Zeigegeste für den Worterwerb. In: Jampert, Karin/Thanner, Verena/Schattel, Diana/Sens, Andrea/Zehnbauer, Anne/Best, Petra/ Laier, Mechthild (Hrsg.). Die Sprache der Jüngsten entdecken und begleiten. Sprachliche Bildung und Förderung für Kinder unter Drei. Weimar/Berlin: verlag das netz, 94–95.

Weidinger, Nicole (2021). Diagnostikverfahren für Kinder mit Deutsch als Zweitsprache. In: Harr, Anne-Katharina/Geist, Barbara (Hrsg.). Sprachförderung in Kindertagesstätten. (= Deutschunterricht in Theorie und Praxis 12). Baltmannsweiler: Schneider Hohengehren, 339–359.

Weinreich, Uriel (1953). Languages in Contact. Findings and Problems. The Hague/Paris/New York: Mouton.

Weis, Mirjam/Müller, Katharina/Mang, Julia/Heine, Jörg-Henrik/Mahler, Nicole/Reiss, Kristina (2019). Soziale Herkunft, Zuwanderungshintergrund und Lesekompetenz. In: Reiss, Kristina/Weis, Mirjam/Klieme, Eckhard/Köller, Olaf (Hrsg.). PISA 2018 Grundbildung im internationalen Vergleich. Münster: Waxmann, 129–162.

Wendt, Heike/Schwippert, Knut (2017). Lesekompetenz von Schülerinnen und Schülern mit Migrationshintergrund. In: Hußmann, Anke/Wendt, Heike/Bos, Wilfried/Bremerich-Vos, Albert/ Kasper, Daniel/ Lankes, Eva-Maria/McElvany, Nele/Stubbe, Tobias C./Valtin, Renate (Hrsg.). IGLU 2016: Lesekompetenzen von Grundschulkindern in Deutschland im internationalen Vergleich. Münster: Waxmann, 219–234.

Wendt, Heike/Schwippert, Knut/Stubbe, Tobias C./Jusufi, Donieta (2020). Mathematische und naturwissenschaftliche Kompetenzen von Schülerinnen und Schülern mit und ohne Migrationshintergrund. In: Schwippert, Knut/Kasper, Daniel/Köller, Olaf/McElvany, Nele/Selter, Christoph/Steffensky, Mirjam/Wendt, Heike (Hrsg.). TIMSS 2019: Mathematische und naturwissenschaftliche Kompetenzen von Grundschulkindern in Deutschland im internationalen Vergleich. Münster: Waxmann, 292–313.

White, Lydia (2003). Second language acquisition and Universal Grammar. Cambridge: CUP.

Wickner, Mareike-Cathrine (2019). Über die Vorzüge einer textsortenbasierten Schreibförderung im Geschichtsunterricht. Forschungsergebnisse aus dem SchriFT-Projekt. In: Bernhardt, Markus/Enzenbach, Christine/Fischer, Hans E./Gürsoy, Erkan/Krabbe, Heiko/Lang, Martin/Manzel, Sabine/Roll, Heike/Uluçam-Wegmann, Işıl (Hrsg.). Schreiben im Fachunterricht der Sekundarstufe I unter Einbeziehung des Türkischen. Empirische Befunde aus den Fächern Geschichte, Physik, Technik, Politik, Deutsch und Türkisch. Münster: Waxmann, 129–147.

Wiese, Heike (2009). Grammatical innovation in multiethnic urban Europe. New linguistic practices among adolescents. Lingua 119, 782–806.

Wiese, Heike (2011). Führt Mehrsprachigkeit zum Sprachverfall? Populäre Mythen vom „gebrochenen Deutsch“ bis zur „doppelten Halbsprachigkeit“ türkischstämmiger Jugendlicher in Deutschland. In: Ozil, Şeyda/Hofmann, Michael/Dayıoğlu-Yücel, Yasemin (Hrsg.). Türkisch-deutscher Kulturkontakt und Kulturtransfer. Göttingen: V&R unipress, 73–84.

Wiese, Heike (2012). Kiezdeutsch. Ein neuer Dialekt entsteht. München: C.H. Beck.

Wiese, Heike (2013). What can new urban dialects tell us about internal language dynamics? The power of language diversity. In: Abraham, Werner/Leiss, Elisabeth (Hrsg.). Dialektologie in neuem Gewand. Zu Mikro-/Varietätenlinguistik, Sprachenvergleich und Universalgrammatik. Hamburg: Buske, 207–245.

Wiese, Heike (2020). Contact in the city. In: Hickey, Raymond (Hrsg.). The Handbook of Language Contact. 2. Aufl. Hoboken: Wiley Blackwell, 261–280.

Wiese, Heike/Pohle, Maria (2016). „Ich geh Kino“ oder „... ins Kino“? Gebrauchsrestriktionen nichtkanonischer Lokalangaben. Zeitschrift für Sprachwissenschaft 35 (2), 171–216.

Wiese, Heike/Tahir Öncü, Mehmet/Müller, Hans G./Wittenberg, Eva (2020). Verb Third in spoken German. A natural order of information. In: Woods, Rebecca/Wolfe, Sam (Hrsg.). Rethinking Verb Second. Oxford: Oxford University Press, 682–699.

Winford, Donald (2003). An Introduction to Contact Linguistics. Oxford: Blackwell.

Winford, Donald (2020). Theories of Language Contact. In: Grant, Anthony P. (Hrsg.). The Oxford Handbook of Language Contact. New York, NY: Oxford University Press, 51–74.

Wode, Henning (1993). Psycholinguistik: eine Einführung in die Lehr- und Lernbarkeit von Sprachen; Theorien, Methoden, Ergebnisse. Ismaning: Hueber (Erstveröffentlichung 1988 unter dem Titel: Einführung in die Psycholinguistik).

Woerfel, Till/Giesau, Marlis (2018). Sprachsensibler Unterricht. Köln: Mercator-Institut für Sprachförderungund Deutsch als Zweitsprache (Basiswissen sprachliche Bildung). Abrufbar unter: https://www.mercator-institut-sprachfoerderung.de/fileadmin/Redaktion/PDF/Publikationen/201124_Basiswissen_SprachsensiblerUnterricht_CC.pdf (letzter Zugriff: 17.05.2023).

Wohlgemuth, Jan (2009). A Typology of Verbal Borrowing. Berlin/New York: de Gruyter.

Wolf, Norbert R. (1981). Geschichte der deutschen Sprache I: Althochdeusch Mittelhochdeutsch. Heidelberg: Quelle & Meyer.

Wolf-Farré, Patrick (2017). Sprache und Selbstverständnis der Deutschchilenen. Eine sprach biografische Analyse. Heidelberg: Winter.

Yip, Virginia/Matthews, Stephen (2008). The Bilingual Child. Early Development and Language Contact. Cambridge: CUP.

Zabrodskaja, Anastassia (2009). Evaluating the Matrix Language Frame model on the basis of a Russian – Estonian codeswitching corpus. International Journal of Bilingualism 13 (3), 357–377.

Zabrodskaja, Anastassia/Verschik, Anna (2014). Morphology of Estonian items at the interface of Russian-Estonian language contact data. Sociolinguistics Studies 8 (3), 449–474.

Zemskaja, Elena A. (2000). Funkcii slovoobrazovanija v jazyke russkogo zarubež'ja. In: Kleszczowa, Krystyna/Selimski, Ludwig (Hrsg.). Słowotwórstwo i inne sposoby nominacji. Materiały z 4 konferencji Komisji Słowotwórstwa przy Międzynarodowym Komitecie Slawistów. Katowice 27–29 września 2000 r. Katowice: Wydawnictwo Gnome, 141–146.

Zentrum für Türkeistudien (2001). Evaluation der Intervention des Projekts „Interkulturelle Elternarbeit" im Arbeitskreis Neue Erziehung: Familienstruktur, Erziehungswünsche und Beurteilung der inter-kulturellen Elternbriefe von türkischstämmigen Eltern mit Kindern unter sieben Jahren. Essen.

Zybatow, Gerhild (2017). Auslandsvarietäten des Russischen. In: Witzlack-Makarevich, Kai/Wulff, Nadja (Hrsg.). Handbuch des Russischen in Deutschland. Migration – Mehrsprachigkeit – Spracherwerb. Berlin: Frank & Timme, 261–302.

Zyzik, Eve (2019). Incomplete acquisition from a usage-based perspective. Studies in Second Language Acquisition 41 (2), 279–282.

Sachregister